"十四五"职业教育国家规划教材

国际货运代理

业务处理

（第二版）

主　编◎郑克俊

副主编◎赵亚杰　杨丽华　林斯斯

清華大学出版社
北京

内 容 简 介

本书是以典型工作任务为载体、按项目化教学要求、由校企合作编写的高职高专物流管理专业核心课"国际货运代理"配套教材，共设置了七个项目，分别是国际货运代理认知、揽货业务、国际海运代理常识、国际海运代理业务处理、国际航空运输代理常识、国际航空运输代理业务处理和国际货代事故纠纷处理。

本书具有理实结合、实训创新，课证融通、学赛一体，资源丰富、课程开放三个特色，根据工作过程组织内容，按项目编写，同时也涵盖国际货运代理从业人员岗位专业证书考试和世界技能大赛货运代理项目的主要内容，并有在线开放课程配合教学使用。

本书可作为物流管理、港口物流、国际航运、交通运输、国际贸易、国际商务等专业相关课程的教学用书，也可作为码头、仓库、港口、场站、物流中心等物流管理部门的业务培训用书。

图书在版编目（CIP）数据

国际货运代理业务处理 / 郑克俊主编. —2 版. —北京：清华大学出版社，2020.8（2025.2 重印）
ISBN 978-7-302-55935-1

Ⅰ．①国… Ⅱ．①郑… Ⅲ．①国际货运—货运代理—教材 Ⅳ．①F511.41

中国版本图书馆 CIP 数据核字（2020）第 116427 号

责任编辑：杜春杰
封面设计：刘 超
版式设计：文森时代
责任校对：马军令
责任印制：曹婉颖

出版发行：清华大学出版社
　　　　网　　　址：https://www.tup.com.cn，https://www.wqxuetang.com
　　　　地　　　址：北京清华大学学研大厦 A 座　　　　　　邮　　编：100084
　　　　社 总 机：010-83470000　　　　　　　　　　　　邮　　购：010-62786544
　　　　投稿与读者服务：010-62776969，c-service@tup.tsinghua.edu.cn
　　　　质量反馈：010-62772015，zhiliang@tup.tsinghua.edu.cn
印 装 者：河北鹏润印刷有限公司
经　　销：全国新华书店
开　　本：185mm×260mm　　　印　张：20.25　　　字　数：505 千字
版　　次：2016 年 12 月第 1 版　　2020 年 9 月第 2 版　　印　次：2025 年 2 月第 10 次印刷
定　　价：59.00 元

产品编号：085536-03

第二版前言

本书是在第一版的基础上按产教融合、校企双元开发的原则修订而成的"工作手册式"教材，力求满足工学结合的高职教学需要，同时体现理论够用、重在实训和简单明了、方便实用的特色。

本次修订在保留原有知识框架的基础上，对内容进行了适度补充和删改。如在项目二增加了"电话销售与客户拜访"的内容；在项目三对港口航线内容进行了大幅度更新，删除了"集装箱认知"中的部分内容，增加了"集装箱货物的装载""拼箱货运费计算"等内容；在项目四中对报关报检与保险内容进行了大幅度修改，删除了原报关报检内容，新增了关检融合项目申报的内容，对代办保险业务进行了改写；对项目五、项目六、项目七则更新了单据、例题，增加了更多的案例分析和习题，修改后的内容能与全国国际货运代理从业人员岗位专业证书考试内容有机融合，也能涵盖世界技能大赛货运代理项目的主要内容，力争达到课证融通、学赛一体的效果。

本书经过修订，理实结合、实训创新的特色更加鲜明。为便于进行项目化教学，本书根据工作过程组织内容，按项目编写，同时着重培养学生的职业技能和动手能力。为了实现上述目标，本书在编写过程中多采用图片、表格、数字等简单直观的表现方式；在编写体例方面，每个项目在开头部分都设置了学习目标、主要知识点和关键技能点；在主干的工作任务中，除了编写基本知识点外，每个任务均包含适量例题，在任务后均安排了适量的单项实训。单项实训是以真实生产任务为背景而设计的用来培养学生解决问题的能力的实训任务，通常在课堂或校园内就能完成，可以有针对性地解决缺乏真实实训场景状况下的学生实训问题。全书共设计了单项实训 86 个、综合实训项目 7 个、实例（例题、阅读材料和案例分析）93 个、习题 189 道、图表 267 幅，微课 60 个，思政案例 9 个，覆盖了国际货运代理的主要技能点和考核点，这种编排方式基本体现出了"工作手册式"教材的特征。

2022 年 10 月，党的二十大报告提出了要"加快构建新发展格局，着力推动高质量发展"的要求。为了促进高职教育的高质量发展，我们根据党的二十大精神和《"十四五"职业教育规划教材建设实施方案》的要求，对第二版教材再次进行了修订。本次修订引入了货代行业发展所需要的新知识、新技术、新工艺和新方法，以微课形式（视频二维码）呈现在教材中；并在教材的每个项目之后增加了"职业素养"栏目，以案例讨论的形式将爱岗敬业、诚信经营、工匠精神和创新精神等职业素养融入课程内容，潜移默化地帮助学生树立正确的人生观和价值观。

为了使教材更好地服务教学，教材编写团队开发了与课程配套的立体化教学资源，主要包括课程标准、考核大纲、教学日历、教案、PPT 课件、案例库、习题库、试题库、教师讲课视频、音频、微课、动画、实训项目，合计 333 个文件，时长约 280 分钟。教材编写团队已建成《国际货运代理》在线开放课程网站，发布在智慧职教平台，对社会开放，网址为 https://www.icve.com.cn/portal_new/courseinfo/courseinfo.html?courseid=ibi3al6oc4xm8ponugmakg，学生或社会公众均可以通过智慧职教平台或"职教云"手机 App 直接上网扫码学习。

本书由郑克俊教授任主编，负责组织、协调编写修订工作，对全部稿件进行总纂修改并编写了项目三至项目六，由赵亚杰、杨丽华、林斯斯任副主编。具体分工如下：林斯斯编写了项目一，赵亚杰编写了项目二，杨丽华编写了项目七，迟青梅参与了项目三～项目六的习题与单项实训编写；郑克俊、赵亚杰、杨丽华、林斯斯录制了本课程的教学视频；货讯通科技（珠海）有限公司石程经理、深圳秀驿国际物流有限公司王乃认经理参与了本书大纲编写的讨论，并对编写工作提出了很好的建议。本书编写过程中得到了义乌工商职业技术学院何璇教授、广东科学技术职业学院王建林教授、朱海鹏副教授的指导与帮助，同时凝聚了编者多年的国际货运代理课程教学体验。在此对上述所有关心与支持本书编写出版的同人表示衷心感谢！

在编写本书的过程中，我们参考了大量的文献资料，利用了部分网络资源，引用了一些专家学者的研究成果和一些公司的案例资料，在此对相关作者表示诚挚的谢意！

由于编者水平有限，书中难免存在疏漏和不足，敬请广大读者批评指正。

编 者

目　　录

附：本书微课目录

附：本书特色资源统计表（单位：个）

数量	微课	单项实训						综合实训	实例			习题				思政案例	图	表	合计
		任务一	任务二	任务三	任务四	任务五	任务六		例题	阅读材料	案例分析	填空	单选	简答	案例				
项目一	3	3	2	2				1	0	6	0	5	5	6	1	1	8	13	56
项目二	5	2	1	2				1	0	7	5	5	4	7	2	1	5	5	52
项目三	14	3	4	2	1	8		1	10	4	1	8	10	5	1	2	40	25	139
项目四	12	3	3	1	3	2	2	1	9	6	7	13	16	6	4	1	52	8	152
项目五	13	3	3	1			10	1	21	1	1	7	22	9	4	1	14	70	189
项目六	7	2	2	1	3			1	0	1	0	10	7	6	4	1	22	4	72
项目七	6	6	2					1	0	1	13	9	5	3	3	1	0	1	51
小计	60	22	17	11	7	17	12	7	40	26	27	57	69	45	18	9	141	126	711
合计	60	86						7	93			189				9	267		711

项目一　国际货运代理认知

【学习目标】

通过本项目的训练和学习，了解国际货运代理企业及其业务范围；了解国际货运代理企业的组织结构形式和相关的岗位设置，明确企业对货代业务人员的岗位职责、知识、能力和素质的要求；了解货代企业的建立程序。

【主要知识点】

国际货运代理人、国际货运代理企业的相关概念；货代企业的分类、货代企业组织结构及常见的岗位设置和职责要求；建立货代企业的相关规定。

【关键技能点】

能够鉴别货代企业的类型；能够根据货代企业的经营特点进行企业组织结构和岗位的设置；能够办理货代企业注册申报手续。

任务一　认识国际货运代理

微课 1.1

任务描述：要求学生能够理解国际货运代理人的含义，掌握国际货运代理企业的概念和分类，了解国际货运代理企业的经营范围，熟悉国际货运代理企业的主要业务；要求学生熟悉国际货运代理的行业组织。

一、国际货运代理概述

国际货运代理来源于英文 the freight forwarder，freight 的本意是指运输的货物（goods transported）；forwarder 是指传递货物的人或代运人、转运商，因此，the freight forwarder 的本意是指为他人安排货物运输的人，在运输领域被称为运输业者、运输行、转运公司等。

国际货运代理可以从国际货运代理人和国际货运代理企业两个角度来理解。

（一）国际货运代理人

国际货运代理协会联合会（International Federation of Freight Forwards Associations，法文缩写为 FIATA）对货运代理人下的定义是：根据客户的指示，为客户的利益而承揽货物运输的人，其本身并不是承运人。货运代理人也可以依据这些条件，从事与运输合同有关的活动，如储货、报关、验收和收款等。

国际货运代理人在本质上属于货物运输关系的代理人，是联系发货人、收货人和承运人的货物运输中介人。

随着国际贸易、运输方式的发展，国际货运代理已渗透到国际贸易的各个领域，成为国际贸易中不可缺少的重要组成部分。国际货运代理人的基本特点是受委托人委托或授权，代办各种国际贸易、运输所需要的业务，并收取一定报酬，或作为独立的经营人完成并组织货物运输、保管等业务，因而被认为是国际运输的组织者，也被誉为国际贸易的桥梁和国际货物运输的设计师。

国际货运代理人具有以下三个显著特征。

第一，货运代理人接受客户委托，客户可以是发货人，也可以是收货人。一般出口时是发货人，进口时是收货人。

第二，货运代理人不是承运人，一般没有自己的运输工具。运输工具主要指进行国际运输的运输工具，如船舶、飞机等。

第三，货运代理人代理国际间货物运输及相关业务。

国际货运代理人与国际贸易的关系如图 1-1 所示。

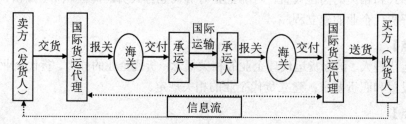

图 1-1　国际货运代理与国际贸易关系示意图

（二）国际货运代理企业

国际货运代理企业是指接受进出口货物收货人、发货人或承运人委托，以委托人的名义或者以自己的名义，为委托人办理国际货物运输及相关业务并收取代理费、佣金或其他服务报酬的法人企业。

国际货运代理企业可以作为进出口货物收货人、发货人的代理人，也可以作为独立经营人，从事国际货运代理业务。

国际货运代理企业作为代理人从事国际货运代理业务，是指国际货运代理企业接受进出口货物收货人、发货人或其代理人委托，以委托人的名义或以自己的名义办理有关业务，收取代理费或佣金的行为。

国际货运代理企业作为独立经营者从事国际货运代理业务，是指国际货运代理企业接受进出口货物收货人、发货人或其代理人委托，签发运输单证、履行运输合同并收取运费、服务费的行为。

（三）国际货运代理企业的分类

按企业的成立背景和经营特点，国际货运代理企业分为以下几类。

1．以对外贸易运输企业为背景的国际货运代理企业

这类国际货运代理企业的典型代表是中国对外贸易运输（集团）总公司（简称"中国外运"）及其分公司、子公司、控股公司、合资公司。中国外运以海、陆、空国际货运代理业务为主，集海上运输、航空运输、航空快递、铁路运输、国际多式联运、汽车运输、仓储、船舶经营和管理、船舶租赁、船务代理、综合物流为一体。它的特点是一业为主，多种经营，业务网络发达，有较强的综合市场竞争力。

2．以实际承运人企业为背景的国际货运代理企业

这类国际货运代理企业主要是指由公路、铁路、海运、航空运输部门投资或控股的国际货运代理企业，如中国铁路对外服务总公司、中国外轮代理总公司、中远国际货运有限公司和中国民航客货运输销售代理公司等。它的特点是：专业化经营，与实际承运人关系密切，运价优势明显，运输信息灵通，方便货主，在特定的运输方式下市场竞争力较强。

3．以外贸、工贸公司为背景的国际货运代理企业

这类国际货运代理企业主要是指由各专业外贸公司或大型工贸公司投资或控股的国际货运代理企业，如五矿国际货运公司、中化国际仓储运输公司、中粮国际仓储运输公司、中机国际仓储运输公司、中成国际运输公司和长城国际运输代理有限公司等。它的特点是：货源相对稳定，处理货物、单据的经验丰富，在某些类型的货物运输代理方面竞争优势较强，但多数规模不大，服务功能不够全面，服务网络不够发达。

4．以仓储、包装企业为背景的国际货运代理企业

这类国际货运代理企业主要是指由仓储、包装企业投资、控股的国际货运代理企业或由仓储、包装企业增加经营范围而成的国际货运代理企业，如北京市友谊包装运输公司、天津宏达国际货运代理有限公司和中储国际货运代理公司等。它的特点是：凭借仓储优势揽取货源，深得货主信任，对于特种物品的运输代理经验丰富，但多数规模较小，服务网点较少，综合服务能力不强。

5．以港口、航道、机场企业为背景的国际货运代理企业

这类国际货运代理企业主要是指由港口、航道、机场投资或控股的国际货运代理企业，如上海集装箱码头有限公司、天津振华物流集团有限公司等。它的特点是：与港口、机场企业关系密切，港口、场站作业经验丰富，对集装箱货物运输代理具有竞争优势，人员素质、管理水平较高，但是服务内容较为单一，缺乏服务网络。

6．以境外国际运输、运输代理企业为背景的国际货运代理企业

这类国际货运代理企业主要是指境外国际运输、运输代理企业以合资、合作方式在我国境内设立的外商投资国际货运代理企业，如华迅国际运输有限公司、华辉国际运输服务有限公司、天保名门（天津）国际货运代理有限公司和深圳彩联储运有限公司等。它的特点是：国际业务网络较为发达，信息化程度、人员素质、管理水平高，服务质量好。

7．其他背景的国际货运代理企业

这类国际货运代理企业主要是指由其他投资者投资或控股的国际货运代理企业。它的特点是：投资主体多样，经营规模、经营范围不一，人员素质、管理水平、服务质量参差不齐。其中，有的企业实力雄厚，业务范围广泛，服务网络较为发达，信息化程度、人员素质、管理水平较高，服务质量较好，如天津大田航空服务代理公司、北京市外国企业服务总公司等；有的规模较小，服务内容单一，人员素质、管理水平不高，服务质量一般。

在我国，货运代理企业一般分为一级货代和二级货代两类。一级货代的资信程度最高，运费最低，提供的服务也最及时到位。一级货代和二级货代的区别如表1-1所示。

表1-1　一级货代和二级货代的区别

项　　目	一级货代	二级货代
成立条件	相对高	相对低
公司账户及开票	人民币账号+美元账号；可以直接开票	人民币账号；只能到国税局开票

项　目	一级货代	二级货代
存在数量	较少	很多
订舱权大小	直接向承运人订舱（有订舱协议）	通常经一级货代向承运人订舱

（四）国际货运代理企业的经营范围

从国际货运代理人的基本性质看，货代主要是接受委托方的委托，从事货物运输、转运、仓储和装卸等相关事宜。一方面，它与货物托运人订立运输合同，另一方面又与运输部门签订合同。因此，对货物托运人来说，它是货物的承运人。目前，有相当一部分的货物代理人掌握着各种运输工具和储存货物的库场，在经营其业务时办理包括海、陆、空在内的货物运输。

国际货运代理企业作为代理人或者独立经营人从事经营活动，其经营范围如表1-2所示。

表1-2　国际货运代理企业的经营范围

序　号	经　营　范　围
1	揽货、订舱（含租船、包机、包舱）、托运、仓储、包装
2	货物的监装、监卸、集装箱装箱与拆箱、分拨、中转及相关的短途运输服务
3	报关、报检、保险
4	缮制签发有关单证、交付运费、结算及交付杂费
5	国际展品、私人物品及过境货物运输代理
6	国际多式联运、集运（含集装箱拼箱）
7	国际快递（不含私人信函）
8	咨询及其他国际货运代理业务

根据经营范围，国际货运代理按运输方式分为海运代理、空运代理、汽运代理、铁路运输代理、联运代理、班轮货运代理、不定期船货运代理和液散货货运代理等；按委托项目和业务过程分为订舱揽货代理、货物报关代理、航线代理、货物进口代理、货物出口代理、集装箱货运代理、集装箱拆箱装箱代理、货物装卸代理、中转代理、理货代理、储运代理、报关报检代理等。

（五）国际货运代理企业的业务内容

国际货运代理企业所从事的业务列举如下。

1. 为发货人服务

为发货人服务的业务内容如表1-3所示。

表1-3　为发货人服务的业务内容

序　号	业　务　内　容
1	以最快、最省的运输方式，安排合适的货物包装，选择合适的运输路线
2	向客户建议仓储与分拨
3	选择可靠、效率高的承运人并负责签订运输合同
4	安排货物的计重和计量
5	办理货物保险
6	办理货物的拼装
7	在装运前或在目的地分拨货物之前把货物存仓

续表

序　号	业　务　内　容
8	安排货物到港口的运输，办理海关和有关单证的手续，并把货物交给承运人
9	代表托运人支付运费、关税
10	办理有关货物运输的所有外汇交易
11	从承运人处取得提单并交给发货人
12	与国外的代理联系，监督货物运输进程，并使托运人知道货物去向

2．为海关服务

当货运代理作为海关代理办理有关进出口商品的海关手续时，不仅代表客户，而且代表海关当局，负责申报货物确切的金额、数量和品名，以使政府在这些方面不受损失。

3．为承运人服务

货运代理向承运人及时订舱，议定对发货人、承运人来说都公平、合理的费用，安排适当的时间交货以及以发货人的名义解决和承运人的运费账目等问题。

4．为航空公司服务

货运代理在空运业中充当航空公司的代理，在这种关系中，货运代理企业利用航空公司的货运手段为货主服务，并由航空公司付给佣金，同时通过提供合适空运的服务方式，继续为发货人或收货人服务。

5．为班轮公司服务

货运代理与班轮公司的关系随业务的不同而有所变化。近年来，货代通过提供拼箱服务与班轮公司及其他承运人之间建立了较为密切的联系。

6．提供拼箱服务

随着国际贸易中集装箱运输的发展，集运和拼箱服务应运而生。在提供这种服务时，货代担负着委托人的责任。集运和拼箱的基本含义是：把同一个出运地的若干发货人发往同一个目的地的若干收货人的小件货物集中起来，作为一个整件运输的货物发往目的地的货代，通过货代把单票货物交给各个收货人。

7．提供多式联运服务

货运代理提供多式联运服务，通过多种运输方式进行门到门的货物运输。它可以以当事人的身份与其他承运人或其他服务提供者分别谈判并签约，但是这些分拨合同不会影响多式联运合同的执行。也就是说，不会影响发货人的义务和在多式联运过程中因货损及灭失所需承担的责任。货代作为多式联运的经营人，须针对客户承担更多的责任，在整个运输和分拨过程中提供全面的"一揽子"服务。

二、国际货运代理的行业组织及运输组织体系

（一）国际货运代理协会联合会

国际货运代理协会联合会是一个非营利性的国际货运代理行业组织，于1926年5月31日在奥地利维也纳成立，总部设在瑞士苏黎世。

该联合会的宗旨是保障和提高国际货运代理在全球的利益，其工作目标是：团结全世界的货运代理行业；以顾问或专家身份参加国际性组织，处理运输业务，代表、促进和保护运输业

的利益；通过发布信息和分发出版物等方式，让贸易界、工业界和公众熟悉货运代理人提供的服务；提高制定和推广统一货运代理单据、标准交易的条件，改进和提高货运代理的服务质量，协助货运代理人进行职业培训，处理责任保险问题，提供电子商务工具。

（二）中国国际货运代理协会

中国国际货运代理协会（China international freight forwarders association，CIFA）是国际货运代理协会联合会的协会会员，是国际货运代理行业的全国性中介组织，于 2000 年 9 月 6 日在北京成立，其网址是 www.cifa.org.cn。它是我国各省（直辖市、自治区）国际货运代理行业组织、国际货代物流企业以及与货代物流相关的企事业单位自愿参加的社会团体，亦吸纳在我国货运、运输、物流行业中具有较高威望和影响的个人。目前，CIFA 拥有会员近 600 家，其中理事及以上单位 95 家，各省市货运代理行业组织 27 家，全国国际货运代理企业在会数量达 6 000 多家。

CIFA 的业务指导部门是国家商务部。作为联系政府与会员之间的纽带和桥梁，CIFA 的宗旨是：协助政府部门加强对我国国际货代物流行业的管理；维护国际货代物流业的经营秩序；推动会员企业间的横向交流与合作；依法维护行业内利益；保护会员企业的合法权益；促进对外贸易和国际货代物流业的发展；为行业培训现代货代物流人才，提升行业人员素质，增强行业企业的国际竞争力；以民间形式代表我国货代物流业参与国际运输事务。

📖 阅读材料 1-1　我国国际货运代理企业备案信息查询

访问商务部网站：http://iffe.mofcom.gov.cn/huodai/index.jsp，在该网站注册为企业用户，然后以企业用户的身份登录该系统企业端，即可查询相关货运代理企业的信息，如图 1-2 所示。

图 1-2　商务部国际货运代理企业信息管理系统

（三）我国国际货物运输组织体系

1. 货主

货主（Cargo Owner）是指专门经营进出口商品业务的国际贸易商或者有进出口权的工贸、地贸公司以及"三资"企业。货主为了履行国际贸易合同必须组织办理进出口商品的运输，是国际货物运输中的托运人（Shipper）或收货人（Consignee）。

我国主要有下列类型的企业。

（1）各专业进出口总公司和地方外贸专业公司。

（2）各工贸公司。

（3）有进出口权的工厂、集体企业。

（4）外商独资、中外合资、合作企业和合营企业。

2．承运人

承运人（Carrier）是指专门经营海上、铁路、公路和航空等客货运输业务的运输企业，如轮船公司、铁路或公路运输公司和航空公司等。承运人一般拥有大量的运输工具，为社会提供运输服务。

《中华人民共和国海商法》（以下简称《海商法》）第四十二条指出："承运人，是指本人或者委托他人以本人名义与托运人订立海上货物运输合同的人"；"实际承运人，是指接受承运人委托，从事货物运输或部分运输的人，包括接受转委托从事此项运输的其他人。"

由此可见，承运人包括船舶所有人（Shipowner）和以期租（Time Charter）或光租（Bare Charter）的形式承租进行船舶经营的经营人。

3．运输代理人

运输代理人（Forwarding Agent 或 Ship's Agent）分为很多类型，主要有以下两种。

（1）货运代理人（Forwarding Agent, Freight Forwarder）。

（2）船舶代理人（Ship's Agent，Owner's Agent）。

4．装卸公司和理货公司

装卸、理货业是指接受船舶营运人的委托，在港口为船舶进行货物装卸、清点、交接、检验货损程度和原因并做出公证等项作业的行业。

此外，国际货物运输与海关、商检、港口、保险公司、银行、外汇管理局、包装和仓储等机构有着密切的联系，共同组成了国际货物运输组织系统。

三、无船承运人

（一）无船承运人的概念

无船承运人即以承运人身份接受货主（托运人）的货物，同时以托运人身份委托班轮公司完成国际海上货物运输，根据自己为货主设计的方案路线开展全程运输，签发经过备案的无船承运人提单。无船承运人购买公共承运人的运输服务，再以转卖的形式将这些服务提供给货主和其他运输服务需求方。

无船承运人本身没有船舶，也不经营船舶，对货主而言，他是承运人，对运输合同履行承担责任，通常还签发自己的提单并收取运费；对船公司而言，他是托运人，支付运费。

我国确立独立的无船承运人制度后，《国际货物运输代理业管理规定》中的国际货运代理企业不再包括从事无船承运业务的企业，中华人民共和国交通运输部负责主管无船承运业务。

📖 **阅读材料 1-2　上海市无船承运人经营者名单查询**

访问中华航运网（网址：http://www.chineseshipping.com.cn），在首页查询上海市交通委员会发布的无船承运人经营者名单公告如图 1-3 所示，名单截图如图 1-4 所示。

无船承运业务经营者名单（截至 2020 年 2 月 29 日）

来源：上海市交通委员会 发布时间：2020-03-02

根据《中华人民共和国国际海运条例》、《国务院关于取消和下放一批行政许可事项的决定》（国发〔2019〕6 号）、《关于国际船舶运输及内地与港澳海上运输业务相关审批、备案事项的通知》（交办水函〔2019〕681 号）等相关规定，我委通过交通运输部"水路运输建设综合管理信息系统"，对下述注册于本市或在本市口岸开展业务的无船承运业务经营企业办理了备案手续，现按规定予以公示。

附：无船承运业务经营企业备案名单

- 相关附件

- 无船承运企业名单 20200302.xls

图 1-3　无船承运业务经营者名单公告

序号	企业中文名称	企业英文名称
1	嘉世坚国际货运代理（上海）有限公司	CLASQUIN SHANGHAI LTD
2	上海缤峰国际物流有限公司	Shanghai B-Honor International Logistics Co.,Ltd
3	上海威仕登供应链管理有限公司	Shanghai Wisdom Supply Chain Management Co.,Ltd
4	美萃国际货运代理（上海）有限公司	Matras International Freight Forwarding (Shanghai) Co., Ltd
5	宁波侨丰货运代理有限公司上海分公司	NINGBO CHIAOFENG SHIPPING CO.,LTD.SHANGHAI BRANCH
6	上海有津国际货运代理有限公司	SHANGHAI YOOJIN INT'L FREIGHT AGENCY LTD
7	上海桨嘉国际货运有限公司	SHANGHAI JUJIA CARGO COMPANY LIMITED
8	上海海乐国际物流有限公司	Haile Logistics(SHANGHAI) Co.,Ltd
9	上海怡洋国际物流有限公司	SHANGHAI YIYANG INTERNATIONAL FORWARDING CO.,LTD
10	上海大邦物流有限公司	Shanghai Dabang Logistics Co.Ltd
11	上海景国国际物资物运代理有限公司	SHANGHAI K&J LINE CORP.
12	上海浩泛国际货运代理有限公司	SHANGHAI HAO FAN INTERNATIONAL FREIGHT AGENCY CO.,LTD.

图 1-4　无船承运业务经营者名单截图

（二）无船承运人的业务范围

无论在国内还是在国外，无船承运人经营的业务范围都有较大区别，有的无船承运人兼办货物报关、货物交接、短程拖运、货物转运和分拨、订舱及各种不同运输方式代理业务，有的只办理其中的一项或几项业务。无船承运人的主要业务内容如表 1-4 所示。

表 1-4　无船承运人的主要业务内容

序　　号	业　务　内　容
1	作为承运人与货物托运人订立运输合同，签发货运单据（提单、运单）并对从接收货物地点到目的地交付货物地点的运输负责
2	作为总承运人组织货物全程运输，制订全程运输计划，并组织各项活动的实施
3	根据托运人要求及货物的具体情况，与实际承运人洽定运输工具、订舱
4	从托运人手中接收货物，组织安排或代办到出口港的运输，订立运输合同（以本人的名义），并把货物交给已订舱的海运承运人。在上述交接过程中，代货主办理报关、检验和理货等手续
5	办理货物储存和出库业务
6	在目的港从海运承运人手中接收货物后，向收货人交付货物

对于货主来讲,将货物交给无船承运人运输比交给传统意义上的承运人运输在手续上要简便得多，而且可以省去委托货运代理人这一环节。

（三）无船承运人的分类

1．承运人型

这类无船承运人是在自己确定的运输路线上开展运输活动，接受托运人的货物并签发提单，对运输过程中货物的灭失、损害承担责任。在实际业务中，他是契约承运人，并非自行完成运输，而是将货物交给实际承运人运输，并在目的地接收货物后，向收货人交付货物。

2．转运人型

这类无船承运人专门从事转运，通常在主要的货物中转地和目的地设有自己的分支机构（办事处）或代理，从托运人或陆上运输承运人手中接收货物，签发提单，然后办理接续运输、中转、发货，将货物交给海上承运人，由海上承运人完成海上运输，在目的港接收货物后，再向收货人交付。

该类型与承运人型的主要区别是并不限定运输路线，不仅可以选择合适的承运人，也可以选择最合适的运输路线。许多船公司在揽货方面对转运无船承运人有较大的依赖性，因此，转运人在为自己揽货、经营转运业务的同时，积极地作为承运人的代理人，代表承运人办理接收、交付货物，装、拆箱，代收运费等业务，并从中获得收益及运费差额。

3．经纪人型

该类型无船承运人在揽取不同货主的货物后，原则上不直接对货主提供运输服务，而是采用"批发"的方法，按运输方式和流向，成批地交给转运人型或承运人型的无船承运人，并由他们签发提单。由于这种做法具有明显的经纪人特点，所以称为经纪人型。

（四）货运代理人与无船承运人的区别

货运代理人与无船承运人的区别如表 1-5 所示。

表 1-5　货运代理人与无船承运人的区别

主 要 内 容	国际货运代理人	无船承运人
与托运人的关系	委托方与被委托方	托运人与承运人
与收货人的关系	不存在任何关系	提单签发人与持有人
法律地位的确定	委托方代理	承运人
相关费用计收	佣金	收运费或赚取差价
提单拥有	不拥有自己的提单	可以签提单（HOUSE B/L），俗称"货代提单"
业务范围	进出口货运相关业务	进出口货运相关业务和承担运输责任
运输合同	代表委托方订立	与托运人订立
法规适用	货运法规	货运和运输法规
法律关系	委托关系	双重身份
主管部门	商务部	交通运输部
注册程序	在商务部备案,缴纳注册资金（海运代理至少 500 万元人民币）	向交通运输部提出申请，然后提单备案；缴纳 80 万元人民币保证金，每增一个分支机构加 20 万元人民币

做一做：单项实训一

实训目标：认识国际货运代理行业，甄别国际货运代理企业资质。

1. 访问上海航运交易所官网（网址：http://www1.sse.net.cn/newfiling/NVOCC.jsp），从相关网页查询并判断下列 5 家货运代理企业是否具备无船承运人资格。

（1）北京康捷空国际货运代理有限公司青岛分公司

（2）上海定展航运有限公司大连分公司

（3）上海兰生物流有限公司天津分公司

（4）新海丰物流有限公司

（5）大连集龙物流有限公司

2. 分别访问中国国际货运代理协会网站（网址：http://www.cifa.org.cn）和深圳市国际货运代理协会网站（网址：http://www.siffa.org.cn/index.asp），浏览网页内容，查看货运代理协会的主要职能。

3. 业务题

我国 A 贸易公司委托同一城市的 B 国际货运代理公司办理一批从我国 C 港运至韩国 D 港的危险品货物，A 贸易公司向 B 货运代理公司提供了正确的货物名称和危险品性质，B 货运代理公司为此签发公司的 HOUSE B/L 给 A 公司。随后，B 货运代理公司以托运人的身份向船公司办理该批货物的订舱和出运手续。请问：B 货运代理公司对于 A 贸易公司来讲是什么身份？对于船公司来讲，B 货运代理公司是什么身份？

微课 1.2

任务二 国际货运代理企业岗位认知

任务描述：要求学生了解国际货运代理企业的组织结构和常见的工作岗位，了解相关岗位职责。

一、国际货运代理企业的组织结构

国际货运代理企业的组织结构是怎样的？设置有哪些部门、哪些岗位？以下举例说明。

📖 阅读材料 1-3 典型的国际货运代理企业组织结构

图 1-5 是一家国际货运代理企业的组织结构示意图。

从图 1-5 可以看出，在这家货代企业的组织结构中，除了设置有董事会、总经理、副总经理这些领导层外，还设置了经营部门和职能部门。其中，职能部门是指由人事部、财务部和行政部组成的管理部门；而经营部门则指的是由海运部、空运部、多式联运部、报关报检部、储运部和客服部组成的业务部门，负责代理国际货物运输相关事项。

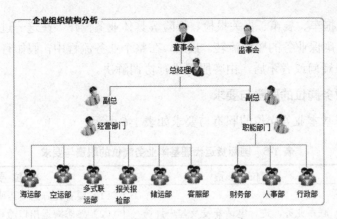

图 1-5　货代公司组织结构示意

二、国际货运代理企业的岗位设置

（一）基本业务岗位

根据自身业务发展的需要，不同的货代企业会有不同的岗位设置，但一般来说，都会设置销售岗、操作岗、单证岗和客服岗等基本岗位，如图 1-6 所示。

图 1-6　国际货运代理企业的基本岗位

（二）岗位间业务流转关系

岗位间业务流转关系如图 1-7 所示。

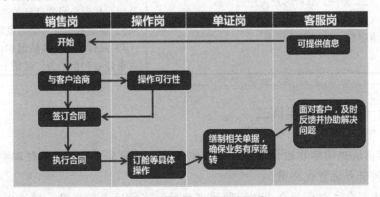

图 1-7　岗位间业务流转关系

从岗位间业务的流转关系来看，货运代理的业务起始点在销售岗。销售员可以通过客服岗提供相关信息给客户并与相关的客户进行洽谈，看看有没有可能发生业务联系，进而有业务操作的可能性。如果洽谈顺利，就会与客户签订合同。接下来是执行合同，这将由操作岗来接手工作，包括订舱、拖车、装箱、报关报检、保险等具体业务操作。在这一过程中，需要单证岗来缮制相关单据，确保业务的顺利流转。最后，在整个业务流程中，假如有需要跟客户进行交流沟通，解决客户疑问或者矛盾，由客服岗进行协调解决。

（三）基本业务岗位的职责与要求

国际货运代理基本业务岗位的职责与要求如表 1-6 所示。

表 1-6　国际货运代理基本业务岗位的职责与要求

岗　位	岗　位　职　责	岗　位　要　求
销售岗	（1）联系业务，进行电话开发及客户拜访 （2）与客户进行沟通、协商，开拓市场	（1）要有良好的英语听说读写能力 （2）熟悉海运出口流程及港口航线基本情况，有航线经营意识 （3）具有良好的销售技巧和口才
操作岗	（1）与船公司确认运价，对国内外报价，回复代理邮件 （2）接收委托书，向船公司订舱，协调舱位，联络客户出货事宜，跟进工厂备货进度 （3）安排装箱等相关事务，收集报关资料及审单（包括商检、熏蒸、产证等），订箱/查箱，确认货柜是否装船	（1）英语听说读写熟练 （2）了解国际贸易流程及相关单证的制作 （3）语言表达能力强，头脑灵活，认真严谨，服务意识强，有责任心 （4）熟练使用各种办公软件
单证岗	（1）发进舱通知书，与仓库联络并核对货物 （2）制作成本收入往来账单 （3）收取各式保函，制作提单等相关单据 （4）与代理确认文件，安排电放 （5）制作收支汇总表	（1）熟悉国际贸易流程及相关单证制作 （2）英语听说读写良好 （3）品行端正，性情温和，主动、细心，有责任心和担当力，服从上级指挥 （4）有较强的学习能力及沟通能力，吃苦耐劳
客服岗	（1）处理客户的投诉 （2）整理、分析客户关注的资料 （3）跟进客户，协同处理棘手问题，同时联络出货、后期电话回访	（1）熟悉外贸及货代操作、单证部门的业务及相关知识 （2）善于沟通，发展、维护与各大船公司及货运代理公司的良好关系 （3）英语听说读写能力良好 （4）品行端正，性情温和，主动、细心，有责任心和担当力，服从上级指挥

 做一做：单项实训二

实训目标：认识国际货运代理企业的组织结构，了解其岗位设置和任职要求。

1. 实地调研当地货代公司

学生 3~4 人自主组成一个小组，联系当地的一家货运代理公司，到该公司实地调研，了解该公司的组织结构、员工岗位职责和公司经营范围。要求：① 每组拍摄一张调研访谈的照片；② 画出公司的组织结构图；③ 用表格形式列出员工岗位职责和公司经营范围。每组提交一份上述材料的电子文档。

2. 网上调研货代公司

　　学生浏览以下 3 家货代公司的网站（深圳市外代国际货运有限公司，网址 http://www.penavicocargo.com/china/index.jsp；深圳市华展国际物流有限公司，网址 http://www.sz-patent.com；宁波华基货运代理有限公司，网址 http://www.chinacoast.com.cn），查看公司的简介。根据网站介绍，选择其中一家公司，总结出该公司的经营范围，画出该公司的组织结构图，提交电子版文档给老师。

任务三　国际货运代理企业的建立

微课 1.3

　　任务描述：要求学生了解国际货运代理企业的设立条件和注册申报程序，了解国际货运代理企业备案登记管理制度，熟悉国际货运代理企业的建立程序。

一、国际货运代理企业的设立

（一）设立条件

　　（1）国际货运代理业务的申请人应当是与进出口贸易或国际货物运输有关、并有稳定货源的单位。符合以上条件的投资者应当在申请项目中占大部分股份。

　　（2）具有至少 5 名从事国际货运代理业务 3 年以上的业务人员，其资格由业务人员原所在企业证明，或者取得商务部颁发的资格证书。

　　（3）有固定的营业场所，自有房屋、场地须提供产权证明，租赁房屋、场地须提供租赁契约。

　　（4）有必要的营业设施，包括一定数量的电话、传真机、计算机、短途运输工具、装卸设备和包装设备等。

　　（5）有稳定的进出口货源市场，即在本地区进出口货物运量较大，货运代理行业具备进一步发展的条件和潜力，并且申报企业可以揽收到足够的货源。

　　（6）国际货物运输代理企业的注册资本应符合下列要求：经营海上国际货物运输代理业务的，最低限额为 500 万元人民币；经营航空国际货物运输代理业务的，最低限额为 300 万元人民币；经营陆路国际货物运输代理业务或者国际快递业务的，最低限额为 200 万元人民币。经营上述两项以上业务的，注册资本最低限额为其中最高一项的限额。

（二）申请企业须报送文件资料

　　申请货代企业须报送文件资料清单如表 1-7 所示。

表 1-7　申请货代企业须报送文件资料清单

序　号	文　件　项　目
1	申请书，包括投资者名称、申请资格说明和申请的业务项目
2	可行性研究报告，包括基本情况、资格说明、现有条件、市场分析、业务预测、组建方案、经济预算及发展预算
3	投资者的企业法人营业执照（复印件）
4	董事会、股东会或股东大会决议
5	企业章程（或草案）

序　　号	文 件 项 目
6	主要业务人员简况（包括学历、所学专业、业务简历和资格证书）
7	资信证明（会计事务所出具的各投资者的验资报告）
8	投资者出资协议
9	法定代表人简历
10	国际货运代理提单（运单）样式
11	企业名称预先核准函（复印件、工商管理部门出具）
12	国际货运代理企业申请表
13	交易条款

（三）申请报批程序

（1）企业提出申请。

（2）行业主管部门对企业申请进行审核，并提出报批或不批意见。

（3）市商务局对企业申请审核下发呈请文件，并上报省商务厅。

（4）省商务厅审核后，上报国家商务部审批。

（5）申请人接到商务部同意批复后，应于批复 60 天内持修改的企业章程（正本），并凭市商务局的介绍信到商务部领取批准证书。

（6）申请企业持商务部颁发的批准证书到工商、海关、税务和外管局等部门办理有关手续。

二、国际货运代理企业备案登记管理

（一）备案登记的相关规定

商务部建立国际货运代理企业备案管理制度。为加强对国际货物运输代理业的管理，根据《中华人民共和国对外贸易法》和《中华人民共和国国际货物运输代理业管理规定》的有关规定，商务部制定了《国际货运代理企业备案（暂行）办法》。

凡经国家工商行政管理部门依法注册登记的国际货物运输代理企业及其分支机构（以下简称"国际货代企业"），应当向商务部或商务部委托的机构办理备案。商务部是全国国际货代企业备案工作的主管部门。国际货代企业备案工作实行全国联网和属地化管理。商务部委托符合条件的地方商务主管部门（以下简称"备案机关"）负责办理本地区国际货代企业的备案手续；受委托的备案机关不得自行委托其他机构进行备案。备案机关必须具备办理备案所必需的固定的办公场所，管理、录入、技术支持，维护的专职人员以及连接商务部国际货运代理企业信息管理系统（以下简称"信息管理系统"）的相关设备等条件。对于符合上述条件的备案机关，商务部可出具书面委托函，发放由商务部统一监制的备案印章，并对外公布。备案机关凭商务部的书面委托函和备案印章，通过信息管理系统办理备案手续。

国际货代企业在本地区备案机关办理备案的程序如下。

（1）领取《国际货运代理企业备案表》（以下简称《备案表》）。国际货代企业可以通过商务部政府网站（http://www.mofcom.gov.cn）下载，或到所在地备案机关领取《备案表》。

（2）填写《备案表》。国际货代企业应按《备案表》要求认真填写所有事项的信息，并确保所填写内容完整、准确和真实；同时认真阅读《备案表》背面的条款，并由法定代表人签字、盖章。

（3）向备案机关提交填写完成的《备案表》、营业执照复印件和组织机构代码证书复印件。

（二）备案登记的相关注意事项

（1）备案机关应自收到国际货代企业提交的上述材料之日起5日内办理备案手续，在《备案表》上加盖备案印章。备案机关在完成备案手续的同时，应当完整、准确地记录和保存国际货代企业的备案信息材料，依法建立备案档案。

（2）国际货代企业应凭加盖备案印章的《备案表》在30日内到有关部门办理开展国际货代业务所需的有关手续。从事有关业务，必须依照有关法律、行政法规的规定，须经有关主管机关注册的，还应当向有关主管机关注册。

（3）企业应在30日内办理《备案表》的变更手续，逾期未办理变更手续的，其《备案表》自动失效。

（4）备案机关收到国际货代企业提交的书面材料后，应当即时予以办理变更手续。

（5）国际货代企业应当按照《中华人民共和国国际货物运输代理业管理规定》的有关规定，向商务部或其委托机关（机构）提交与企业经营活动有关的文件和资料。商务部和其委托机关（机构）应当为提供者保守商业秘密。

（6）国际货代企业已在工商部门办理注销手续或被吊销营业执照的，自营业执照注销或被吊销之日起，《备案表》自动失效。

（7）备案机关应当在国际货代企业撤销备案后将有关情况及时通报海关、检验检疫、外汇和税务等部门。

（8）国际货代企业不得伪造、变造、涂改、出租、出借、转让和出卖《备案表》。备案机关在办理备案或变更备案时，不得变相收取费用。

（9）外商投资国际货代企业按照《外商投资国际货物运输代理企业管理办法》有关规定办理。

（10）国际货代行业协会应协助政府主管部门做好企业备案工作，充分发挥行业协会的协调作用，加强行业自律。

三、建立国际货运代理企业的业务流程

建立国际货运代理企业的业务流程如图1-8所示。

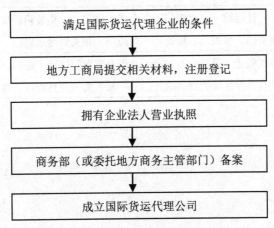

图1-8 建立国际货运代理公司的业务流程

四、备案表格填写实例

国际货运代理企业备案表的填写如阅读材料 1-4～阅读材料 1-6 所示。

📖 阅读材料 1-4　国际货运代理企业备案表（一）

表 1-8 和表 1-9 所示的国际货运代理企业备案表（一）适用于法人企业。

表 1-8　国际货运代理企业备案表（一）正面

国际货运代理企业备案表（一）

（法人企业适用）

备案表编号：912345

企业中文名称	A 国际货运代理有限公司		企业经营代码
企业英文名称	A International Cargo Transport Agent Co.,Ltd		1234567890
住　　所	天津市河东区通达路 92 号		
经营场所（中文）	天津市河东区通达大厦		
经营场所（英文）	Tongda Building Hedong District Tianjin		
工商登记注册日期	2007 年 3 月 16 日	工商登记注册号	0987654321
企业类型	有限责任公司	组织机构代码	1234
注册资金	1 200 万元人民币	联系电话	022-25708888
联系传真	022-22308888	邮政编码	300400
企业网址		企业电子邮箱	www.tongdaA@126.com
法定代表人姓名	×××	有效证件号	210938727671662

业务类型范围

运输方式	海运□	空运□	陆运□	
货物类型	一般货物□	国际展品□	过境运输□	私人物品□
服务项目	揽货□　　托运□　　定舱□　　仓储中转□　　集装箱拼装拆箱□ 结算运杂费□　报关□　报验□　保险□　相关短途运输□　运输咨询□			
特殊项目	是否为多式联运　是□　否□　　是否办理国际快递　是□　否□ 信件和具有信件性质的物品除外□　　私人信函及县级以上党政军公文除外□			
备注				

备案机关

（签　章）

××××年××月××日

表 1-9 国际货运代理企业备案表（一）背面

本人代表本企业做如下保证：

一、遵守《中华人民共和国对外贸易法》《中华人民共和国国际货物运输代理业管理规定》及其配套法律、法规、规章。

二、遵守与国际货物运输代理业相关的运输、海关、外汇、税务、检验检疫、环保、知识产权等其他法律、法规、规章。

三、服从主管部门对国际货物运输代理业的行业管理，自觉维护国际货物运输代理业的经营秩序。

四、不伪造、变造、涂改、出租、出借、转让、出卖《国际货运代理企业备案表》。

五、在备案表中所填写的信息是完整的、准确的、真实的。

六、按要求认真填写、及时提交与经营活动有关的文件和资料。

七、《国际货运代理企业备案表》上填写的任何事项发生变化之日起，30 日内到原备案登记机关办理《国际货运代理企业备案表》的变更手续。

以上如有违反，将承担一切法律责任。

企业法定代表人

（签字、盖章）

××××年××月××日

📖 阅读材料 1-5 国际货运代理企业备案表（二）

表 1-10 和表 1-11 所示的国际货运代理企业备案表（二）适用于货运代理企业分支机构。

表 1-10 国际货运代理企业备案表（二）正面

国际货运代理企业备案表（二）

（分支机构适用）

备案表编号：912345

企业中文名称	A 国际货运代理有限公司滨海分公司		企业经营代码	
企业英文名称	Binhai Branch of A International Cargo Transport Agent Co.,Ltd.	24567890	24567890	
住 所	天津市保税区海滨 15 路 100 号			
经营场所（中文）	天津港保税区豪威大厦			
经营场所（英文）	Tianjin Port Free Trade Zone Haowei Building			
工商登记注册日期	2008 年 5 月 16 日	工商登记注册号		
母公司名称	A 国际货运代理有限公司			
母公司组织机构代码	1234567890	母公司经营代码		
注册资金	500 万元人民币	联系电话	022-2570000	
联系传真	022-2570000	邮政编码	300456	
企业网址		企业电子邮箱	binhaiA@126.com	
负责人姓名	×××	有效证件号	12010723456677	

业务类型范围

运输方式	海运□　　　空运□　　　陆运□
货物类型	一般货物□　　国际展品□　　过境运输□　　私人物品□
服务项目	揽货□　　托运□　　定舱□　　仓储中转□　　集装箱拼装拆箱□ 结算运杂费□　报关□　报验□　保险□　相关短途运输□　运输咨询□
特殊项目	是否为多式联运　是□　否□　　是否办理国际快递　是□　否□ 信件和具有信件性质的物品除外□　　私人信函及县级以上党政军公文除外□
备注	

备案机关

（签　章）

××××年××月××日

表 1-11　国际货运代理企业备案表（二）背面

本人代表本企业做如下保证：

一、遵守《中华人民共和国对外贸易法》《中华人民共和国国际货物运输代理业管理规定》及其配套法律、法规、规章。

二、遵守与国际货物运输代理业相关的运输、海关、外汇、税务、检验检疫、环保、知识产权等其他法律、法规、规章。

三、服从主管部门对国际货物运输代理业的行业管理，自觉维护国际货物运输代理业的经营秩序。

四、不伪造、变造、涂改、出租、出借、转让、出卖《国际货运代理企业备案表》。

五、在备案表中所填写的信息是完整的、准确的、真实的。

六、按要求认真填写、及时提交与经营活动有关的文件和资料。

七、《国际货运代理企业备案表》上填写的任何事项发生变化之日起，30 日内到原备案登记机关办理《国际货运代理企业备案表》的变更手续。

以上如有违反，将承担一切法律责任。

企业法定代表人

（签字、盖章）

××××年××月××日

📖 阅读材料 1-6　国际货运代理企业业务备案表（三）

国际货运代理企业业务备案表（三）如表 1-12 所示。

表 1-12　国际货运代理企业业务备案表（三）

企业名称		经营代码	
年末职工人数		取得国际货代资格证书人数	
货运车辆（辆/吨）		集装箱卡车（标准箱）	
自有仓库（平方米）		保税、监管库（平方米）	
铁路专用线（条）		物流计算机信息管理系统（套）	
海关注册登记证书号		商检报捡单位登记号	

续表

年度经营情况		
运输方式	全年出口	
	散货（吨）	集装箱货物（标准箱）	营业额（万元人民币）
海运			
陆运			
空运			
快件	件		
运输方式	全年进口	
	散货（吨）	集装箱货物（标准箱）	营业额（万元人民币）
海运			
陆运			
空运			
快件	件		
仓储营业额（万元人民币）		其他营业额（万元人民币）	
年营业总额	其中美元（万元）：	人民币（万元）：	
年净利润总额（万元人民币）		缴纳税金（万元人民币）	

做一做：单项实训三

实训目标：认识国际货运代理企业的基本业务，体验国际货运代理业务的市场状况。

1. 将全班分成 10 个小组，各小组上网查询本地区货代企业中相对比较成功的三家企业，并说明其业务优势，内容做成 PPT 的形式，各小组派一人进行课堂汇报。

考核指标：① PPT 精美程度；② 汇报人的表达能力；③ 收集资料的详细度；④ 内容是否条理清晰。

2. 要求学生浏览中国外运股份有限公司（网址 http://www.sinotrans.com）、锦程国际物流（网址 http://www.ejc56.com）、深圳安顺达国际物流有限公司（网址 http://www.asd-shipping.com）等国内较大型的物流平台，并在平台上注册，以虚拟的船东、货代、货主等不同的身份登录平台，了解供求关系及变化的市场行情，了解海、陆、空运输的价格和保险等。

考核指标：① 所浏览网站的名称；② 已注册成功的网站及账号；③ 有沟通的公司名称；④ 电话或邮件来往情况。

练习题

一、填空题

1. 国际货物运输代理企业可以作为进出口货物收货人、发货人的代理人，也可以作为独立经营人，从事国际货物_____。

2. 国际货运代理不仅可以简化国际贸易程序，降低_____，还可以改善外汇收支平衡状况。

3. 由于海运的成本相对低廉，目前世界上约_____的国际货物运输都是通过海运完成的。

4. 无船承运人是指在国际货物运输中的_____，而不是完成运输的实际承运人。

5. 国际货运代理的义务是指国际货运代理在接受委托后，对自己的代理事宜应当从事或不应当从事的行为，以及在从事货运代理业务中与_____或不应当从事的行为。

二、选择题

1. 交通运输部门是货物运输工作中的（　　）。
   A. 托运人　　　　　B. 收货人　　　　　C. 中间人　　　　　D. 承运人
2. 货运代理人是货物运输工作中的（　　）。
   A. 托运人　　　　　B. 承运人　　　　　C. 中间人　　　　　D. 收货人
3. 国际货运代理协会联合会的简称是（　　）。
   A. BIMCO　　　　　B. IMO　　　　　C. CMI　　　　　D. FIATA
4. 我国无船承运人的主管部门是（　　）。
   A. 商务部　　　　　B. 交通运输部　　　　　C. 海关总署　　　　　D. 中国货运代理协会
5. 国际货运代理企业备案管理制度是由（　　）建立的。
   A. 商务部　　　　　　　　　　B. 国际货运代理协会
   C. 交通运输部　　　　　　　　D. 中国货运代理协会

三、简答题

1. 我国对国际货物运输代理的定义是什么？
2. 中国国际货运代理协会的宗旨和业务范围是什么？
3. 国际货运代理的作用主要体现在哪些方面？
4. 我国有关法律法规对国际货代企业的注册资本是如何规定的？
5. 国际货运代理企业主要有哪些权利？
6. 你认为国际货运代理人员应具备哪些基本素质？

四、案例题

韩国至大连进口辣椒酱业务

委托锦程物流代理进口运输业务的胡先生曾在韩国留学，回国后通过自己的努力经营了一家韩式口味的饭店。因为胡先生对食材的要求非常严格，所以使用的辣椒酱均要从韩国直接进口，以保证食客可以吃到地道的韩国料理。

一次偶然的机会，胡先生在网上了解到锦程物流的优势与公司规模，并与锦程物流取得了联系。

锦程物流的客户顾问经过与胡先生的接洽，了解了胡先生的需求，并为其量身定制了一整套的代理运输方案。

1. 沟通考察

胡先生是个体经营者，本身没有进出口权，所以需要锦程物流为其匹配一家长期从事进口食品代理的贸易公司作为其进口的代理商。

2．运输方案的制订

经与胡先生多次沟通后，客户顾问了解了胡先生对于进口食品运输时长及提货便捷性等方面的要求，为此邀请胡先生到锦程物流的总部参观，并为其提供了两套运输方案。

（1）进口空运。由韩国直飞哈尔滨，由锦程物流负责在哈尔滨当地完成清关工作后，安排送货至胡先生的店里。此方案的优点是运输速度快，但是搬运次数较多，可能会对食品外包装或货物本身造成一定的损坏。

（2）进口海运集装箱拼箱运输。锦程物流的客户顾问为胡先生详细讲解了装箱、订舱、上门提货、报关和目的港清关送货等一系列运输工作节点的要求和步骤，胡先生非常满意，最终决定选择海运集装箱运输。此方案的优点是安全可靠、节省成本、搬运次数少等，缺点是运输时间比空运稍长一些。

3．订舱、报关、运输工作

在这次合作中，韩国当地的订舱报关等工作都是由锦程的海外代理直接和胡先生的发货人联系的，并配合发货人准备报关文件。锦程海外代理对货物进行专业化的包装并用心准备相关单据，保证了货物的顺利订舱、报关和运输，获得了胡先生的大力赞赏。

4．国内清关

锦程物流的客户顾问在前期为胡先生的进口货物做了充分的工作准备，所以在国内清关时并未因单据缺失或货物不符等问题遇到阻碍，完全符合我国对进口食品运输及清关的要求。锦程物流在清关完毕后第一时间将货物准确地送达胡先生的韩国料理店内，胡先生为此表示十分感谢。

思考：胡先生愿意把辣椒酱进口货运业务委托给锦程物流的原因是什么？

项目综合实训：甄别国际货运代理企业经营资质

一、实训目的

掌握国际货运代理企业经营资质的甄别方法。

二、实训方式

学生根据提供的线索上网查询和辨别国际货运代理企业的经营资质，并填写相关表格。

三、实训内容及步骤

查询商务部和交通运输部相关网页，判断表 1-13 中的企业是否具有国际货运代理或者无船承运人资质，完成表格内容。

表 1-13 甄别国际货运代理企业经营资质实训表

序　　号	企业中文名	商务部备案企业经营代码	无船承运业务经营者（填"是"或"否"）	无船承运业务证书编号	无船承运业务注册地
示例一	上海源福物流有限公司	3100004295	是	MOC-NV01701	上海
示例二	义乌市华皓国际货运有限公司	3300000053	否	无	无
示例三	义乌市华成国际货运代理有限公司	无	否	无	无

续表

序 号	企业中文名	商务部备案企业经营代码	无船承运业务经营者（填"是"或"否"）	无船承运业务证书编号	无船承运业务注册地
1	义乌太平洋国际货运有限公司				
2	上海凯创国际货运代理有限公司				
3	中国外轮代理有限公司				
4	日通国际物流（中国）有限公司深圳分公司				
5	嘉里大通物流有限公司				
6	深圳市华展国际物流有限公司				
7	中国远洋物流有限公司				

四、实训结果

每人提交一份上述已填写完成的表 1-13，给出自己的结论。

货代行业的生存之本——诚信

有句老话说得好，"没有金刚钻，别揽瓷器活"。可往往有些货代销售业务员，为了赚钱，偏要做些超出个人能力或者公司能力范围外的业务，打破格局。小李所在的货代公司，原本主营近洋航线，公司在价格上有绝对优势，但一家老客户要走俄罗斯的货。没有经验、没有优势的小李，不想放弃赚钱机会，还是强行接了单，同时去找俄罗斯线的同行合作。小李与俄罗斯线的同行初次合作，完全没有经验，结果在俄境内的清关环节产生了严重失误，需要支付额外的清关费用。合作的同行货代将这一情况转达给小李，再由小李告之客户。两难之下，客户硬着头皮支付了高额的清关费用。此后，客户停掉了小李原来收益不错的日韩海运业务。因信息传递错误、谎言、欺骗、操作经验不足，造成的所谓不诚信问题，最终导致矛盾和经济纠纷。为什么叫"所谓不诚信"呢？因为有些销售人员，确实不存在主观故意，其实初衷都想诚信，但是，一旦看到丰厚的利润，就会"霸王硬上弓"，承接超出能力范围的业务。个别货代企业缺少诚信度，引发了市场不良氛围。在货代经营活动中，不仅货代企业要诚信守信，客户也应当诚信，承担自己的责任，货代企业与客户之间以诚信合作为目标，才能实现多方的共赢。

思考：结合以上材料，谈谈你对国际货运代理行业中诚信品质的认识？

思政提示

项目二 揽 货 业 务

【学习目标】

了解揽货的基本概念，了解揽货人员必须具备的基本素质；掌握揽货的程序和方法，学会基本的电话销售与客户拜访的技巧，能独立开展揽货业务；熟悉货代合同的基本内容，能根据揽货情况签订货代合同。

【主要知识点】

揽货的基本概念；揽货的程序和方法；货代合同的基本内容。

【关键技能点】

询价、报价及揽货技巧；货代合同的签订。

任务一 揽 货 认 知

任务描述：要求学生能理解揽货的基本概念，领会揽货人员应具备的基本素质。

微课 2.1

一、揽货的相关概念

（一）揽货

揽货又称揽载，是指从事货物运输经营的企业为使自己所经营的运输工具得到充分利用，以期获得最好的经营效益而从货主那里争取货源的行为。

揽货的成效直接影响到货运企业的经营效益，甚至关系着货运经营的成败。因此，任何一家货运企业都要特别注意在其所经营的运输线路上的揽货工作。

为了揽货，班轮公司首先要为自己所经营的班轮航线、船舶挂靠的港口及其到、发时间制定船期表分送给已经建立起业务关系的原有客户，并通过各种传媒广泛宣传，使其他潜在的货主都能了解公司经营的班轮运输航线及船期情况，以便联系安排货运，争得货源；其次，还要在航线两端和挂靠港口及其腹地的货物集中地设置自己的分支机构、营业所或委托代理机构进行揽货的具体工作。

（二）揽货的特征

揽货具有推销的一般特征，具体而言，主要包括以下两个方面。

（1）揽货需要与客户直接接触。揽货人员通过与客户联系、接触洽谈，可以及时了解客户对货运服务的要求，及时调整营销策略，尽量满足客户的要求。因此，揽货的方式一般都比较灵活。

（2）揽货需要与客户建立长期业务关系。揽货是运输企业生产活动的重要环节，揽货人员能否及时揽到充足的货物，直接影响到运输企业生产活动能否顺利进行，甚至关系到运输企业经营的成败。因此，与广大客户建立长期业务关系，力求稳定货源，保持货运量和市场份额是所有运输企业的共同目标。

（三）揽货的主体

揽货的主体是运输企业的揽货人员，虽然各个企业的揽货人员因企业经营规模和经营现状而有所不同，但揽货人员的任务基本是相同的。

（1）与企业现有客户保持联系，力求通过客户拓展自己的销售网络。

（2）积极寻找和发现新客户。

（3）根据企业的运价政策揽取更多的货物，力争完成既定的销售目标。

（4）及时反馈营销信息给航运公司、陆上运输部门及转运港相关人员。

（5）进行市场调研，收集客户和竞争对手的信息情报。

（6）制订销售计划，定期访问客户。

（7）向客户提供各种服务，如咨询服务，解决技术难题，协调客户与货运代理、码头、海关和商检等的关系，向客户提供船期和货物运转信息，等等。

（四）揽货的类型

通常运输企业都设有负责揽货业务的专职部门——货运部，或称"业务部""市场营销部""市场部"等。货运部的主要职能就是为企业揽取足够的货物，维持企业的正常生产活动。目前，大多数运输企业货运部的设置和工作都是在企业业务经理的领导下进行的。

揽货的类型大致可分为以下四种。

1. 地区型

地区型是指分公司的营销经理将本公司所辖区域划分为几块，每一个销售人员分管一个地区，负责与该地区的所有客户（包括各种进出口公司、各级货运代理公司）联系并向其揽取货物。例如，某海运企业上海分公司将其所辖的华东地区划分成上海地区、浙江省地区、江苏省地区及其他地区等，每一个地区分配一个或几个销售人员与该地区的客户联系，并制定相应的揽货指标，每一个销售人员都必须努力完成分配的揽货任务。这种做法适用于客户较集中的情况，其优点有三个：一是销售人员责任明确，对所辖地区销售业绩的好坏负有直接责任；二是有利于销售人员与当地的客户建立固定联系，提高揽货效率；三是由于每个销售人员所辖客户相对集中，可以适当节省差旅费用。

2. 货主型

货主型是指按照货主类型分配销售人员。通常海运企业的货主分为两类：直接客户与间接客户。直接客户是指各类专业进出口公司、三资企业及有进出口权的各类企业；间接客户是指各级货运代理公司、无进出口权的工厂和产品供应商等。根据企业与客户的关系，海运企业客户又可分为现行客户与潜在客户；按照贸易量的大小，海运企业客户还可分为大客户、一般客户和小客户。因此，海运企业在分配销售人员时，应综合考虑客户的类型、客户的规模以及企业与客户的关系等因素。一般而言，企业资深的销售人员适宜负责与大客户、直接客户联络，以保持稳定的货源；一般销售人员则适宜与各级货运代理公司、小客户联络，以拓展企业的揽货能力。这种做法的优点是：销售人员可以更加熟悉和了解自己的客户，掌握自己客户的出货规律和运输需求。其缺点是每个销售人员所负责的客户较分散，差旅费用较高，等等。

3. 航线型

航线型是指根据海运企业所经营的产品航线分配销售人员。例如，按照美洲航线、欧洲航线、地中海航线、亚洲航线和非洲航线等来分配专职销售人员，每一个销售人员或几个销售人员主要负责指定航线的揽货任务。目前，许多水运企业都采用航线型或类似的揽货方式。这种揽货方式要求每一个销售人员都必须十分熟悉指定航线和指定航线客户的情况，如指定航线的航班密度、挂靠港口、转运时间、不同港口的报关、转关、清关的时间、程序和要求以及指定航线的主要客户情况等。因此，这种揽货方式有利于向客户提供更完善的服务。然而，每个销售人员都是面向整个市场揽货，销售工作量较大，同时，同一客户可能既有美洲、欧洲货物运输业务，也有亚洲和其他地区的货物运输业务，这样就会造成对同一客户的重复销售，不利于销售人员与客户保持密切关系，也不利于销售人员之间的相互合作。其优点是销售指标明确，有利于考核每一个销售人员的业绩水平。

4. 货种型

货种型是指按照被运货物种类分配销售人员的揽货方式。通常海运企业所承运的货物是多种多样的，包括散货、件杂货、集装箱货、干货、冷藏货和冻货等。不同的货物，其来源不同，操作方法和程序也相差甚远，尤其是特种货物，如危险品，冷冻品及超长、超重、超宽、超高的货物等，其操作方法和程序与普通货物相比各有不同的特点和要求，而且这类货物的客户往往比较固定。因此，企业可以按照所承运货物的种类来分配销售人员的任务。这种揽货方式要求专职销售人员掌握所负责货种的货源、操作规范及出运规律知识、资料和信息。其优点是销售人员可以向客户提供技术咨询，便于向客户提供全面、优质的服务。其不足之处是在同一市场上或同一客户手里可能会同时出现本企业的多个销售人员，揽货费用相对较高。

二、揽货员应具备的素质

揽货员必须具备特定的自身条件，才能更有效地完成揽货任务。

（一）良好的心理素质

揽货员要面对的问题很多，包括客户的无情回绝、自尊受打击和信心危机等，如果心理承受能力不够强的话，那么很快就会崩溃，这不单指业务方面，甚至私人生活方面也会时刻受到影响。良好的心理素质是经过不断磨炼得来的，业界有一个"1%原则"，即在揽到1%的客户的货物之前被99%的客户拒绝是不可避免的。因此，揽货员在不断的失败中仍要自信坚强，在失败中不断地积累经验，百折不挠地向目标靠近，大胆地介绍公司的业务范围和公司的服务优势。揽到货后也不是万事大吉，后续工作还会遇到很多问题，如出货厂家的问题、操作的问题、承运人的问题、货场的问题、拖车欠缺的问题、拖车不够准时的问题和报关没报好的问题等，尤其当揽货员接到几票货时也许这些问题会同时显现出来。揽货员要冷静面对，乱了一个环节就有可能全盘皆"乱"；受到委屈时要及时调整好自己的心情，绝对不能把情绪带给下一个客户。每个客户每天的问题都会不一样，揽货员要学会应变。国际运输时间长、距离远，只要其中一个环节出错，客户就会很紧张，担心误了交货期。

（二）爱岗敬业，具备良好的服务意识

揽货员具备的敬业精神可归纳为"五心"：信心、耐心、恒心、诚心、爱心。揽货员个人的素质代表了公司的素质，国际货运代理行业属于服务行业，揽货员要有服务客户的精神，要做到服务态度好，一切以客户为中心，全心全意为客户服务。

（1）揽货员要时刻充满信心，即对自己有信心，对所属公司的服务产品有信心，给予客户正面的印象，在衣着、精神状态和言行举止上都要体现出这种信心。

（2）在工作中，揽货员即便判断出某些客户只是来询价而无意提供货源，也要耐心地回答他们的问题、解答他们的疑问。如果客户是来投诉和发脾气的，揽货员要控制自己的情绪等对方发泄完，如果是自己的责任要保证改进；如果是其他同事的责任要有礼貌地转达客户的批评或转接给负责的同事。

（3）持之以恒地关心客户。要想获得一个客户，揽货员需要不断地和潜在客户联络。有的公司要求揽货员每个月都要联络大客户，因为即使没有合同，相互交流也将有助于今后的合作。对于已经移交给操作员或客服的老客户也要经常关心，对客户货物的跟踪要有始有终。

（4）揽货员要和客户真诚地交流，让客户知道公司服务的限度，了解公司的困难，并向客户保证会弥补不足之处，但不要承诺做不到的事情。尊重客户的要求，但不是满足他们所有的要求。

（5）揽货员要凭着一颗爱心热情地对待客户，为客户解决困难和分担忧愁，然后才可能揽到业务。对潜在的业务伙伴，揽货员要热情认真地追踪，这里说的追踪是要不断地联系和不断地交流，不用刻意追求接单与否，而是先交朋友。优质贴心的服务、刻苦勤勉的揽货员容易得到客户的认可。

（三）善于沟通，判断准确

揽货员要善于研究客户心理，学习社会心理学；同时要能说会道，掌握与人沟通的技巧。要成为出色的揽货员，仪容、穿着方面也要注意，保持仪容端庄，穿着搭配合理，给人舒服的感觉。

通过收集的货源资料，揽货员可以了解很多要开发的客户，但并不是每一个都是准客户，只有很小的一部分会真正合作，所以要学会取舍。揽货员的时间有限，要把较多的时间花在有可能合作的客户身上，要学会筛选客户。

注意观察客户的肢体语言，如客户倾身听你讲或突然向你索要一个较低的价格时，表示他在考虑与你合作，此时不要错失良机，也不要操之过急，你可以说"我们约个时间喝茶"或"这个价格我同经理商量后我们再约"。如果客户忙于其他事没有停留下来的迹象或双腿抖动显得有点不耐烦，你可能就要先告辞了。

（四）树立专业人士的形象

揽货员对本企业所提供的国际货运代理服务范围、质量、过程和后勤服务等必须熟悉，对本企业的历史、规模、组织、人事、财务及营业政策等也必须熟悉，以便解答客户可能询问的问题。

每个揽货员都必须努力装备自己并掌握必要的相关专业知识，如国际货运代理知识、国际贸易知识、货代英语知识和国际贸易地理知识等，以应付各方面的需要，为企业带来更多的商机并提高企业的效益。例如，帮助客户理解单证，解释单据，甚至帮助客户制作单据。因为并不是所有的外贸人员都了解单证，他们能卖出产品给外国客户，但未必了解外贸必需的单据，这时揽货员就是他们的老师，要向他们解释需要什么单据。

📖 阅读材料 2-1　深圳市某国际货运代理有限公司招聘货运代理销售代表的要求

职位：货运代理销售代表

工作职责：

（1）负责国际海运、空运等物流相关业务的销售工作。

（2）整合开发公司现有客户，开拓潜在客户和业务，促长销售量。

（3）接受客户委托，安排订舱、运输、货物跟踪、报关等事宜。

（4）联络船公司或货运公司安排订舱、提单签发等工作。

（5）监督维护客户的需求及跟踪、反馈客户的反应。

（6）定期拜访客户、更新客户资料，跟踪潜在客户和业务，推进业务发展。

（7）维护客户关系，妥善处理客户投诉、纠纷。

岗位要求：

（1）责任心强，为人诚实正直，吃苦耐劳。

（2）工作作风细致严谨，爱岗敬业，对工作充满热情。

（3）性格开朗、健谈，有良好的沟通交际能力。

（4）具备良好的自我学习能力，敏锐的市场观察力。

（5）拥有国际货运代理销售工作经验者，优先录用。

（6）可接受优秀的应届毕业生。

📖 阅读材料 2-2　广州市某国际货运代理有限公司招聘货运代理的要求

职位：货运代理

工作职责：

（1）分析、筛选广州市周边或外省的潜在客户源，整理客户信息，并创新多种方法，不断开发新的潜在客户，达成交易。

（2）维护现有客户，改善服务，并与客户建立长期稳定的合作关系。

（3）定时回访客户，收集客户的反馈意见，提高服务质量。

（4）尽心尽力地为客户解决问题，维护好公司的业务与形象，创造个人优质服务品牌。

任职资格：

（1）热爱销售，不怕困难，耐心坚持，热情、真诚待人，有货代销售行业经验，有长期稳定的货源，从事过外贸、电话营销和物流行业的优先考虑，热爱销售行业的国际物流、国际贸易、报关等专业应届毕业生亦可。

（2）形象好，口齿清晰，具有良好的沟通技巧和理解能力以及较强的服务意识。

（3）性格活泼开朗，能吃苦耐劳，态度端正，能承受压力挑战自我。

（4）大专以上学历，英语水平良好，熟悉 Office 等办公软件。

做一做： 单项实训一

实训目标： 角色扮演国际货运代理揽货业务人员，体验揽货业务人员的岗位职责和任职要求。

> 1. 揽货人员自我介绍。每两位同学为一个小组，其中一位扮演货代公司客户，另一位扮演货代公司的揽货业务员。请揽货业务员进行时长一分钟的自我介绍，向客户介绍自己及本公司的服务，然后角色互换进行练习。
>
> 2. 访问前程无忧网（www.51job.com），查询三家以上货代公司对揽货业务员或货代销售员岗位的岗位职责要求，总结并列出货代企业对揽货人员关键的素质要求。

微课 2.2

任务二　揽货的程序和方法

任务描述： 掌握揽货的程序、方法及相关注意事项，明确接受客户委托后所应做的准备工作。

一、揽货的步骤

揽货可以分为以下几个步骤：寻找潜在客户、接触前准备、接触客户、推销洽谈、签订合同和售后服务，如图 2-1 所示。

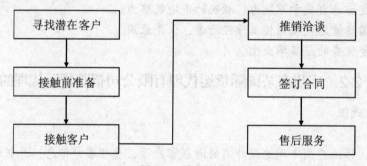

图 2-1　揽货步骤

在整个揽货过程中，寻找潜在客户和接触前准备相当于序曲，是揽货成功的前提和基础；而接触客户、推销洽谈与签订合同则是揽货的主要内容，是揽货员施展聪明才智和推销技巧的机会，也是整个揽货过程的关键所在；售后服务是揽货过程的最后一个环节，也是十分关键的一个环节。良好的售后服务往往能赢得客户的信任，增进销售人员与客户之间的感情，稳定老客户，开发新客户，提高企业的揽货能力和竞争能力。

（一）寻找潜在客户

寻找潜在客户是揽货过程的开始，也是决定揽货成败的关键所在。通常海运企业的客户有三类：一是现行客户，是指现在正在支持本企业、使用本企业运输服务的客户，其支持本企业的货量应不少于其总货量的 10%；二是未来客户，是指那些现在尚未使用本企业的运输服务，将来有可能选择本企业服务的客户；三是潜在客户，是指那些尚未使用本企业的运输服务，正在与其他海运企业合作的客户，这类客户往往具有一定的货量，成功地发掘潜在客户是企业拓展销售范围、增加揽货量、提高企业市场占有率的重要途径之一。

揽货业务员可以通过以下几种方法寻找潜在客户。

1. 资料查询法

资料查询法是指通过查询各种信息资料以获取潜在客户的信息的方法。通常可以通过查阅电话簿、工商管理广告、企业广告和公告、企业名录、货主协会简报、其他海运企业的委托单、理货舱单等了解潜在客户的名称、地址、邮政编码、经营范围、电话传真及业务联系人等信息，从而可以对客户进行电话、传真联系和跟踪。利用资料查询法寻找潜在客户可以避免揽货工作的盲目性，节省寻找客户的时间和费用。

2. 客户引荐法

客户引荐法是指通过现有客户的介绍或推荐来寻找潜在客户的方法，这种方法在西方营销学中被称为"无限连锁介绍法"，且具有很大的影响力。这是因为由于世界经济一体化，世界贸易亦向全球化方向发展，同一地区的贸易商彼此十分熟悉，往往既是竞争者又是合作者，不同地区、甚至不同国家的贸易亦具有千丝万缕的业务联系。因此，通过现有客户的引荐，往往可以成功地发掘大量潜在的客户。这种方法往往要求揽货业务员具有高尚的职业道德，在现有客户中具有良好的声誉，与现有客户有着密切的联系和友好的关系，否则，这种方法就很难付诸实施。

3. 抛砖引玉法

抛砖引玉法是指企业通过广告、电视和展示会的形式宣传自身的服务，以吸引潜在客户的注意并与本企业主动联系。例如，企业有选择地在各种航务周刊、航务公报、报纸以及航运交易所定期公布本企业的水运信息；在当地电视上做专题报道介绍本企业的服务；派销售人员参加商品交易会并向客户散发宣传资料；等等。这些方法都可以不同程度地吸引客户的注意力，加深客户对企业的印象和了解，从而起到发掘潜在客户的目的，同时还能提高企业的知名度，提高销售人员的影响力和说服力，从而节省推销费用。这种方法的局限性是常常带有一定的盲目性，针对性欠佳。

📖 阅读材料 2-3　寻找客户信息是找到货代客户的第一步

在互联网这个浩瀚的世界里，信息满天飞，真真假假很难辨别。但是，互联网又是一个大家都离不开的营销平台，利用好了能创造出巨大的财富，利用不好，信息就如石沉大海。搜寻客户信息，可在互联网上进行。一般来说，主动出击会比守株待兔要好很多。寻找信息最常用的方式有以下几种。

第一，通过当地的人才网。众所周知，人才网是招揽企业人才的地方，也是信息最为准确、及时的地方。某家企业在招聘关务、船务、外贸业务员或者外贸跟单员等，就说明这家企业肯定有进出口方面的业务，而它就会是开发对象。一般人事部都会留下联系方式，即使没有，业务员也应该能查询到这家企业的联系方式，这属于货代业务员的基本技能。接下来就是电话销售的技巧了。应该强调的是，让人事部的人帮忙找人或者转电话要比前台联系的效果好很多。其余没有招聘相关工作人员的公司不等于没有进出口的业务，需要业务员进行分析与判断。

第二，通过 B2B 网站搜寻客户，如阿里巴巴、中国制造网等。这里找到的也只是电话号码，后续还需要进行电话销售。

第三，通过当地门户网站的论坛或者其他网站上开立的当地板块的讨论版等搜寻客户。这类网站上一般都会有对网友的信息进行专门介绍的帖子，业务员可以在其中寻找一些发布的信息对自身有益的网友，加为好友，这些就是潜在客户。

第四，通过行业相关的论坛去找信息。这类论坛上经常会有一些实际的直接货源信息，如果正好属于你的优势或者属于你所做的港口、航线，你就可以大胆地去和别人竞争了。

当然还有很多其他途径，如微信群、QQ 群、MSN 群、推广邮件中的收件人等，这些就看业务员的销售嗅觉是否灵敏了。

（二）接触前准备

发现潜在客户只是整个揽货工作的开始，在正式约见客户之前，揽货业务员还需要做许多准备工作，否则仓促地与客户谈判，揽货效果一定不会理想。通常，接触客户前的准备工作包括以下几个方面。

1．收集潜在客户的资料并建立客户档案

接触客户前，揽货业务员应尽量多收集有关客户的资料和信息，包括客户的经营状况、进出口商品的种类、装货港和卸货港资料、与客户有关的收（发）货人的情况、贸易规模、贸易习惯以及其他有关客户的信息资料，在此基础上建立客户档案。通常客户的决策者往往是决定揽货成败的关键人物，因此，揽货业务员应尽量了解其姓名、性格和喜好等情况，只有这样，在与其谈判时才能做到投其所好、有的放矢。

2．收集竞争对手的信息

收集竞争对手的信息包括两个方面的内容：一是了解竞争对手的服务内容和服务质量，包括对手的船期、船舶密度、转运时间、航线和货源情况等，还要尽可能发现对手的缺陷和不足；二是了解竞争对手的运价水平。在航运竞争日趋激烈的今天，海运企业的航线日趋环球化，不同企业的船期和转运时间都十分相近，运价水平往往是海运企业竞争的主要内容之一。因此，准确了解竞争对手对客户的报价情况，将便于揽货业务员有针对性地向客户报价和承诺其他服务。

3．制订访问计划

在约见客户之前，揽货业务员应事先制订访问计划，确定访问客户的时间、地点等。由于每一个揽货业务员负责的客户都不止一个，为使日常工作有条不紊地进行，应根据每个客户的实际情况，事先确定访问时间和访问次数。通常一个成功的揽货业务员一天至少应访问 4 个以上的客户。销售经理可根据本地区的实际情况和每个揽货业务员的能力适当调整每个揽货业务员访问客户的数量。

📖 阅读材料 2-4　揽货信息的获取方式

揽货信息的获取方式如表 2-1 所示。

表 2-1　揽货信息的获取方式

信息资源类型	获 取 方 式
地区客户类型	查询地区黄页、网络媒体
客户主营业务与进出口需求情况	查询企业官网、主流媒体的报道，到交易会索取资料
目标客户群的收集	到 B2B 网站搜索，如阿里巴巴
行业竞争对手的情况	通过咨询公司、商会、合作企业获取信息
货运市场运行的情况	航运周刊、行业协会网站或会员通信、行业杂志等

（三）接触客户

海运企业揽货业务员与客户面谈前，一般都需要事先约见客户。约见客户可以采用电话预约和他人引荐的方法。约见的工作内容包括：确定约见对象，约见对象应为有决策权的关键人物；明确访问目的，通常是向对方介绍本企业的服务，包括水运能力、船期、转运时间和运价等情况；确定访问时间，与客户面谈应以方便客户为原则，揽货业务员可先提出某个时间，让对方选择确认，否则若在客户很忙时拜访，往往达不到访问的目的；选择访问地点，初次与客户见面，通常都是揽货业务员登门拜访客户，当然有时约见地点也会选在本企业的会议室，总之一切以客户方便、自愿为原则。约见客户有利于进行推销预测，制订可靠的访问计划，提高揽货的效率。

 案例分析 2-1　货代陌生拜访时成功开发客户

　　小林是一名货代业务员，负责为公司推广国际快递业务，因此经常会去"扫楼"（去写字楼进行陌生拜访），因为写字楼里面的进出口公司比较多，走国际快递的也很多，很多客户都是陌生拜访以后才产生合作的。有一天，小林路过一家很大的进出口公司，里面有很多部门，他说明来由后，门卫让他去找负责此事的葛先生（很多大公司的快件基本上是交给一个人单独负责的，而且同时在用很多家的快递服务）。找到葛先生后，小林诚恳地说明了来意。葛先生人很好，当时小林推出的是 UPS 的快递业务，葛先生就把他带到了业务三部，说这个部门都是用 UPS 的，决定权在一位盛小姐手里。小林就这样认识了盛小姐，并且用比较合适的价格把盛小姐手里的 UPS 的快递业务都拿下来了。由于小林做事认真负责，这个进出口公司的其他部门有用 UPS 时，盛小姐都会帮忙介绍给小林。慢慢地，小林和盛小姐成了好朋友。后来小林慢慢转做国际货运，盛小姐手中的决定权也越来越大，在小林换了公司后，盛小姐的海运业务也一直支持着他。

　　评析：陌生拜访时有时能够遇到热心人，如果货代业务员能够在最初合作中取得客户的信任，小合作就可能变成大合作。陌生拜访有利的一点是，只要能见到人，就是面对面地交谈，可信度要比电话沟通高很多。

　　货代业务员在工作中需要不断地思考，面对拒绝时，要思考每一次被客户拒绝的原因，从中总结经验，提高自己的应对能力。

（四）推销洽谈

　　推销洽谈是整个揽货工作的核心内容，直接关系到揽货的成败。因此，揽货业务员应高度重视洽谈的技巧和艺术性。由于海运企业的客户既包括各类专业进出口公司，也包括各种性质的货运代理公司，揽货业务员应根据客户的具体情况做出具体分析，灵活机动地做好洽谈。

　　在同客户进行面谈时，首先应让客户了解本企业的优势所在。销售人员应简明扼要地向客户介绍本企业的服务信息，重点突出自身的优势以引起客户的兴趣。其次，应尽量了解客户的信息，包括贸易商品种类、贸易量、装货港、卸货港、出货规律、运输方式、主要收货人以及正在使用的承运人等信息，然后根据所掌握的信息，及时调整谈判方向和内容。最后，尽量说服客户与本企业合作。通常要快速改变客户与现有承运人的合作关系并不是一件容易的事，初始洽谈就能达成交易的情况并不多见，这就要求揽货业务员要有足够的耐心，把握每一次面谈的机会，善于捕捉客户的真正意图与需求，在政策许可的范围内尽量满足客户的各种要求。

　　推销洽谈的内容之一是运价水平。一般情况下，客户总是希望运价越低越好，但海运企业也有一个承受底线。因此，揽货业务员应根据公司的费用政策和客户保证的货量大小，在允许的范围内给予客户水运费率的一些优惠。谈判成功与否与揽货业务员本身的素质和谈判技巧有很大的关系。通常揽货业务员在与客户洽谈业务时，应充满自信，态度要热情、诚恳，欢迎客户提出异议，避免与客户争吵和冒犯客户，针对客户提出的各种要求，善于及时地调整洽谈策略。同时，揽货业务员在平时应注意对谈判技巧和经验的积累。

（五）签订合同

通过与客户的反复接触、多次洽谈，在双方意见趋于一致的情况下，销售人员应及时把握机会，争取早日与客户签订合同。合同的形式多种多样，可简可繁，视具体情况而定。合同的内容一般应包括签订双方的名称、地址、双方各自的权利和义务、装货港、卸货港、货量保证、运费水平、合同有效期限、运费支付方式，以及仲裁机构选定等。如果客户贸易较稳定，且贸易量较大，销售人员应力争与其签订长期合同，一般为一年或两年，合同期满后还应力争续签；如果客户贸易相对集中，销售人员此时应尽量与客户签订短期合同，一般为三个月至六个月不等。如果客户暂时不愿与本企业签约，揽货业务员可以先行与客户确认运费，待时机成熟后，再争取签订长期合同。揽货业务员在与客户缔结合约时，应本着互惠互利的原则，并适当留有余地。要适时诱导客户主动提出签约要求，让客户获得缔结合约的成就感，这样便于与客户保持良好的合作关系，最终从客户处揽取更多的业务。

（六）售后服务

揽货的售后服务是对从接受客户订舱开始，直至货物目的港卸货交付收货人为止，所有与货物运输有关的服务的总称。由此可见，售后服务既是揽货工作的最后一环，也是海运企业履行合约、为客户提供运输服务产品的最重要的内容之一。通常，企业与客户缔结了合约只是表明客户与本企业合作的开始，客户对本企业的运输服务是否满意还要看售后服务质量的高低。售后服务质量的高低直接影响到客户与企业的未来合作，直接关系到客户对企业的支持程度。因此，销售人员应与客户保持密切联系，协调好客户与货运代理、航运公司、海关、商检乃至车队等部门的关系，使货物在每一个运输环节中的操作都能有条不紊地运行。此外，揽货业务员应随时跟踪货物动态，在货物到达目的港之前还应及时通知收货人提前办理有关清关、提货和中转手续，使收货人能及时地、顺利地提取货物。只有货物安全、迅速、及时地交付给收货人，客户才有兴趣和信心继续与企业合作；同时，收货人的满意也会进一步坚定客户支持本企业的信心，也只有这样，揽货业务员才能从客户处揽取更多的货物。因此，海运企业在制定揽货策略时，应尤其注意提高售后服务水平。

二、揽货的注意事项

（一）充分了解合作伙伴和目的国的货运法律

国际货运代理企业离不开承运人、仓库、堆场、货运站、码头、机场、车站、保险公司、报关行、拖车行等关系企业的协作，揽货员对以上各关系企业的操作程序要了然于胸，同时对目的国的货运法律也要熟悉，以应付客户的各种问题。例如，美国国内道路限重很严格，各州之间的法律规定均有差异（15～17 吨不等），故对五金、瓷砖和石制品等重货的揽收要特别小心。通常 20 英尺的货柜不可超出 17 吨，以免遭受每次 2 000～3 000 美元的交通罚款。

对合作伙伴的实时价格也要充分了解，以便向客户报出正确的价格。如各码头的费用，客户要外拖时又要加上拖车行的拖车费，其中普通车与转关车的价格也不一样；船公司的海运费和航空公司的空运费也在随时波动着。海运方面要掌握发货港到各大洲及客户常用港口的运杂费、各主要船公司的船期；空运方面要掌握发货空港到各大洲及客户常用空港的运杂费、各主要航空公司的航班时刻；陆运方面要掌握各大城市的公里数和拖箱费及港口装箱费；对于所有运输方式的报关费、报检费、文件费、修箱、洗箱、租箱、仓租等都必须有所了解。国际货运代理企业的揽货业务员应常备一份记录有各种运杂费的清单。

（二）建立服务优势，掌握报价技巧，协助商务人员签约

国际货运代理企业要善于建立小范围垄断，这样就具有了别人没有的优势。建立所在地区最优惠的服务价格是公司迈向成功的基石。例如，有的公司是南美航线和欧洲航线价格优惠，有的则是马来西亚航线优惠。国际货运代理企业在优势产品方面拥有较多的同行客户，从而降低了揽货成本和操作成本。每个揽货业务员都要了解本公司优势产品的价格结构及特点，并及时向合作伙伴索取适时报价，学会用优先权或优惠价来吸引新客户并稳定老客户，灵活应用揽货佣金。

1. 运价优势

路线价格的差距取决于揽货量和客户关系。国际货运代理企业同承运人的合作协议往往规定揽货量与运价的对应关系，国际货运代理企业以此获取优惠运价。另外，因为承运人给熟客优惠，所以许多货代常常会夸口："我和某某船公司的业务员是朋友，所以能拿到好价格。"随着国际货运代理行业竞争的加剧，单靠承运人的运价承诺已经不能满足客户要求，许多国际货运代理企业谋求以优化运输组合来取得某线路的运价优势，在中转点、货运站、拖车等所有的环节上争取最好的价格。

2. 时间优势

除了价格优势外，时间优势也是值得揽货员向客户介绍的企业核心竞争力。

3. 质量优势

服务质量优势对于有特殊服务要求的货物（危险品、贵重货物、活体动植物等）尤其重要，对某类货物运输处理的优势可以赢得客户。例如，由于公司以前做过较多的化工品或危险品运输，所以在处理这些货物时得心应手、效率高，客户也放心。

4. 地区优势

国际货运代理企业往往在创业所在地或公司总部所在地有良好的客户关系网络和业务网络，使得从这些地区发出的货物处理效率高、费用低，从而构成了地区优势。

（三）资料收集及时齐全，准确传递给操作员

要了解客户的全部关键要求，对常规的服务要求一定要问清楚，如是否代理报关、报检、保险、拖车和仓储等；要及时收集齐全货代单证，特别要注意报关、报检中的监管证件是否提前准备好了，同时要认真核实单证资料的准确性，以免因改单而产生额外费用；向操作员传递客户的有关资料。

（四）建立客户档案，协助客服人员做好客户关系管理

建立客户档案并非仅是客户服务人员的事，一些中小型企业甚至不设客户服务部，而是由业务部本身来管理客户关系。客户历史档案有助于揽货业务员在第一时间内对客户的要求做出

响应，以最快、最好的服务满足客户。

 案例分析 2-2　货代平时的表现决定客户与企业合作时间的长短

　　货代业务员 A 开发了很久，终于和客户 B 达成了合作的意向，客户 B 开始让 A 承运一部分货物。合作开始后，A 和 B 之间的关系慢慢地好起来了，A 就喜欢把一些公司的杂事讲给 B 听。A 有时会抱怨领导不公平，操作员不好，自己多努力、公司却不重视之类的话。说者无心，听者有意，B 就觉得 A 公司的氛围不太好，原想多拉些货物给 A，但现在心里有些担心，一个公司没有凝聚力，业务员怎么会用心做好自己的工作呢？其间正好发生了一件事情，B 委托 A 订的是星期三的船，可是由于星期三那班船在海上延误了两天，要到星期六才能靠港。A 就将实际情况告诉了 B，可是 B 却怀疑是 A 公司没有拿到这个航次的舱位，而让自己的货物延期出口了。这票货物做完以后，B 再也没有委托 A 走过货物，A 却把这个责任归咎给了船公司。

　　评析：很多时候，不可抗力不一定是影响你与客户合作的阻碍，关键因素还是你自己平时的表现。失去客户是你自己的责任，而你却不知道，这也是一种可悲的失败吧！

　　如果货代业务员时不时地在客户面前抱怨自己的公司让自己很不开心，客户也会很担心自己的货物委托过去会不会出问题。客户一旦有了这种担心，只要有一票货物有点问题就会加剧客户的抵触心理，很容易让他们产生更换货代公司的想法。问题解决了，客户却离开了，货代业务员都不知道为什么，其实种种的结果都是自己以前的行为所导致的。进入了货代公司，就请热爱这份职业，不要在客户面前谈论公司的缺点。

　　维护客户是一门很大的学问，开发一家客户很辛苦，维护一家客户更需要时间和精力。开发客户是技巧活，而维护客户就是细节为重了。维护好客户需要各个环节工作人员的通力合作，这是一个货代公司能够规模化的关键。

（五）做好业务报告，协助财务人员保证运杂费回款

　　国际货运代理企业通常要求业务部定期做业务报告给公司管理层，让公司管理决策人及时了解客户的动向以指导开拓市场。业务报告中应包含业务量和应收服务款项的统计，清楚、正确地列出每一票业务中所有服务项目及费用和客户支付情况，分列出已付账款和应收账款。客户当月应收账款由单证员与相关单位开来的发票及订舱单核对。在业务操作即将完成时，揽货员应通知财务部开发票、核对发票，协助财务部及时收回服务款。

三、接受客户委托后应做的工作

　　经过揽货员锲而不舍的辛勤工作，揽货对象如果对公司的服务感兴趣，并有所需求，就会委托货运代理公司托运货物。在接受客户的委托时，需要做好以下五项工作。

（一）详细了解客户的需求

　　由于在货运市场中，需求方即客户，所以自揽货对象第一次向货运代理企业托运货物起，他也就成了企业的客户，企业将为他提供各项服务。在为客户提供服务前，先要详细了解客户的需求，如对时效有什么要求、走什么线路等。

　　当客户初次接受企业的服务时，可能对企业的服务质量还存有疑虑，因此需求也可能是低层次的，如仅委托企业订舱，满足"港到港"的服务方式。但客户的需求不应该仅是订舱那么

简单，而应该是多层次的，也是可以诱导的。因此，在客户委托订舱时，最好详细了解客户的真正需求，如是否需要提供短途运输服务，是否需要代理报关、报检服务，是否需要代理保险服务，是否需要安排仓储，是否需要更换包装，是否需要代刷唛头，是否需要"门到门"服务，等等。当详细了解了客户的真正需求后，再根据本企业的资源和实力，尽量满足客户的各种需求，从而为企业争得更多的收益。

📖 阅读材料2-5 锦程国际物流在线服务有限公司协助甲级联赛最佳球员顺利完成回国搬家业务

因私人物品较贵重，品名较杂乱，所以包装是锦程物流面临的最主要的问题。锦程物流根据客户的需求，首先组织专业人员上门测量尺寸，整理归类，然后根据测量结果裁剪了专业的纸箱包装盒、木箱框架，以及保鲜膜、防潮膜、干燥剂等相关材料，最终按照客户的要求和物品的贵重程度做了专业的打包。打包之后，每个箱子都贴上了准备好的唛头。与此同时，司机会在贴唛完成之前赶到现场，由现场工人根据客户的要求安排合理的装箱、加固，并且派人现场监装，待货物全部装箱完毕之后贴上封条，返回码头。

业务人员根据装箱明细做货物分类，整理出标准的箱单、发票，然后由口岸客服经理审单、确认并递交报关行，安排私人物品的专业报关。在整个操作环节中，锦程都会安排专人进行全程跟进，根据客户的要求提供一站式服务。公司专业、成熟的操作模式使得订舱、提柜、包装、装箱、资料审核和申报等环节密切相连，最终不管是客户的成本支出，还是公司自己的人力、物力都得到了最大的节省，大大地提高了工作效率，同时也为目的港的清关提供了良好的铺垫和积极的配合。

货物顺利操作完毕后，委托人对锦程优质的服务和专业、完善的物流方案表示非常满意。

（二）要求客户准确填写托运单

当客户要求托运货物时，货代要请客户填写托运单。

托运单是国际货运代理与客户之间的第一份最原始的单据。托运单（或运输委托申请书）通常是指由托运人根据买卖合同或信用证的有关内容，为承运人或其代理人办理货物运输的书面凭证。托运单也是客户向国际货运代理提出服务需求的书面请求。托运单经承运人或国际货运代理的签认，即表示已接受这一托运，承运人与托运人之间对货物运输的相互关系即告成立。因此，托运单非常重要，应要求客户准确填写。

托运单一般由国际货运代理企业印制并提供，也有客户自己印制的情况，如图2-2所示。

托运单上一般有以下栏目：发货人（Shipper）、收货人（Consignee）、通知方（Notify Party）、装货港（Port of Loading）、卸货港（Port of Discharge）、目的地（Place of Delivery）、唛头（Marks&Nos.）、件数、包装种类及货名（Number and kinds of packages & Description of goods）、毛重（Gross Weight）、体积（Measurement）等。如果是集装箱运输，要注明对箱型的选择，如×20'GP、×40'GP、×40'HQ、×45'HQ等（"×"号前填数字，表示需要多少个该种箱型的集装箱，如5×20'GP表示5个20'GP集装箱）。还有运输条款的选择，如CY-CY、CY-DR、DR-CY、CY-CFS等；支付运费方式的选择，如运费预付（Freight Prepaid）和运费到付（Freight Collect）；一些服务项目的选择，如自理报关还是委托报关，自派拖车运输还是委托派车运输等；提单的选择，如是船东提单、货代（无船承运人）提单或是电放等。

最后一个非常重要的栏目，就是委托人签名盖章的栏目。如果委托人不签名盖章，托运单即使填写准确也等于一张废纸。因此，除了要求客户认真填写托运单外，也必须要求客户签名盖章。

Shipper/Exporter (发货人)			**Booking Order**			
			MFI 华威国际货运代理有限公司			
Consignee (收货人)			**MASTER FREIGHT INTERNATIONAL LIMITED** Room 2510-2511 Block A Sothern International Plaza No.3013 Yitian Road.Shenzhen China			
Notify Party (通知方)			MARY Tel: (0755)82823598 Fax: (0755)82823959 E-mail: mary@masterfs.com			
Place of Receipt(收货地)		Port of Loading (装货港)	Quantity & Type (箱型箱量) X20' X40' X40'HQ LCL			
Port of Discharge(卸货港)		Place of Delivery(目的地)	Service Type （服务类型） CY-CY CY-DOOR DOOR/DOOR			
Intend Ocean Vsl/Vol (船名/航次)		Closing Date：	Document Type (提单类型) Master Bill House Bill Telex			
Marks & Numbers 唛头	Packages 件数	Description of goods 名品	Gross Weight 毛重（公斤）		Measurement 体积	
提货地址/时间： 联系人： 送货地址： 联系人：						
拖车安排： （如果需要华威安排，请填写此项） 装箱时间： 装箱地点： 联系人： 特别要求：				报关安排： （如果需要华威安排，请填写此项） 一般贸易： 转关： 手册： 备注：		
Freight & Charges 运费与附加费：	Prepaid 预付	Collect 到付	Payable At 付款地点		Sinature & Chops By Shipper 托运人签章	

（请留底备用）

图 2-2　货物托运单

　　有些揽货员由于急于揽到客户的货，没有要求客户认真填写托运单，甚至仅凭客户的一个电话就立即帮客户向船公司订舱，最后往往在出现麻烦时无法脱身，这样的例子并不鲜见。

📖 阅读材料2-6　揽货员未让客户填写托运单就订舱造成巨大损失

一家国际货运代理企业的揽货员经人介绍认识了一位新客户,客户在电话中要求他帮自己订两个到欧洲某港口的40英尺加高集装箱,并说明装运的货物是家具。客户在运价方面没有计较,并表示会自己安排短途运输及装箱作业以及报关。在没有让客户填写托运单的情况下,这位揽货员就让操作人员帮客户在一家班轮公司订了舱。当集装箱装上货拉进码头后,有人举报所装货物有走私嫌疑,海关立即开箱检验,发现报关单上填写的货名是家具,可实际装的却是香烟。有关部门立即开展侦破工作,当侦查人员找到帮助订舱的那家国际货代企业并找到那位揽货的业务员,想通过他找到发货人时,才发现原来他也只有发货人的手机号码,而出事后这个手机号码已停机,当然更找不到发货人了。尽管调查结果确认这位揽货业务员确实是在不知情的情况下帮走私犯订了舱,并没有直接参与走私活动,所以也没有被追究法律责任,但因调查时间很长,集装箱在码头上产生的堆场费等各项费用让揽货业务员和他所在的公司蒙受了巨大的损失。

(三)与本公司的操作人员沟通好

一般在揽货员揽到货后,后面的订舱、安排拖车、报关报检、制单等程序都由操作人员来完成。因此,揽货员在接受客户的委托后,要与本企业的操作人员沟通、衔接好。

通常在一些国际货运代理企业里,揽货员将揽到的货物交给操作人员时要填写一份业务联系单作为交接的凭证。该凭证是一份内部流转的单证,其内容除了客户托运单上的基本内容外,还有装货时间、装货地点、联系人、报关行、应收费用和应付费用等详细内容,各企业的业务联系单内容大同小异。揽货员将业务联系单交给操作人员后,并不表示自己的工作到此为止,揽货员还应该不断地与操作人员沟通,以便完成各个环节的操作。

(四)做好对各个环节的跟踪

揽货员不是将货物交给操作人员后就完成工作了,还应该做好对各个环节的跟踪。一般来说,揽货员是第一个与客户接触的,与客户最熟悉,而且与客户沟通最方便。操作人员在订舱、安排拖车、转载货物、安排报检和报关、制作提单的过程中一定还会遇到很多意想不到的问题,所以揽货员要主动跟踪每一个环节,将货物在装运过程中每一个环节上出现的问题通报给客户,让客户放心。最后,揽货员还要在收取客户费用的环节上协助财务部门将费用安全收回。

(五)做好"运后服务"

国际货运代理的"运后服务"是对从接受客户委托开始,直至货物在目的港卸货交付收货人为止,所有与货物运输相关的服务的总称。它是揽货工作的最后一环,也是国际货运代理企业履行合约、为客户提供服务的最重要的内容之一。通常,客户向国际货运代理办理托运手续并签订了合约,只是表明客户与企业合作的开始,客户对企业的服务是否满意还要看"运后服务"质量的高低。"运后服务"质量的高低直接影响到客户与企业的未来合作,直接关系到客户对企业的支持程度。因此,揽货员应与客户保持密切的联系,协调好客户与本企业的操作人员、港口当局、海关、检验检疫部门、报关行以及集装箱拖车车队的关系,使货物在每一个运输环节中的操作都能有条不紊地运行。此外,还应在货物到达目的地之前及时通知收货人提前办理有关清关、提货或中转手续,使收货人能及时、顺利地提取货物。只有货物安全、准确、及时地交付给了收货人,客户才有兴趣和信心继续下一次的合作。同时,收货人的满意又会进一步坚定客户支持企业的信心。因此,在制定揽货策略时,要优先注意提高"运后服务"的水平。

在国际货运代理市场竞争日趋白热化的今天，良好的"运后服务"往往能赢得客户的信任，增进揽货人员与客户之间的感情，稳定老客户，增加新客户，提高揽货员的揽货能力，提高企业的竞争能力。

📖 阅读材料 2-7　委托运输协议

货运代理公司在承揽货物后并不是自行承运，而是再发包给真正的承运人，因此应与承运人签署相应的委托运输协议。如果是航洋运输，货代公司一般是与班轮公司挂钩，通过托运书和海运提单来约束托运行为及货运双方的权利和义务；如果是铁路运输，则通过铁路运单来约束托运行为及货运双方的权利和义务；如果是公路运输，一般需与陆运车队签署一份委托运输协议来约束托运行为及货运双方的权利和义务。

货物委托运输协议书样本如表 2-2 所示。

表 2-2　货物委托运输协议书

甲方	单位名称					
	地址					
	货物名称		件数		重量	
	起运地点					
	到达地点					
	收货单位					
	联系电话					
乙方	公司名称					
	地址					
	发动机号		车牌号码			
	驾驶证号码		身份证号码			
	司机姓名		联系电话			
	保险证号码					

一、本批货物由甲方_____全权委托_____（司机_____）承运。

二、乙方车辆必须投保运输。甲方将货物装车时交给乙方，乙方必须认真清点，凡因货损、货差、雨湿、污染、破损，以及因"四超"（超长、超高、超宽、超重）所造成的全部经济损失均由乙方（承运方）负全部责任。

三、运送货物时间限_____小时内到达，从_____年_____月_____日始。凡因延误时间而给甲方造成的经济损失概由乙方（承运方）负责。

四、全程运费以_____元（大写：_____）包干形式支付。货到甲方指定地点经验收无误后付清运费_____元（大写：_____）。行车途中所发生的一切费用（含任何原因的罚款）概由乙方负责。

五、本协议一式三份，甲方两份、乙方执一份，签字盖章后即生效。

六、货到款清此协议立即作废。

甲方代表：　　　　　　　　　　　　　乙方代表：
甲方单位：　　　　　　　　　　　　　乙方单位：
签字时间：　　　　　　　　　　　　　签字时间：

做一做：单项实训二

实训目标：学会海运询价。

询价通常就是向当地经营的船公司了解某条航线上某一港口的海运运费行情，至于其他各项费用（如报关费）等，公司都已经与合作伙伴谈好价钱了，是固定的，没必要问，公司老板或经理会告知货代业务员。通常，若公司与船公司在某一航线上签有协议价，公司内部会有详细的价目表，这时就无须询价。但受自身资源的限制，一家货代公司不可能与所有船公司就所有航线签订协议价格。因此，当某一航线无协议价可用时，货代业务员需要向经营该航线的船公司询价。

向船公司询价时，必须了解的项目有以下几个。

（1）相关航线业务员的姓名。

（2）海运基本费的金额，附加费包含的项目及其各自的金额。

（3）船期。

（4）直航还是中转，若中转，则确定中转的港口。

假设你是广州市某货代公司的一名货代业务员，刚刚拜访了一家位于深圳的外贸公司。该公司有一批聚氯乙烯塑料制品（非危险货物），约 648 吨，需从深圳运往英国菲利克斯托港。请你分别向中国远洋、中海集运、马士基三家船公司打电话询价，并列出电话询价的要点。

任务三 电话销售与客户拜访

任务描述：掌握揽货业务中的电话销售与客户拜访技巧。

微课2.3

一、电话销售

随着经济的高速发展，企业开展业务的方式也越来越多样化了，电话销售已被许多企业采用。电话销售是指以电话为主要沟通手段进行主动销售的营销模式。揽货员通过打电话，以企业名义与客户直接联系，达成企业产品推介、咨询、报价以及产品成交确认等营销目的。

与其他销售方式相比，电话销售具有明显的优势，如节省销售费用，减少销售人员时间、精力的浪费等。研究表明，电话销售的平均成本费用只有现场销售的 1/10。同时，销售人员不与客户直接接触，还可以避免因盲目推销拜访而出现的尴尬局面。

电话销售是一项具有挑战性的工作，销售员必须具有热情、自信、抗挫、执着的心态，同时也要不断自省与总结，积累经验。

（一）电话销售流程

揽货员进行电话销售，一般按如图 2-3 所示流程进行。

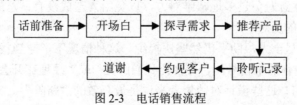

图2-3 电话销售流程

各流程的工作要领如表 2-3 所示。

表 2-3　电话销售各流程工作要领

流　　程	工　作　要　领
1. 话前准备	在打每一个电话之前，尽量多地了解客户的情况，如客户公司的业务、经营情况，招聘、推广、企业动态等，做好充分的准备，明确电话拜访的目的，准备要提出的问题，准备聆听，调整身体状态，时刻保持热情的态度
2. 开场白	字字推敲开场白，尽量做到简单明了，突出重点。要能够吸引客户，引起客户兴趣，可制造一点悬念，激发客户的好奇心或进行利益诱导，如开展优惠活动、送赠品等。先自报家门，不要一开口就先把客户问蒙了、问烦了，既然你先打电话给客户，那就请你自我介绍一下，再去有礼貌地问对方；态度要礼貌、客气、谦虚
3. 探寻需求	客户的需求是销售的核心。揽货员在前期调查客户背景后应对客户需求心中有数，电话沟通过程中再精准了解这些需求
4. 推荐产品	了解了客户需求后，要及时向客户推荐产品。揽货员要表示已了解客户情况和需求，陈述自己的服务是如何满足客户需求的，一定要确认是否得到客户的认可
5. 聆听记录	耐心仔细地聆听客户的意见，关注客户感兴趣的要点，记录电话访问的内容
6. 约见客户	想办法约见客户。如果客户同意约见，立即跟客户确定好时间、地点、对接人物等信息；若客户不同意约见，揽货员可转移话题，约定下次电话拜访的时间
7. 道谢	不管是否约见成功、谈话的过程是否如你所愿，都要道谢。如"谢经理，很高兴和您通话，如果您有什么物流方面的问题，可以随时与我联系，我们非常乐意为您解答，谢谢！"

（二）如何跨越电话销售障碍

跨越电话销售障碍是揽货员顺利开展电话销售的前提。

当今社会的生活节奏越来越快，许多人都不愿意把时间浪费在与无谓的人沟通上，因此，揽货员经常会碰到电话打到总台或者秘书那边就被截住的情况，我们把这种现象叫作"电话过滤"。作为一个优秀的电话销售人员，必须跨越"电话过滤"的障碍，将电话打到决策者那里。

跨越电话销售障碍的技巧有以下几种。

1. 与助手搞好关系

这是首选的策略。"障碍"即助手们，他们是目标人物的左右手，很可能帮你解除困难，因此必须与他们建立良好的关系并耐心地解释你的意图，以及你想与老板见面或谈话的原因。

（1）在电话中保持笑意。即使在电话里也要让对方感受到你的笑意，所有的电话营销人员都会告诉你："必须永远在电话里保持友好、热情和诚意，因为这样有利于发展你们的谈话。"

（2）请他帮助你。询问来电者的目的是助手平日工作的一部分，因此永远不要说"这是私人电话"或"我想直接跟他谈"，不如讲"你肯定可以帮我安排一个最佳的时机与他通电吧！"

（3）创建良好的人际关系。在电话交谈中尝试表达你所销售的产品对对方公司非常有用，在说服和引起对方兴趣的同时，可以乘机要求对方安排你与老板交谈或见面。这是创建良好关系的最佳方法，但要注意避免过多地恭维对方，以免给人造成没有诚意的印象。

2. 懂得应付对方的反对

（1）即使你已用尽全力，助手仍然坚决拒绝。这种情况下，应当找到适当的论据来驳斥对方。当对方说"留下你的电话号码，待会儿我们回复"或"经理在开会，我不知道什么时候结束"时，千万别相信！这些谎话对销售者来说是最有效的"路障"。应问清楚适合的时间，什么时候才能找到经理，如果对方的回答还是谎话就别留下姓名，晚点再来电。如果秘书说"老板没有时间"或"他在开会"，则应该立即回答"什么时候才能打电话找到他？""我们暂且定下会谈时间，然后迟点再确认，老板不同意的话也可以取消。"若对方要你发一份传真过去，建议你采取 E-mail 的形式。"发 E-mail 的话可以得知老板的电子邮箱，这有时是非常有用的，因为他能不经'过滤'地直接收到信息，只要他感兴趣的话就可立即回电话。因此你在再次致电助手时可以对他说'老板在 E-mail 中说了可以直接与他通电话。'"

（2）把你的宣传小册寄来。当对方说："寄你的产品目录来吧！"别答应得太快了。你应答"没有"或要求亲自带到公司进行介绍，也可以在寄到后再致电一次，确定会谈时间。如果对方再要求你寄什么的话，应该坚决拒绝，只需讲你想知道负责人的名字，而他很可能会对你的产品感兴趣，这样就可以寄给他一份资料。一是知道他的姓名，二是可以稍后再电，与之定下会谈时间。

（3）没有预算。如果对方说"我们的购买计划已被搁置"或"今年的预算已耗尽了"，那你就一定要知道新的预算什么时候产生，然后记下日期，到时候再致电，即使是 3～6 个月以后，这样你就拥有了比竞争者更有利的战略性信息：那家公司什么时候会对你的产品最感兴趣。

（4）了解顾客的其他需要。当对方说"我不需要"时，你说："我知道这一点，但在这方面，你对哪些产品感兴趣？"如此尝试，多获取有用的资料。

3．向秘书施压

如果你已经按秘书的要求发了传真或寄了小册子，便可以向对方施压以取得会谈的机会。可对对方说"我已按你的要求寄了小册子，现在让我跟你谈一谈吧"，这样有 50% 的概率可以越过障碍。如果秘书仍然拒绝就对他说你要发传真给他老板，让老板确认是否真的不想了解有关产品的资料。最后你也可以说："由于你的拒绝，贵公司很可能会花更多的钱购买一种品质不如我推介的产品的产品。"

4．应用专家的计谋

以上所有的技巧都有可能无效，在这种情况下，需要改变策略。

（1）换时间。秘书不在时，你便有很大的概率联系到经理本人，如早上 7:30—8:30 或星期六早上。

（2）直接与总经理联系。真的有问题时也可直接致电总经理的秘书处理，这样会遇到较少的阻碍，但通常许多销售员都不敢尝试这种方法。

（3）隐藏致电的真正意图。打电话时应把真正的目的隐藏起来，告诉对方别的理由。例如，想购买某种商品、询问资料或应聘某职位等，然后再在谈话过程中透露你的真正意图。

电话销售过程中肯定会四处碰壁、困难重重，但只要你坚持下去，坚信自己可以完成这项工作，那就一定可以战胜困难。只要持之以恒地做下去，电话打得多了，问题见得多了，就知道如何处理了，同时要经常自省和总结，如此你将成为电话销售界的"精英"。

二、拜访客户

揽货业务人员拜访客户，特别是新客户和初访时，客户往往避而不见或者在面谈两三分钟后就表露出不耐烦的神情，这是因为什么呢？

微课2.4

我们不妨先自问以下几个问题。

（1）是否明确知道初次拜访客户的主要目的？

（2）在拜访客户前，你做了哪些细致的准备工作？

（3）你是否通过别人了解过客户的情况？

（4）初次见到客户时，你说的前三句话是什么？

（5）在与客户面谈的过程里，是你说的话多，还是客户说的话多？

（一）拜访客户的五大步骤

拜访客户的五大步骤如图 2-4 所示。

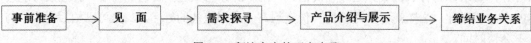

图 2-4　拜访客户的五大步骤

各步骤的注意事项如表 2-4 所示。

表 2-4　拜访客户各步骤的注意事项

步　　骤	注　意　事　项
1. 事前准备	外表，即你的穿衣打扮；精神，即你的感染力；公文包，即专业度的外在表现；信心，即成功的必要前提。这些都可能关系到约见客户后的成败
2. 见面	良好的开端有助于达到预期的好效果，开口的前三句话决定了谈判的进展
3. 需求探寻	要把握住拜访的目的，不可过于发散，要尽快把话题绕到客户出货需求上
4. 产品介绍与展示	先口头介绍公司的营业情况和航线优势，如果客户条件允许，最好配合相关展示，这样可以达到事半功倍的效果
5. 缔结业务关系	若发觉客户有意向，一定要趁热打铁，争取直接拿下订单。这时可以跟客人说："如果您近期有出货，我们可以先合作一单试试看。"

（二）拜访技巧

以下设计了陌生拜访和二次拜访两个模块来探讨客户拜访技巧。

1．陌生拜访

陌生拜访时，揽货员可扮演学生或听众的角色，让客户担任导师和讲演者的角色。

（1）前期准备。揽货员需要做的前期准备工作涉及本公司及货代行业的知识、本公司及其他公司的产品知识、本次客户的相关信息、本公司的销售方针、广泛的知识、丰富的话题、名片、电话号码簿等。

（2）打招呼。在客户未开口之前，揽货员应以亲切的口吻向客户打招呼，如"赵经理，早上（下午）好"。

（3）自我介绍。揽货员进行自我介绍时应介绍公司名称及自己的姓名，并将名片双手递上。在与客户交换名片后，应对客户抽时间见面表达谢意。如"这是我的名片，谢谢您能抽出时间让我见到您"。

（4）破冰。破冰即营造良好的气氛以拉近彼此之间的距离，缓和客户因陌生人来访产生的紧张情绪，如"赵经理，我是您部门的 Linda 介绍来的，听她说，您是一个很有魄力、很亲切的领导"。

（5）巧妙运用询问术，让客户"说说说"。设计好问题漏斗，即通过询问客户来达到探寻客户需求的真正目的，这是揽货员应具备的最基本的销售技巧。在询问客户时，问题范围要由宽到窄，逐渐进行深度探寻。如"赵经理，您能不能介绍一下贵公司今年总体的商品销售趋势和情况？""贵公司在物流方面有哪些重点需求？""关于贵公司对××物流产品的需求情况，您能介绍一下吗？"

（6）结束拜访时，约定下次拜访的内容和时间。在结束初次拜访时，揽货员应该再次确认一下本次来访的主要目的是否达到，然后向客户阐述下次拜访的目的并约定下次拜访的时间。如"赵经理，今天我跟您约定的时间已经到了，很高兴从您这里听到了这么多宝贵的信息，真的很感谢您！您今天所谈到的内容一是关于……二是关于……三是关于……对吗？"或"赵经理，今天很感谢您用这么长的时间给我提供了这么多宝贵的信息，根据您今天所谈到的内容，我会好好做一个供货计划方案，下周二上午将方案带过来让您审阅，您看可以吗？"

2. 二次拜访

揽货员的角色是专家型方案的提供者或问题解决者，客户的角色则是不断挑刺儿、不断认同的业界权威人物。

（1）前期的准备工作。前期的准备工作包括整理上次拜访时客户提供的相关信息；做一套完整的解决方案或应对方案；熟练掌握本公司的产品知识；预约上司或者航线经理。

（2）电话预先约定及确认。如"赵经理，您好！我是××公司的 Leo，上次与您谈得很愉快，我们约好今天上午向您汇报供货计划，我九点准时到您的办公室，您看可以吗？"

（3）进门打招呼。揽货员第二次见到客户时，仍然要在客户未开口之前，以热情的口吻像老熟人一样向客户打招呼，如"赵经理，上午好啊！"

（4）再次破冰。再度营造良好的会谈气氛，重新拉近彼此之间的距离，让客户对你的来访产生一种愉悦的心情，如"赵经理，您的办公室今天新换了一幅风景画，真不错啊！"

（5）介绍解决方法和产品特点。程序包括：① 根据客户的信息，确认客户的每一个需求点；② 总结客户的需求应该通过什么方式来满足；③ 介绍每一个解决方法和产品的重点、特点；④ 就每一个解决方法和产品所带来的功能征得客户的同意，并保证能满足他的需求；⑤ 总结。

若客户无意中发出如下讯息，就意味着你已经成功了：① 客户的面部表情：频频点头、定神凝视、不寻常的改变；② 客户的肢体语言：探身往前、由封闭式的坐姿转为开放式坐姿、记笔记；③ 客户的语气言辞："这个主意不错。"

 做一做：单项实训三

实训目标：学会制订拜访客户的计划，体验货代业务人员如何开展电话销售。

1. 电话销售角色扮演

两位同学为一组，一位扮演揽货员，另一位扮演货主，由揽货员向货主进行电话销售。请每组同学按表2-3所示的流程及工作要领拟定一份电话销售的"台词"，并进行实操演练。

2. 制订拜访客户的计划

假定你是揽货员，即将拜访货主，按表2-4所示的拜访客户注意事项制订一份拜访客户的计划。

任务四　货运代理合同的签订

任务描述：了解货运代理合同的主要内容；学会合同的谈判；能与客户签订货代合同。

一、国际货运代理服务合同概述

国际货运代理服务合同是货物运输委托方与承运人或承运人的代理人在意见达到一致的基础上共同签署的关于提供货物运输服务的协议文件。国际货运代理服务合同一般规定了代理人和被代理人的权利、义务、代理范围和费用结算等实质性条款，同时也规定了争议的处理、法律适用等一般性条款。国际货运代理服务合同是代理人和被代理人合同关系的证明，也是货运服务履行和争议处理的依据。

二、国际货运代理服务合同的内容

货物运输代理合同样本如下所示。

货物运输代理合同

合同编号：_____

委托方（甲方）：_____

受托方（乙方）：_____

按照《中华人民共和国合同法》的有关规定，甲乙双方本着互惠互利的原则和相互合作与支持的宗旨，就甲方委托乙方为货物运输代理等事宜，经友好协商达成如下协议。

第一条　甲方责任和义务

1. 甲方最少在货物抵达前_____（船到港前三天、航班到港前24小时）通知乙方货物到达情况并提供有关文件，有关文件包括海运提单、空运提单、货物资料、报关和报检报验文件等，以便乙方安排换单和提前审核有关文件。

2. 甲方委托乙方代理申报的进口货物，必须按照中华人民共和国海关、商品检验检疫及相关部门对于国家进口货物的有关规定，如实申报。

3. 甲方根据乙方要求，负责提供下列全部或部分单据和文件：报关委托书、报检委托书；手册；正本提单、发票、箱单、合同；报关所需要进口许可证；如系危险品，应提供相关文件；其他与进出口货运有关的单据和文件。

4. 由于甲方或下列原因导致货物申报时间的延迟，而造成未能及时清关或货物疏港等，由甲方承担所产生的风险、责任及费用，而乙方不予承担：

（1）因买卖双方原因导致提单不能在公司正常换取（如未电放、海运费用未结清等）。

（2）由于甲方未能及时提供进口报关所需的全部资料。

（3）因甲方所提供的报关资料失实而导致的延迟。

（4）在清关过程中由于海关等相关部门要求，需要补充或修改有关单证及相关说明资料，而甲方未能及时提供。

（5）遇到法定节假日或有关部门不能正常办公。

（6）因港口要求和规定而必须疏港的货物。

（7）其他甲方及不可抗拒原因。

5. 由于非乙方原因造成的滞箱费、污箱费、修箱费等费用和责任，由甲方承担，乙方尽量协助甲方协商解决。

第二条 乙方责任和义务

1. 乙方应及时、合理安排甲方所委托进口货物的换单、申报、运输等事宜。

2. 乙方应及时通知甲方有关报关进度、预计送货时间，以便甲方合理安排仓库装卸。

3. 乙方应积极协助甲方解决在报关过程中出现的各种问题和状况，包括文件的提供、解释、说明等工作。

4. 乙方应以最快的速度完成清关工作，并按甲方的指示将货物送到指定地点。

第三条 费用结算

1. 按照海关的有关规定，甲方应自行向海关缴付货物进口关税及增值税，特殊情况可以委托乙方代缴，但乙方不予以垫付。

2. 甲方应自行交付应付运费（海运费、码头操作费、空运费），特殊情况可以委托乙方代付，但乙方不予以垫付。若由于甲方不能提供进出口货物单据或用以缴纳进口关税及增值税的限额支票而产生的相关费用，如滞报金、滞箱费、港口费、滞纳金、转栈费等，经甲方确认后由甲方承担。

3. 如因各种原因乙方无法收到甲方应付之费用，则乙方有权暂扣甲方委托乙方所管理的货物或属于甲方的业务文件，所造成的风险、责任及费用，乙方不予承担。

4. 非甲方原因产生的特殊费用和责任，甲方不予以承担。

5. 附《进口货物运输费用报价》。

第四条 结算方式

乙方应于每月_____日前将本月账目清单（如实报实销则提供发票）送交甲方，甲方接到账目清单核对无误后通知乙方开具正式发票，发票开具后_____日内付款。

第五条 货物灭损

甲方未办理货物申明价值的，由于承运人或乙方的原因造成货物灭损的，按货物实际损失赔偿，但赔偿额最高按灭损货物毛重每千克人民币_____元（国内航线）/国际_____美元（国际航线）计算。

第六条 检验

运输过程中，允许托运单上甲方记载的货物件数、重量、体积与实际托运的货物存在略微差异。货物准确的件数、重量、体积以乙方接收货物时乙方的检验为准。如果甲方对乙方的检验结果存在异议，可书面向乙方申请双方联合检验。如果联合检验的结果与乙方的检验结果有较大差异，检验费用由乙方承担，否则检验费用由甲方承担。如果货物准确的件数、重量、体积与甲方在航空托运单上记载的有较大差异，乙方有权选择拒绝承接该票货物的运输代理，由此导致的乙方的损失，甲方应负责赔偿。

第七条 担保

为了顺利执行本协议，按时结清账目，乙方应以人民币_____元或每张货运单_____元提供保证金或等值的房地产抵押等甲方认为满意的担保。

第八条 转让

本协议所规定的乙方的权利和其他职责，未经甲方的书面同意，乙方不得将其全部或部分转让，或者授权给任何第三方。

第九条　违约责任

1. 甲方未依本协议向乙方支付费用，或支付费用不完整的，甲方必须从支付期满_____日起，按应付款向乙方每日支付_____元违约金。

2. 甲方无正当理由_____天不履行某一个月的全部费用或所欠费用超过全部应付费用时，乙方可以解除协议并按上款要求违约金。

3. 甲乙双方违反本协议造成对方损失的，按违约时的实际损失赔偿对方。

第十条　抵销

依据法律或本协议约定乙方应支付甲方的违约金或其他款项将被视为甲方的可向乙方主张的债权，对该债权的实现双方同意甲方可以主张从甲方应支付乙方的本协议下的款项或其他甲方应支付乙方的款项中直接扣除直至抵销完毕，不足的部分乙方当然同意予以补足。甲方没有从应支付乙方的款项中扣除的并不应该视为甲方对主张该违约金或款项的放弃。

第十一条　解除

1. 甲方未及时、全面、正确履行合同约定之义务的，乙方将书面催告甲方予以正确履行；甲方在乙方催告后_____日内仍不能整改到位的，乙方将有权解除合同。但该合同解除的权利乙方在_____日内未向甲方主张的，则该权利消灭。

2. 若合同一方不能清偿到期债务或因其他原因进入破产程序，则另一方取得在书面通知对方后即解除合同的权利。甲方因进入经营困难的境地，使履行合同成为一种不可能或一种沉重的负担，则乙方应许可甲方有权解除合同。

3. 为对等之目的，乙方未及时、全面、正确履行合同约定之义务的，甲方将书面催告乙方予以正确履行；乙方在甲方催告后_____日内仍不能整改到位的，甲方将有权解除合同。

4. 合同解除后甲方提供给乙方的相关单据和文件乙方应当及时返还甲方，不得未经甲方同意擅自留存、复制。

5. 尽管有上述之约定，在合同解除后若乙方尚有甲方的业务正在进行，乙方仍应当妥善予以完成，由此发生的费用甲方将按照本协议的收费标准向乙方支付。若因乙方违反本款的约定导致甲方受到损失，则乙方应当负责赔偿。

第十二条　声明及保证

甲方：

1. 甲方为一家依法设立并合法存续的企业，有权签署并有能力履行本合同。

2. 甲方签署和履行本合同所需的一切手续均已办妥并合法有效。

3. 在签署本合同时，任何法院、仲裁机构、行政机关或监管机构均未做出任何足以对甲方履行本合同产生重大不利影响的判决、裁定、裁决或具体行政行为。

4. 甲方为签署本合同所需的内部授权程序均已完成，本合同的签署人是甲方的法定代表人或授权代表人。本合同生效后即对合同双方具有法律约束力。

乙方：

1. 乙方为一家依法设立并合法存续的企业，有权签署并有能力履行本合同。

2. 乙方签署和履行本合同所需的一切手续均已办妥并合法有效。

3. 在签署本合同时，任何法院、仲裁机构、行政机关或监管机构均未做出任何足以对乙方履行本合同产生重大不利影响的判决、裁定、裁决或具体行政行为。

4. 乙方为签署本合同所需的内部授权程序均已完成，本合同的签署人是乙方的法定代表人或授权代表人。本合同生效后即对合同双方具有法律约束力。

第十三条　保密

双方保证对从另一方取得且无法自公开渠道获得的商业秘密（技术信息、经营信息及其他商业秘密）予以保密。未经该商业秘密的原提供方同意，一方不得向任何第三方泄露该商业秘密的全部或部分内容，但法律、法规另有规定或双方另有约定的除外。保密期限为_____年。一方违反上述保密义务的，应承担相应的违约责任并赔偿由此造成的损失。

第十四条　不可抗力

本合同所称不可抗力是指不能预见、不能克服、不能避免并对一方当事人造成重大影响的客观事件，包括但不限于自然灾害如洪水、地震、火灾和风暴等以及社会事件如战争、动乱、政府行为等。

如因不可抗力事件的发生导致合同无法履行时，遇不可抗力的一方应立即将事故情况书面告知另一方，并应在_____天内，提供事故详情及合同不能履行或者需要延期履行的书面资料，双方认可后协商终止合同或暂时延迟合同的履行。

第十五条　通知

1. 根据本合同需要发出的全部通知以及双方的文件往来及与本合同有关的通知和要求等，必须用书面形式，可采用_____（书信、传真、电报、当面送交等方式）传递。以上方式无法送达的，方可采取公告送达的方式。

2. 各方通信地址如下：_____。

3. 一方变更通知或通信地址的，应自变更之日起_____日内，以书面形式通知对方；否则，由未通知方承担由此而引起的相应责任。

第十六条　争议的处理

1. 本合同受_____国法律管辖并按其进行解释。

2. 本合同在履行过程中发生的争议，由双方当事人协商解决，也可由有关部门调解；协商或调解不成的，按下列第_____种方式解决：

（1）提交_____仲裁委员会仲裁。

（2）依法向人民法院起诉。

第十七条　解释

本合同的理解与解释应依据合同目的和文本原义进行，本合同的标题仅是为了阅读方便而设，不应影响本合同的解释。

第十八条　补充与附件

本合同未尽事宜，依照有关法律、法规执行，法律、法规未作规定的，甲乙双方可以达成书面补充协议。本合同的附件和补充合同均为本合同不可分割的组成部分，与本合同具有同等的法律效力。

第十九条　合同效力

本合同自双方或双方法定代表人或其授权代表人签字并加盖公章之日起生效。有效期为_____年，自_____年_____月_____日至_____年_____月_____日。本合同正本一式_____份，双方各执_____份，具有同等法律效力；合同副本_____份，送_____留存一份。

甲方（盖章）：＿＿＿＿＿＿＿　　　　乙方（盖章）：＿＿＿＿＿＿＿

代表人（签字）：＿＿＿＿＿＿＿　　　代表人（签字）：＿＿＿＿＿＿＿

＿＿＿＿年＿＿月＿＿日　　　　　　＿＿＿＿年＿＿月＿＿日

签订地点：＿＿＿＿＿＿　　　　　　签订地点：＿＿＿＿＿＿

三、国际货运代理服务合同的地位与作用

国际货运代理服务合同是货运代理人与货主间的合同，在物流运输中，代理人与真正的承运人还需签署正式的承运合同，其关系如图 2-5 所示。当发生合同纠纷时，代理人向货主负责，承运人向代理人负责，而货主与承运人之间没有合同关系，不能直接对抗。

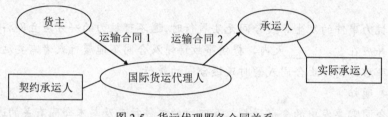

图 2-5　货运代理服务合同关系

微课 2.5

四、国际货运代理的责任

（一）国际范围内国际货运代理责任的承担情况

目前，由于各国的法律规定不同，要求国际货运代理所承担的责任也大不相同。按其责任范围的大小，原则上可分为以下三种情况。

（1）作为国际货运代理，仅对自己的错误和疏忽负责。

（2）作为国际货运代理，不仅要对自己的错误和疏忽负责，还应使货物完好地抵达目的地，这就意味着还应承担承运人的责任和造成第三人损失的责任。

（3）国际货运代理的责任取决于合同条款的规定和所选择的运输工具等。

FIATA 规定：国际货运代理仅对属于其本身或其雇员所造成的过失负责。如其在选择第三人时已恪尽职责，则对于该第三人的行为或疏忽不承担责任。如能证明国际货运代理未做到恪尽职责，其责任应不超过与其订立合同的任何第三人的责任。

（二）我国国际货运代理的责任

1. 国际货运代理作为代理人的责任

（1）因不履行职责给委托人造成损失的赔偿责任；因自身过错给委托人造成损失的赔偿责任。

国际货运代理作为纯粹的代理人，通常应对其本人及其雇员的过失承担责任。货代常见的错误和疏忽包括未按指示交付货物；尽管得到指示，办理过程中仍然出现疏忽；报关有误；运往错误的目的地；未能按必要的程序取得再出口（进口）货物退税；未取得收货人的货款而交付货物；应对其经营过程中造成第三人的财产灭失或损坏或人身伤亡承担责任。

如果国际货运代理能够证明其对第三人的选择做到了合理的谨慎（即如果货代能够证明其在第三人选择上不存在过失），那么其一般不承担因第三人的行为或不行为引起的责任。

（2）与第三人串通损害委托人利益的，与第三人承担连带赔偿责任。

（3）明知委托事项违法仍予代理的，与委托人承担连带责任。

（4）擅自将委托事项转委托他人代理的，应对转委托的行为向委托人承担责任。

（5）从事无权代理行为，如果事后委托人不予追认，对委托人不发生效力，应由货代自行承担责任。

 案例分析 2-3　货运代理租车失误导致货物灭失，应承担赔偿责任

某货运代理作为进口商的代理人，负责从 A 港接收一批艺术作品，在 100 海里外的 B 港交货。该批艺术作品用于国际展览，要求货运代理在规定的日期之前于 B 港交付全部货物。货运代理在 A 港接收货物后，通过定期货运卡车将大部分货物陆运到 B 港。由于定期货运卡车出现季节性短缺，一小部分货物无法及时运抵。于是货运代理在市场上找了一辆货车，要求其于指定日期之前抵达 B 港，而后，该承载货物的货车连同货物一起下落不明。

思考： 货运车造成的损失是否应由货运代理负责？

评析： 根据 FIATA 关于货运代理的谨慎责任的规定，货运代理应恪尽职责采取合理措施，否则须承担相应责任。本案中造成货物灭失的原因与货运代理所选择的承运人有直接的关系，由于货运代理未尽合理而谨慎的职责，即没有检验承运人的证书、考查承运人的背景，致使货物灭失，因而应对选择承运人的过失负责，承担由此造成货物灭失的责任。

2. 国际货运代理作为当事人的责任

货运代理作为当事人，在为客户提供服务时，是以本人的名义承担责任的独立合同人，要承担合同项下的责任，即不仅对其本身和雇员的过失负责，还应对其为履行国际货运代理合同而雇佣的承运人、分货运代理的行为负责，所承担的责任风险无疑要大得多。

五、国际货运代理的除外责任

（一）由于货主的疏忽或过失造成损失

在货运代理业务中，货代企业接受货物的委托时，货主应当尽到相应的注意义务，即保证交付货物的合法性、完整性，并做到基本的提醒义务。由于货主的疏忽导致货物包装不清楚、标志不清楚，或者货物的运输地点等运输内容不完整等从而导致的代理不能，货运代理企业免责。

（二）由于货主或其他代理人在装卸、仓储或其他作业过程中的过失造成损失

货运代理企业的主要职责是货物运输代理，其可能将装卸、搬运等辅助业务转包给实际业务人，同时也就将货物在对应阶段的保护义务转交给了责任人。对于责任人的过错造成的损失由责任人承担，货运代理企业免责。

 案例分析 2-4　委托人未使用国际通用标志导致货损，货运代理拒赔

一批易碎的塑料玩具由出口商从汉堡运至曼谷，玩具被妥善包装，且在包装外表印上了德语"易碎、谨慎操作"字样，但没有印上易碎货物的国际通用标志。该批货物到达曼谷后，由货运代理雇佣的操作员操作。由于操作员不懂德语而没有注意到货物是易碎品，结果塑料玩具

严重受损，对此货运代理企业拒绝承担责任。

思考： 货运代理是否需要承担责任？

评析： 首先，出口商应当在包装外表印上易碎货物的国际通用标志。其次，为保证操作安全，出口商有责任使用目的地国家的语言书写警示语。因此，出口商应对货损负责，货运代理企业免责。

（三）由于货物的自然特性或潜在缺陷造成损失

由于货物的自然特性导致货物在流转过程中出现的损失（如产品挥发导致货物的数量损失）属于不可避免的损失，货运代理企业免责。

（四）由于不可抗力、自然灾害和意外事件造成损失

不可抗力是人力不能预见、不能抵御的风险，所以由不可抗力、自然灾害和意外事件所导致的货物损失是货运代理企业不能规避和控制的。因为货运代理所依据的法律关系是民事关系，因此按照我国民法的基本原理，由不可抗力、自然灾害、意外事件等造成损失的，货运代理企业免责，其风险由货主承担。

 案例分析 2-5　无船承运人和实际承运人责任界限的区分

货主 A 公司向作为无船承运人的 B 货运代理公司订舱出运 20 个出口集装箱，B 公司接受委托承运后签发了提单，又以自己的名义将其中 10 个集装箱交由 C 航运公司运输，将另外 10 个集装箱交由 D 航运公司运输。D 航运公司的船舶在运输途中遇到强风，部分装在甲板上的集装箱因绑扎不牢而落入海中灭失。收货人持 B 公司签发的 B/L 提货时发现少了 3 个集装箱，于是向 B 公司索赔，但 B 公司拒赔，从而引发诉讼。

思考：

（1）B 货运代理公司和 D 航运公司是否应对收货人承担赔偿责任？为什么？

（2）D 航运公司对集装箱落海灭失是否适用免责条款？为什么？

评析：

（1）B 货运代理公司和 D 航运公司应对收货人承担赔偿责任。理由如下：① B 货运代理公司作为无船承运人，对其承运人的货物损失具有赔偿责任；② D 航运公司作为实际承运人，在运输途中，有责任保证货物运输安全，并承担货物灭失责任。

（2）D 航运公司对集装箱落海灭失不适用免责条款。理由如下：① 作为实际承运人，D 航运公司将运输货物装在甲板上，增大了货物运输过程中的风险；② D 航运公司未将集装箱绑扎牢靠，作为承运人，应承担赔偿责任。

 做一做： 单项实训四

实训目标： 掌握国际货运代理业务中各参与方的责任划分。

某出口商指示其货运代理在发货前为其价值 40 000 美元的半成品服装投保。货运代理安排了投保，但保单上注明货物分由几条船装运，且每条船的货价不得超过 8 000 美元，其中一批超过 8 000 美元的货物装运于某船上，此情况出口商亦知晓，运输途中货物出现灭失，

保险人对超过 8 000 美元的部分拒绝赔付，因为实际装船与保单上的规定不符。

思考：

（1）该损失应该由谁来承担？

（2）如果货代有投保或带责任险，可以从保险公司处获得赔偿吗？

练习题

一、填空题

1. 揽货又称_____。

2. 通常海运企业的货主分为两类：直接客户与_____客户。

3. 揽货员具备的敬业精神可归纳为五心：_____。

4. 揽货可以分为以下几个步骤：寻找潜在客户、接触前准备、接触客户、_____、签订合同、售后服务等。

5. 推销洽谈是整个_____的核心内容，直接关系到揽货的成败。

二、选择题

1. 以下描述属于航线型揽货的是（　　　）。

    A. 分公司的营销经理将本公司所辖区域划分为几块，每一个销售人员分管一个地区，负责与该地区的所有客户联系并向其揽取货物

    B. 按货主类型分配销售人员

    C. 根据海运企业所经营的产品航线分配销售人员

    D. 按照被运货物的种类分配销售人员的揽货方式

2. 以下不属于海运企业销售人员可寻找潜在客户的方法的是（　　　）。

    A. 资料查询法　　　B. 客户引荐法　　　C. 抛砖引玉法　　　D. 自我推荐法

3. 以下不属于国际货运代理人作为代理人的责任的是（　　　）。

    A. 因不履行职责给委托人造成损失的赔偿责任、因自身过错给委托人造成损失的赔偿责任

    B. 与第三人串通损害委托人利益的，与第三人承担连带赔偿责任

    C. 擅自将委托事项转委托他人代理的，应对转委托的行为向委托人承担责任

    D. 货代作为当事人，在为客户提供服务时，以本人的名义承担合同项下的责任

4. 以下不属于国际货运代理的除外责任的是（　　　）。

    A. 可以预见的自然灾害造成损失的

    B. 由货主的疏忽或过失造成损失的

    C. 由货主或其他代理人在装卸、仓储或其他作业过程中的过失造成损失的

    D. 由货物的自然特性或潜在缺陷造成损失的

三、简答题

1. 揽货的特征有哪两个？

2. 揽货的类型有哪几种？

3. 揽货员必须具备哪些素质才能更有效地完成揽货工作？

4. 揽货员在接触客户前应做哪些准备？

5. 揽货的注意事项有哪些？

6. 接受客户委托后应做的工作有哪些？

7. 什么是国际货运代理服务合同？它有哪些作用？

四、案例题

A 货代公司接受货主委托，安排一批茶叶海运出口。货代公司在提取了船公司提供的集装箱并装箱后，将整箱货交给船公司。同时，货主自行办理了货运一切险。收货人在目的港拆箱提货时发现集装箱内异味浓重，经查明，该集装箱前一航次所载货物为精萘，致使茶叶受精萘污染。

思考：

（1）收货人可以向谁索赔？为什么？

（2）最终应由谁对茶叶受污染事故承担赔偿责任？

项目综合实训：报价情境实训

一、实训目的

掌握报价单的基本内容和填写方法，学会向客户报价。

二、实训方式

学生根据提供的素材情境实训，模拟联络客户，并向客户报价。

三、实训内容及步骤

1. 认识报价单

报价单如表 2-5 所示。

表 2-5　报价单

TO　×××

报价单

尊敬的×××：

您好！

第一部分，说明报价的原因，可以是应对方要求报，也可以是自己主动报。

第二部分，服务价格目录：

CIF ×××→×××

（1）海运费，例：

船　公　司	运　价	航　期	直航/中转	全　程
COSCO	$3 000/40′GP(ALL IN)	三装四开	直航	30

（2）拖车（集卡）费或场装￥×××；

（3）报关费￥×××；

（4）单证费￥×××；

续表

（5）其他货主要求的服务项目，如代理报检等。 第三部分，结尾。注明未尽事项、联络方式等。 署名： 日期：

2. 掌握报价的途径

（1）打电话告诉客户，该途径适用于有长期业务往来的客户。

（2）将书面的报价单手写传真或 E-mail 给客户，一般适用于开发新客户。

3. 报价操作

请就本章单项实训二的询价结果，结合本公司的相关报价要求，写三份专业的书面报价单。

四、实训结果

每个人针对客户拟定三份（分别针对中国远洋、中海集运、马士基三家船公司）报价单交给老师。

畅通新冠疫苗国际运输——践行社会责任

我国国际货运代理畅通新冠疫苗国际运输。自 2020 年疫情以来，国际货运代理企业充分发挥国际运输优势作用，积极承担重任。为配合做好新冠病毒疫苗国际运输工作，商务部联系国际货运代理重点企业积极报名进入疫苗运输货代企业名单，最终全国 13 家国际货运代理企业进入交通运输部疫苗国际运输货代企业备用名单。为畅通疫苗国际运输通道、高质量完成疫苗运输贡献了行业力量。

思考：结合以上材料，谈谈你对国际货运代理企业践行社会责任的认识？

低价揽货、高价宰客——规则意识

深圳一家外贸公司业务员透露，经过货比三家后，该公司选择了一家报价比较低的货代公司进行合作，结果谈好价格订舱后，货代公司却临时变价，并且声称不接受新价格，外贸公司的货就上不了飞机。为了让客户准时收到货物，外贸公司在不得已的情况下只能任对方宰割，最终额外支出 2.5 万元费用。

思考：结合以上材料，谈谈货代公司在揽货时应该如何遵守市场规则，做到公平公正，不低价恶性竞争？

思政提示

项目三　国际海运代理常识

【学习目标】

通过本项目的学习和训练，让学生熟悉国际海运的主要港口与航线；熟悉集装箱类型和装载货物的要求；熟悉班轮运输特点，能熟练查询班轮公司船期表；熟练掌握集装箱班轮运费的计算方法。

【主要知识点】

港口与航线，班轮运输的概念及特点；集装箱的类型、标记，集装箱货物的装载方法；集装箱班轮运费及计算方法。

【关键技能点】

能够合理安排班轮的航线与停靠的港口，利用船期表订舱；合理选择和标记集装箱，合理进行集装箱装载；准确计算集装箱班轮运费。

任务一　港口与航线认知

任务描述：要求学生理解国际海运的特点，熟悉国际海运的主要航线和港口。

微课 3.1

一、港口

（一）港口的概念与分类

港口是各国外贸物资进出口的门户，是海陆交通最重要的联系枢纽。世界港口共有 3 000 多个，其中用于国际贸易的大小港口约占 80%，年吞吐量在 5 000 万吨以上的世界性大港约有 20 多个。

那么什么是港口？港口又有哪些分类？

1. 港口相关概念

港口是位于江、河、湖、海或水库沿岸，具有一定的设备和条件，供船舶往来停靠、办理客货运输或其他专门业务的场所。

与港口相关的概念有以下几个。

（1）港口腹地。港口腹地即港口的吸引范围，是港口的客货集散所及地区。例如，珠海港的港口腹地除了珠海市，还有整个西江流域。

（2）港口吞吐量。港口吞吐量是指一定时期内，由水运进出港区范围并装卸的货物数量。以吨数或 TEU 表示，TEU 是 twenty foot equivalent unit 的缩写，即标准箱（系集装箱运量统计单位，以长 20 英尺的集装箱为标准）。

（3）货运量。货运量是指运输业在一定时期内运送的货物数量。

港口的经济价值取决于港口的经济地理位置、港口腹地的大小及其经济发展程度、港口的自然条件等。

2．港口分类

（1）基本港与非基本港。

❖ 基本港（base port）：即运价表限定班轮公司的船一般要定期挂靠的港口，大多数为航线上较大的口岸，港口设备条件比较好，货量大而稳定。运往基本港的货物一般均为直达运输，无须中途转船，如上海港、广州港等。

❖ 非基本港（non-base port）：凡基本港以外的港口都称为非基本港，如珠海港、中山港等。非基本港一般除了按基本港收费外，还需另外加收转船附加费。

（2）按地理位置划分。港口按地理位置划分为海湾港、河口港、内河港。

❖ 海湾港：位于海岸、海湾内，也有离开海岸建在深水海面上的，如大连港、青岛港等。

❖ 河口港：位于河流入海口或受潮汐影响的河口段内，可兼为海船和河船服务，如鹿特丹港、伦敦港、纽约港、列宁格勒港、上海港等。

❖ 内河港：位于天然河流或人工运河上的港口，包括湖泊港和水库港，如中山港、顺德勒流港、容桂港等。

（3）按用途划分。港口按用途可以分为存储港、转运港、经过港，也可以分为商港、军港、渔港、避风港等。

（4）按船舶航行的位置划分。港口按船舶航行的位置分为起航港、目的港和中转港。

❖ 起航港：是指船舶起航出发时停靠的港口。

❖ 目的港：是指船舶到达目的地时停靠的港口。

❖ 中转港：是指货物从起航港前往目的港，途经行程中的第三港口，运输工具进行停靠、装卸货物、补给等操作，货物进行换装运输工具继续运往目的地的港口，即为中转港。常用的中转站有：东南亚地区的新加坡，联结泰国、印尼和马来西亚；印度洋上的索科特拉岛，联结缅甸、南亚各国、东非沿海各国；地中海上的马耳他岛，联结地中海和黑海沿岸各港；波多黎各和牙买加，联结加勒比海、南美各国。

（二）世界十大知名港口概况

1．鹿特丹港

鹿特丹港位于欧洲莱茵河的出海口，濒临多佛尔海峡，有"欧洲门户"之称，年吞吐能力超过 3 亿吨，是世界第一大港。它吐纳欧共体 30%的外贸货物，主要有石油、煤炭、粮食和矿砂等，是世界上最大的石油进口港。港口不淤不冻，占地面积大，可供 600 艘船只同时作业，可靠泊 54.5 万吨的超级油轮。

2．安特卫普港

安特卫普港是比利时最大的海港，位于斯海尔德河的下游，距北海 88 千米，有 300 多条航线通往世界各大洲，可同时停靠万吨以上船舶 400 艘，年吞吐量超过 1 亿吨。

3．汉堡港

汉堡港位于德国北部易北河下游，距河口 110 千米，是一个河海兼用的开放式潮汐港，10 万吨级船舶可长驱直入，共有 700 多个泊位，是世界上泊位最多的港口。该港口装卸设备先进，管理现代化，仓储面积充裕，被认为是"欧洲转运最快的港口"，年吞吐量达 5 000 万吨以上。

4．纽约港

纽约港位于美国东岸的哈德逊河口，是美国第一大港。港口条件优良，水深、潮差小、冬季不冻；共有集装箱泊位 37 个，拥有世界上最大的集装箱泊位；年吞吐量约 1.5 亿吨。

5. 新奥尔良港

新奥尔良港位于美国密西西比河入海口附近，是美国和世界上最大的河海两用港，也是美国重要的粮食、煤炭出口港。

6. 神户港

神户港位于大阪湾北岸，是日本第一大港，现有杂货、集装箱等泊位 270 个，年吞吐量超过 1.5 亿吨。

7. 横滨港

横滨港位于日本东京湾西南岸，为日本第二大贸易港，现有泊位 200 多个，年吞吐量超过 1 亿吨。

8. 新加坡港

新加坡港位于新加坡的南岸，濒临新加坡海峡，处于赤道无风带，风浪和潮差小，是世界著名的自由港；港区泊位可停靠 35 万吨油轮，吞吐量和集装箱装卸量均位居世界前列。

9. 香港维多利亚港

香港维多利亚港位于我国珠江口东侧，港湾在九龙半岛与香港岛之间。由于香港正处于东西方交通的枢纽，既是我国进出口贸易中转的要道，又是一个自由港，港湾优良，装卸效率高，有航线通往 100 多个国家和地区。

10. 上海港

上海港是我国最大的国际通航港口，是我国沿海的主要枢纽港，也是我国对外开放、参与国际经济大循环的重要口岸。上海港位于长江入海口附近南岸，共有 100 多个泊位。

（三）我国港口

我国在港口高速发展的同时，特别重视和加强了沿海港口的规划工作，在完成环渤海、长江三角洲、珠江三角洲三大港口群建设规划后，又开展了全国沿海港口布局规划、沿海各省市港口发展规划，形成了较为完整的港口规划体系。

目前，全国已形成了以大连、天津、青岛、上海、宁波、厦门、深圳、广州、香港、高雄、基隆等基本港为核心的港口群分布。将全国港口划分为环渤海港口群、长江三角洲港口群、东南沿海港口群、珠江三角洲港口群、西南沿海港口群五大区域。

📖 阅读材料 3-1　亚洲主要港口的代码和经纬度

亚洲主要港口的代码和经纬度如表 3-1 所示。

表 3-1　亚洲主要港口的代码和经纬度

港口名称（中文）	港口名称（英文）	港口代码	港口缩写	经 纬 度	时 差
千叶	CHIBA	JPCBA	CHB	35°36′N，140°7′E	+9:00
名古屋	NAGOYA	JPNAG	NGO	35°5′N，136°53′E	+9:00
横滨	YOKOHAMA	JPYOK	YOK	35°27′N，139°38′E	+9:00
大阪	OSAKA	JPOSK	OSA	34°39′N，135°26′E	+9:00
川崎	KAWASAKI	JPKAW	KWS	35°30′N，139°46′E	+9:00
北九州	KITAKYUSHU	JPKIT	KKJ	33°53′N，130°50′E	+9:00
神户	KOBE	JPKOB	UKB	34°40′N，135°12′E	+9:00

续表

港口名称（中文）	港口名称（英文）	港口代码	港口缩写	经 纬 度	时 差
东京	TOKYO	JPTOK	TYO	35°43′N，139°46′E	+9:00
釜山	BUSAN DELGADA	KRBUS	BSN	35°7′N，129°2′E	+9:00
仁川	INCHON	KRINC	INC	37°29′N，126°38′E	+9:00
巴生	PORT KELANG	MYPKE	PKG	3°0′N，101°24′E	+8:00
古晋	KUCHING	MYKUC	KCH	1°53′N，110°21′E	+8:00
丹戎不碌	TANJUNG	IDTPR	TPP	6°10′S，106°50′E	+7:00
马尼拉	MANILA	PHMAN	MXA	14°35′N，121°0′E	+8:00
科伦坡	COLOMBO	LKCOL	CMB	6°56′N，79°50′E	+6:00
吉达	JEDDAH	SAJED	JED	21°28′N，39°11′E	+3:00
拉斯塔努拉	RASTANURA	SARTA	RTA	36°38′N，50°10′E	+3:00
延步	YENBO	SAYBO	YBO	24°5′N，38°3′E	+3:00
达曼	DAMMAN	SADAM	DMA	26°30′N，50°12′E	+3:00
法奥	ALFAW	IQFAO	FAO	29°58′N，48°429′E	+3:00
阿巴丹	DAR ES ABADAN	IRABA	ABD	30°20′N，48°16′E	+3:00
多哈	DOHA	QADOH	DOH	25°17′N，51°32′E	+3:00
迪拜	DUBAI	AEDUB	DUB	25°8′N，54°55′E	+4:00
亚丁	ADEN	YDADN	ADN	12°48′N，44°54′E	+3:00
伊斯坦布尔	ISTANBUL	TRIST	SIT	41°1′N，28°58′E	+2:00
重庆	CHONGQING	CNCQG	CKG	39°34′N，106°35′E	+8:00
宜昌	YICHANG	CNYIC	YIC	30°42′N，111°15′E	+8:00
南通	NANTONG	CNNTG	NTG	32°1′N，120°49′E	+8:00
张家港	ZHANGJIAGANG	CNZJG	ZJG	31°58′N，120°24′E	+8:00
江阴	JIANGYIN	CNJIA	JIA	31°55′N，120°11′E	+8:00
镇江	ZHENJIANG	CNZHE	ZHE	32°18′N，119°28′E	+8:00
南京	NANJING	CNNJG	NKG	32°5′N，118°43′E	+8:00
芜湖	WUHU	CNWUH	WHI	31°22′N，118°22′E	+8:00
九江	JIUJIANG	CNJIU	JJG	29°46′N，115°56′E	+8:00
武汉	WUHAN	CNWHN	WUH	30°34′N，114°17′E	+8:00
东莞	DONGGUAN	FODGG	DGG	22°56′N，113°37′E	+8:00
肇庆	ZHAOQING	CNZQG	ZQG	23°2′N，112°27′E	+8:00
梧州	WUZHOU	CNWUZ	WUZ	23°29′N，111°18′E	+8:00
大连	DALIAN	CNDAL	DLC	38°55′N，121°39′E	+8:00
天津	TIANJIN	CNTJN	TSN	38°56′N，117°58′E	+8:00
青岛	QINGDAO	CNQIN	TAO	36°4′N，120°19′E	+8:00
连云港	LIANYUNGANG	CNLYG	LYG	34°45′N，119°27′E	+8:00
上海	SHANGHAI	CNSHA	SHA	31°23′N，121°30′E	+8:00
宁波	NINGBO	CNNBO	NGB	29°56′N，121°53′E	+8:00
厦门	XIAMEN	CNXIA	XMN	24°29′N，118°4′E	+8:00

续表

港口名称（中文）	港口名称（英文）	港口代码	港口缩写	经纬度	时差
广州	GUANGZHOU	CNGUA	GAN	23°6′N，113°26′E	+8:00
深圳	SHENZHEN	CNSZN	SZX	22°31′N，114°4′E	+8:00
高雄	KAOHSIUNG	TWKAO	KHH	22°37′N，120°16′E	+8:00
基隆	KEELUNG	TWKEE	KL	25°9′N，121°44′E	+8:00
香港	HONGKONG	HKHKG	HK	22°18′N，114°15′E	+8:00

资料来源：世界主要港口代码、经纬度（亚洲）[EB/OL]．（2017-01-20）．http://www.royalglobalshipping.com/index.php/index-view-aid-126.html.

📖 阅读材料 3-2　欧洲主要港口的代码和经纬度

欧洲主要港口的代码和经纬度如表 3-2 所示。

表 3-2　欧洲主要港口的代码和经纬度

港口名称（中文）	港口名称（英文）	港口代码	港口缩写	经纬度	时差
伦敦	LONDON	GBLON	LOZ	51°30′N，0°5′W	0:00
费利克斯托	FELIXSTOWE	GBFEL	FXT	51°58′N，1°21′E	0:00
南安普顿	SOUTHAMPTON	GBSOU	SSK	50°54′N，1°26′W	0:00
贝尔法斯特	BELFAST	GBBEL	BEL	54°37′N，5°56′W	0:00
利物浦	LIVERPOOL	GBLVP	LVP	53°28′N，3°2′W	0:00
直布罗陀	GIBRALTAR	GIGIB	GIB	36°8′N，5°22′W	+1:00
鹿特丹	ROTTERDAM	NLROT	RTM	51°55′N，4°31′E	+1:00
阿姆斯特丹	AMSTERDAM	NLAMS	AMS	52°22′N，4°54′E	+1:00
安特卫普	ANTWERP	BEANT	ANT	51°14′N，4°23′E	+1:00
泽布吕赫	ZEEBRUGGE	BEZEE	ZEE	51°20′N，3°14′E	+1:00
根特	GHENT	BEGHE	GHE	51°4′N，3°43′E	+1:00
波尔多	BRODEAUX	FRBOR	BOD	44°50′N，0°34′W	+1:00
勒阿弗尔	LE HAVRE	FROPH	LEH	49°30′N，0°7′E	+1:00
敦刻尔克	DUNKERQUE	FRDNK	DKK	51°2′N，2°20′E	+1:00
马赛	MARSEILLES	FRMRS	MRS	43°18′N，5°25′E	+1:00
都柏林	DUBLIN	IEDUB	PSK	53°21′N，6°16′W	0:00
科克	CORK	IECOK	ORK	51°55′N，8°25′W	0:00
奥斯陆	OSLO	NOOSL	OSL	59°54′N，10°43′E	+1:00
哥德堡	GOTHENBURG	SEGOT	GOT	57°42′N，11°57′E	+1:00
斯德哥尔摩	STOCKHOLM	SESTO	STO	59°19′N，18°3′E	+1:00
赫尔辛基	HELSINKI	FIHEL	HEL	60°9′N，24°57′E	+2:00
哥本哈根	KOBENHAVN	JPKOB	CPH	55°42′N，12°37′E	+1:00
雷克雅未克	REYKJAVIK	ISREY	REY	64°16′N，21°43′W	0:00
巴塞罗那	BARCELONA	ESBAR	BLA	41°20′N，2°10′E	0:00
阿尔赫西拉斯	ALGECIRAS	ESALG	ALG	36°8′N，5°34′W	0:00
巴伦西亚	VALENCIA	ESVAL	VLN	39°27′N，0°20′W	0:00
热那亚	GENOVA	ITGOA	GOA	44°24′N，8°58′E	+1:00

续表

港口名称（中文）	港口名称（英文）	港口代码	港口缩写	经纬度	时差
那不勒斯（那波里）	NAPLES	ITNAP	NPK	40°50′N，14°19′E	+1:00
威尼斯	VENICE	ITVEN	VCE	45°27′N，12°14′E	+1:00
的里雅斯特	TRIESTE	ITTRI	TRS	45°41′N，13°45′E	+1:00
比雷埃夫斯	PIRAEUS	GRPIR	PIR	37°57′N，23°40′E	+2:00
汉堡	HAMBURG	DEHAM	HXV	53°33′N，9°51′E	+1:00
不来梅	BREMEN	DEBRE	BXE	53°7′N，8°45′E	+1:00

资料来源：世界主要港口代码、经纬度（欧洲）[EB/OL]．（2017-01-20）．http://www.royalglobalshipping.com/index-view-aid-125.html.

二、世界航线

微课 3.2

船舶在两个或多个港口之间从事货物运输的线路称为航线。

世界上规模最大的三条主要集装箱航线是：远东—北美航线；远东—欧洲、地中海航线；北美—欧洲、地中海航线，如图 3-1 所示。这三条航线将全世界人口最稠密、经济最发达的三个板块——北美、欧洲和远东联系了起来。

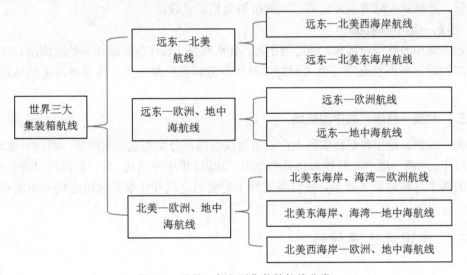

图 3-1 世界三条主要集装箱航线分类

（一）远东—北美航线

远东—北美航线实际上又可分为两条航线，即远东—北美西海岸航线和远东—北美东海岸航线。

1. 远东—北美西海岸航线

远东—北美西海岸航线主要由远东—加利福尼亚航线和远东—西雅图、温哥华航线组成，涉及的港口主要包括远东的高雄、釜山、上海、香港、东京、神户、横滨等和北美西海岸的长滩、洛杉矶、西雅图、塔科马、奥克兰和温哥华等。涉及的国家和地区包括亚洲的中国、韩国、日本和中国的香港、台湾地区以及北美洲的美国和加拿大西部地区，这两大区域经济总量巨大，人口特别稠密，相互贸易量很大，班轮航线很多。

2．远东—北美东海岸航线

远东—北美东海岸航线主要由远东—纽约航线等组成，涉及北美东海岸地区的纽约、新泽西港、查尔斯顿港和新奥尔良港等。这条航线将海湾地区串了起来，在这条航线上，有的船公司开展的是"钟摆式"航运，即不断往返于远东与北美东海岸之间；有的则是经营环球航线，即从东亚开始出发，东行线为太平洋→巴拿马运河→大西洋→地中海→苏伊士运河→印度洋→太平洋，西行线则反向而行，航次时间为80天。

（二）远东—欧洲、地中海航线

远东—欧洲、地中海航线也被称为欧洲航线，它又可分为远东—欧洲航线和远东—地中海航线两条。

1．远东—欧洲航线

远东—欧洲航线是世界上最古老的海运定期航线，在欧洲地区涉及的主要港口有荷兰的鹿特丹港，德国的汉堡港、不来梅港，比利时的安特卫普港，英国的费利克斯托港等。这条航线大量采用了大型高速集装箱船，组成了大型国际航运集团开展运输，将中国、日本、韩国和东南亚的许多国家与欧洲联系起来，贸易量与货运量十分庞大。与这条航线配合的，还有西伯利亚大陆桥、新欧亚大陆等欧亚之间的大陆桥集装箱多式联运。

2．远东—地中海航线

远东—地中海航线由远东，经过地中海，到达欧洲。与这条航线相关的欧洲港口主要有西班牙南部的阿尔赫西拉斯港、意大利的焦亚陶罗港和地中海中央、马耳他南端的马尔萨什洛克港。

（三）北美—欧洲、地中海航线

北美—欧洲、地中海航线实际上由三条航线组成，分别为北美东海岸、海湾—欧洲航线，北美东海岸、海湾—地中海航线和北美西海岸—欧洲、地中海航线。这一航线将世界上最发达、最富庶的两个区域联系了起来，在这条航线上船公司之间在集装箱水路运输方面的竞争最为激烈。

三、我国近远洋航线

微课 3.3

（一）东行航线

东行航线主要是从我国出发，向东到日本和美洲大陆的航线，其分类及到达目的港的情况如表 3-3 所示。

表 3-3　东行航线分类及到达目的港情况

航　　线	到达目的港
中国—日本航线	神户、大阪、名古屋、横滨
中国—北美西海岸航线	美国洛杉矶，加拿大温哥华
中国—中美洲航线	巴拿马城，古巴
中国—北美东航线	美国的纽约、休斯敦，加拿大的多伦多
中国—南美西海岸航线	智利的圣地亚哥等
中国—南美东海岸航线	巴西的里约热内卢，阿根廷的布宜诺斯艾利斯等

在东行航线上，我国主要出口的商品是煤炭、纺织品、农副产品等，进口的主要是钢铁、机械设备、粮食等。

（二）南行航线

南行航线主要是从我国出发，向南到东南亚和大洋洲的航线，其分类及到达目的港情况如表 3-4 所示。

表 3-4 南行航线分类及到达目的港情况

航　　线	到达目的港
中国内地—中国香港航线	香港
中国—新马文航线	新加坡、吉隆坡、古晋、文莱
中国—印尼航线	印度尼西亚
中国—菲律宾航线	菲律宾
中国—澳新航线	黑德兰、墨尔本、悉尼、惠灵顿、奥克兰
中国—西南太平洋岛国航线	莫尔兹比港、苏瓦

在南行航线上，我国主要出口的商品是纺织品、轻工产品、钢材等，进口的主要是橡胶、矿石、土特产等。

（三）西行航线

西行航线的分类及到达目的港情况如表 3-5 所示。

表 3-5 西行航线分类及到达目的港情况

航　　线	到达目的港
中国—中南半岛航线	海防港、曼谷港
中国—孟加拉湾航线	吉大、加尔各答、科伦坡、仰光、金奈
中国—波斯湾航线	孟买、卡拉奇、迪拜、科威特
中国—红海航线	亚丁、吉达、亚喀巴

（四）中国到欧洲航线

中国到欧洲航线的分类及到达目的港情况如表 3-6 所示。

表 3-6 中国到欧洲航线分类及到达目的港情况

航　　线	到达目的港
中国—西欧航线	伦敦、里斯本、不来梅
中国—北欧、波罗的海航线	赫尔辛基、格丁尼亚、奥斯陆、哥本哈根、斯德哥尔摩

如中国—西欧航线，到达伦敦、里斯本、不来梅等港口；中国—北欧、波罗的海航线，如到赫尔辛基、格丁尼亚、奥斯陆、哥本哈根、斯德哥尔摩等港口。

在这条航线上，我国主要出口的商品是机械、冶金、电器、化工设备等，进口的主要是纺织品、机械、农副产品等。

（五）中国到地中海、非洲航线

中国到地中海、非洲航线的分类及到达目的港情况如表 3-7 所示。

表 3-7 中国到地中海、非洲航线分类及到达目的港情况

航　　　线	到达目的港
中国—红海航线	红海沿线各港口
中国—东非航线	蒙巴萨、摩加迪沙、路易、桑吉巴尔
中国—西非航线	阿比让、拉各斯、黑角、达尔贝达
中国—地中海航线	巴塞罗那、威尼斯、马赛
中国—黑海航线	比雷埃夫斯、康斯坦察、伊斯坦布尔

（六）北行航线

北行航线的分类及到达目的港情况如表 3-8 所示。

表 3-8 北行航线分类及到达目的港情况

航　　　线	到达目的港
中国—韩国、朝鲜航线	釜山、南浦
中国—俄罗斯远东航线	纳霍德卡、海参崴

【例 3-1】 航线查询。

访问中远海运集装箱运输有限公司网站（http://lines.coscoshipping.com/home/Services/route/11），查询跨太平洋航线中远东—美西南航线中的华东-AACI 航线情况。航线及途经港口示意图如图 3-2 所示。

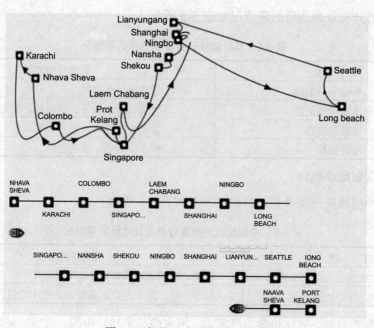

图 3-2 航线及途经港口示意图

航线优势：中远海运独立投船。

东行：华东主力航线是美西南航线，提供上海、宁波到长滩和西雅图的快捷直航服务，提供南亚、东南亚到美西南的直航服务，提供林查班到长滩的快航服务。

西行：连接美西至华东、东南亚市场，提供西雅图出口到连云港及华东区域的快捷直航服务，提供美西南至南亚的直航服务。

做一做：单项实训一

实训目标：了解世界主要港口的基本情况，学会根据客户要求查询和设计海运航线。

1. 查询港口情况

上网查询、了解下列三个港口的基本情况。

（1）盐田港，网址：http://www.ytport.com。

（2）上海国际港务（集团）股份有限公司，网址：http://www.portshanghai.com.cn。

（3）宁波舟山港，网址：http://www.nbport.com.cn。

2. 航线查询

访问中远海运集装箱运输有限公司网站（http://lines.coscoshipping.com/home/Services/route/11），分别查询跨太平洋航线、欧洲航线、亚太航线的主要航线，列出各航线途经港口、航线路线表和运输时间表。

3. 航线设计

现有一批装满电子产品的货轮需从我国广州运往美国纽约，请设计该产品运输的海运航线并列出途经的主要港口。

任务二　班轮运输认知

任务描述：要求学生理解班轮运输的概念及特点，熟悉国际主要班轮公司，掌握船期表并能够查询和使用船期表租船订舱。

微课 3.4

一、班轮运输的概念及特点

（一）班轮运输的概念

班轮运输（Liner Shipping）也称定期船运输，是指班轮公司将船舶按事先制定的船期表，在特定航线的各既定挂靠港口之间，经常地为非特定的众多货主提供规则的、反复的货物运输服务，并按运价本（Tariff）或协议运价的规定计收运费的一种营运方式。

与班轮运输相对的另一种海上运输方式是租船运输。租船运输又称不定期船（Tramp）运输，根据租船协议，船东将船舶出租给租船人使用，以完成特定的运输任务。其特点是：不定航线、不定船期、不定装卸港口、不定费率；通过租船经纪人洽谈成交租船业务；租船合同条款由合同双方自由商定；适合大宗货物运输。

（二）班轮运输的特点

（1）"四固定"——固定船期、固定航线、固定港口和相对固定的运费。

（2）"一负责"——船方负责装卸，运费内已包括装卸费。

（3）班轮公司和货主双方的权利、义务和责任豁免均依据班轮公司签发的提单条款。

（4）同一航线上的船型相似并保持一定的航班密度。

（5）各类货物都可接受。

班轮运输手续简便、方便货主，能提供较高的运输质量，特别有利于一般杂货和小额贸易货物运输。

二、全球主要的国际班轮公司

（一）马士基航运公司

马士基航运公司（Maersk Line）是 A.P.穆勒—马士基集团的核心班轮运输机构，也是世界领先的集装箱运输公司。马士基航运公司的船队由 692 艘集装箱船舶组成，总容量超过 4 155 934 TEU。该公司总部设在丹麦哥本哈根市的埃斯普拉纳登，在世界 135 个国家设有 350 家分支机构，共有约 6.7 万名雇员，是世界第一大航运公司。

（二）地中海航运公司

地中海航运公司（Mediterranean Shipping Company S.A.，MSC）总部位于瑞士日内瓦，2007 年起成为按照集装箱运力和集装箱船数量排序的世界第二大航运公司，业务网络遍布世界各地。目前，在全世界有 350 个机构、约 28 000 名员工、576 艘集装箱船和 3 822 789 TEU 的运力，在全球五大洲 215 个码头停靠，提供 175 条直航和组合航线服务。

（三）中远集运

中远集装箱运输有限公司（COSCO Container Lines CO.,LTD，COSCO）简称"中远集运"，是全球领先的综合集装箱航运服务供应商之一，客户遍及全球。中远集运拥有 4 750 艘全集装箱船，总箱位近 2 906 600 TEU，经营着 80 多条国际航线及数十条国内航线；船舶在全球超过 30 个国家和地区的 100 多个港口挂靠；集装箱运输业务遍及全球，在全球拥有 400 多个代理及分支机构。在我国本土，拥有货运机构近 300 个。在境外，其网点遍及欧、美、亚、非、澳五大洲，做到了全方位、全天候无障碍服务。

（四）法国达飞海运集团

法国达飞海运集团（CMA CGM Group，CMA-CGM）是法国第一、世界第四的集装箱运输公司，总部设在法国马赛。达飞集团在全球运营集装箱船舶 481 艘，装载运力为 2 634 613 TEU，在全球 150 个国家和地区设立了 650 家分公司和办事机构，其中我国有 63 家分支机构办事处。该集团在全球范围内拥有雇员 17 000 名，其航迹遍及全球 400 多个港口，服务网络横跨五洲四海，成为全球航运界的后起之秀。

（五）赫伯罗特

赫伯罗特（Hapag-Lloyd，HPL）是目前世界前五大船公司之一，致力于全球化的集装箱服务，在 100 多个国家拥有约 500 家分支机构、超过 249 艘集装箱船，装载量约为 1 754 103 TEU，业务遍布于南部欧洲、北部欧洲、北美洲、拉丁美洲和亚洲之间。

（六）长荣海运

长荣海运（Evergreen Marin Corp，EMC）的服务网络遍布全球 80 多个国家，服务据点多达 240 余处，拥有集装箱船 192 艘，运力达 1 243 636 TEU，所经营的远、近洋全货柜定期航线涵盖全球五大区块：亚洲—北美航线，亚洲—加勒比海地区；亚洲—欧洲航线，亚洲—地中海；欧洲—美国东岸大西洋；亚洲—澳洲，亚洲—模里西斯、南非、南美；亚洲区域航线，亚洲—中东、红海，亚洲—印度次大陆地区。

📖 阅读材料 3-3　全球运力排名前二十的班轮公司

Alphaliner 最新运力数据显示，截至 2020 年 3 月 8 日，全球班轮公司运力 100 强中排名前三位的仍然是马士基航运、地中海航运、中远海运集团。前三大班轮公司的总运力占到了市场总量的 46%，全球总营运班轮船舶为 6 144 艘、23 654 940 TEU，折合 286 016 685 DWT。第四名到第十名依次为：达飞集团、赫伯罗特、ONE、长荣、阳明海运、太平船务和现代商船。全球运力排名前二十名[①]的班轮公司如图 3-3 所示，运力状况如图 3-4 所示。

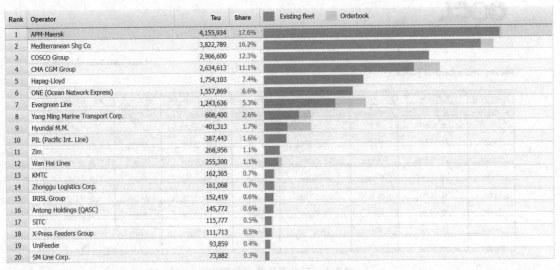

Rank	Operator	Teu	Share	Existing fleet / Orderbook
1	APM-Maersk	4,155,934	17.6%	
2	Mediterranean Shg Co	3,822,789	16.2%	
3	COSCO Group	2,906,600	12.3%	
4	CMA CGM Group	2,634,613	11.1%	
5	Hapag-Lloyd	1,754,103	7.4%	
6	ONE (Ocean Network Express)	1,557,869	6.6%	
7	Evergreen Line	1,243,636	5.3%	
8	Yang Ming Marine Transport Corp.	608,400	2.6%	
9	Hyundai M.M.	401,313	1.7%	
10	PIL (Pacific Int. Line)	387,443	1.6%	
11	Zim	268,956	1.1%	
12	Wan Hai Lines	255,300	1.1%	
13	KMTC	162,365	0.7%	
14	Zhonggu Logistics Corp.	161,068	0.7%	
15	IRISL Group	152,419	0.6%	
16	Antong Holdings (QASC)	145,772	0.6%	
17	SITC	115,777	0.5%	
18	X-Press Feeders Group	111,713	0.5%	
19	UniFeeder	93,859	0.4%	
20	SM Line Corp.	73,882	0.3%	

图 3-3　全球运力排名前二十名的班轮公司

Rank	Operator	Total		Owned		Chartered			Orderbook		
		Teu	Ships	TEU	Ship...	TEU	Ships	% Chart	TEU	Ship...	% existing
1	APM-Maersk	4,155,934	692	2,356,393	314	1,799,541	378	43.3%	39,864	17	1%
2	Mediterranean Shg Co	3,822,789	576	1,044,800	177	2,777,989	399	72.7%	217,500	13	5.7%
3	COSCO Group	2,906,600	475	1,552,917	174	1,353,683	301	46.6%			
4	CMA CGM Group	2,634,613	481	1,001,111	126	1,633,502	355	62%	466,892	29	17.7%
5	Hapag-Lloyd	1,754,103	249	1,052,321	112	701,782	137	40%			
6	ONE (Ocean Network Express)	1,557,869	217	523,762	72	1,034,107	145	66.4%			
7	Evergreen Line	1,243,636	192	565,536	107	678,100	85	54.5%	541,707	65	43.6%
8	Yang Ming Marine Transport Corp.	608,400	91	181,395	40	427,005	51	70.2%	198,100	24	32.6%
9	Hyundai M.M.	401,313	61	131,508	15	269,805	46	67.2%	406,708	20	101.3%
10	PIL (Pacific Int. Line)	387,443	117	152,076	67	235,367	50	60.7%			
11	Zim	268,956	56	4,992	1	263,964	55	98.1%			
12	Wan Hai Lines	255,300	89	160,636	66	94,664	23	37.1%	48,744	20	19.1%
13	KMTC	162,365	67	58,262	26	104,103	41	64.1%	12,500	5	7.7%
14	Zhonggu Logistics Corp.	161,068	113	96,600	37	64,468	76	40%	4,964	3	3.1%
15	IRISL Group	152,419	48	94,387	44	58,032	4	38.1%			
16	Antong Holdings (QASC)	145,772	116	114,353	61	31,419	55	21.6%	14,780	9	10.1%
17	SITC	115,777	81	84,858	62	30,919	19	26.7%	17,700	7	15.3%
18	X-Press Feeders Group	111,713	74	51,661	28	60,052	46	53.8%	5,564	2	5%
19	UniFeeder	93,859	65			93,859	65	100%			
20	SM Line Corp.	73,882	17	55,690	11	18,192	6	24.6%			

图 3-4　全球运力排名前二十名的班轮公司运力状况

[①] 资料来源：Alphaliner TOP 100 / 08 Mar 2020[EB/OL]．[2020-03-08]．https://alphaliner.axsmarine.com/PublicTop100/.

微课 3.6

三、班轮公司船期表

（一）船期表

船期表就是船公司对船舶使用的安排计划的时间表。船期表主要包括承运人、班期、始发港、中转港、目的港、航期、船名、航次、预计到港日（ETA）和预计开船日（ETD）等要素。

图 3-5 是东方海外公司 2020 年 3 月 9 日太平洋中国中心航线的船期表。图 3-6 是中远海运集装箱运输有限公司 2020 年 2 月 6 日船期表。

Last Update Date: 09-Mar-2020

Pacific China Central 1--PCC1

Vessel Name	OOCL TAIPEI	Vessel Name	OOCL TOKYO	Vessel Name	OOCL CANADA	Vessel Name	OOCL LUXEMBOURG
Vessel/Voyage	OTP / 041	Vessel/Voyage	OTY / 100	Vessel/Voyage	OCA / 070	Vessel/Voyage	OLU / 076
Port	Arr--Dep	Port	Arr--Dep	Port	Arr--Dep	Port	Arr--Dep
Ningbo	22--23 Feb	Ningbo	29--01 Mar	Ningbo	07--08 Mar	Ningbo	21--22 Mar
Shanghai	24--25 Feb	Shanghai	02--03 Mar	Shanghai	09--10 Mar	Shanghai	22--24 Mar
Busan	26--27 Feb	Busan	04--05 Mar	Busan	11--12 Mar	Busan	25--26 Mar
Long Beach	12--15 Mar	Long Beach	19--23 Mar	Long Beach	23--28 Mar	Long Beach	06--11 Mar
Busan	02--02 Apr	Busan	09--09 Apr	Busan	16--16 Apr	Busan	30--30 Apr
Ningbo	04--05 Apr	Ningbo	11--12 Apr	Ningbo	18--19 Apr	Ningbo	02--03 May
Shanghai	05--07 Apr						

图 3-5　东方海外公司船期表

中远海运集装箱运输有限公司
COSCO SHIPPING LINES CO., LTD.

远东南美西二线　　　　　　2020-2-6
FAR EAST TO MIDDLE AMERICA & WEST COAST OF SOUTH AMERICA WEEKLY SERVICE (WSA2)

Week	VESSEL NAME	IRIS-2 VSL CODE	VSL-OPERATOR	VOYAGE				KHH04 KAOHSIUNG 高雄		SHK01 SHEKOU 蛇口		HKG01/09/80 HONG KONG 香港		NGB07 NINGBO 宁波	
				IRIS-2		COMMON		ETB	ETD	ETB	ETD	ETB	ETD	ETB	ETD
								FRI	SAT	SUN	MON	MON	TUE	THU	THU
								1400	0300	0700	0000	1100	0500	0100	1700
48	KOTA CEPAT	S4J	PIL	042E	042W	042E	042W	29--11	30--11	1--12	2--12	2--12	3--12	5--12	5--12
49	E.R.FRANCE	S2M	WHL	004E	004W	001E	001W	10--12	11--12	6--12	9--12	9--12	9--12	12--12	12--12
50	WAN HAI 613	Q3W	WHL	035E	035W	035E	035W	13--12	14--12	15--12	16--12	16--12	17--12	19--12	19--12
51	KOTA CARUM	S1S	PIL	057E	057W	057E	057W	20--12	21--12	22--12	23--12				

图 3-6　中远海运集装箱运输有限公司船期表

微课 3.7

（二）查询船期的方法

船期一般是由船公司根据市场情况制定并对外公开的，以方便下游产业链安排出货时间。船期有可能受到一些因素影响而发生变化，影响船期的因素一般有以下三个。

（1）不可抗因素，如台风、战争和海啸等。

（2）市场供求关系。例如，每年 12 月份，快到圣诞节时，为了满足市场的运输需求，一般船公司会增加和调整原有的船期。

（3）船公司的原因。例如，船公司之间的并购重组有可能导致原有的船期安排被改变或取消。

船期查询渠道：可以直接在船公司网站查询，也可以直接给船公司打电话或发传真查询。

📖 阅读材料 3-4　在网上查询长荣海运公司 2020 年 3 月从中国台北到新加坡的船期

（1）访问长荣海运股份有限公司网站http://www.evergreen-marine.com/tw/。

（2）在网站首页单击"船期表→点对点查询"进入查询界面，按图 3-7 所示设置。

Search by Point

All mandatory fields are denoted by ※.

Query Criteria

Please enter or select the location of origin and destination to view the sailing schedules for Non-Reefer Cargo or Reefer Cargo.

※ Origin		※ Destination	
Please enter or select Location		Please enter or select Location	
Country/Area	TAIWAN ▼	Country/Area	SINGAPORE ▼
Location	TAIPEI [ZIP:100] ▼	Location	SINGAPORE [ZIP:******] ▼

※ Departure On/After	March ▼ 10 ▼ 2020 ▼ 📅	※ Duration	2 Weeks ▼
Arrival Before	====== ▼ = ▼ 2020 ▼ 📅	※ Cargo Type	⦿ Non-Reefer Cargo ◯ Reefer Cargo

spmj　**S P MJ**　🔄　Submit　Reset

图 3-7　船期表查询设置界面

（3）单击"Submit"（提交）按钮，得出如图 3-8 所示的船期表。

Sailing Schedules(Search by Point)

The schedules from **TAIPEI [ZIP:100]** to **SINGAPORE [ZIP:******]** after **MAR-10-2020** are as following :

No.	Place of Receipt / Departure Date	Port of Loading / Departure Date ⬆	Port Cut Off Date / VGM via Hard Copy / VGM via EDI/WEB/APP	Service ⬆ / Vessel Voyage	Port of Discharge / Arrival Date ⬆	Place of Delivery / Arrival Date	Transit Time (days) ⬆	Routing Remark Details
1	TAIPEI / ----	TAIPEI / MAR-15-2020	MAR-13-2020 12:00 / MAR-13-2020 12:00 / MAR-13-2020 12:00	NSD / EVER BUILD 1294-013S	SINGAPORE / MAR-21-2020	SINGAPORE / ----	7	Details
2	TAIPEI / ----	TAIPEI / MAR-22-2020	MAR-20-2020 12:00 / MAR-20-2020 12:00 / MAR-20-2020 12:00	NSD / EVER BIRTH 1295-031S	SINGAPORE / MAR-28-2020	SINGAPORE / ----	7	Details

▶ The estimated schedule is considered for information purpose only and the Carrier may update, revise this schedule from time to time without any prior notice.

图 3-8　船期表查询部分结果截图

做一做：单项实训二

实训目标：了解全球主要船公司基本情况，学会查询船期表。

1. 登录表 3-9 所列的船公司网站，浏览网页信息，然后填空完成表格并提交给老师。

表 3-9　船公司的基本情况

序　号	LOGO	名　　称	公司网址	经营业务	注册地
1	OOCL	东方海外	www.oocl.com	集装箱运输及相关业务	中国香港
2		中外运集装箱运输有限公司			
3		中远海运集装箱运输有限公司			
4		川崎汽船（中国）有限公司			
5		阳明海运股份有限公司			
6		马士基（中国）	https://www.maersk.com.cn/		

2. 登录东方海外公司网站，浏览网页 https://www.oocl.com/schi/ourservices/eservices/sailingschedule/Pages/vss.aspx，下载途经我国港口的三条航线的船期表。

3. 登录中远海运集装箱运输有限公司网站（网址：http://lines.coscoshipping.com/home/HelpCenter/business/ServiceSchedule），下载 WSA2、CAX1 等航线的班轮船期表。

4. 登录中远海运集装箱运输有限公司电子商务系统（网址：https://elines.coscoshipping.com/ebusiness/），查询一个月内从深圳盐田到美国纽约港的船期表。

任务三　集装箱认知

任务描述：了解集装箱的种类，熟记常用集装箱类型的缩写及主要参数；能根据集装箱外观标记辨识集装箱的类型及所属船公司。

一、集装箱的定义和标准

微课 3.8

（一）集装箱的定义

国际标准化组织（ISO）对集装箱下的定义为：集装箱（Container）是一种运输设备，应满足以下要求。

（1）具有耐久性，其坚固强度足以反复使用。

（2）为便于商品运送而专门设计的，在一种或多种运输方式中运输时无须中途换装。

（3）设有便于装卸和搬运的装置，特别是便于从一种运输方式转移到另一种运输方式。

（4）设计时应注意到便于货物装满或卸空。

（5）内容积为 1 平方米或 1 平方米以上。

集装箱实物如图 3-9 所示。

图 3-9　集装箱实物图

（二）集装箱的标准

（1）国际标准集装箱。目前世界上通用的是国际标准集装箱，海运和陆运普遍使用 20 英尺和 40 英尺的集装箱。为了便于计算集装箱数量，将 20 英尺的集装箱作为换算标准箱（Twenty-foot Equivalent Unit，TEU），并以此为集装箱船载箱量、港口集装箱吞吐量和集装箱保有量等的计量单位。

（2）国家标准集装箱。各国政府参照国际标准并考虑本国的具体情况而制定本国的集装箱标准。

（3）地区标准集装箱。此类集装箱的标准是由地区组织根据该地区的特殊情况制定的，仅适用于该地区，如根据欧洲国际铁路联盟（International Union of Railways，法文缩写为 UIC）所制定的集装箱标准而建造的集装箱。

（4）公司标准集装箱。某些大型集装箱船公司会根据本公司的具体情况和条件而制定公司标准的集装箱。这类集装箱主要在该公司的运输范围内使用，如马士基公司的 35 英尺集装箱。

此外，目前世界上还有很多非标准集装箱。例如，非标准长度集装箱有美国海陆公司的 35 英尺集装箱、总统轮船公司的 45 英尺及 48 英尺集装箱；非标准高度集装箱主要有 9 英尺和 9.5 英尺两种高度集装箱；非标准宽度集装箱有 8.2 英尺宽度集装箱；等等。

二、集装箱的类型

（一）根据集装箱的用途进行分类

1．干货集装箱

干货集装箱（Dry Cargo Container）也称杂货集装箱，是一种通用集装箱（General Purpose，GP），用以装载除液体货物、需要调节温度的货物及特种货物以外的一般件杂货。这种集装箱的使用范围极广，常用的有 20 GP、40 GP 和 40 HQ（40 英尺高柜）三种，45 GP 也比较常见。其结构特点为封闭式，一般在一端或侧面设有箱门。

图 3-10～图 3-12 分别为 20 GP、40 GP 和 45 GP 集装箱。

图 3-10　20 GP 集装箱

图 3-11　40 GP 集装箱

图 3-12　45 GP 集装箱

表 3-10 所示为常见的干货集装箱参数。

表 3-10　干货集装箱参数

参数		20 英尺箱						40 英尺箱			
材质		A（铝制）		B（铝制）		C（钢制）		A（铝制）		B（铝制）	
单位		毫米	英尺-英寸	毫米	英尺-英寸	毫米	英尺-英寸	毫米	英尺-英寸	毫米	英尺-英寸
外部尺寸	长	6 058	19-10.5	6 058	10-10.5	6 058	19-10.5	12 192	40	12 192	40
	宽	2 438	8	2 438	8	2 438	8	3 438	8	2 438	8
	高	2 438	8	2 438	8	2 438	8	2 591	8-6	2 591	8-6
内部尺寸	长	5 930	19-5.44	5 884	19-3.65	5 888	19-3.81	12 062	39-6.87	12 052	39-6.5
	宽	2 350	7-8.5	2 345	7-8.94	2 331	7-7.76	2 350	7-8.5	2 342	7-8.18
名义高度		2 260	7-4.94	2 240	7-4.18	2 255	7-7.45	2 380	7-9.86	2 367	7-0.37
净空高度		2 180	7-1.8	2 180	7-1.8			2 305	7-6.68		
门框尺寸	宽	2 350	7-8.5	2 342	7-8.18	2 340	7-8.12	2 035	7-8.5	2 347	7-8.37
	高	2 154	7-0.81	2 135	7-0.16	2 143	7-0.37	2 284	7-5.68	2 265	7-5.27
单位		立方米	立方英尺	立方米	立方英尺	立方米	立方英尺	立方米	立方英尺	立方米	立方英尺
容积		31.5	1 112	30.9	1 091	31	1 095	67.6	2 386	66.5	2 348
单位		千克	磅	千克	磅	千克	磅	千克	磅	千克	磅
自重		1 600	3 527	1 700	3 748	2 230	4 916	2 990	6 592	3 410	7 518
总重		24 000	52 911	24 000	52 911	24 000	52 911	30 480	67 197	30 480	67 197
载重		22 400	49 384	22 300	49 163	21 770	47 995	27 490	60 605	27 070	59 679

资料来源：锦程物流全球服务中心，http://www.jc56.com/tools/jzxcs.shtml

2．开顶集装箱

开顶集装箱（Open Top Container，OT）也称敞顶集装箱，是一种没有刚性箱顶的集装箱，但有可折式顶梁支撑的帆布、塑料布或涂塑布制成的顶篷，其他构件与干货集装箱类似。开顶集装箱适于装载较高的大型货物和需吊装的重货。20英尺开顶集装箱实物如图3-13所示，常见开顶集装箱参数如表3-11所示。

图 3-13　20 英尺开顶集装箱

表 3-11　开顶集装箱参数表

参数		20 英尺箱		40 英尺箱	
材质		铝制		铝制	
单位		毫米	英尺-英寸	毫米	英尺-英寸
外部尺寸	长	6 058	19-10.5	12 192	40
	宽	2 438	8	2 438	8
	高	2 438	8	2 591	8-6
内部尺寸	长	5 930	19-5.44	12 056	39-6.6
	宽	2 350	7-8.5	2 351	7-8.5
名义高度		2 180	7-1.8	2 324	7-7
净空高度		2 083	6-10		
门框尺寸	宽	2 350	7-8.5	2 340	7-8.07
	高	2 154	7-0.81	2 286	7-6
单位		立方米	立方英尺	立方米	立方英尺
容积		30.4	1 074	60.8	2 147
单位		千克	磅	千克	磅
自重		2 030	4 475	3 800	8 378
总重		24 000	52 911	30 480	67 197
载重		21 970	48 436	26 680	58 820

资料来源：锦程物流全球服务中心，http://www.jc56.com/tools/jzxcs.shtml

3．台架式集装箱

台架式集装箱（Flat Rack Container，FR）又称板架式集装箱，是没有箱顶和侧壁，甚至有的连端壁也去掉而只有底板和四个角柱的集装箱。台架式集装箱有很多种类型。它的主要特点有以下两个。

（1）为了保持其纵向强度，箱底较厚。箱底的强度比普通集装箱大，而其内部高度则比一般集装箱低。在下侧梁和角柱上设有系环，可把装载的货物系紧。

（2）台架式集装箱没有水密性，怕水的货物不能装运，适合装载形状规则的货物。

台架式集装箱可分为敞侧台架式集装箱、全骨架台架式集装箱、有完整固定端壁的台架式集装箱、无端仅有固定角柱和底板的台架式集装箱等。其中，无端仅有固定角柱和底板的台架式集装箱又称平台集装箱。该集装箱装卸作业方便，适于装载长、重大件。如图3-14所示为40英尺前后板框可折叠的台架式集装箱，常见台架式集装箱参数如表3-12所示。

图3-14　40英尺前后板框可折叠的台架式集装箱

表3-12　台架式集装箱参数表

参数		20 英尺箱				40 英尺箱			
材质		A（钢制）		B（钢制）		A（钢制）		B（钢制）	
单位		毫米	英尺-英寸	毫米	英尺-英寸	毫米	英尺-英寸	毫米	英尺-英寸
外部尺寸	长	6 058	19-10.5	6 058	19-10.5	12 192	40	12 192	40
	宽	2 438	8	2 438	8	2 438	8	2 438	8
	高	2 438	8	2 438	8	2 591	8-6.02	2 591	8-6.02
内部尺寸	长	5 908	19-4.5	5 928	19-5.38	12 054	39-6.6	12 062	39-6.88
	宽	2 388	7-10	2 428	7-11.59	2 256	7-4.81	2 250	7-0.56
名义高度		2 072	6-9.56	2 178	7-1.75	1 970	6-5.56	1 964	6-5.31
单位		立方米	立方英尺	立方米	立方英尺	立方米	立方英尺	立方米	立方英尺
容积		29.2	1 031	31.2	1 102	53.8	1 900	53.3	1 882
单位		千克	磅	千克	磅	千克	磅	千克	磅
自重		2 500	5 512	2 790	6 151	4 810	10 604	5 050	11 133
总重		24 000	52 911	24 000	52 911	30 480	67 197	30 480	67 197
载重		21 500	47 399	21 210	46 760	25 670	56 593	25 430	56 064

资料来源：锦程物流全球服务中心，http://www.jc56.com/tools/jzxcs.shtml

4. 冷藏集装箱

冷藏集装箱（Reefer Container，RF）是专为运输要求保持一定温度的冷冻货或低温货而设计的集装箱，分为带有冷冻机的内藏式机械冷藏集装箱和没有冷冻机的外置式机械冷藏集装箱，适用于装载肉类、水果等货物。冷藏集装箱造价较高，营运费用较高，使用中应注意冷冻装置的技术状态及箱内货物所需的温度。如图3-15所示为20英尺冷藏集装箱。常见冷藏集装箱的参数如表3-13所示。

图 3-15 20 英尺冷藏集装箱

表 3-13 冷藏集装箱参数表

参数		20 英尺箱		40 英尺箱	
材质		铝制		铝制	
单位		毫米	英尺-英寸	毫米	英尺-英寸
外部尺寸	长	6 058	19-10.5	12 192	40
	宽	2 438	8	2 438	8
	高	2 438	8	2 591	8-6.02
内部尺寸	长	5 391	17-8.19	11 480	27-7.94
	宽	2 254	7-4.69	2 234	7-7.94
名义高度		2 130	6-11.81	2 235	7-7.94
门框尺寸	宽	2 254	7-4.69	2 234	7-7.94
	高	2 049	6-8.63	2 163	7-1.13
单位		立方米	立方英尺	立方米	立方英尺
容积		25.9	915	57.3	2 024
单位		千克	磅	千克	磅
自重		2 750	6 063	4 750	10 472
总重		24 000	52 911	30 480	67 197
载重		21 250	46 848	25 730	56 725

资料来源：锦程物流全球服务中心，http://www.jc56.com/tools/jzxcs.shtml

5. 汽车集装箱

汽车集装箱（Car Container）是专为装运小型轿车而设计制造的集装箱，其结构特点是无侧壁，仅设有框架和箱底，可装载一层或两层小轿车。由于集装箱在运输途中常受各种力的作用和环境的影响，因此集装箱的制造材料要有足够的刚度和强度，应尽量采用质量轻、强度高、耐用、维修保养费用低的材料，并且材料既要价格低廉，又要便于取得。

6. 通风集装箱

通风集装箱（Ventilated Container）一般在侧壁或端壁上设有通风孔，适于装载不需要冷冻而需通风、防潮的货物，如水果、蔬菜等。如将通风集装箱的通风孔关闭，可作为杂货集装箱使用，如图 3-16 所示，其参数如表 3-14 所示。

图 3-16　通风集装箱

表 3-14　通风集装箱参数表

参数		20 英尺箱			
材质		玻璃钢		铝	
单位		毫米	英尺-英寸	毫米	英尺-英寸
外部尺寸	长	6 058	19-10.5	6 058	19-10.5
	宽	2 438	8	2 438	8
	高	2 438	8	2 438	8
内部尺寸	长	5 901	19-4.31	5 925	19-5.25
	宽	2 370	7-9.25	2 345	7-8.31
名义高度		2 251	7-4.56	2 213	7-3.13
净空高度		3 137	7-0.13		
门框尺寸	宽	2 276	7-5.56	2 345	7-8.31
	高	2 134	7	2 112	6-11.2
单位		立方米	立方英尺	立方米	立方英尺
容积		31.5	1 112	30.7	1 084
单位		千克	磅	千克	磅
自重		2 420	5 335	2 280	5 027
总重		24 000	52 911	24 000	52 911
载重		21 580	47 576	21 720	47 884

7. 散货集装箱

散货集装箱（Bulk Container）除了有箱门外，在箱顶部还设有 2～3 个装货口，适用于装载粉状或粒状货物，实物如图 3-17 所示。使用时要注意保持箱内清洁，两侧保持光滑，便于从箱门卸货，其参数如表 3-15 所示。

图 3-17　散货集装箱

表 3-15 散货集装箱参数表

参数		20 英尺箱			
材质		A（铝制）		B（铝制）	
单位		毫米	英尺-英寸	毫米	英尺-英寸
外部尺寸	长	6 058	19-10.5	6 058	19-10.5
	宽	2 438	8	2 438	8
	高	2 438	8	2 438	8
内部尺寸	长	5 929	19-5.44	5 889	19-3.84
	宽	2 345	7-8.25	2 338	7-8.05
名义高度		2 213	7-3.13	2 213	7-3.13
门框尺寸	宽	2 350	7-8.5	2 341	7-8.16
	高	2 154	7-0.81	2 130	6-11.88
单位		立方米	立方英尺	立方米	立方英尺
容积		30.8	1 088	30.5	1 076
单位		千克	磅	千克	磅
自重		1 980	4 365	2 500	5 511
总重		24 000	52 911	20 321	44 800
载重		22 020	48 546	17 821	39 289

资料来源：锦程物流全球服务中心，http://www.jc56.com/tools/jzxcs.shtml

8．动物集装箱

动物集装箱（Pen Container）是一种专供装运牲畜的集装箱。为了实现良好的通风效果，箱壁用金属丝网制造，侧壁下方设有清扫口和排水口，并设有喂食装置。

9．罐式集装箱

罐式集装箱（Tank Container，TK）是一种专供装运液体货而设置的集装箱，如酒类、油类及液状化工品等货物。它由罐体和箱体框架两部分组成，装货时货物由罐顶部的装货孔进入；卸货时，则由排货孔流出或从顶部装货孔吸出。如图 3-18 所示为 20 英尺罐式集装箱，其参数如表 3-16 所示。

图 3-18 20 英尺罐式集装箱

表 3-16 罐式集装箱参数表

参数	20 英尺箱			
材质	不锈钢制		钢制	
单位	毫米	英尺-英寸	毫米	英尺-英寸

续表

		6 058	19-10.5	6 058	19-10.5
外部尺寸	长	6 058	19-10.5	6 058	19-10.5
	宽	2 438	8	2 438	8
	高	2 438	8	2 438	8
内部尺寸	长	5 247	17-2.56	5 860	19-2.75
	直径	1 900	6-2.75	2 050	6-8.75
单位		立方米	立方英尺	立方米	立方英尺
容积		14.383	508	18.3	646
单位		牛/平方厘米	磅/平方英寸	牛/平方厘米	磅/平方英寸
压力		1.8×9.8	25	0.7×9.8	9.954
单位		千克	磅	千克	磅
自重		3 120	6 878	3 250	7 165
总重		24 000	52 911	24 000	52 911
载重		20 880	46 033	20 750	45 746

资料来源：锦程物流全球服务中心，http://www.jc56.com/tools/jzxcs.shtml

10. 其他集装箱

其他集装箱包括成衣集装箱等，图 3-19 所示为成衣集装箱的内部构造。

图 3-19 成衣集装箱的内部构造

（二）根据集装箱主体的材料分类

1. 钢制集装箱

钢制集装箱的框架和箱壁板皆用钢材制成，其最大的优点是强度大、结构牢、焊接性和水密性好、价格低、易修理、不易损坏；主要缺点是自重大、抗腐蚀性差。

2. 铝制集装箱

铝制集装箱有两种：一种为钢架铝板；另一种为仅框架两端用钢材，其余部分用铝材。其主要优点是自重轻、不生锈、弹性好、不易变形；主要缺点是造价高、受碰撞时易损坏。

3. 不锈钢制集装箱

一般多用不锈钢制造罐式集装箱。不锈钢制集装箱的主要优点是强度大、不生锈、耐腐蚀性好；缺点是投资大。

4. 玻璃钢制集装箱

玻璃钢制集装箱是在钢制框架上装上玻璃钢复合板构成的，其主要优点是隔热性、防腐性和耐化学性均较好，强度大，能承受较大的压力，易清扫，修理简便，集装箱内容积较大，等等；主要缺点是自重较大，造价较高。

三、集装箱的标记

为了便于集装箱在流通和使用中的识别和管理，便于单据编制和信息传输，国际标准化组织于 1995 年通过了《集装箱的代号、识别和标记》〔ISO6346-1981（E）〕，该标准明确规定了集装箱标记的内容、标记字体的尺寸和标记的位置。

集装箱的标记分为必要标记、自选标记和通行标记三类，每一类标记中又分识别标记和作业标记。

（一）必要标记

1．识别标记

识别标记的作用主要是方便确定集装箱的基本信息。集装箱的基本信息由箱主代号、设备标识号、集装箱顺序号和核对数字组成，这些信息统称为集装箱箱号。集装箱箱号实例如图 3-20 所示。

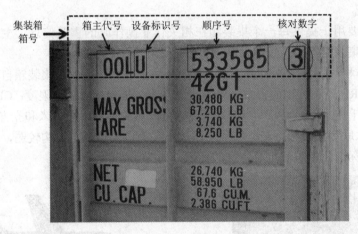

图 3-20　集装箱箱号实例

（1）箱主代号。箱主代号是指集装箱所有者的代号，由三位大写字母组成。例如，中远集团自有箱主代号为"COS"。

（2）设备标识号。设备标识号是紧接着箱主代号的第四个字母，用来表示集装箱的类型。常见的是 U，表示所有常规海运集装箱。此外，J 表示可拆卸的集装箱，Z 表示集装箱的拖车和底盘车。

（3）集装箱顺序号又称箱号，由 6 位阿拉伯数字组成。如果有效数字不足 6 位，则在有效数字前加"0"补足 6 位，如"053842"。

（4）核对数字。核对数字是用来核对箱主代号和顺序号记录是否准确的依据。它位于箱号最后，以一位阿拉伯数字加一个方框表示。核对数字是由箱主代号与设备标识号的四位字母和顺序号的六位数字通过换算而得。

核对数字中箱主代号与设备标识号字母的等效数字如下：

A=10，B=12，C=13，D=14，E=15，F=16，G=17，H=18，I=19，J=20，K=21，L=23，…，Z=38。

其中去掉了 11 及其倍数的数字，这是因为后面的计算要把 11 作为除数。

具体算法是：将前四位字母对应的等效数字和后面顺序号的数字（共 10 位）采用加权系数法进行计算。公式为

$$S = \sum C_i \times 2^i$$

式中：i 表示集装箱号的 10 个字母中各字符顺序号，从左到右依次为 0,1,…,9；C_i 表示第 i 个字母对应的数字，如箱主代号 COSU800121 中首字母 C（即 $i=0$ 对应的字母 C）的等效数字为 13；最后，以 S 除以模数 11，求取其余数，即得核对数字。

【例 3-2】 计算中远公司 COSCO 的集装箱 COSU800121 的核对数字。

解：

（1）COSU800121 对应的数字依次是 13、26、30、32、8、0、0、1、2、1。

（2）$S=13\times2^0+26\times2^1+30\times2^2+32\times2^3+8\times2^4+0\times2^5+0\times2^6+1\times2^7+2\times2^8+1\times2^9=1\ 721$

（3）1 721÷11=156……5

余数为 5，所以核对数字为 5。

2. 作业标记

作业标记主要用于提供每一个集装箱在相关作业操作时的重要信息，主要由重量体积标记、空陆水联运集装箱标记、登箱顶触电警告标记和超高标记组成。

（1）重量体积标记。图 3-21 所示的 GROSS 表示最大总重，是集装箱自重和最大允许载货重量之和；TARE 是集装箱的自重；NET 表示净重，是装货的重量限度；CUBE 是箱内的容积。重量单位用千克（KG）和磅（LB）同时标记，体积单位用立方米和立方英尺同时标记。

（2）空陆水联运集装箱标记。空陆水联运集装箱自重较轻，结构较弱，强度仅能堆码两层，为此，国际标准化组织规定了特殊的标记，如图 3-22 所示。

图 3-21　重量体积标记

图 3-22　空陆水联运集装箱标记

集装箱上有这种标记主要表明两点要求：第一，在陆地上堆码时，只允许在箱上堆码两层；第二，在海上运输时，不准在甲板上堆码；在舱内堆码时，只能堆装一层。

（3）登箱顶触电警告标记。凡装有登顶梯子的集装箱应设登箱顶触电警告标记，该标记为黄色底三角形（见图 3-23），一般设在罐式集装箱和位于登顶箱顶的扶梯处，以警告登箱者有触电危险。

（4）超高标记。凡高度超过 2.6 米的集装箱均应设此标记，该标记是在黄色底色上标出黑色数字，四周加黑框，如图 3-24 所示。每个集装箱应设两个超高标记，一般位于侧壁的右下方，粘贴位置应在距箱顶不超过 1.2 米、距右侧不超过 0.6 米的内侧。

图 3-23　登箱顶触电警告标记

图 3-24　超高标记

（二）自选标记

自选标记同样有识别标记和作业标记之分。

1．识别标记

识别标记主要包括尺寸代码和类型代码，其中类型代码如下。

（1）G（General）：通用集装箱。

（2）V（Ventilated）：通风集装箱。

（3）B（Bulk）：散货集装箱。

（4）S（Sample）：以货物命名的集装箱。

（5）R（Reefer）：保温集装箱中的冷藏集装箱。

（6）H（Heated）：集装箱中的隔热集装箱。

（7）U（Up）：敞顶集装箱。

（8）P（Platform）：平台集装箱。

（9）T（Tank）：罐式集装箱。

（10）A（Air）：空陆水联运集装箱。

识别标记举例如图 3-25 所示。其中，45R1 指箱长为 40 英尺（12 192 毫米）、箱宽为 8 英尺（2 438 毫米）、箱高为 9 英尺 6 英寸（2 895 毫米）的冷藏集装箱。

2．作业标记

作业标记主要是国际铁路联盟标记。各国的铁路都有各自的规章制度，在欧洲铁路上运输集装箱时，必须有如图 3-26 所示的国际铁路联盟标记。

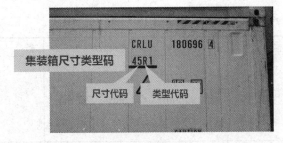

图 3-25　识别标记

图 3-26　国际铁路联盟标记

（三）通行标记

集装箱上除了必须有上述必要标记与自选标记外，还必须拥有一些允许其在各国间通行的牌照，称为通行标记。集装箱在运输过程中要顺利地通过或进入他国国境，箱上必须贴有按规定要求的各种通行标志，否则必须办理烦琐的证明手续，进而延长了集装箱的周转时间。集装箱上主要的通行标记有安全合格牌照、集装箱批准牌照（见图 3-27）、防虫处理板和检验合格徽（见图 3-28）等。

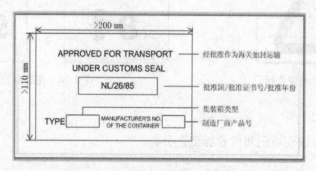

图 3-27　批准牌照（TIR 批准牌照）

图 3-28　检验合格徽图示

 做一做： 单项实训三

实训目标： 认识集装箱及标识标记。

1. **认识集装箱**

要求学生搜索小柜、大柜、高柜和冻柜（冷藏柜）中任意两种集装箱的图片，注明所属船公司、集装箱型号和尺寸，完成后提交给老师，如表 3-17 所示。

表 3-17　搜索集装箱信息

集装箱图片	所属船公司	型　　号	尺寸（长×宽×高）	备　　注
EVERGREEN	长荣	40′GP	12 192 mm×3 438 mm×2 591 mm	
…				

2. 识读集装箱标记

请依次说出图 3-29 中各标记符号的含义。

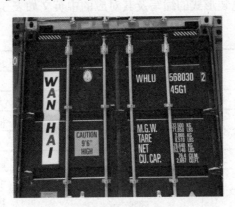

图 3-29 识读集装箱标记

任务四 集装箱货物的装载

任务描述：掌握集装箱货物的装载方法，了解集装箱运输系统的主要关系人，掌握集装箱货物的两种交接形体和九种交接方式。

一、集装箱装载相关知识

（一）认识集装箱船舶

国际海运的主流船舶是集装箱船，它是专为装载集装箱而建造的船舶，如图 3-30 所示。通常所说的集装箱船是指吊装式全集装箱船，或称集装箱专用船。第一代集装箱船具有 600～1 000 TEU 载箱能力；第二代集装箱船具有 1 100～1 800 TEU 载箱能力；第三代集装箱船能装载 2 000～3 000 TEU。第一代到第三代的集装箱船都是在宽度上能够通过巴拿马运河的巴拿马型船舶（船宽在巴拿马运河宽度 32.2 米限制范围内），第四代及有更大的载箱能力的船舶，船宽大于 32.2 米，不适于通过巴拿马运河，故被称为超巴拿马型船舶。

图 3-30 集装箱船舶

（二）集装箱内货物的常见包装形式

集装箱内货物的常见包装形式的缩写及其对应的中英文如表 3-18 所示。

表 3-18　集装箱内货物的常见包装形式

缩　　写	全　　写	中　　文
BAG	bag	袋
BAL	bale	大捆、大包
BAR	barrel	桶（木桶）
BDL	bundle	小捆
BOX	box	盒、箱
CAR	carboard	纸板箱
CAS	case	箱（木箱）
W/C	wooden case	木箱
COI	coil	盘卷
CRA	crate	板条箱筐
CTN	carton	纸箱
DRU	drum	桶（如鼓状）
D/S	drums	桶（复数）
PAL 或 PLT	pallet	货盘、托盘
SAC	sack	布袋
SET	set	组、台
TRA	tray	货盘（浅的，如茶盘、菜碟）
UNT	unit	组、套
PIE	piece	件（单数）
PCS	pieces	件（复数）

（三）集装箱货物的交接地点与交接方式

1．交接地点

在集装箱运输中，集装箱货物的交接地点一般在集装箱堆场、集装箱货运站或其他双方约定的地点（门），如图 3-31 所示。

门（DOOR）	场（CY）	站（CFS）
发（收）货人的工厂、仓库	集装箱堆场	集装箱货运站

图 3-31　集装箱货物的交接地点

（1）CY。CY（CntrYard，集装箱堆场）仅指集装箱码头内的堆场，不可指其他地方的集装箱堆场。

（2）DR。DR（Door）指 Shipper 或 CNEE（Consignee）的工厂或 W/H（Warehouse，仓库）的大门。注意：有些人将 Door 写作 House。

（3）CFS。CFS（Cntr Freight Station）即集装箱货运站，又称为拼装货站或中转站，主要为拼箱货（Less than Container Load，LCL）服务，它是 LCL 办理交接的地方。其主要职能为：对于出口柜，负责从发货人处接货，把流向一致的货拼装在柜中；对于进口柜，负责拆柜并交货给收货人。

大多数 CFS 设在港口内或港区附近，少数设于内陆的称为内陆货站（Inland Depot）。

2．交接方式

集装箱货物交接方式通常有九种，分别是门到门、门到场、门到站、场到门、场到场、场到站、站到门、站到场和站到站，如图 3-32 所示，这九种交接方式的对比信息如表 3-19 所示。

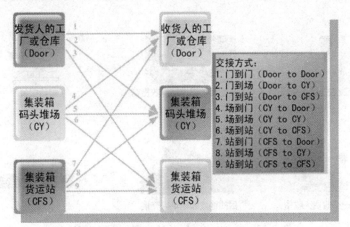

微课 3.10

图 3-32　集装箱货物的九种交接方式

表 3-19　九种交接方式的对比信息

交接方式	起运地陆运负责人	到达地陆运负责人	Carrier 接货时货物的形态	Carrier 交货时货物的形态	几个发货人	几个收货人
Door to Door	Carrier	Carrier	FCL	FCL	1个	1个
Door to CY	Carrier	CNEE	FCL	FCL	1个	1个
Door to CFS	Carrier	CNEE	FCL	LCL	1个	多个
CY to Door	Shipper	Carrier	FCL	FCL	1个	1个
CY to CY	Shipper	CNEE	FCL	FCL	1个	1个
CY to CFS	Shipper	CNEE	FCL	LCL	1个	多个
CFS to Door	Shipper	Carrier	LCL	FCL	多个	1个
CFS to CY	Shipper	CNEE	LCL	FCL	多个	1个
CFS to CFS	Shipper	CNEE	LCL	LCL	多个	多个

大家可以看到，在起运地如果是 Door 或者 CY 交接货物的，那么承运人接货时货物就是整箱货（Full Container Load，FCL），对应一个发货人；如果是在起运地 CFS 交接货物的，

承运人接货时货物就是拼箱货，对应有多个发货人。同样的道理，在收货地也就是到达地如果是 Door 或者 CY 交接货物的，那么承运人交货时货物就是整箱货，对应一个收货人；如果是在到达地 CFS 交接货物的，承运人交货时货物就是拼箱货，对应有多个收货人。

另外，我们还可以看到，如果是在起运地"门"交接货物，那就意味着承运人 Carrier 需要负责货物从发货人仓库到集装箱码头的陆路运输。同样地，如果在到达地是以"门"作为交接地点，承运人 Carrier 同样需要负责从到达地码头到收货人仓库的陆路运输；而如果交接地点在堆场 CY 或者货运站 CFS，从发货人仓库至集装箱堆场 CY 或货运站 CFS 的陆路运输由发货人 Shipper 负责，在收货地那边，从集装箱堆场 CY 或货运站 CFS 至收货人仓库的陆路运输就由收货人 CNEE 自己负责。

以上九种交接方式中，以 CY to CY、Door to Door、CFS to CFS 最为常见。

（1）场到场（CY to CY），如图 3-33 所示。这是 FCL to FCL 的交货类型，即承运人从出口国集装箱码头整箱接货，运至进口国集装箱码头整箱交货的交接方式。对应一个发货人、一个收货人。

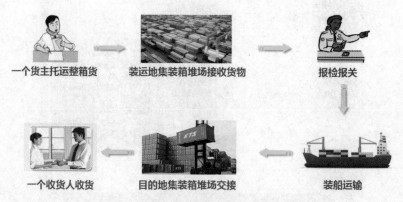

一个货主托运整箱货　　装运地集装箱堆场接收货物　　报检报关

一个收货人收货　　目的地集装箱堆场交接　　装船运输

图 3-33　场到场交接（CY to CY 或 CY/CY）

（2）门到门（Door to Door），如图 3-34 所示。这是 FCL to FCL 的交货类型，即承运人从出口国发货人的工厂或仓库整箱接货，运至进口国收货人的工厂或仓库整箱交货。对应一个发货人、一个收货人。

某个货主工厂仓库交接货物　　承运人负责拖车　　运至装运地集装箱堆场　　报检报关

承运人把货物运至某收货人仓库　　卸至目的地集装箱堆场　　装船运输

图 3-34　门到门交接（Door to Door 或 Door/Door）

（3）站到站（CFS to CFS），如图 3-35 所示。这是 LCL to LCL 的交货类型，即承运人从出口国指定的集装箱货运站散件接货，拼箱后运至进口国指定的集装箱货运站，拆箱后散件交收货人。对应多个发货人、多个收货人。

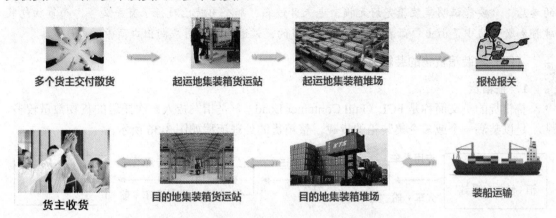

图 3-35　站到站交接（CFS to CFS 或 CFS/CFS）

在不同的交接方式中，集装箱运输经营人与货方承担的费用、责任是不同的，具体如表 3-20 所示。

表 3-20　不同交接方式下的费用、责任

接　货	交　货	装箱费	拆箱费	责任起	责任终
CY	CY	×	×	CY	CY
CY	CFS	×	√	CY	CFS
CY	Door	×	×	CY	Door
CFS	CY	√	×	CFS	CY
CFS	CFS	√	√	CFS	CFS
CFS	Door	√	×	CFS	Door
Door	CY	×	×	Door	CY
Door	CFS	×	√	Door	CFS
Door	Door	×	×	Door	Door

承运人的责任起讫是由交接地点决定的，承运人一旦接管货物就是其责任的开始，一旦交货就是责任的终止。如交接方法为 CY to CY，那么承运人的责任起讫也就是 CY to CY。需要大家注意的是：如果起运地交接地点是在货运站 CFS，由于货运站是专门拼箱和拆箱的场所，所以就会产生装箱费。以此类推，如果到达地交接地点是在货运站 CFS，就会产生拆箱费。

 案例分析 3-1　CY to CY 货损，承运人拒赔

某进出口公司进口一批货物共 200 箱，装运条件是 CY to CY。货物到港后，该公司凭"清洁已装船"提单换取提货单提货后，发现其中有 40 箱包装破损且短少，短少货值共 4 500 美元。该公司经办理有关凭证后，向船公司提出索赔，但船公司以提单上标明"Shippers load and count"且集装箱完好无损为由拒赔。

思考： 船公司拒赔是否合理？为什么？

评析： 船公司拒赔是合理的。本案例中，装运条件为 CY to CY，意指整箱装运、整箱交

货；提单上标明"Shippers load and count"是指货物由出口方自行装箱、自行封箱后将整箱货物运至集装箱堆场，对于箱内货物是什么、数量是多少，船公司概不负责。因此，货物运抵目的港后，只要能证明集装箱完好无损，也未开过箱，船公司就已履行了有关义务，而货物包装破损和数量短少是由出口商装箱时的疏忽造成的，该进出口公司应向出口商索赔。

（四）集装箱货物的装箱方式

微课 3.11

1. 整箱货

整箱货的英文简称是 FCL（Full Container Load），是指发货人一次托运的货物数量较多，足以装满一个或多个集装箱的货载。整箱货的处理流程如图 3-36 所示。

图 3-36　整箱货的处理流程

在这个过程中，托运人以整箱将货物交付给承运人，承运人在目的港以整箱将货物交付给收货人。整箱货的交接一般是在码头的集装箱堆场（CY）进行的。

2. 拼箱货

拼箱货的英文简称为 LCL（Less Than Container Load），是指承运人（或代理人）接受货主托运的数量不足整箱的小票货。为了最大限度地节约运输成本，承运人（或代理人）会根据货类性质和运输目的地对货物进行分类整理，集中成一定数量拼装入箱。由于每一票货物的数量较少，因此装载拼箱货的集装箱内的货物会涉及多个发货人和多个收货人。

拼箱货的处理流程如图 3-37 所示。

图 3-37　拼箱货的处理流程

在这个过程中，托运人以拼箱货交付货运站，货运站负责拼箱后交付承运人，承运人在目的港经过货运站拆箱后又以拼箱货形态交付给收货人。与整箱货不同，拼箱货一般是在集装箱货运站（CFS）进行交接的。

二、集装箱的选择与检查

（一）集装箱的选择

在集装箱货物装箱前，首先应当选择合适的集装箱。结合货物的性质、数量，经济性和运输条件等因素，集装箱的选择主要是对集装箱类型的选择和集装箱规格的选择。

1. 集装箱类型的选择

目前使用的集装箱有通用集装箱、冷藏集装箱、罐式集装箱、干散货集装箱等多种类型，不同类型的集装箱是根据不同类型的货物及运输的实际要求而设计制造的。对集装箱箱型种类的选择主要应根据货物的种类、性质、包装形式和运输要求来进行，如对运输没有特殊要求的普通干、散货物，可选择使用最普通的封闭式干散货集装箱；含水量较大的货物或不需要保温运输的鲜货等可选择使用通风集装箱；在运输途中对温度有一定要求的货物可选择使用保温、冷藏、冷冻集装箱；超高、超长、超宽或必须用机械（吊车、叉车等）装箱的货物可选择使用开顶、台架、平台集装箱；散装液体货物可选择罐式集装箱；牲畜、汽车等可选择相应的特种集装箱；等等。根据货物性质分类的集装箱货物和相应采用的集装箱类型可参考表 3-21。

表 3-21　集装箱货物和集装箱类型对照表

集装箱货物种类		适合的集装箱类型
普通货物	清洁货物	通用集装箱、通风集装箱、开顶集装箱、冷藏集装箱
	污染货物	通用集装箱、通风集装箱、开顶集装箱、侧开式集装箱、冷藏集装箱
特殊货物	冷藏货物、冷冻货物	冷藏集装箱
	易腐货物	冷藏集装箱、通风集装箱
	活动物、植物	动物集装箱、通风集装箱
	大件货物	开顶集装箱、平台集装箱、台架集装箱
	液体、气体货物	罐式集装箱、通用集装箱、其他集装箱
	干散货物	干货集装箱
	贵重货物	通用集装箱
	危险货物	通用集装箱、台架集装箱、冷藏集装箱

2．集装箱规格的选择

集装箱的规格尺寸包括国际标准尺寸和地区（国家）标准尺寸，其中包含的尺寸类型多种多样。对集装箱规格尺寸的选择需要综合考虑多种因素。

（1）从集装箱货物的数量、批量和密度等因素考虑。一般来说，在货物数量大时，尽量选用大规格箱；某航线上货运批量较小时，配用的集装箱规格不宜过大；货物密度较大时，选用规格不宜过大；轻泡货物应采用规格较大的集装箱。以通用集装箱为例，其最佳装箱密度如表 3-22 所示。

表 3-22　通用集装箱最佳装箱密度

集装箱规格尺寸（ft）	集装箱容积 100%		集装箱容积 90%		集装箱容积 80%		集装箱容积 70%	
	lb/ft³	kg/m³	lb/ft³	kg/m³	lb/ft³	kg/m³	lb/ft³	kg/m³
$8 \times 8 \times 20$	37.6	606.5	41.7	672.6	46.9	756.5	53.7	866.2
$8 \times 8\frac{1}{2} \times 20$	35.1	566.2	39.1	630.7	43.9	708.1	50.2	809.7
$8 \times 8\frac{1}{2} \times 24$	22.5	363.9	36.1	582.3	40.7	656.5	46.5	750.0
$8 \times 8\frac{1}{2} \times 35$	24.3	391.9	27.0	435.5	30.4	490.4	34.8	561.3
$8 \times 8 \times 40$	22.6	364.5	25.1	404.9	28.2	454.9	32.2	519.4
$8 \times 9\frac{1}{2} \times 40$	23.5	739.0	26.1	420.9	29.4	472.2	33.5	540.4
$8 \times 9\frac{1}{2} \times 45$	20.8	355.5	23.1	372.6	26.0	419.4	29.7	479.1
$8 \times 9\frac{1}{2} \times 45$	21.2	342.0	23.5	379.0	26.5	427.4	30.3	488.7

（2）从经济上是否合理的角度考虑。由于集装箱运输中大多采用包箱费率，因此对各种规格集装箱总重的规定（单位尺度平均值）有较大差别。对于特定数量的货物选择集装箱规格和数量时，在保证能装下这些货物的前提下，对集装箱的选择存在通过规格数量的不同组合使全程总费用最低的经济合理性问题。此外，有些航线经常由于两港之间货源不平衡而造成大量集装箱回空运输，降低了集装箱运输的经济效果，为了解决空箱回运的问题，在货源不平衡的航线上采用折叠式集装箱，可大大降低空箱回运时的仓容损失。

（3）从集装箱多式联运的需要考虑。首先要顾及与国外货主和船公司的合作问题，进行集装箱国际多式联运时，很有可能与国外船公司进行箱子交换、互用，因此，最好选择国际上广泛使用的集装箱。其次，集装箱多式联运应以"门到门"运输为原则，在货物运输全程中，可能涉及多种运输方式，目前海上运输各环节（装卸、船舶）可以满足各种规格集装箱货物运输需要，但内陆运输中可能存在道路、桥涵承载能力不足，装卸设备不能适应大型集装箱装卸需要，集装箱内陆货运站不能办理大型箱（20英尺、40英尺）业务，库场运输工具不符合运输要求等问题。在选用集装箱时，为了适应公路、铁路运输条件的限制，使运量少、运输条件差的国家和地区也能实现集装箱"门到门"运输，可采用"子母箱"运输方法。

（二）集装箱的检查

集装箱在装载货物之前，必须经过严格的检查。一只有缺陷的集装箱，轻则导致货损，重则可能在运输或装卸过程中造成箱毁人伤等严重事故，所以，对集装箱的检查是货物安全运输的基本条件之一。发货人、承运人、收货人以及其他关系人在集装箱相互交接时，都应共同对集装箱进行细致的检查，检查内容通常包括外部、内部、箱门、清洁状况、附属件及设备等，并以设备交接单等书面形式确认箱子交接时的状态。

经过检查的集装箱应符合以下要求。

（1）符合集装箱的各类技术标准，具有合格检验证书。

（2）集装箱的外表状态良好，没有明显损伤、变形、破口等异常现象。板壁凹损应不大于30毫米，任何部件凸损不得超过角配件外端面。

（3）箱门完好、水密，能270度开启，门锁完整。

（4）箱子内部清洁、干燥、无异味、无尘污或残留物，衬板、涂料完好。

（5）箱子所有焊接部位牢固、封闭好、不漏水、不漏光。

（6）附属件的强度、数量满足有关规定和运输需要。

（7）箱子本身的机械设备（冷冻、通风等）完好，能正常使用。

在使用前应对集装箱进行仔细全面的检查，通常发货人（用箱人）和承运人（供箱人）在交接箱子时，也要对箱子进行必要的检查。

三、集装箱货物装载

（一）集装箱货物装载的基本要求

微课 3.12

集装箱在装卸、运送、仓储等各环节的操作过程中，经常会发生振动、碰撞现象，如果货物的装载不严密、重量分布不均匀，轻则造成货损，重则造成装卸机械、运输工具的损坏，甚至对人身安全造成威胁，所以做好集装箱货物的装载工作十分重要。

集装箱货物的装箱作业,通常采用的方法有三种:全部用人力装箱、用叉式装卸车(铲车)搬进箱内再用人力堆装和全部用机械装箱,如货板(托盘)货用叉式装卸车在箱内堆装。不论采用哪一种装箱方式,为了保证货物的安全和运输质量,在装载时要根据货物特性和包装状态,按照下列基本要求和注意事项进行装载。

(1)装箱货物总重不能超出集装箱标记载重量。在货物装箱时,任何情况下,箱内所装货物的重量都不能超过集装箱的最大装载量,集装箱的最大装载量由集装箱的总重减去集装箱的自重求得;各种规格集装箱的总重和自重一般都标在集装箱的箱门上。

(2)货物重量在箱子内的分布要均匀。装载时要使箱底上的负荷平衡,箱内负荷不得偏于一端或一侧,特别是要严格禁止负荷重心偏在一端的情况。要避免产生集中载荷现象,如装载机械设备等重货时,箱底应铺上木板等衬垫材料,尽量分散其负荷。

(3)装货时要注意包装上有无"不可倒置""平放""竖放"等装卸指示标志。要正确使用装货工具,捆包货禁止使用手钩。箱内所装的货物要装载整齐、紧密堆装。对于容易散捆和包装脆弱的货物,要使用衬垫或在货物间插入胶合板,防止货物在箱内移动。对靠近箱门附近的货物要采取系固措施,防止开箱和关箱时货物倒塌。

(4)货物多层堆码时,堆码层数应根据箱底承载能力规定和货物包装强度来确定,如 1A 型集装箱的底面安全负荷约为 $980×9.8\ \text{N/m}^2$,1C 型约为 $1\,330×9.8\ \text{N/m}^2$。为避免下层货物被压坏,需要在各层之间垫入缓冲器材。

(5)装载货板(托盘)货时要确切掌握集装箱的内部尺寸和货物包装的外部尺寸,以便计算装载件数,达到尽量减少弃位、多装货物的目的。

(6)同一集装箱内货物混装时应注意如下几点:① 物理、化学性质相冲突的货物不能混装;② 轻货要放在重货上面;③ 包装强度弱的货物要放在包装强度强的货物上面;④ 不同形状、不同包装的货物尽可能不装在一起;⑤ 从包装中会渗漏出灰尘、液体、潮气、臭气等的货物,最好不要与其他货物混装在一起;⑥ 带有尖角或其他突出物的货物,要把尖角或突出物包起来,避免损坏其他货物。

(二)特殊货物的装载要求

特殊货物主要包括大件货物、危险货物、鲜活货物等,由于它们的性质比较特殊,有的货物须用特种集装箱运输,这些特殊货物和特种集装箱在装载时除了须满足上述装载要求外,还有一些特殊的装载要求。

1. 超尺度和超重货物装载要求

所谓超尺度货物是指单件长、宽、高的尺寸超过了国际标准集装箱规定尺寸的货物;超重货物是指单件重量超过国际标准集装箱最大载货量的货物。国际标准集装箱都具有统一标准,特别是在尺度、总重量方面都有严格的限制,相应的集装箱装卸设备、运载工具等也都是根据这些标准设计制造的。如果货物的尺寸、重量超出这些标准规定值,对装载、装卸、运送各环节都会造成一些困难和问题,但随着集装箱运输的发展,货主对于超尺度和超重货物集装箱化运输的需求不断增多,所以对于此类大件货物的集装箱装载也由实践中总结出了一些方法,以满足货主的需要。

(1)超高货的装载。一般干货箱箱门的有效高度是有一定范围的(20 英尺箱为 2 135 毫米~2 154 毫米;40 英尺箱为 2 265 毫米~2 284 毫米),如货物高度超过这一范围,则为超高货。

超高货物必须选择开顶箱或板架箱装载。集装箱装载超高货物时，要充分考虑运输全程中给内陆运输、装卸机械、船舶装载带来的不便。内陆运输线对通过高度、装载工具和装载高度都有一定的限制，运输工具的装载高度及总高度都要控制在限制范围内，超出规定高度范围的应向有关部门申请，得到允许后才能进行运输。集装箱船舶装载超高货箱时，只能堆装在舱内或甲板上的最高层。

（2）超宽货物的装载。超宽货物一般应采用板架箱或平台箱运输。集装箱运输下允许货物横向突出的尺度会受到集装箱船舶箱格、陆上运输线路（特别是铁路）允许宽度和装卸机械种类的限制（如跨运车对每边超宽量大于 10 厘米以上的集装箱无法作业），超宽货物装载时应对此给予充分考虑。

集装箱船舶装载超宽货箱时，如超宽量在 150 毫米以内，则可以与普通集装箱一样装在舱内或甲板上；如超宽量在 150 毫米以上，则只能在舱面上装载，且相邻列位必须留出。

（3）超长货物的装载。超长货物一般只能采用板架箱装载，装载时须将集装箱两端的插板取下，并铺在货物下部。超长货物的超长量有一定限制，最大不得超过 306 毫米（即 1 英尺左右）。

集装箱船舶装载超长货箱时，一般装于甲板上（排与排之间间隔较大）；装在舱内时，相邻排位须留出。

（4）超重货物的装载。各类集装箱标准中都对各规格集装箱装载货物的重量与总重有明确限制条件，如 20 英尺箱为 20 吨，40 英尺箱为 30.48 吨，所有相关的运输工具和装卸机械也都是根据这一总重设计的。货物装入集装箱后，总重量不能超过上述规定值，超重是绝对不允许的。一旦装箱完毕发现超出了规定的最大重量，必须取出一部分货物。

2．干散货物装载要求

用散货集装箱运输干散货可节约包装费和装卸费，主要用来运输谷物、树脂、饲料等。散货集装箱的箱顶上一般都设有 2～3 个装货口，装货时利用圆筒仓、仓库的漏斗或使用带有铲斗的起重机进行装载。散货集装箱一般采用将集装箱倾斜使散货自流的方法卸货。在装载时应注意以下问题。

（1）装货地点和卸货地点的装载和卸载的设备条件。

（2）根据待装货物的性质，对选用的集装箱进行清洁、干燥、除味等必要处理。

（3）在运输谷物、饲料等散货时，应注意防止因水湿而造成的货损。

3．液体货物装载要求

液体货物集装箱运输的方式有两种：一是直接装入罐式箱运输；二是液体货物装入其他容器（如桶）后再装入集装箱运输。采用第二种方式时，装载要求与一般货物类似（除危险品外），如果采用第一种方式，要注意下列事项。

（1）罐式集装箱本身的结构、性能和箱内面涂层能否满足货物运输要求。

（2）检查必备的管道、排空设备、安全阀是否完备有效。

（3）查明货物的比重与集装箱允许载重量与容量比值是否一致或接近，如果货物比重较大，则不能满罐装货，装货重量控制在允许的最大载重量范围内，并注意防止半罐液体货在装卸、运送过程中可能发生损罐的危险。

（4）有些液体货物在运输和装卸过程中需要加温，须考虑装、卸货地点要有蒸气源和电源。

4．冷藏货物装载要求

冷藏货物可分为冷却货物和冷冻货物两种。冷却货物须维持货物呼吸和防止箱内出汗，要求不结冻或者货物表面轻微结冻，温度范围为-1℃～+11℃。冷冻货物是将货物冰冻状态运输，温度范围为-20℃～-1℃。冷藏货物装载时应注意以下问题。

（1）装载冷藏货物的集装箱应具有供箱人提供的该箱子的检验合格证书。

（2）货物装箱前，箱体应进行预冷，货物装箱时的温度应达到规定的装箱温度；冷冻集装箱内使用的垫木和其他衬垫材料也要预冷；要选用清洁卫生的衬垫材料，不使其污染货物。

（3）货物装载期间，冷冻装置必须停止运转。

（4）装货高度不能超过箱中的货物积载线，装货后箱顶与货物顶部一定要留出空隙，且货物不能堵塞冷气通道和泄水通道，使冷气能有效地流通。

（5）冷藏货物要比普通杂货更容易滑动，也容易破损，因此要对货物加以固定，固定货物时可以用网等作为衬垫材料，这样不会影响冷气的循环和流通。

（6）温度要求不同或气味不同的冷藏货物绝不能配入同一箱内，装货完毕关门后，应立即使通风孔处于要求的位置，并按货主对温度的要求及操作要求控制好箱内温度。

5．动、植物装载要求

运输这类货物的集装箱一般有密闭式和通风式（包括专运活牲畜的动物集装箱）两类。装载时要求货物应根据进口国要求经过检疫并得到进口国许可，一般要求托运人（或其代理人）事先向海事局、商检、卫检、动植物检疫等管理部门申请检验并出具合格证明后方可装箱。

需要检疫检验的动、植物不宜同普通货物混装在同一箱内。

6．危险货物装载要求

危险货物应选用封闭集装箱运输，装箱时应注意以下事项。

（1）每一票危险货物必须具备危险货物申报单，货物装箱前应调查清楚该类危险货物的特性、防灾措施和发生危险后的处理方法，作业场所要选在避免日光照射、隔离热源和火源、通风良好的地点。

（2）作业场所要有足够的面积和必要的设备，以便发生事故时能有效地处置。

（3）作业时要按有关规则的规定执行，作业人员操作时应穿防护工作衣，戴防护面具和橡皮手套。

（4）装货前应检查所用集装箱的强度、结构，避免使用不符合装货要求的集装箱。

（5）装载爆炸品、氧化性物质的危险货物前，箱内要仔细清扫，防止因箱内残存灰尘、垃圾等杂物而产生着火、爆炸的危险。

（6）要检查危险货物的容器、包装、标志是否完整，与运输文件上所载明的内容是否一致。禁止包装有损伤、容器有泄漏的危险货物被装入箱内。

（7）使用固定危险货物的材料时，应注意防火要求并保证足够的安全系数和强度。

（8）危险货物的任何部分都不允许凸出于集装箱外，装货后箱门要能正常关闭。

（9）有些用纸袋、纤维板和纤维桶包装的危险货物在遇水后会引起化学反应以致自燃、发热或产生有毒气体，故应严格地进行防水检查。

（10）对于危险货物的混载问题，各国有不同的规定，在实际装载作业中，应尽量避免把不相容的危险货物混装在一个集装箱内。

（11）危险货物与其他货物混载时，应尽量把危险货物装在箱门附近。

（12）严禁危险货物与仪器类货物混载。

（13）在装载时不能采用抛扔、坠落、翻倒、拖曳等方法，避免货物间的冲击和摩擦。

（14）装有危险货物的集装箱上，应有规格不少于 250 毫米×250 毫米的危险品类别标志牌贴在箱体外部 4 个侧面的明显位置。

（15）危险货物装箱后，装箱人除提供装箱单外，还要提供装箱证明书，以证明集装箱的装载符合有关规定。

（16）装载危险品的集装箱卸空后，应采取措施保证集装箱不存污染，经确认无危险性的集装箱应除去危险标志。

做一做：单项实训四

实训目标：掌握货物正确的装载方法。

判断正误（正确的在括号内划 √，错误的划 ×）

（1）集装箱货物是指只能装在集装箱内运输的货物。（　　）

（2）集装箱上如果出现凸损，而凸损未超过角配件外端面时，不影响其使用。（　　）

（3）如果箱内装载的货物总重已达到集装箱标记载重量，而还有剩余空间，可以继续装载货物至满载。（　　）

（4）货物密度较大时，选用的集装箱规格不宜过大。（　　）

（5）装载危险品的集装箱卸空后，再不能用来装载其他类别的货物。（　　）

（6）经过检疫检验的动、植物也可以同普通货物混装在同一箱内。（　　）

（7）超重货物是指总重量超过国际标准集装箱最大载货量的货物。（　　）

（8）集装箱船舶装载超宽货箱时，如超宽量在 150 毫米以内，则可以与普通集装箱一样装在舱内或甲板上。（　　）

（9）装有危险货物的集装箱上，应有规格不少于 250 毫米×250 毫米的危险品类别标志牌贴在箱体外部 4 个侧面的明显位置。（　　）

任务五　集装箱班轮运费及计算

微课3.13

任务描述：掌握集装箱班轮运费的构成，掌握整箱货和拼箱货运费计算方法。

一、集装箱班轮运费构成

（一）班轮运费

班轮运费包括基本运费和附加运费两部分。

基本运费是指对任何一种托运货物计收的运费，是运费的主要构成部分。

班轮公司除收取运价表中规定的基本运费外，还要根据货物种类或不同的服务内容，视不同情况增收不同的附加运费，以弥补基本运费的不足。附加运费可以按每一计费吨（或计费单位）加收，也可以按基本运费（或其他规定）的一定比例计收。

（二）常见术语

1．常见的附加费

（1）BAF（Bunker Adjustment Fee），又称 BA，即燃料附加费。

（2）CAF（Currency Adjustment Fee），即货币贬值附加费。

（3）THC（Terminal Handling Charge），即装运港装卸费。

（4）ORC（Origin Receiving Charge），即卸货港装卸费。

（5）PCC（Panama Chanel Charge），即巴拿马运河费。

（6）PSS（Peak Season Surcharge），即旺季附加费。

（7）AMS（Automatic Manifest），即自动舱单系统。

（8）DDC（Destination Delivery Charge），即目的地交货费。

（9）ERS（Equipment Repositioning Surcharge），即空箱调运费。

2．常见的海运术语

（1）ETA（Estimated Time of Arrival），即预计到达日。

（2）ETD（Estimated Time of Departure），即预计开航日。

（3）P.P.（Freight Prepaid），即运费预付。

（4）C.C.（Freight Collect），即运费到付。

（5）FMC（Federal Maritime Commission），即美国联邦海事委员会。

3．航运界通用的符号

（1）W 称为重量吨，表示该种货物应按其毛重计算运费。

（2）M 称为尺码吨或容积吨，表示该种货物应按其尺码或体积计算运费。

（3）W/M，表示该货物应分别按其毛重和体积计算运费，并选择其中运费较高者。

（4）A.V，表示货物应按其价值（FOB 价）计算运费。

二、整箱货运费计算

$$海运运费＝基本运费×箱数＋附加费×箱数$$
$$＝全包价（ALL IN）×箱数$$

式中，基本运费分 20′GP、40′GP 和 40′HQ 三种价位。报价习惯写法，如 2 634/4 104/4 215 分别对应 20′GP、40′GP 和 40′HQ 三种价位。

$$ALL IN RATE（ALL IN）全包价＝基本运费＋各类附加费之和$$

【例 3-3】　运费计算。

某票货物从我国张家港出口到英国费利克斯托（Felixstowe），经上海转船。5×20′GP，FCL（整箱货），上海到费利克斯托的费率为 $1 850/20′GP，张家港经上海转船，其费率在上海直达费利克斯托的费率基础上加 $100/20′GP，另有旺季附加费 $185/20′GP，燃油附加费 $90/20′GP。问：

（1）该票货物"ALL IN RATE"的报价是多少？

（2）托运人应支付多少运费？

解：

（1）报价（ALL IN）＝基本运费＋各类附加费之和＝1 850＋（100＋185＋90）＝2 225（美元）

因此，ALL IN RATE 的报价是$2 225/20′GP。

（2）海运运费=全包价（ALL IN RATE）×箱数=2 225×5=11 125（美元）

因此，托运人应支付运费$11 125。

【例3-4】 运费计算。

由厦门运往新加坡，整箱装货物共 2×20′GP，3×40′GP，4×40′HQ。海运费报价为 CIF 新加坡 350++/650++/650++，有++的须加 BAF 与 PSS，BAF 与 PSS 分别为 40/70/70、40/70/70。问：共需要支付多少海运费？

解：

单位：美元

箱型箱数		2×20′GP	3×40′GP	4×40′HQ
基本运费		350	650	650
附加费	BAF	40	70	70
	PSS	40	70	70
ALL IN 运费		430	790	790

总运费=∑各箱型箱数×各箱型对应运费=2×430+3×790+4×790=6 390（美元）

因此，共需要支付海运费6 390 美元。

【例3-5】 运费计算。

某托运人通过中远集装箱公司承运一票货物（2×20ft FCL），采用包箱费率，从黄埔港出口到勒哈佛（Le Havre）港。另有货币贬值附加费10%。燃油附加费5%。查中国—欧洲集装箱费率表知：从黄埔港到勒哈佛港，须经香港转船，运费为直达基础上加 USD 150/20 ft。从黄埔港出口直达费率为 1 550 USD/20 ft。问这批货的海运费是多少？

解：

海运运费计算公式为

$$海运运费=基本运费+货币贬值附加费+燃油附加费$$

基本运费=(1 550+150)×2=3 400（USD）

货币贬值附加费=3 400×10%=340（USD）

燃油附加费=3 400×5%=170（USD）

所以，海运运费为 3 400+340+170=3 910（USD）

因此，共需要支付 3 910 USD 海运费。

三、拼箱货运费计算

微课3.14

拼箱货运费的计算基本上是依据件杂货运费的计算标准，按所托运货物的实际运费吨计费，即尺码大的按尺码吨计费、重量大的按重量吨计费。另外，在拼箱货海运运费中还要加收与集装箱货运站作业有关的费用，如拼箱服务费、困难作业费、超重或超大件作业费等。

（一）计算方法

拼箱货运费 = 基本运费 + 各项附加费 = 基本运价 × 运费吨 + 各项附加费

（二）基本运费

基本运费的计算与货物的等级、计费标准和费率等因素有关。

1．计费标准

（1）重量（W）。按货物的毛重（Gross Weight）计，以公吨（T）为单位，也有以长吨（英制，合 1 016 千克）或短吨（美制，合 907.2 千克）为单位，重货常采用这种计费标准。以一公吨（1 TNE＝1 000KGM）为一个运费吨。

（2）体积（M）。以立方米（m^3）或 40 立方英尺为单位，轻泡货常采用这种计费标准。以一立方公尺（1 Cubic Meter，简称 1MTQ、1CBM 或 1CUM，又称一体积吨）为一个运费吨。

在海运业务中，常将公吨称为"重量吨"（Weight Ton），立方米称为"尺码吨"（Measurement Ton）或"容积吨"，二者统称为"运费吨"（Freight Ton，FT）。

（3）从价法（A V 或 Ad Val）。按货物的离岸价（FOB）的一定百分比（一般不超过 5%）计，价值较高的货物常采用这种计费标准。

（4）比较法。即从两种以上的计费标准中选择一种。最常见的是 W/M，表示在货物的毛重和体积中选择较大的作为计费标准。类似的还有 W or Ad Val、M or Ad Val 或 W/M or Ad Val。

（5）计件法。按货物的件数计，如卡车按辆（Per Unit）、活牲畜按头（Per Head）计。

（6）综合法。如 W/M plus Ad Val，表示首先在货物的毛重和体积中选择一个大的计算运费，然后加上按 FOB 价的一定百分比计算的运费。

（7）议定法（Open Rate）。价格由承托双方临时议定，一般适用于大宗低值货物，如粮食、豆类、煤炭、矿砂等。

2．费率（运价）

费率反映在班轮公司运价本的航线费率表中，一般按货物等级、航线、目的港制定，如图 3-38 所示。

中远集团第一号运价表
COSCO GROUP TARIFF NO. 1

中国—日本航线集装箱费率表 CHINA—JAPAN CONTAINER SERVICE		美元 IN USD	
上海—神户，大阪，名古屋，横滨，四日市，门司 SHANGHAI - KOBE, OSAKA, NAGOYA, YOKOHHAMA, YOKKAICHI, MOJI			
宁波—神户，横滨 NINGBO - KOBE, YOKOHAMA		温州—横滨 WENGZHOU - YOKOHAMA	
等　　　级 CLASS	LCL W/M	CY/CY 20′	40′
1 － 7	55.00	770.00	1460.00
8 － 10	58.00	820.00	1560.00
11 － 15	61.00	870.00	1650300
16 － 20	64.00	920.00	1750.00
CHEMICALS, N.H.	61.00	870.00	1650.00
SEMI-HAZARDOUS	68.00	1200.00	2280.00
HAZARDOUS		1650.00	3100.00
REEFER		2530.00	4800.00

图 3-38　费率表

3. 计算步骤

计算步骤如图 3-39 所示。

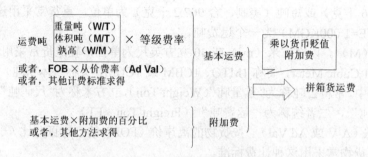

图 3-39　拼箱货运费计算步骤图示

【例 3-6】　运费计算。

从上海运一批门锁到肯尼亚蒙巴萨港，共 300 箱，每箱体积 20 cm×30 cm×40 cm，毛重 20 kg，燃油附加费 30%，港口拥挤附加费 10%。门锁属于小五金类，计费标准是 W/M，等级为 10 级，10 级货的航线费率为每运费吨 433 港元，计算运费（按 1 m³=1 T 计算）。

解：

总体积=0.2×0.3×0.4×300=7.2（m³）

总毛重=20×300=6 000（kg）=6（T）

因为计费标准是 W/M，总体积＞总毛重，所以选择货物的总体积计费。

基本运费=433×7.2=3 117.6（港元）

附加费=3 117.6×30%+3 117.6×10%=1 247.04（港元）

总运费=3 117.6+1 247.04=4 364.64（港元）

【例 3-7】　运费计算。

某货物计费标准为 W/M or Ad Val，甲地至乙地的基本运费率为每运费吨 25 美元或 FOB 价格的 1.5%。现装运一批货物，体积为 4 m³，毛重为 3.6 T，FOB 价为 8 000 美元，计算运费。

解：

因为计费标准是 W/M or Ad Val ，总体积>总毛重，所以首先选择货物的总体积计费。

基本运费=25×4=100（美元）

其次按照 FOB 价格的 1.5%计费。

基本运费=8 000×1.5%=120（美元）

经过比较，择其高者，基本运费为 120 美元。

【例 3-8】　运费计算。

某公司出口到澳大利亚悉尼港某商品 100 箱，每箱毛重 30 kg，体积 0.035 m³，运费计算标准为 W/M，该商品是 10 级货，10 级货直运悉尼基本运费为 RMB 200/T，加货币贬值附加费 37%，燃油附加费 28%，港口拥挤费 25%，计算运费。

解：

总毛重=30×100=3 000（kg）=3（T）

总体积=0.035×100=3.5（m³）

因为计费标准是 W/M，总体积>总毛重，所以选择货物的总体积计费。

运费=[200×3.5×(1+28%+25%)]×(1+37%)=1 071×(1+37%)=1 467.27（RMB）

拼箱货运费计收注意要点如下。

（1）承运人在运费中加收拼箱服务费等常规附加费后，不再加收件杂货码头收货费用。承运人运价本中规定 W/M 费率后，基本运费与拼箱服务费均按货物的重量和尺码计算，并按其中较高者收费。

（2）拼箱货运费计算与船公司或其他类型的承运人承担的责任和成本费用是一致的。由于拼箱货是由货运站负责装、拆箱，承运人的责任从装箱的货运站开始到拆箱的货运站为止，接收货物前和交付货物后的责任不应包括在运费之内。装、拆箱的货运站应为承运人所拥有或接受承运人委托来办理有关业务。

（3）由于拼箱货涉及不同的收货人，因而拼箱货不能接受货主提出的有关选港或变更目的港的要求，所以，在拼箱货海运运费中没有选港附加费和变更目的港附加费。

（4）拼箱货起码运费按每份提单收取，或计费时不足 1 公吨或 1 立方米时按 1W/M 收费。在拼箱运输下，一个集装箱中一般装有多票货物。为保证承运人的利益，各船公司每票（提单）货物规定最低运费吨。

（5）对符合运价本中有关成组货物的规定和要求并按拼箱货托运的成组货物，一般给予运价优惠，计费时应扣除托盘本身的重量或尺码。

【例 3-9】 拼箱货运费计算。

浙江金苑进出口有限公司出口一批日用品至英国伦敦，货号 SB115 有 150 箱，每箱尺码为 55.5×28×41（cm），毛重为 19 kg，净重为 14.5 kg。货号 SB215 有 120 箱，每箱尺码为 56×35.5×24.8（cm），毛重为 14 kg，净重为 11 kg。经过查询，某船公司的运价表中，该日用品的等级为 8 级，计费标准为 W/M。从杭州至伦敦 8 级货每运费吨为 160 英镑，加收港口拥挤附加费 15%，燃油附加费 8%，如果以英镑支付运费，还要加收货币贬值附加费 3%（按全部运费计收）。

请计算：

（1）请比较这批货物的重量与体积。

（2）请计算这批货物的总运费。

解：

（1）比较这批货物的重量与体积。

总重量（毛重）=19×150+14×120=4 530（kg）=4.530 0（T）

总尺码=55.5×28×41×150+56×35.5×24.8×120=15 473 388（cm³）=15.473 4（m³）

则该批货物的总尺码大于总重量，即运费按总尺码计算。

（2）计算运费。

总运费=[15.473 4×160×(1+15%+8%)]×(1+3%)=3 136.52（英镑）

则该批货物的总运费为 3 136.52 英镑。

【例 3-10】 集装箱运费计算。

商品 08003（儿童踏板车）要出口到加拿大，目的港是多伦多港口。试分别计算交易数量为 1 000 辆和 2 604 辆的海运费。

其中：商品 08003 的体积是每箱 0.057 6 m³，每箱毛重 21 kg，每箱装 6 辆。

到运至加拿大多伦多港的基本运费为：每 20′集装箱 USD 3 290，每 40′集装箱 USD 4 410，拼箱每体积吨（MTQ）USD 151，每重量吨（TNE）USD 216。

港口附加费为：每 20′集装箱 USD 132，每 40′集装箱 USD 176。

燃油附加费为：每 20′集装箱 USD 160，每 40′集装箱 USD 215。

美元的汇率为 1 美元兑换人民币 8.29 元。

集装箱规格为：20′集装箱的有效容积为 25 m³，限重 17.5 TNE；40′集装箱的有效容积为 55 m³，限重 26 TNE，其中 1 TNE=1 000 kg。

解：

第 1 步：计算产品体积与重量。

（1）报价数量为 1 000 辆。

总包装箱数=1 000÷6=166.6，取整为 167 箱

总体积 = 167×0.057 6=9.6（m³）

总毛重=1 000÷6×21=3 500（kg）=3.5（TNE）

（2）报价数量为 2 604 辆。

总包装箱数=2 604÷6=434，总体积=434×0.057 6 =24.998（m³）

总毛重=2 604÷6×21=9 114（kg）=9.114（TNE）

第 2 步：查运价。

根据已知条件，查到运至加拿大多伦多港的基本运费为：每 20′集装箱 USD 3 290，每 40′集装箱 USD 4 410，拼箱每体积吨（MTQ）USD 151，每重量吨（TNE）USD 216；港口附加费为：每 20′集装箱 USD 132，每 40′集装箱 USD 176；燃油附加费为：每 20′集装箱 USD 160，每 40′集装箱 USD 215；美元兑人民币的汇率为 8.29。

第 3 步：计算。

比照集装箱规格，20′集装箱的有效容积为 25 m³，限重 17.5 TNE；40′集装箱的有效容积为 55 m³，限重 26 TNE。因此，1 000 辆的运费宜采用拼箱，2 604 辆的海运费宜采用 20′集装箱。

（1）报价数量为 1 000 辆。

按体积计算基本运费=9.6×151=1 449.6（美元）

按重量计算基本运费=3.5×216=756（美元）

两者比较，体积运费较高，船公司收取较高者，所以基本运费为 USD 1 449.6。

总运费=1 449.6×8.29=12 017.18（RMB）

（2）报价数量为 2 604 辆。

由于体积和重量均未超过一个 20′集装箱的体积与限重，所以装 1 个 20′集装箱即可。

总运费=1×(3 290+132+160)×8.29=3 582×8.29=29 694.78（RMB）

 做一做：单项实训五

实训目标：掌握海运费、海运附加费的计算方法。

1. 某票货物从宁波港出口到伦敦（London），经新加坡转船。FCL 货物共 5×40′GP，宁波到伦敦的费率为 $3 700/40′GP，宁波港经新加坡转船，其费率在宁波直达伦敦的费率基础上加 $200/40′GP，另有旺季附加费 $370/40′GP，燃油附加费 $180/40′GP。问：

（1）该票货物"ALL IN RATE"的报价是多少？

（2）托运人应支付多少运费？

2. 假设某公司出口电缆 100 箱，装入一个 20 英尺的集装箱，每箱体积为 40 cm× 20 cm× 30 cm，每箱重 30 kg。查货物分级表得知该货属于 10 级货，按 W/M 计收运费；海运费的基本费率是 1 000 USD/TEU；查附加费率表，得知须收取燃油附加费 30%。问：共需要支付多少运费？

3. 由宁波运往吉达，FCL 货物共 10×40′HQ。海运费报价为 CIF 吉达 1 600++/3 000++/ 3 050++，有 ++ 的须加 BAF 与 PSS，BAF 与 PSS 分别为 350/700/700、120/200/200。问：共需要支付多少海运费？

4. 由宁波运往迪拜，货物共 5×20′GP、5×40′GP。海运费报价为 CIF 迪拜 1 500++/2 900++/ 2 900++，有 ++ 的须加 BAF 与 PSS，BAF 与 PSS 分别为 300/600/600、120/200/200。问：共需要支付多少海运费？

5. 某公司出口一批货物，共 2 640 件，总重量为 37.80 T，总体积为 124.486 m³，由船公司装一个 20 英尺和两个 40 英尺集装箱，从上海装船，在香港转船至荷兰鹿特丹港。运费计算标准：M，等级 1~8 级，从上海至鹿特丹港口的直达费率和香港转船费率分别为 USD 1 850/20′GP、USD 3 515/40′GP 和 USD 2 050/20′GP、USD 3 915/40′GP，装箱费率为 USD 120/20′GP、USD 240/40′GP。问：

（1）该批货物的总运费是多少？

（2）该批货原报价为每件 USD 24 FOB 上海，CFR 鹿特丹价是多少？

6. 我公司出口到某国家商品 1 000 箱，每箱体积 40 cm×30 cm×20 cm，毛重为 30 kg。经查，该商品计费标准为 W/M，等级为 10 级，每吨运费率为 200 港币，另查得知该国要加收港口附加费 20%，问：我公司应付轮船公司运费多少？

7. 我国 A 贸易公司预委托 B 国际货运代理公司办理一票集装箱海运货物出口事宜，货物从我国上海港运到美国西雅图港。货物的积载因数是 1.6 m³/t，选用的箱型为 ISO 标箱中 20′GP 箱。已知 20′GP 箱自重为 2 t，最大总重量为 24 t，计算亏箱后集装箱最大总容积为 28 m³。到美国西雅图港的基本费率是 USD 1 500/20′GP，附加费 THC USD 825/20′GP，BAF USD 700/20′GP，PSS USD 300/20′GP。A 贸易公司向 B 国际货运代理公司咨询下列事宜。

（1）一个 20′GP 箱中实际上最多可装（　　　　）该票货物。

　　　A. 24 t　　　　　　B. 22 t　　　　　　C. 18 t　　　　　　D. 17.5 t

（2）A 贸易公司咨询 B 国际货运代理公司"ALL IN RATE"应是（　　　　）。

　　　A. USD 1 500/20′GP　　　　　　　　B. USD 3 325/20′GP

　　　C. USD 2 325/20′GP　　　　　　　　D. USD 1 825/20′GP

（3）A 货主咨询 B 国际货运代理企业"ALL IN FREIGHT"应是（　　　　）。

　　　A. USD 3 325　　B. USD 1 500　　C. USD 2 325　　　D. USD 1 825

（4）货主如果托运两个 20′GP 货物，需要支付的总运费是（　　　　）。

　　　A. USD 3 000　　B. USD 6 650　　C. USD 4 650　　　D. USD 3 650

（5）货主如果托运两个 20′GP 货物，最多可以装载（　　　　）该票货物。

　　　A. 44 t　　　　　　B. 36 t　　　　C. 35 t　　　　　　D. 48 t

8. 我国某货主托运一票货物，该货物的积载因数是 1.6 m³/t。如将该票货物装于国际标箱 1CC 箱中，已知该集装箱自重为 2.5 t，最大总重量为 24 t，计算亏箱后最大总容为 29 m³（计费标准按 LCL 条款，即 USD 200W/M）。请计算：

（1）通常情况下该集装箱最大装载货物能力为（　　　）。

  A．24 t   B．21.5 t   C．26.5 t   D．29 t

（2）集装箱实际最多能装该货物（　　　）。

  A．18.125 t   B．29 t   C．24 t   D．21.5 t

（3）如果货主仅托运 3 t 该票货物，那么按货物重量计收运费，应收（　　　）美元。

  A．600   B．500   C．960   D．800

（4）如果货主仅托运 3 t 该票货物，那么按货物体积计收运费，应收（　　　）美元。

  A．600   B．500   C．960   D．800

（5）如果货主仅托运 3 t 该票货物，那么该货主实际应付运费额为（　　　）美元。

  A．600   B．500   C．960   D．800

练习题

一、填空题

1．世界上规模最大的三条主要集装箱航线是：远东—_____航线；远东—欧洲、地中海航线；北美—欧洲、地中海航线。

2．班轮运输（Liner Shipping）也称_____，是指班轮公司将船舶按事先制定的船期表，在特定航线的各既定挂靠港口之间，经常地为非特定的众多货主提供规则的、反复的货物运输服务，并按运价本（Tariff）或协议运价的规定计收运费的一种营运方式。

3．船期表主要包括承运人、班期、始发港、中转港、目的港、航期、船名、航次、_____等要素。

4．20′GP =1 TEU，40′GP =_____TEU。

5．专为运输要求保持一定温度的冷冻货或低温货而设计的集装箱称为_____。

6．集装箱的标记分为必要标记和_____两类。

7．FCL 称作整箱货或柜货，_____称作拼柜、拼箱货、散货。

8．班轮运费包括基本运费和_____两部分。

二、选择题

1．不属于影响船期的因素是（　　　）。

  A．不可抗因素   B．市场供求关系

  C．船公司的原因   D．货主的原因

2．为了便于计算集装箱数量，将（　　　）的集装箱作为换算标准箱（Twenty-foot Equivalent Unit，TEU），并以此为集装箱船载箱量、港口集装箱吞吐量、集装箱保有量等的计量单位。

  A．20 ft   B．40 ft   C．45 ft   D．35 ft

3．以下属于集装箱作业标记的是（　　　）。

  A．箱主代号   B．额定重量和自定重量标记

  C．设备识别号   D．顺序号

4. 属于巴拿马型船的是（　　）。

 A. 第四代集装箱船舶   B. 船宽小于 32.2 m

 C. 船宽大于 32.2 m   D. 船宽大于 35.2 m

5. 不属于集装箱运输系统的关系人的是（　　）。

 A. CY   B. DR   C. CFS   D. 拖车公司

6. 表示该货物应分别按其毛重和体积计算运费，并选择其中运费较高者的是（　　）。

 A. W/N   B. M   C. W/M   D. W/T

7. 下列不适合集装箱运输的货物是（　　）。

 A. 小型电器   B. 医药品   C. 纺织品   D. 废铁

8. （　　）表示集装箱整箱货。

 A. FCL   B. CFS   C. CY   D. LCL

9. 集装箱超长货物的超长量最大不得超过（　　）。

 A. 150 mm   B. 280 mm   C. 306 mm   D. 350 mm

10. 集装箱装载危险货物时，不正确的做法是（　　）。

 A. 每一票危险货物必须具备危险货物申报单

 B. 作业人员操作时应穿防护工作衣，戴防护面具和橡皮手套

 C. 危险货物与其他货物混载时，应尽量把危险货物装在集装箱里面

 D. 装有危险货物的集装箱上必须粘贴危险品标志

三、简答题

1. 简述国际海运的特点。

2. 简述班轮运输的特点。

3. 对集装箱的检查应符合哪些基本条件？

4. 冷藏货物装箱的注意事项有哪些？

5. 简述集装箱货物的九种交接方式。

四、案例题

美丽衣服美丽挂

  锦程物流根据客户对出口货物特性的需求，修改普通集装箱为挂衣箱，更改后的集装箱内部结构如图 3-40 所示。

图 3-40　更改后的集装箱内部结构

  改箱一般于船期前一周通知船公司进行。远洋船公司小柜单层改箱费为 500～650 美元，小

柜双层改箱费为 600～800 美元；大柜单层改箱费一般为 1 000 美元，大柜双层改箱费为 1 200～1 500 美元。这里需要提醒的是：船公司一般不允许客户或代理私自改箱，如私自改箱被发现，不仅会被处以很高的罚款，同时还需要发货人自行找代理在目的港拆除改箱的设施，因此产生的一切损失（如衣服损坏等），船公司不承担责任。

锦程物流 40 英尺普通柜单层改箱通常是 22 根杆，每根杆 20 根绳，承重 300 kg；双层通常是 44 根杆，每根杆的承重为 120 kg。也有的业务部使用 3+2 层改箱的，就是集装箱前半部分用双层杆、后半部分用三层杆，合计 54 根杆，每根杆承重 100 kg。如果是衣架直接挂在杆上，要注意在改箱前问清杆的直径，否则衣架可能挂不上；同时落实承重要求，避免到港后弯杆。对于运费预付的挂衣箱，建议一定要对货物投保，因为万一箱内货物脱落就需要整烫，国外的整烫费往往很高，这时跟保险公司索赔要比向船公司索赔容易得多。

使用挂衣箱应该注意的事项如下。

1. 集装箱车到工厂时的检查事项

（1）每一个螺丝是否拧紧，因为车在路途中难免有颠簸，会使螺丝松动。

（2）每根杆的焊点是否结实、牢固。

（3）四周和地面的油纸是否有漏洞或破损。

（4）用手拉杆，看其基本承重量是否达到要求。

（5）杆是否干净光滑、有无生锈。

（6）塑料绑带是否充足、结实。

（7）金属压条是否结实。

（8）有防潮要求的，箱内是否放置了干燥剂。

（9）检查箱内杆数、绳数、三角铁数、尼龙扎带数以及钢管与插槽是否合适。

2. 装货时的检查事项

（1）每根杆按照要求挂均匀，最好不要有空置的绳子。

（2）绑带要尽可能捆绑得密一点。

（3）绑带要捆绑结实。

（4）旋扣法固定的杆必须旋转一下固定好。

（5）每根杆的承重不要超过改箱时的承重标准。

3. 装完箱后的检查事项

装完箱后，建议拍张照片，以备留存和待查（把集装箱号也拍进去）。

空运挂衣箱使用较多的箱型是 LD3（也叫 AKE 箱型，理论容积为 4.3 m³，一般可装西服 250 件左右，最低计费重量为 600 kg）和 M1（也叫 AMA 箱型，理论容积为 17.5 m³，最低计费重量为 2 400 kg）。目前，空运和海运可以拼箱挂衣，所以货主可以单独焊接一个铁架，外罩纸箱的包装（木箱重量大并且需要在目的港进行熏蒸），作为一个单独的包装进行发运。有的货代也提供类似的根据货主要求利用其固有设施快速制作小挂衣箱的服务，价格比航空公司的专用设备要低很多。

思考：

（1）货代根据客户的需求向船公司提出改箱时要注意哪些问题？

（2）使用挂衣箱应该注意哪些关键事项？

项目综合实训：世界主要港口认知实训

一、实训目的

熟悉世界主要港口的中英文名称和港口代码，熟悉各港口的基本情况。

二、实训方式

学生根据提供的线索上网查询世界主要港口的中英文名称和港口代码，填写相关表格。

三、实训内容及步骤

查询 http://www.yicang.com、http://port.sol.com.cn、https://gangkou.51240.com/等网站，按表 3-23 中的范例填写表格。

四、实训结果

每个人提交一份已填写完成的表 3-23～表 3-25。

表 3-23　世界主要港口实训表格——中日韩基本港

序　　号	所　属　国	港口中文名称	港口英文名称	港　口　代　码
范例	中国	张家港	ZHANGJIAGANG	CNZJG
1		大连		
2		秦皇岛		
3		天津		
4		烟台		
5		青岛		
6		日照		
7		连云港		
8		上海		
9		宁波		
10		温州		
11		福州马尾		
12		厦门		
13		深圳蛇口		
14		香港		
15		三亚		
16		基隆		
17		高雄		
18		釜山		
19		仁川		
20		名古屋		
21		东京		
22		横滨		
23		大阪		
24		神户		

表 3-24　世界各大洲主要港口实训表格——东南亚基本港与常见港口

序　　号	所属国中文名称	港口中文名称	港口英文名称	港 口 代 码
1		海防		
2		胡志明市		
3		西哈努克市		
4		曼谷		
5		吉隆坡		
6		新加坡		
7		雅加达		
8		马尼拉		
9		仰光		
10		吉大港		
11		科伦坡		
12		加尔各答		
13		孟买		
14		卡拉奇		
15		泗水		
16		巴林		
17		穆阿拉港		
18		槟城		
19		巴生港		
20		泗务		
21		宿务		
22		宋卡		
23		巨港		
24		苏拉特		
25		金边		

表 3-25　世界各大洲主要港口实训表格——欧美基本港

序　　号	所属国中文名称	港口中文名称	港口英文名称	港 口 代 码	所 属 地 区
1			BOSTON,MA		北美东海岸
2			NEW YORK,NY		北美东海岸
3			BALTIMORE,MD		北美东海岸
4			NORFOLK,VA		北美东海岸
5			SAVANNAH,GA		北美东海岸
6			MIAMI		北美东海岸
7			NEW ORLEANS,LA		北美东海岸
8			HOUSTON,TX		北美东海岸
9			SEATTLE,WA		北美西海岸

续表

序　　号	所属国中文名称	港口中文名称	港口英文名称	港 口 代 码	所 属 地 区
10			OAKLAND		北美西海岸
11			SAN FRANCISCO		北美西海岸
12			LOS ANGELES		北美西海岸
13			LONG BEACH		北美西海岸
14			SAN DIEGO		北美西海岸
15			FELIXSTOWE		欧基港
16			SOUTHAMPTON		欧基港
17			AMSTERDAM		欧基港
18			ANTWERP		欧基港
19			ROTTERDAM		欧基港
20			HAMBURG		欧基港
21			BREMEN		欧基港
22			LE HAVRE		欧基港
23				CATOR	北美
24				CAMTL	北美
25				CAVCR	北美

中国航海日满舵前行——大国自信

　　浩淼的海洋，蕴藏着人类可持续发展的宝贵财富，是我国实现可持续发展的重要空间和资源保障。2022 年 7 月 11 日是第十八个中国航海日。2022 年航海日聚焦航运绿色低碳智能发展，并于 7 月 10 日至 16 日，在活动主场辽宁大连以及全国各地组织开展丰富多彩的活动。

　　在中国人的记忆里，永远刻录着中国航海家郑和七下西洋的辉煌。作为世界航海文明的发祥地之一，当年郑和率领庞大的船队出使西洋，比哥伦布发现美洲新大陆早 87 年，比达伽玛绕过好望角早 98 年，比麦哲伦到达菲律宾早 116 年。这位航海史上的先驱，以智慧为舵，扬起和平的风帆，缔造了世界航海业发展的里程碑，厚植了"一带一路"的文化底色与民心基石，书写了国际经贸往来的千古佳话。

　　作为海洋大国，我国拥有数百万平方千米管辖海域面积，18 000 千米大陆海岸线，11 000 多个海岛、14 000 千米海岛岸线；作为航运大国，从沿海航行到周游世界，从小舢板到万吨轮，我国水上运输、船舶建造、渔业产量、船员数量等指标稳居世界前列，海运航线和服务网络遍布全球。我国约 95% 的国际贸易货物量是通过海运完成的。选定郑和下西洋纪念日作为中国航海日，其重大的现实意义和深远的历史意义显而易见。

　　思考：结合以上材料，谈谈你对中国建设航运大国、航运强国的所体现的大国自信精神的看法。

思政园地2
（职业素养）

中国港口从"机械"到"机智"的快速崛起——大国自信

1980年，世界港口集装箱吞吐量前20名中，中国内地港口数为0；2000年，中国有三家港口跻身世界集装箱港排名榜前20，两家进入前10；2019年，世界排名前10的集装箱港中，中国占据7个席位，分别是上海、深圳、宁波、香港、广州、青岛、天津。从"0"到"7"，这一数字的变化，折射出的是中国港口的快速崛起。新中国成立初期，中国大部分港口都处于落后甚至停滞状态。此后，随着中国改革发展脚步的加快，各个港口也焕发生机，在短短几十年时间里，中国港口的货物和集装箱吞吐量高速增长，科技水平不断提升，成为21世纪海上丝绸之路建设的重要桥梁和中国经济发展的助推器。

中国港口，不仅仅重视"数量"，更重视"质量"。依托先进的科技，近年来，中国港口不断向自动化、智能化、绿色化发展。"中国港口不断以科技创新促进行业发展，加快建设智慧港口。中国港口协会常务副会长陈英明在此前的媒体采访中表示，目前，区块链、5G等新一代信息技术已经在中国港口得到应用，全自动化集装箱码头建设及营运日臻成熟。

思考：中国港口作为连接世界的枢纽，作为中国制造走向世界的重要门户，结合材料，谈谈你对中国港口快速发展所体现的大国自信精神的看法？

思政提示

项目四　国际海运代理业务处理

微课 4.1

【学习目标】

通过本项目的学习和训练，学会国际海运代理业务的各项基本操作技能，包括揽货接单、租船订舱、装箱、短驳与集港、代理报检、报关与保险、缮制提单、费用结算与放货等；要求熟练掌握海运货代的程序和方法，能胜任海运代理业务操作岗位的工作。

【主要知识点】

揽货、订舱、代办报检、代办报关与保险的相关知识，以及费用结算和放货的相关知识。

【关键技能点】

具备揽货、订舱和缮制提单的技能，能够熟练办理装箱、短驳与集港各项手续。

微课 4.2

任务一　接　单

任务描述：要求学生能准确地理解客户委托的意义，正确指导客户填写委托书；学会审核委托书和预配集装箱；能正确办理揽货接单手续。

一、客户委托

货代揽货成功的标志是货主把运输业务委托给货代办理。通常货主要填写一份委托书，委托货代去办理运输事项，委托书即构成这单业务的委托凭证。在订有长期代理合同时，可能会用货物明细表等单证代替委托书。

目前，委托书没有统一的格式，各个公司的委托书虽不完全一样，但记录的内容大同小异。如表 4-1 所示为某公司集装箱货物托运单。

委托书填写说明如下。

（1）发货人、地址和电话。发货人是指需要出口商品的一方，即卖方。

（2）日期。单据的填写日期，如 2020-05-15。

（3）收货人、地址和电话。收货人即运输单据的抬头人，要严格按信用证中提单条款的具体规定填写。因为将来船公司签发的提单上的相应栏目会参照委托书的写法填写。其中，记名抬头直接填写收货人即进口商名称；指示抬头完全按照指示提单条款填写，如 TO ORDER、TO ORDER OF SHIPPER、TO ORDER OF THE COLLECTING BANK 等。

（4）通知人名称、地址和电话。填写信用证规定的提单通知人的名称及地址，通常为进口商。

（5）装运港。合同中规定的出口港。

（6）目的港。合同中规定的进口港。

（7）船名。此栏先不用填，订舱后再补充船名。

表 4-1　某公司集装箱货物托运单

TO:　　FM:	出口货物托运单	Shipping Order.
发货人　Shipper ANTONG INT'L LOGISTICS CO.,LTD. Contact:　　Tel:　　Fax:		
收货人　Consignee		
通知人　Notify Party SAME AS CONSIGNEE		
船名/航次　Vessel/Voy		

装货港　Port of Loading	目的港　Port of Discharge	箱量　Volume
		20′（1）　　40′（　） CFS（　）　40′HQ（　）

唛头及号码 Marks and Numbers	件数 Packages	货品名称 Description Of Goods	毛重 （KGS.）	体积 （CBM.）

运费结算 Freight Payment Terms	预付金额 ☐ Prepaid	到付金额 ☐ Collect	提单 类型	船东单 ☐ Master B/L	安通单 ☐ House B/L
发票类型 Invoice Type	货运税票 ☐ Taxable Invoice	普通发票 ☐ DebitNote		电放单 ☐ Telex Release	
拖车方式 Trucking	自行拖车 ☐ Self-Trucking	委托拖车 ☐ Assigned	联系人/电话/传真 Contact/Tel/Fax		
装货地点 Place Of Receipt			装货时间 Appointed Date		

报关方式 Customs Clearance	☐ 自行报关 Self-Customs Clearnce			
	☐ 委托报关 Assigned	☐ 一般贸易 General Trading	☐ 转关 Customs Transit	☐ 手册报关 Customs Hand-book

特别要求 Special Requirement	托运人签字盖章 Shipper（Seal） 托运人声明：我公司托运的货物名称及重量为真实的，因虚报或瞒报产生的一切连带责任及后果将由我公司全部承担！ 托运日期 Date

敬请留意：托运人承诺所提供的货物名称是详细、真实的，保证不会对货物性质做任何更改。

　　以上七项的填写示例如图 4-1 所示。

图 4-1 托运单相关信息的填写之一

（8）货物名称及描述。根据合同要求填写货物的英文名称和英文描述。

（9）唛头。与合同相关内容一致。

（10）件数及单位。此栏中的件数为商品的包装数量，即通常说的箱数，不是合同中的销售数量。例如，出售 120 件羊毛衫，每箱 10 件，有 12 箱，其中"12"就是件数。件数的计算方法是用合同中的销售数量除以每包装内的商品数量，结果如果是小数，进一位取整，如 500 CARTONS（注意单位的单复数）。

（11）毛重及单位。毛重是指产品的重量和包装该产品所需的包装用品的重量之和。此栏为出运产品的总的毛重。

（12）净重及单位。净重是指产品的重量和即毛重去掉包装重量。此栏为出运产品的总的净重。

（13）体积及单位。体积是指出运产品的总的体积。

（14）合计件数、合计毛重、合计净重和合计体积。如果一笔合同中有多个商品，此处填累加值。注意：一笔合同中可以同时交易同一商品属类的多种商品，如果这些商品的包装单位不同，合计中单位栏应填"packages"。

以上七项的填写示例如图 4-2 所示。

Choice	货物名称及描述	唛头	件数	毛重	净重	体积
○	RAW SUGAR Net Weight: 50KG, Quality Grade: Premium, Packed in PP woven bag	M/N	20 [BAGS]	1050 KGS	1000 KGS	0.24 CBM
○	Brazil Coffee (whole coffee beans, Cinnamon Roast) Net Weight: 454g/bag, Packaging: vacuum-packed bags	M/N	200 [CARTONS]	626.52 KGS	546.8 KGS	2.88 CBM
					[添 加]	[修 改]	[删 除]
		TOTAL:	[220] [packages]	[1676.52] [KGS]	[1546.8] [KGS]	[3.12] [CBM]

图 4-2 托运单相关信息的填写之二

（15）柜型选择和数量。此栏有拼箱和货柜两种类型可选，具体选择哪个，按照货物具体情况决定。

（16）运费金额、预付与到付。运费金额无须自己填写，待订舱后补充。在 CIF、CFR、CIP、CPT 方式下选预付，在 FOB、FCA 方式下选到付。

（17）发票、装箱单号。填写商业发票和装箱单号。一般在填写委托书时无须填写此栏。

（18）委托人名称、地址和签名。填写委托人（即出口商）公司的英文名称和英文地址；签名为委托人法人英文名称。

以上四项的填写示例如图 4-3 所示。

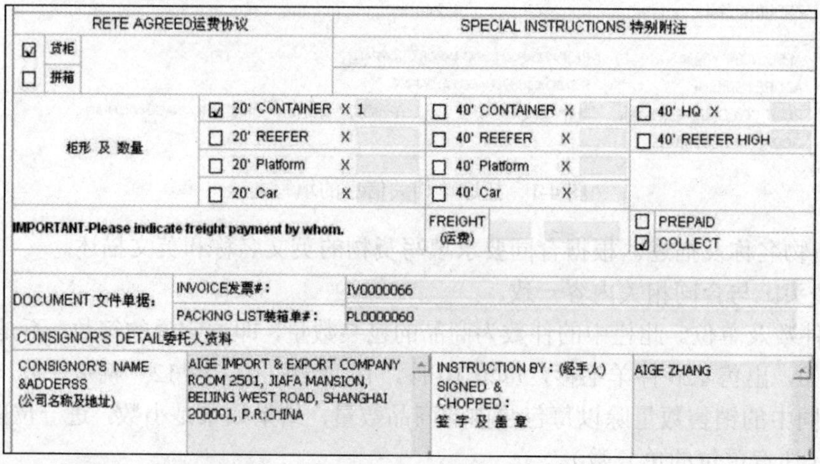
RETE AGREED运费协议
☑ 货柜
☐ 拼箱
SPECIAL INSTRUCTIONS 特别附注
柜形 及 数量
☑ 20' CONTAINER X 1
☐ 40' CONTAINER X
☐ 40' HQ X
☐ 20' REEFER X
☐ 40' REEFER X
☐ 40' REEFER HIGH
☐ 20' Platform X
☐ 40' Platform X
☐ 20' Car X
☐ 40' Car X
IMPORTANT-Please indicate freight payment by whom.
FREIGHT (运费)
☐ PREPAID
☑ COLLECT
DOCUMENT 文件单据：
INVOICE发票#： IV0000066
PACKING LIST装箱单#： PL0000060
CONSIGNOR'S DETAIL委托人资料
CONSIGNOR'S NAME &ADDERSS (公司名称及地址)
AIGE IMPORT & EXPORT COMPANY ROOM 2501, JIAFA MANSION, BEIJING WEST ROAD, SHANGHAI 200001, P.R.CHINA
INSTRUCTION BY：(经手人) SIGNED & CHOPPED： 签字及盖章
AIGE ZHANG

图 4-3　托运单相关信息的填写之三

委托书一般由客户填写，有时客户也可以委托货代填写，但无论如何，客户必须签字盖章，承担委托方责任。

二、审核委托书

货代业务员接到客户委托书后，必须仔细审核委托书，以下内容是不可缺少的。

（1）装运港、卸货港、目的地（英文、带国籍）。

（2）海运费及支付方式——预付或者到付。

（3）装船期、结汇期，分批或者转船运输。

（4）船公司要求及箱型、箱量。

（5）货物描述，包括唛头（Mark，即货物包装上的文字或图案，主要作用是区分货物）、件数、品名、毛重和尺码。

（6）托运人或称发货人（Shipper）、收货人（Consignee）和通知人（Notify Party）。

（7）有效印鉴。

上述委托事项必须齐全，只要有一条缺失或者错误，就会在进行后面的操作时给货代带来很大麻烦。当发货人有特殊要求（如要出具特定的船龄证、船籍证、显示运费和显示 FOB 值等）一定要提出来，否则将来会给日后提单造成不利影响。

另外，货主必须明确指示货代出具的提单类型，即是货代公司签发的货代单，还是班轮公司签发的班轮提单。班轮提单和货代单最直观的区别在发货人（Shipper）一栏的填写上，货代单填写的是委托人的名称，而班轮提单通常填写的是货代公司的名称，这样做的目的是不让货主与船公司发生直接联系，保障货代的生存空间。

📖 阅读材料 4-1　委托书的审核

审核图 4-4 所示的出口货物订舱委托书，找出其中内容格式填写错误或遗漏之处。

	出 口 货 物 订 舱 委 托 书							
							日期 3月15日	
1）发货人 JIQING INDUSTRIAL PRODUCTS I/E CO., LTD. A12,YUEYANG STREET, CHANGCHUN, CHINA	4）信用证号码		5092390					
	5）开证银行		BANK OF BAHRAIN AND KUWAIT B.S.C.P.O.BOX597, MANAMA,STATE OF BAHRAIN					
	6）合同号码		03DO7OASB0701		7）成交金额		USD106 986.00	
	8）装运口岸		BAHRAIN		9）目的港		NINGBO	
2）收货人 TO OPENING BANK'S ORDER	10）转船运输		ALLOWED		11）分批装运		ALLOWED	
	12）信用证有效期		2016-04-10		13）装船期限		2016-03-25	
	14）运费		PREPAID		15）成交条件		CIF	
	16）公司联系人		MINGSHENG CHANG		17）电话/传真		025-58818833 025-58818835	
3）通知人 HASSAN EBRAHIM BUKAMAL & SONS W.L.L.; P.O.BOX5682 MANAMA BAHRAIN	18）公司开户行		中国银行		19）银行账号		58625935147	
	20）特别要求							
21）标记唛码	22）货号规格	23）包装件数	24）毛重	25）净重	26）数量	27）单价		28）总价
N/M	Safety Boots 安全靴	45CARTONS	27KGS	21.6KGS	6 624PCS	USD17.80		USD106 986.00
	29）总件数		30）总毛重		31）总净重	32）总尺码		33）总金额
	45CARTONS		27KGS		21.6KGS	75.348 CBM		USD106 986.00
34）备注 1×FCL								

图 4-4 出口货物订舱委托书

经审核发现以下问题。

（1）"8）装运口岸"与"9）目的港"填反了，且没有注明国籍。

（2）"34）备注"中集装箱的尺寸及类型遗漏了，仅标注了数量。

（3）"26）数量"与"23）包装件数"数目错误，6 624PCS÷45CTNS（CARTONS 可简写为 CTNS）无法整除。

三、预配集装箱

对于客户委托货代装箱的情况，货代应根据货物的品名、性质、毛重和尺码等信息判断需用的集装箱箱型和数量，以便订舱时向承运人申领空箱。

预配集装箱时，应满足所选用的集装箱的种类、尺寸大小等特性适合货物装载和运输要求。普通干货集装箱的型号与装载量如表 4-2 所示。

表 4-2 普通干货集装箱的型号与装载量

箱 型	尺寸 长×宽×高（m×m×m）	门径宽高（m×m）	最大容积（m³）	最大载重（t）
20′GP	5.90×2.35×2.39	2.34×2.28	33	21
40′GP	12.03×2.35×2.39	2.34×2.28	67	26
40′HQ	12.03×2.35×2.68	2.34×2.57	76	29
45′HQ	13.58×2.35×2.68	2.34×2.57	85	28

一般而言，20英尺普箱宜装载重货，40英尺普箱宜装载轻货。

可以按以下步骤预配集装箱数量。

第一步，计算货物密度。

货物密度是指货物单位容积的重量。计算公式为

$$货物密度 = \frac{货物单位重量}{货物单位体积} \tag{4-1}$$

【例4-1】 计算货物密度。

某货代公司揽货员小李接到外贸公司张老板的电话，称有一批货物需要出口到美国纽约。所装货物内纸板箱包装的是电气制品，共750箱，尺寸为60 cm×40 cm×50 cm/CTN，毛重为60 kg/CTN，净重为58 kg/CTN，箱容利用率为80%容重。

解：

$$该货物密度 = \frac{60}{0.6 \times 0.4 \times 0.5} = 500 （kg/m^3）$$

第二步，计算或查询集装箱的单位容重。

集装箱容重是指集装箱单位容积的重量，是集装箱的最大载货重量与集装箱的有效容积之比。计算公式为

$$集装箱容重 = \frac{该集装箱最大载货重量}{该集装箱的容积 \times 箱容利用率} \tag{4-2}$$

表4-3是按式（4-2）计算出来的几种不同尺寸集装箱在容积利用率分别为100%和80%时的容重。

表4-3 几种不同尺寸集装箱在容积利用率分别为100%和80%时的容重

集装箱种类	最大载货重量		集装箱容积		箱容利用率为100%时的容重		箱容利用率为80%时的容重	
	kg	lb	m³	ft³	kg/m³	lb/ft³	kg/m³	lb/ft³
20 ft 杂货集装箱	21 790	48 047	33.2	1 172	656.3	41.0	820.4	51.3
40 ft 杂货集装箱	27 630	60 924	67.8	2 426	407.5	25.1	509.4	31.4
20 ft 敞顶集装箱	21 480	47 363	28.4	1 005	756.3	47.1	954.4	58.9
20 ft 台架式集装箱	21 230	46 812	28.5	1 007	744.9	46.5	931.1	58.1

【例4-2】 计算集装箱的容重。

请计算表4-3中40 ft杂货集装箱在容积利用率为80%时的容重。

解：

根据式（4-2），得

$$容重 = \frac{27\ 630}{67.8 \times 80\%} = 509.4 （kg/m^3）$$

第三步，计算所需集装箱数量。

如果货物密度大于集装箱的单位容重，这种货一般称为重货，则用货物重量除以集装箱的最大载货重量，即得所需要的集装箱箱数。计算公式为

$$集装箱数量 = \frac{货物重量}{集装箱最大载货重量} \tag{4-3}$$

如果货物密度小于箱的单位容重，这种货一般称为轻货，则用货物体积除以集装箱的有效容积，即得所需要的集装箱数。计算公式为

$$集装箱数量 = \frac{货物总体积}{集装箱有效容积}$$ （4-4）

【例4-3】　计算所需集装箱的箱数。

在例4-1中，假如选用40 ft杂货集装箱，请计算须预配几个集装箱。

解：

选用40 ft杂货集装箱，根据表4-3可知，40 ft集装箱容重为509.4 kg/m³。

例4-1中的货物密度500 kg/m³，小于40 ft集装箱容重509.4 kg/m³，因而可以判断此批货物属于轻货，因此应该按照轻货的配载要求计算所需集装箱数量。

货物总体积=0.6×0.4×0.5×750=90（m³）

查表4-3知40 ft集装箱容积为67.8 m³，利用率为80%，所以集装箱有效容积为67.8×80%。

根据式（4-4），得

$$所需集装箱数量 = \frac{90}{67.8 \times 80\%} = 1.66$$

也就是共需要两个40 ft杂货集装箱。

预配时也要考虑集装箱的装载问题，要着重注意以下几点。

（1）装载拼箱货物的集装箱应该轻、重搭配，尽量使集装箱的装载量和容积都能满载。积载后的重心应尽量接近箱子的中心，以免装卸过程中发生倾斜和翻倒。

（2）保证混装货物不会互相引起货损。

（3）不能把不同卸货港的货物混装在一个集装箱内。

（4）不同种类的包装，如木夹板包装货物与袋装货物或纤维板箱装货物之间若没有保护性的隔垫，就不能装在一起。

 做一做：单项实训一

实训目标： 学会填写和审核海运托运单，学会预配集装箱。

1. 请根据表4-4所示的揽货信息，填写表4-1所示的托运单。

表4-4　揽货信息

进仓号		国别		装运港	NINGBO	目的港		HAMBURG, GERMANY
唛头标注及号码	N/M	件数及包装种类	500 Cartons	货名规格及型号	Snow Boots	重量（kg）	20 000	总体积　50CBM
						净重（kg）	18 000	
货物价值	USD80 000	装运期限		2020-04-30				
发货人及其详细地址、电话	ZF IMPORT&EXPORT COMPANY No.1 JIN YE ROAD, XIASHA DISTRICT, HANGZHOU, P.R. CHINA Tel: 86-571-88888888 Fax: 86-571-88888889							
收货方	TO ORDER							

通知方	MTS VE TICARET A.S. ADANA YOLU 6. KM 46100 KAHRAMANMARAS GERMANY Tel: 00-80-28888881 Fax: 00-80-28888882
运费及支付时间	FREIGHT PREPAID
特约事项	产装，代报关、报检、保险
注意事项	由于此票为信用证业务，对提单的规定有以下要求： 手签清洁提单，提单上须包括有以下字样： L/C NUMBER: 50230NI00004809 DATE OF ISSUE: 2020-03-28

2. 审核图 4-5 所示的出口货物订舱委托书，找出其中内容格式填写错误或遗漏之处。

出 口 货 物 订 舱 委 托 书

日期 3 月 12 日

1）发货人 NANJING TANG TEXTILE GARMENT CO., LTD HUARONG MANSION RM2901 NO.85 GUANJIAQIAO NANJING 210005, CHINA	4）信用证号码	63211020049		
	5）开证银行	BNP PARIBAS(CANADA)		
	6）合同号码	F01LCB05127	7）成交金额	USD32 640.00
	8）装运口岸	SHANGHAI	9）目的港	MONTREAL BY VESSEL
2）收货人 FASHION FORCE CO., LTD P.O.BOX 8935 NEW TERMINAL, ALTA, VISTA OTTAWA, CANADA	10）转船运输	ALLOWED	11）分批装运	NOT ALLOWED
	12）信用证有效期	DATA 050410 PLACE IN BENEFICIARY'S COUNTRY	13）装船期限	050325
	14）运费	USD32 640.00	15）成交条件	CIF MONTREAL, CANADA
	16）公司联系人	MINGSHENG CHANG	17）电话/传真	025-58818833 025-58818835
3）通知人 NANJING TANG TEXTILE GARMENT CO., LTD	18）公司开户行	中国银行	19）银行账号	58625935147
	20）特别要求 FULL SET OF ORIGINAL MARINE BILLS OF LADING CLEAN ON BOARD FLUS 2 NON NEGOTIABLE COPIES MADE OUT OR ENDORSED TO ORDER OF BNP PARIBAS (CANADA) MARKED FREIGHT PREPAID AND NOTIFY APPLICANT'S FULL NAME AND ADDRESS			

21）标记唛码	22）货号规格	23）包装件数	24）毛重	25）净重	26）数量	27）单价	28）总价
FASHION FORCE F01LCB05127 CTN NO. MONTREAL MADE IN CHINA	LADIES COTTON BLAZER (100% COTTON, 40SX20/140X60)	2 550PCS	19KGS	17KGS	2 550PCS	USD12.80	USD32 640.00

	29）总件数	30）总毛重	31）总净重	32）总尺码	33）总金额
	85 CARTONS	19KGS	17KGS	21.583 CBM	USD32 640.00

34）备注

图 4-5　出口货物订舱委托书

3.　计算预配集装箱数量

根据例4-1和表4-3所示的资料，假如选用20 ft的杂货集装箱，请计算所需集装箱数量。

任务二　订　　舱

微课 4.3

任务描述：了解订舱单的主要内容，掌握订舱的程序和方法，能够熟练地为客户办理租船订舱业务。

一、订舱

货运代理接受委托后，应根据货主提供的有关贸易合同或信用证条款的规定，向船公司或其代理在其所营运或代理的船只的截单期前预订舱位，即订舱（Space Booking）。

所谓截单期，是指该船接受订舱的最后期限。超过截单期如舱位尚有多余或船期因故延误等，船公司同意再次接受订舱，称为"加载"。截单期一般在预定装船日期前几天，以便企业安排报关、报检、装箱、集港和制单等工作。

船期表及船公司所公布的各种航运信息是订舱配载的重要参考资料，货运代理必须按照委托书要求的船期、船公司、箱型、装货与交货方式等办理。

在订舱时，货运代理会填制场站收据，格式如图4-6所示。

二、订舱前的准备

订舱渠道主要有两种：一种是直接向船公司订舱，如东方海外、中国远洋等；另一种是通过船舶代理订舱，如搜航网（http://www.sofreight.com）、易舱网（http://www.yicang.com）、锦程物流全球服务中心（http://www.ejc56.com）等。在向班轮公司或其代理订舱之前，揽货人员和操作人员应共同做好以下工作。

（一）认真审核出口货物托运单

客户在出口货物托运单上填写的各项资料、委托事项及工作要求是操作人员开展工作的依据，因此，订舱人员一定要认真审核出口货物托运单。

重点审核的内容有货物到达的目的港，客户要求装货的日期，客户要求提供的箱型与箱量，所装货物的名称、重量、尺码，运费支付方式和特殊要求，等等。

（二）设计运输线路

经营同一条航线的班轮公司有很多，它们经营的船舶的船期、挂靠的港口有所不同，到达目的港所需的时间、运价有所不同，各班轮公司的服务水平、信誉也有差异，因此，订舱人员要充分利用自己所具有的海运业务知识和良好的业务关系，本着安全、快捷、准确、节省的原则，为客户设计最优的运输线路。

（三）落实船期和运价

由于班轮公司的船期、运价和附加费等经常发生变化，所以在正式订舱前订舱人员应再次落实船期和运价，确认最新的船期和运价信息并反馈给客户。

Shipper　（发货人） HENAN STAR IMP.& EXP.CO.,LTD. 23 EAST NONGYE ROAD ZHENGZHOU CHINA			D/R No.（编号） NCX11Z591	**SINOTRANS** 外　运

Consignee　（收货人）
TO ORDER

装 货 单

场 站 收 据 副 本

Notify Party　（通知人）
CHAILENGE INTERNATIONAL
2 RUE VAN GOGH 76290 MONTIVILLIERS - LE HAVER
FRANCE FAX NO.:30 2 32 79 63 96
CONTACTS:NATHALIE CLARYSSE OR FABIEN FESNEL

Pre-Carrage by　（前程运输）	Place of Receipt　（收货地点） ZHENGZHOU				
Ocean Vessel（船名）　Voy.No.（航次） CMA CGM PUCCINI　NX204W	Port of Loading　（装货港） QINGDAO CHINA				
Port of Discharge　（卸货港） LE HAVRE	Place of Delivery　（交货地点）			Final Destination for the merchant's Reference （目的地）	

Container No. （集装箱号） （托运人提供详细情况）	Seal No.（封志号） Marks & Nos.（标记及号码）	No. of contalnes or p'kgs.（箱数或件数）	Kind of Packges:Description of Goods　（包装种类与货名）	Gross Weight 毛重（公斤）	Measurement 呎码（立方米）
	SOPROMA LE HAVRE 1-40	40CASKS	SALTED SHEEP CASINGS	7400KGS	8CBM

TOTAL NUMBER OF CONTAINERS OR PACKAGES （IN WORDS） 集装箱数或件数合计（大写）	TOTAL:FORTY CASKS ONLY.

Container No.　（箱号）	Seal No.　（封志号）	Pkgs.　（件数）	Container No.　（箱号）	Seal No.　（封志号）	Pkgs.　（件数）

MMCU2303887　　　　C2138549

1X20' GP

开船日期：MAR. 01,2020

Received　（实收）	By Terminal Clerk　（场站员签字）

FREIGHT & **CHARGES**	Prepaid af　（预付地点）		Payable at　（到付地点）	Place of issue　（签发地点） ZHENGZHOU
	Total Prepaid　（预付总额）		No. of Original B(s)/L（正本提单份数） THREE	

Service Type on Receiving □—CY,　□-CFS,　□-DOOR	Service Type Delivery □—CY,　□-CFS,　□-DOOR	Reefer TENPERATURE Required.（冷藏温度） 　　　　℉　　　　℃
TYPE **OF** **GOODS** **（种类）**	□ Ordinary,（普通）　□ Reefer,（冷藏）　□ Dangeous,（危险品）　□ AUTO,（裸装车辆） □ Liquid,　□ Live Animal,　□ Bulk　□	危险品	Class; Property; IMDG Code Page; UN No.

图 4-6　场站收据（第五联）

（四）落实箱型、箱量

　　客户在发出货物托运单时，有可能还没有完全确定装运的具体数量，只是初步决定要装多少货，有时可能还在与买方商议。有些客户只知道自己货物的重量、尺码，对货物究竟要装多少个集装箱并不清楚，因此，正式订舱之前，订舱人员务必再次与客户落实货物的重量、尺码，所需要的箱型、箱量，以避免订多或订少而造成麻烦。

（五）认真填写订舱单

在向班轮公司订舱时，需要填写一份订舱单，也称订舱委托书，如图 4-7 所示。订舱人员应根据客户托运单上的内容认真填写，仔细审核，签字盖章后交船公司订舱处理。

| Shipper (complete name and address) MERCHANDISE(HK) LTD. | SHIPPING ORDER /DOCK RECEIPT (For exchange of B/L or Forwarder's Cargo Receipt) | S/O No. |

ColliCare Logistics

出货日期： 2020.7.13
订舱公司全称： 工艺礼品有限公司
发票抬头： 工艺礼品有限公司

Shipper (complete name and address) MERCHANDISE(HK) LTD. Tel :　　　　　Fax:		
Consignee (complete name and address) Eur... ... ... Fred... Norway	Sea Freight	Service Type
	PREPAID ☐　　CY - CY ☐　　CFS - CFS ☐	
Notify party (complete name and address) ...CARE LOGISTICS AS ...ND... NO-1599 MOSS, NORWAY TEL:+47 6920 ....　FAX:+47 6925 .... MR ANDRE GRONLI	COLLECT ☐　　CY - CFS ☐　　CFS - CY ☐	
Pre-Carriage by	Place of receipt	Reefer temp. required ｏ C　　ｏ F	Dangerous cargo - label and classification
Ocean Vessel / Voy. No.	Port of loading SHANGHAI, CHINA	No. of original B(s)/L	Final Destination for information only
Port of discharge Fredrikstad, Norway	Place of delivery		

PARTICULARS FURNISHED BY SHIPPER - CARRIER NOT RESPONSIBLE

Marks and numbers	No. of Ctns/pkgs	Kind of packages : description of goods	Gross weight (Kgs)	Measurement (CBM)
EUROP... ORDER NO.:169799 ART.NR.: 79601 ITEM DESCRIPTION: EAN CODE: CASE QTY.: CTN# TOTAL WEIGHT:	**8040SETS/335CTNS**	**Christmas Ball** **Order No. 169799** **Art No. 79601**	**3350KGS**	**29.31CBM**

Remarks:
Signed DOCK RECEIPT

Please deliver to:	Collicare Shipping Shanghai Office 8H, New Shanghai City Square, 33 Henan Road.South Shanghai 200002, PRC　Tel: Fax:
Shipper's declaration : We hereby declare that the description of the contents, values, gross weights and/or measurements of the packages and/or goods covered by this Dock Receipt are correct. We agree that we will be deemed to have declared that the gross weights and/or measurements ascertained by NHG or its subcontractor, are accurate if we have omitted to state the gross weights and/or measurements in the spaces provided in appropriate form. Where there is a difference between the gross weights and/or measurements stated by us and those ascertained by NHG or its subcontractor, we agree that we shall be deemed to have declared the latter unless we notify NHG to the contrary in writing within seven(7) days of vessel's sailing from PRC. We acknowledge that in the event of the contents or values which we have declared of the gross weights or measurements, which we have declared or are deemed to have declared, proving to be inaccurate and the freight consequently being under-assessed at the time of issue of the Bill of Lading, the carrying Line will be entitled to require from us, by way of Liquidated damages, before delivery, payment of the difference between the correct and incorrect freight as if the declaration had been accurate, less freight already charged, in line with Line's B/L conditions. In the event, however, that freight has been under-assessed due to miscalculation by the Line/Agent, only the amount under-assessed at the time of issue of the Bill of Lading will be payable by us.	Received : Only. Date : _____　By : _____ Received the goods or the containers or the packages said to contain the goods as specified herein for the custody and carriage of the said goods or the said containers or packages in accordance with the terms and conditions of the Carrier's regular form of Bill of Lading which shall be deemed to be incorporated herein. Neither Carrier nor agents are responsible for shut out or consequences arising therefrom.
Shipper's Signature and Chop : _____ All transactions are subject to the company's standard trading conditions (copies available on request from the company) and which, in certain cases, exclude or limit the company's liability and include certain indemnities benefiting the company.	

Remark : Please bring 1 original with signature and company chop, and 1 copy to our warehouse when delivering LCL cargo.

图 4-7　订舱委托书

三、订舱单的内容

订舱单的内容与托运单的内容基本一致。纸质的订舱单有的是班轮公司提供的，也有的是货代企业自己印制的。现在大量的订舱都通过计算机在网上完成，实现了无纸化订舱。订舱单的内容一般包括以下九个方面。

（一）发货人/托运人

当货代向班轮公司订舱时，这一栏所填写的发货人（Shipper）可能不是真正的发货人，而是代理订舱的货代企业。这一栏除了填写货代企业的名称外，还需填写联系人的姓名、电话、传真和电子邮箱等信息。

（二）收货人及通知人

收货人（Consignee）和通知人（Notify Party）这两个栏目填写的内容应该与客户托运单上填写的内容一致，但由于货代向班轮公司订舱时，发货人一栏可能填写的是货代企业，而不是真正的发货人，因此，有时这两个栏目可不填写。因为正式签发提单时，客户都会提供一份内容比较完整的提单补充材料（俗称"提单补料"），这上面的收货人、通知人的信息才是最后的准确资料。

（三）起运港/装货港及目的港

起运港/装货港（Port of Loading）和目的港（Port of Delivery）这两个栏目必须认真填写。我国的港口一般都有多个港区，班轮公司在同一港口可能靠泊多条航线的船舶，但不同航线的船舶靠泊不同的港区，因此，在起运港一栏不但要填写港口名称，也要填写港区名称，如深圳港盐田港区、广州港南沙港区等。目的港应填写英文港名，目的港如果有多个港区同样要填写港区，如马尼拉南港、马尼拉北港等。

（四）预配船名/航次

预配船名/航次（Vessel/Voyage）这一栏用于填写订舱者按照船期表提供的内容，希望预订舱位所在的船及航次。如果订舱者在订舱时尚未确定船名及航次，也可不填，留待班轮公司安排。

（五）预配箱型及箱量

预配箱型及箱量（Volume）表示订舱者要预订的集装箱的类型及数量，一般以×20′GP、×40′GP、×40′HQ 来表示。在"×"处填写数字，表示订多少个这种类型的集装箱。例如，3×40′GP 表示 3 个 40 英尺的集装箱。

（六）货物名称及重量

货物名称及重量这一栏是向班轮公司说明装载的是什么货物，使班轮公司可以从货物名称判断货物是普通货物还是危险品。大部分班轮公司是不接受危险品的，除非是具备专用设备的班轮公司才接受危险品。在集装箱运输中，虽然不按货物的重量计收运费，但班轮公司和港口对各类集装箱都有载重限制，如 20′GP 的集装箱载重不得超过 18 吨，40′GP 和 40′HQ 的集装箱载重不得超过 20 吨。因此，订舱者要如实填写货物的重量。

（七）运费及运费条款

这里的运费（Freight）是指班轮公司与订舱者事先已经商定好的运费，也包括各种附加费的名称及数额。班轮公司最后将向订舱者收取该项双方认定的费用。

运费条款（Payment Terms）是对选择运费预付（Freight Prepaid）还是运费到付（Freight Collect）的说明。运费预付是指班轮公司签发提单时，托运人必须付清运费及其他相关费用方能取得提单。运费到付是指货物到达目的港后，收货人必须付清运费及其他相关费用方能提取货物。

（八）放货方式

放货方式（Cargo-Release）这一栏用于说明订舱者向班轮公司要求的货物到达目的港后的放行方式，包括凭正本提单（Original B/L）、海运单（Sea Waybill）或电放（Telex Release）。

（九）签名盖章

订舱单上必须要有签名盖章（Signature）栏目，订舱单只有在订舱者签名盖章后才能生效。在目前广泛应用的网上订舱中，订舱双方往往采取电子签名或其他双方认可的签名方式。

以上是订舱单的基本内容，有些装货港的班轮公司代理人可能还提供拖箱、报关等服务，因此，订舱单上还可能要求列明安排拖车、报关时需要的装货地点、装货时间、联系人、联系电话和报关类别等项目。

图 4-8 所示是某公司的空白订舱单。

图 4-8　订舱单

📖 **阅读材料 4-2　易舱网（http://www.yicang.com）在线订舱委托**

在易舱网在线订舱的步骤如下。

第一步，登录系统。

第二步，在线填写提交订舱委托书，填写的样式如图 4-9 和图 4-10 所示。

图 4-9　查询船期价格等基本信息

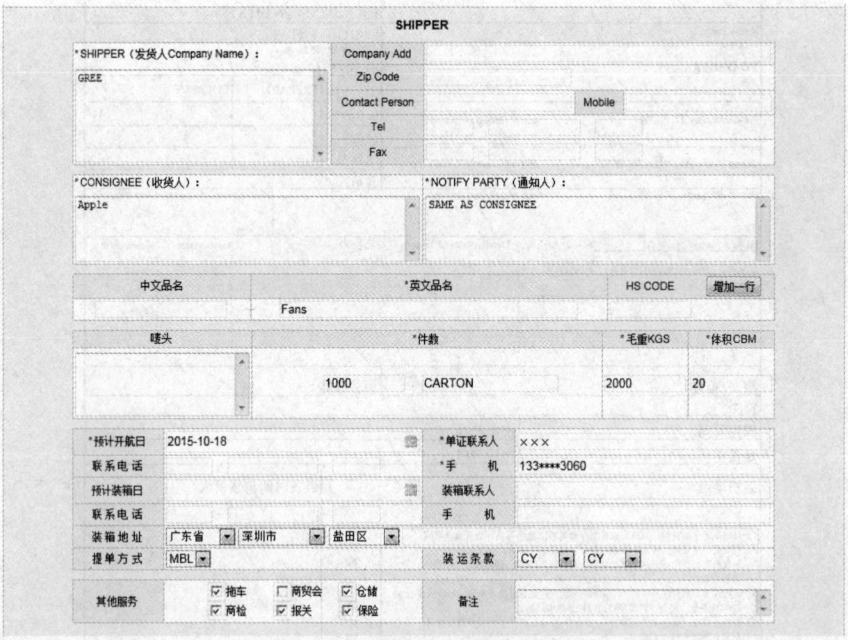

图 4-10　委托书的基本内容

第三步，费用确认，如图 4-11 所示。

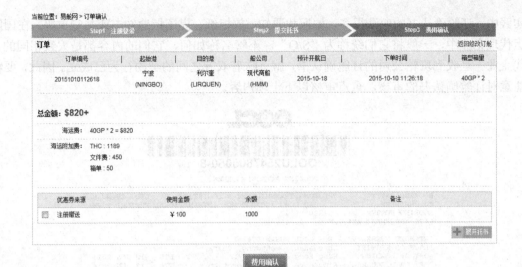

当前位置：易舱网 > 订单确认

图 4-11 订舱委托费用确认

四、与船公司接洽

订舱单一般以传真或电子邮件的方式发送给船公司或其代理人。订舱单发出并不意味着万事大吉，由于情况会不断变化，因此还要不断与船公司或其代理人接洽。

首先，打电话落实，确保对方收妥订舱单。一方面，由于通信线路或网络故障，订舱单有可能未能及时传送到对方手中；另一方面，船公司或其代理在某条航线的某个航次开始接受订舱后，往往业务十分繁忙，接受的订舱单很多，在成堆的订舱单中可能会忽 视或遗漏某些订舱单。因此，在订舱单发出后有必要电话落实一下，确保对方已经收到订舱单。

其次，要紧跟对方的放舱情况。在货运淡季，舱位宽裕，船公司或其代理人对于上门订舱的客户求之不得，一般会很快将订舱确认书回传过来。但在货运旺季，由于舱位紧张，船公司或其代理人可能会根据已确定的运费高低、货量多少、与订舱的货代企业的合作情况，甚至是负责放舱的业务员与订舱业务员个人感情的好坏来权衡利弊，决定接受还是不接受订舱。在这种情况下，就要求货代企业平时要加强与船公司或其代理人的沟通与交往，尽量争取到所需要的舱位。如果通过接洽仍然无法订到某家船公司某一航次的舱位，订舱人员就要立即联系客户，与客户协商能否改订下一航次的舱位，或者改订其他船公司的 舱位。

订舱单发出后，在与船公司或其代理人的接洽中，订舱人员除了催促其尽快回传订舱确认书外，还有必要再一次打电话落实所订航线的船舶本航次所停靠的港口、船期、运价和各种附加费是否有变化。由于受国际上政治形势变幻、油价高低起伏、汇率上下波动甚至自然界风霜雨雪的影响，以上各项因素经常会发生临时变动。因此，多与船公司联系，掌握各种信息，能使订舱人员处于主动地位。

五、订舱单的确认及注意事项

班轮公司或其代理人在接到国际货运代理企业的订舱单后，同样会认真审核，经审核认为可以接受对方订舱的要求，就会发出一份订舱确认书。图 4-12 是东方海外公司的订舱确认书。

在实践中，订舱确认书的叫法很多，如配载通知、放柜纸、提还柜通知书或装货单等。在国际货运代理企业中，一般将它们统称为"S/O"。不管名称如何，它们的内容都是大致相同的。货代企业一旦收到班轮公司的订舱确认书，就意味着双方之间的契约行为已成立。因此，要特别注意对订舱确认书的审核，重点审核以下十项内容。

```
                        OOCL

                OOLU2547805050-8
                BOOKING ACKNOWLEDGEMENT

BOOKING PARTY      : CHU KONG TRANSHIPMENT & LOGISTICS CO., LTD. ZHONGSHAN
TO: SHIPPER        : CHU KONG (GUANGDONG) INTERNATIONAL FREIGHT FORWARD
BOOKING NUMBER     : 2547805050-8
RATE AGREEMENT REFERENCE : 00025688

INTENDED VESSEL/VOYAGE : OOCL BUSAN 076S
PLACE OF RECEIPT   : Zhongshan, Guangdong, China
PORT OF LOADING    : Hong Kong                         ETD : 12 JUN 2014
PORT OF DISCHARGE  : Singapore / PSA Corporation        ETA : 18 JUN 2014
                     Limited
FINAL DESTINATION  : Singapore, Singapore
INTENDED FCL CONTAINER DELIVERY CUT-OFF AT HKG : 11 JUN 2014 17:00
INTENDED SHIPPING INSTRUCTION CUT-OFF : 12 JUN 2014 12:00
LATE AND/OR INCOMPLETE SHIPPING INSTRUCTION SUBMISSION MAY RESULT IN
CONTAINER(S) SHORT SHIPMENT AND/OR PENALTY CHARGES
DESPATCH QUANTITY
FCL QTY SIZE/TYPE  : 1 X 20GP
COMMODITY          : DRIED FOODSTUFF
CARGO NATURE       : GENERAL CARGO    DELIVERY INFORMATION: CY - CY

REMARKS :
via Zhongshan tml feeder// Chukong 0760-85336082/88580230 #N
/A cbz-ass108 -zs@chukong.com;yhl-ass108 -zs@chukong.com
CSO/Agreement Number:  00025688
```

[客人自行拖柜（请带此文件前往指定换单处联络）]
- 请核对此函件的资料是否正确，如有错漏或更改，请电邮我司订舱部更正。
- 普通柜港箱期10 天，由空柜提取日起计，至码头截柜日止。该滞箱费并不包括码头堆存费，场内开仓期为码头截柜前7日（包截柜当日）。危险品/ 冷冻柜及其他，请登陆www.oocl.com 查询。
- 无船承运人须根据《国际海运条例》的规定具有无船承运业务经营资格并与OOCL订立运价协议才可以订舱。
- 船东/船长有拒绝危险品或特殊货品装期或接受特殊配载要求的最终决定，若因此产生的任何费用，将由客户承担。
- 一旦货物被发现错误申报，发货人（或其代理）必须承担由于错误申报所造成的所有费用。

图4-12　东方海外公司的订舱确认书

（一）订舱号

订舱号（Booking No.）是船公司按货物到达不同的港口统一编制的，不会重复，也不会混港编号。订舱号非常重要，后续的很多工作都要依据这个号码，许多单证上也会出现这个号码，最终签发的提单号也与其相同。在实践中，需要追踪货物、查询单证时，只要能提供订舱号就可以很快地查询到相关信息。

（二）船名/航次

船名/航次（Vessel/Voyage）是船公司接受订舱后确定的安排货物装载的船名、航次。在收到订舱确认书后，订舱人员应认真检查船公司安排的船名、航次是否与订舱单上所预订的船名、航次一致，如不一致，应立即咨询船公司，弄清改变船名、航次的原因，然后与客户联系，询问在船名、航次改变了的情况下是否还要装运货物。在实践中，经常会发生船公司安排的船名、航次与货代企业预订的船名、航次不一致的情况，这可能是因为天气、船舶故障或其他原因，原安排的船舶不能按时到港接载，船公司临时改调其他船舶接替。如果船期没有改变，一般可以考虑接受装运。

（三）箱型、箱量

箱型、箱量是船公司在接受订舱后确认可以提供的箱型和箱量。在收到订舱确认书后，订舱人员应检查船公司安排的箱型、箱量是否与订舱单上预订的箱型、箱量相符。如果发现箱型、箱量不符，应立即与船公司联系，要求船公司重新确认。实践中，在旺季舱位不够分配的情况下，船公司可能会减少所订的箱量，这时订舱人员须与船公司及客户沟通协商，应尽量满足对外贸易合同的执行要求。例如，客户预订的是 40′GP 的普通集装箱，但船公司安排了 40′HQ 加高集装箱，并表示运价可按 40′GP 的普通集装箱标准收取，这种状况一般客户都能接受。

（四）收货地、装货港

收货地、装货港是船公司确定接收货物的地方与装载货物的港口。一般收货地与装货港是一致的，如收货地是深圳蛇口，装货港是深圳港蛇口港区。

（五）卸货港、交货地/目的地

卸货港、交货地/目的地是船公司确定的货物将运往的卸货港及交付货物的地点。船公司确认的卸货港和交货地必须与订舱时所要求到达的目的港和交货地一致。世界上很多港口的名称相近，所以一定要认真核对，以免货物送错港口。在实践中，如果不认真审核订舱单和订舱确认书，就有可能弄错卸货港，将货物运送到远隔千里的其他港口。国外有些港口分南港、北港，或者 1 号码头、2 号码头等，所以在审核卸货港时，必须注意船公司确认的卸货港后面有没有注明港区或码头。

（六）开舱时间、截关时间

开舱时间（CY Open Date）指的是可以开始在集装箱堆场提取某一航次集装箱空箱的日期。开舱时间一般安排在船舶到达前一星期左右。只有在集装箱堆场宣布开舱后，才有可能提取到该航次的集装箱空箱。截关时间（Closing Date）是集装箱堆场截止接收该航次重箱的时间，这个时间一般是预装船舶抵港的前一天或抵港的当天，有具体的时间限制，如截关时间为 2020-01-08 的 18:00。所以要特别注意，装上货物后的重箱一定要在截关时间前进入指定的集装箱堆场，否则就无法装上该航次船舶。在实践中，截关时间有时会因船舶未准时到港而延迟，所以订舱人员要与班轮公司加强沟通；有时重箱未能在截关时间进入集装箱堆场，也可向船公司申请适当延迟（也就是通常所说的"Delay"），但延期的时间不能太长，重箱必须在装船前返回堆场。

（七）截止收取提单补料的时间、截止收放行条的时间

船舶装货完毕离港前，船方必须编制好载货清单（Manifest，M/F），也就是俗称的"舱单"。舱单是国际航运实践中十分重要的单证，船舶办理报关手续时，必须提交载货清单，而载货清单是根据提单的内容编制的，所以在重箱进入集装箱堆场后，船公司或其代理人会要求尽快将提单补料传送给他们。如果过了截止收取提单补料的时间还未收到提单补料，就无法将该票货物编制在载货清单上，也就意味着这票货物无法装船。

货物在装船前都会先向海关申报，海关在查验后如果同意放行，会签发一张放行条，班轮公司只有收到海关的放行条才能够将集装箱装船。如果在截止收放行条的时间尚未拿到放行条，就意味着集装箱不能装船。在实践中，截止收取提单补料的时间往往与截止接收重箱的时

间相同，截止收放行条的时间则可以比截止收取提单补料的时间晚几个小时。

（八）提箱单换领地点

收到订舱确认书后，货运代理人并不能凭此确认书直接到集装箱堆场提取空箱，还必须到船公司设在港口的办公室换取提箱单（即集装箱设备交接单，俗称"提柜纸"）。因此，订舱确认书上都标明了换提箱单的地址、联系电话、联系人和办公时间等详细信息。在实践中，执行集装箱拖车任务的集装箱车队将根据订舱确认书上提供的提箱单换领地点换取提箱单。

（九）空箱提取地点、重箱返回地点

订舱确认书上都标明了提取空箱的地点及重箱返回的地点，大部分船公司的空箱提取地点和重箱返回地点是相同的，这些提取和返回集装箱的堆场都位于码头，但在实践中也有些船公司的集装箱堆放在若干个不同的堆场，有些堆场并不在码头上，这样提取空箱的地点和返回重箱的地点就会不同；也有些船公司未在订舱单确认书上写明空箱提取地点及重箱返回地点，而是在换取提箱单时在提箱单上写明空箱提取地点及重箱返回地点。

（十）其他注意事项

订舱确认书上往往都有船公司列出的其他特别注意事项，如集装箱的免费堆存期是多少天（一般是 7 天）、集装箱限装重量是多少吨、是否需要安排拖车、是否需要代理报关等信息。

当国际货运代理发出订舱单，班轮公司接受订舱并发回订舱确认书后，订舱的环节就算完成了，双方的契约即告成立。船方有义务提供集装箱空箱，并在其承诺的时间安排船舶受载，货方则要在截关时间前将已装货的重箱返回集装箱堆场，并办好通关手续及提供必要的单证资料。

国际货运代理在接到船公司的订舱确认书后，将根据客户的需求安排其他后续工作。在实践中，如果客户只委托国际货运代理代其预订舱位，而拖车及报关业务均由其自理，那么只要将订舱确认书直接传送给客户就行了。如果客户要求提供集装箱拖车、代理报关、代理报检、代办保险等一系列的服务，国际货运代理则开始进行下一个环节的工作。

📖 阅读材料 4-3　识读以下订舱确认书

COSCO HUNAN INTERNATIONAL FREIGHT CO.LTE.
湖南中远国际货运有限公司
订舱确认书

TO: YUJIE CLOTHING IMPORT & EXPORT Co., Ltd.

FROM: 王二	**日期：** Oct.10.2019
TEL: 1301404031	

订舱单号：COAU123456789
FORWARDER REFERENCE:

预配头程船名航次：**GUI HANG 12345**	航线：**SEA-ZB56**（上海）
预配二程船名航次：	航线：

收货地：NO.15 Xiaoxiang ROAD NEW YORK, USA

装港：**SHANGHAI**	
卸港：**NEWYORK**	最终卸港：
箱量：**20**	交货地：**SHANGHAI.CHINA**
货物：**LADY DRESS**	条款：**CY-CY**

货类：服装　　　　　　　　　　　　　　　　　　　合约号：**1230**

备注：

敬请留意：

预计开舱时间：**2019/10/10 08:00**
预计载重时间：**2019/10/15 08:00**
预计截放行条时间：**2019/10/16 08:00**
预计开航时间：**2019/10/18 08:00**
预计截文件时间：**2019/10/15 08:00**
在预计到目的港时间：**2019/12/15 08:00**

*以上时间如有变动，以另行通知为准。
*如贵公司自行安排拖车报关，请仔细阅读下列事项。

打单提箱地点：**上海黄浦路 48 号**
七联单编号地点：
放行条交接地点：
空箱提取地点：
重箱返回地点：
注意事项：

TEL: 130**4031**　　　　　　　　　　　　　　**FAX:010456**238**

 做一做：单项实训二

实训目标：掌握海运订舱的途径和订舱方法。

1. 根据图 4-4 所示的出口货物订舱委托书，填制图 4-6 所示的集装箱货物托运单（场站收据第一联）。

2. 访问易舱网（http://www.yicang.com），如图 4-13 所示，注册为会员，尝试代表你的公司进行在线订舱操作。

图 4-13　易舱网

3. 下载安装搜航网 App。然后注册为搜航网会员，体验船期查询和订舱操作。图 4-14 是搜航网手机 App 页面截图（http://www.sofreight.com/mobile-app.html）。

图 4-14　搜航网手机 App 页面截图

任务三　装箱、短驳与集港

微课 4.4　**任务描述：**了解装箱程序及注意事项，掌握集装箱设备交接单与装箱单的填写；掌握集装箱短驳与集港事项的办理程序，能灵活处理该项工作中的意外情况。

一、装箱方式

国际货运代理在收到船公司的订舱确认书，完成订舱手续后，就可以进入下一个环节，即安排集装箱拖车，提取空箱，装载货物，再将装上货物的重箱返回集装箱堆场，准备装船。工作流程如图 4-15 所示。集装箱拖车可以由货主自己安排，装货也可由货主自己完成，但在实践中，绝大多数的集装箱拖车业务都是由国际货运代理安排的。

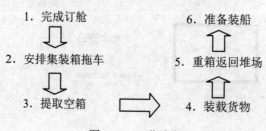

图 4-15　工作流程

集装箱的装货通常并不在码头进行，在订舱工作完成后，班轮公司会按照订舱确认书上确认的集装箱箱型、箱量提供空箱，然后由发货人或其委托的国际货运代理在指定堆场提取空箱，在发货人指定的工厂或仓库装货，装完货后再返回堆场等候装船。集装箱货物须经办妥有关出口通关手续后方可装船。

按装箱地点分类，装箱方式主要有三种：一是在发货人的工厂或仓库装货；二是在国际货运代理企业的仓库内装货；三是在集装箱货运站（CFS）内装货。

二、装箱前的准备

在安排装货前，为了避免集装箱拖车空跑、多跑冤枉路，装错货物和耽误时间等事情发生，应认真做好装货前的各项准备工作，大致有以下三项。

（一）落实装货的地点、时间

货代企业在取得订舱确认书后，如果确定由本企业安排拖车运输，完成装箱作业，那么，首先要做的就是落实好装货的地点、时间。在集装箱装上船舶之前，各船公司一般都会给予七天的免费堆存期，所以装货时间最好安排在这七天的免费堆存期内。如果由货代企业安排集装箱拖车运输，一般会根据以下三种情况落实装货地点、时间。

（1）如果客户在托运单上已注明是在发货人的工厂或仓库内装货（即厂装或产装），那么在安排集装箱拖车前要向客户进一步落实工厂或仓库的详细地址、装货时的联系人姓名和电话，装货时间也要安排得尽量精确。

（2）如果客户的货物已事先运至货代自备的仓库内，装货是在货代企业自己的仓库内进行，就要事先与仓库的管理人落实所装的货物是否处于适装的状态，如货物是否已经全部到齐、货物的包装是否完好、唛头是否符合要求等。在货代企业自己的仓库内装货的，确定的装货时间同样要精准，以便仓库安排装卸工人及设备。

（3）如果货物是在外地，需要安排拖车公司去装运时，也应该事先向客户预报拖车到达的时间和地点，以便客户做好装箱准备。

（二）安排集装箱拖车

落实好装货的地点、时间后就要安排集装箱拖车进行拖箱作业了。

一些大、中型的国际货代企业通常都兼营集装箱拖车业务，建有自己的拖车公司或车队。如果是使用本企业的车队去拖车，那么安排集装箱拖车的程序只是企业内部的一项业务交流，一般程序就是操作人员将订舱确认书及安排车辆的联系单传给车队的调度人员，由调度人员具体安排车辆。

安排车辆的联系单通常也叫派车单，派车单上要列明装货时间、装货地点、联系人、联系电话、是否有特殊要求等。

（三）与发货人沟通

在安排好集装箱拖车后，要再次与发货人沟通，将集装箱拖车的车牌号、司机姓名、电话、大致到达时间通知发货人，以便发货人做好装货准备，并随时与驾驶员联系。

三、装箱程序

在接受了安排集装箱装运的任务后，通常按如图 4-16 所示程序工作。

换单 ⟹ 提取空箱 ⟹ 货物装箱 ⟹ 重箱返回堆场

图 4-16　装箱程序

（一）换单

集装箱拖车公司的调度人员在接到货代或客户发来的订舱确认书后，会根据确认书上标明的换单地点及时间，安排人员前往换单。一般情况下，船公司要求集装箱拖车公司必须在订舱确认书上加盖拖车公司的公章或业务章才能换单，在换单时船公司通常要收取换单费及铅封费。

换单又叫打单，就是集装箱拖车公司向船公司设在码头的操作部门交换其发出的订舱确认书，船公司在码头的操作部门收回订舱确认书后，再打印一份集装箱交接单（或叫设备交接单或集装箱收发单），连同一个铅封交给集装箱拖车公司。如图 4-17 所示，铅封是在集装箱装上货物后封箱用的专用标志，每个铅封都有一个号码，就是通常的封条号。每个铅封只能使用一次，铅封锁上后，除非将它损毁，否则是无法打开的。

图 4-17　铅封

集装箱交接单一般为一式多联，分别在集装箱出场、进场时使用，以及供堆场、拖车公司和货主留存。

集装箱交接单上的内容与订舱确认书上的内容基本相同，都包含空箱提取地点、重箱返回地点、船名/航次、卸货港、目的港和箱型等。此外，集装箱交接单上还增加了进出场检查记录、损坏记录及代号、集装箱内外部示意图，以备集装箱检查时做记录用。

集装箱交接单样本如图 4-18 所示。

集装箱交接单是集装箱进出港区、站场时，用箱人、运箱人与管箱人或其代理人之间交换集装箱及其设备的凭证，兼有发放集装箱的功能。因此，它既是一种交接凭证，又是一种发放凭证。用箱人、运箱人凭集装箱交接单进出港区、站场，到交接单指定的提箱地点提取空箱，并在规定的地点返还空箱。设备交接单要求做到一箱一单、箱单相符、箱单同行。

集装箱交接单的各栏分别由箱管单位（船公司或其代理人）、用箱人或运箱人（货代或集卡车队）、码头堆场的经办人填写，具体如下。

中国海运代理有限公司

CHINA OCEAN SHIPPING AGENCY CHANGSHA

集装箱发放/设备交接单

EQUIPMENT　INTERCHANGE　RECEIPT　　　　NO:

用箱人/运箱人(CONTAINER USER/HAULIER)			提箱地点(PLACE OF DELIVERY)	
江苏佳哈国际贸易公司(3701917854)				
来自地点(DELIVERED TO)			返回/收箱地点(PLACE OF RETURN)	

航名/航次(VESSEL/VOYAGE NO.)	集装箱号(CONTAINER)	尺寸/类型(SIZE/TYPE)	营运人(CNTR.ORTR.)

提单号(B/L NO.)	铅封号(SEAL NO.)	免费期限(FREE TIME PERIOD)	运载工具牌号(TRUCK WAGON. BARG NO.)

出场目的/状态(PPS OF GATE-OUT/STATUS)	进场目的/状态(PPS OF GATE-IN/STAUS)	出场日期(TIME-OUT)		
		月	日	时

出进场检查记录 (INSPECTION AT THE TIME OF INTERCHANGE)			
普通集装箱(GP CONTAINER)	冷藏集装箱(RF CONTAINER)	特种集装箱(SPECIAL CONTAINER)	发电机 (GEN SET)
☐　正常 (SOUND) ☐　异常 (DEFECTIVE)	☐　正常 (SOUND) ☐　异常 (DEFECTIVE)	☐　正常 (SOUND) ☐　异常 (DEFECTIVE)	☐　正常 (SOUND) ☐　异常 (SOUND)

损坏记录及代号(DAMAGE & CODE)

BR 破损 (BROKEN)	D 凹损 (DENT)	M 丢失 (MISSING)	DR 污箱 (DIRTY)	DL 危标 (DG LABEL)

左侧(LEFT SIDE)	右侧(RIGHT SIDE)	前部(FRONT)	集装箱内部(CONTAINER INSIDE)

顶部(TOP)	底部(FLOOR BASE)	箱门(REAR)	如有异状, 请注明程度及尺寸(REMARK).

货名:	件数:

备注: 请司机仔细检查箱况（铅封）

除列明者外, 集装箱及集装箱设备交换时完好无损, 铅封完整无误。

THE CONTAINER/ASSOCIATED EQUIPMENT INTERCHANGED IN SOUND CONITION AND SEAL AINTACT UNLESS OTHERWISE STATED

用箱人/运箱人签署　　　　　　　　　　　　　码头堆场值班员签署

(CONTAINER USER/HAULIERS SIGNATURE)　　　　　(TERMINAL/DEPOT CLERKS SINGATURE)

图 4-18　集装箱交接单样本

（1）箱管单位填写进出场集装箱交接单中的用箱人/运箱人、返回/收箱地点、船名/航次、尺寸/类型、营运人、免费期限和进（出）场目的/状态。

（2）用箱人/运箱人填写运载工具牌号、进场集装箱交接单中的来自地点、集装箱号、提单号、封志号、货重和危险品类别。

（3）码头（站、场）经办人填写进出场日期、检查记录、出场集装箱交接单中的提箱地点、集装箱号。

集装箱交接单一式多联, 分别用于进出集装箱堆场及各有关部门留存。其流转程序如下。

（1）箱管单位填制其负责的相关栏目。

（2）用箱人或运箱人到码头、堆场提箱时对照集装箱交接单检查集装箱, 双方签字。码头、堆场留下箱管单位联合码头堆场联（共两联）, 将用箱人或运箱人联退还给用箱人或运箱人。

（3）码头、堆场将留下的管箱人联退还给箱管单位。

（二）提取空箱

换取了集装箱交接单后，司机可开车进入指定的集装箱堆场，凭集装箱交接单提取空箱，提箱流程如图 4-19 所示。在提取空箱时，司机要在集装箱堆场办理空箱交接手续，集装箱堆场会打印一份设备交接单给司机。如果在换单时尚未拿到铅封，此时将得到一个铅封。

图 4-19　提箱流程

司机在提取空箱时，要认真核对所提取空箱的箱型、尺寸是否与订舱单上所订的一致，检查集装箱箱体上的箱号与设备交接单上的箱号是否一致。因为在同一个集装箱堆场上，往往存放着不同船公司所装载的不同船舶、不同航次的空箱，所以司机要弄清楚所提的集装箱是不是所订的船名、航次的集装箱，是不是到所订目的港口的集装箱。

司机在提取空集装箱之前，应同集装箱堆场的验箱人员一起对所提的集装箱进行仔细检查，只有在验箱合格的情况下，才能将空箱提出来，如果发现问题可以就地解决。在装货时，货主会对集装箱再次进行检查，可如果这时候才发现问题，要更换集装箱就比较麻烦，而且会产生费用，往往还会引起争端。

（三）货物装箱

司机提到合格的集装箱空箱后，就可以驶往发货人指定的装货地点进行装箱作业。如果是在发货人的工厂仓库装货，装箱作业一般由发货人自行安排；如果是在货代企业的仓库内进行，则由仓库安排装货。

由于集装箱货物在整个运输过程中可能涉及多种运输方式，特别是海上运输区段风险更大，如果货物在箱内的积载、装载位置不当，可能会造成货物的损失，甚至会造成运输和装卸机械等设备损毁，因此在将货物装入集装箱时应注意以下事项。

（1）如果装箱的货物种类较多，货物的重量、外包装的强度、货物的特性都不相同，要将重件、性质稳定、包装牢固的货物装在集装箱的底部，将轻泡货、包装不是很牢固的货物装在集装箱的上部。

（2）货物在集装箱内的重量分布应均衡。如果集装箱的某一部位负荷过重，可能会使箱底结构发生弯曲甚至脱落；如果集装箱的前部或后部负荷过重，在吊机或其他机械作业时，可能发生倾斜，造成危险。在陆上运输时，如果集装箱内货物重量分布不均衡，前后或左右的负荷相差很大，很可能会在运输途中发生事故。

（3）应根据货物包装的强度决定集装箱内堆码的层数。为了防止底层货物被压坏，也可在货物堆码之间垫入缓冲材料。

（4）如果货物是铁桶或其他硬质材料包装，为避免相互擦伤、污损，应在货物之间加隔板或隔垫材料。

（5）货物在集装箱内的堆放应严密整齐，货物之间尽量不留空隙，这样不仅可充分利用箱内容积，也可防止货物相互碰撞造成破损。

（6）在装箱完毕、关上箱门前应对靠近集装箱门口的货物采取系固措施，防止开箱卸货时发生货物倒塌，造成货物损坏和人身伤亡事故。

（7）应使用清洁、干燥的垫料（如胶合板、草席、隔热板、缓冲器材等）。不能用未经熏蒸处理的普通木板作为隔垫材料，更不能用潮湿的垫料隔热，以防止货物发生霉变。

（8）集装箱装载的重量是有限制的，各个国家对集装箱限制装载的重量标准不尽相同，一般订舱确认书上会有明确标示。集装箱超重装载严重影响装卸及运输安全，所以是绝对不允许的。在装卸完毕后，一旦发现所装货物超重，必须卸下一部分，否则可能会被船公司罚款或拒绝装运。

（9）货物装箱完毕后，应将箱门关闭好，并锁上铅封。

装箱人装箱后要编制装箱单。装箱单是记载每个集装箱内所装货物的名称、数量、尺码、重量、标志和箱内货物积载情况的凭证，是集装箱运输的辅助货物舱单。每个集装箱编制一份装箱单，一式五联，其中码头、船代、承运人各一联，发货人或装箱人两联，如图 4-20 所示。

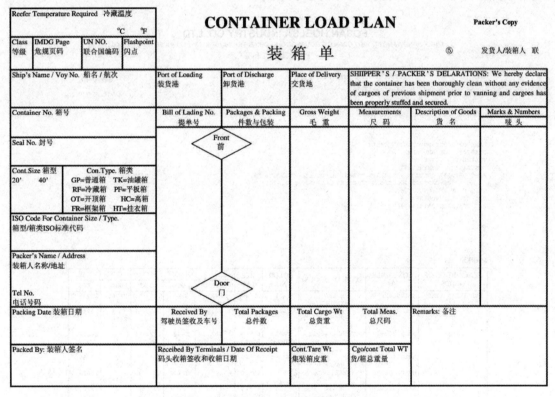

图 4-20　装箱单样本

装箱单记载的事项应与站场收据和报关单据上的相关事项一致，否则会影响正常装船和报关。对特殊货物应加注特定要求，如冷藏货物要注明对箱内温度的要求，对危险货物则要加注标志，等等。

装箱单的作用主要有以下几个。

（1）装箱单是发货人向承运人提供的货物明细清单。

（2）装箱单是货物进出口报关的单据之一，也是装载此集装箱船舶进出口报关的单据之一。

（3）装箱单是发货人、集装箱堆场、码头之间交换货物的清单。

（4）装箱单是集装箱装、卸两港编制装、卸船计划的依据。

（5）装箱单是办理集装箱报税运输手续和拆箱作业的重要凭证。

（6）当发生货损时，装箱单是集装箱所装货物情况、索理赔的原始凭证。

发货人或货运站将货物装箱并膳制装箱单后，连同装箱单货物一起送至码头集装箱堆场。集装箱堆场的业务人员在五联单上签收后，留下码头联、船代联合承运人联，将发货人、装箱人联退还给送交集装箱的发货人或集装箱货运站。发货人或集装箱货运站联除自留一份备查外，将另一份寄交给收货人或卸箱港的集装箱货运站，供拆箱时使用。集装箱堆场自留码头联，据此编制装船计划，将船代联及承运人联分送船舶代理人和船公司，据此膳制积载计划和处理货运事故。

📖 阅读材料 4-4　识读图 4-21 所示装箱单

FOSAN HOELSA INDUSTRY CO.,LTD

17HEX JIANGWAN YI ROAD FOSAN CITY GUANGDONG CHIAN TEL:86-757-82371213 FAX:86-757-82371200

PACKING LIST

TO:　　　　FI.VENUS CERAMICA INDONESIA

NO.:HM10025:

DATE:APR.25,2(

P/I NO.:EXP2118-

NAME OF GOODS:PORCELANIN TILES
QUALITY:GOOD AND NEW
VOLUME:5603 CARTONS
CONTRACT NO.:FM1000252
HS CODE:5047 CARTONS PORCELAIN TILES (HS CODE:6907.90.1000)
　　　　556 CARTONS PORCELAIN TILES(HS CODE:6908.90.9100)
ORIGIN OF THE GOODS:CHINA
L/C NO.:LTLTPK01558U14
L/C ISSUANCE DATE:140407

MARKS:

DESCRIPTION OF GOODS	CONTAINER NO.	TYPE OF GOODS	COLOR NO.	SIZE (CM)	VOLUME			G.W (KGS)	N.W. (KGS)
					CARTONS	(PCS)	(SQM)		
PORCELAIN TIES	WHLU0360857	HOLSA 6XP001C	YA01	60*60	840	3360	1209.60	24360.0	23940.0
	WHLU0543729	HOLSA 6XP001C	YA01	60*60	840	3360	1209.60		23940.0
								24360.0	
	WHLU0300328	HOLSA 6XP001C	YA01	60*60	852	3408	1226.88		24282.0
		HOLSA 8FB0215PCM	M1489-TA	60*60	16	48	30.72		784.0
								24708.0	
	WHLU0403310	HOLSA 8FB0215PCM	M1489-TA	60*60	540	1620	1036.80		26460.0
	WHLU2651039		51	60*60	840	3360	1209.6	792.0	25620.0
		HOLSA 6WLHP6612CM	51	60*60	240	960	345.60	26730.0	7320.0
	WHLU0216217		51	60*60	39	156	56.16		1189.5
			50	60*60	520	2080	748.80	26040.0	15860.0
	CAIU2566112	HOLSA 6WLHP6612CM	50	60*60	36	144	51.84		1098.0
		HOLSA 6WLHP6612CM	50	60*60	840	3360	1209.60	7440.0	25620.0
		HOLSA 6WLHP6612CM						1209.0	
		HOLSA 6WLHP6612CM						16120.0	
		HOLSA 6WLHP6612CM						1116.0	
		HOLSA 6WLHP6612CM						26040.0	
TOTAL: 7*20'containers/147 wood pallets/140cbm					5603	21856	8335.20	178915.0	176113

图 4-21　装箱单

（四）重箱返回堆场

货物由发货人在其工厂或仓库装上集装箱后，一般由发货人自行铅封，再由司机经短途或长途运输，将重箱返回船公司指定的集装箱堆场。堆场如图 4-22 所示。

图 4-22　堆场

如果是转关的货物，货物在装箱地报关后，海关还会在集装箱上加上关封，表示货物是在海关的监督下运往集装箱堆场的，中途不得打开集装箱，不得损坏关封。

集装箱堆场会根据订舱清单，核对集装箱交接单后接收重箱。集装箱堆场在验收重箱后会再打印一份设备交接单交给司机，这份设备交接单与提取空箱时的交接单格式相同，但内容更详细，一般港口称之为重柜纸。货代或发货人将凭这份设备交接单上的内容办理报关及膳制其他单证。

重箱在办理完有关出口手续后方能装船出运。

四、短驳事故处理

集装箱货物装运过程涉及集装箱堆场、集装箱拖车公司、拖车司机、发货人、货物所在工厂或仓库、装卸人员、海关和报关员等多个单位及相关人员，任何一个环节出现问题都将影响货物的装运，所以货代操作人员应认真负责地跟踪货物装运的全过程，及时解决装运过程中出现的问题。

在实践中，集装箱装箱短驳过程中常见的问题如下。

（一）因订舱确认书问题，没有及时换单

一种情况是订舱确认书经由船公司的操作人员通过传真方式传给货代企业，然后货代企业的操作人员再将此传真件传真给拖车公司，因此可能会出现因字迹太小或传真机质量问题而导致订舱确认书模糊的情况，如果关键文字无法辨认，船公司设在码头的操作部门可能会拒绝换单。这种情况下，货代操作人员最好想办法将清晰的订舱确认书重新传送给拖车公司。有时拖车公司忘了在订舱确认书上加盖公章，也会造成不能及时换单的后果，因此，货代操作人员要督促换单人员认真核对。

另一种情况是当操作人员将船公司的订舱确认书传送给拖车公司后，拖车公司的调度员因工作繁忙或其他原因而没有及时安排人员在规定时间到船公司驻码头的办公室换取集装箱交接单，以致无法及时提取空箱，耽误装货时间。如果出现这种情况，就要求操作人员在传送订舱确认书后，一定要加强电话沟通，特别是对装货时间比较紧张的集装箱，一定要催促拖车公

司的调度员即刻派人前往码头换单。同时，一定要抓紧时间传送订舱确认书，给拖车公司换单留出时间。

（二）提不到空箱

拖车公司的司机开车到达堆场却提不到空箱的事也经常发生，特别是在运输旺季。这主要是船公司的原因，有可能是船公司内部缺少沟通，也有可能是空箱数量不够，还有可能是集装箱处于检修状态导致箱量减少。

在实践中，货代操作人员要督促拖车公司的司机在换单后一定要抓紧时间提取空箱。如果司机提不到空箱，要及时与货代操作人员联系，由货代再与船公司协商能否及时抽调其他堆场的空箱。

（三）车辆故障

因车辆故障而导致集装箱不能准时到达装货地点而延误装货的事也经常发生。行车途中轮胎爆胎、发动机故障等事故无法预料，一旦车辆发生故障，司机应立即向货代操作人员报告，以便操作人员及时通知发货人推迟安排装卸，避免造成发货人空等的现象。若车辆故障在短时间内就能排除，可实事求是地通知发货人，要求其推迟至适当时间再装货；若故障一时无法排除，车辆必须进厂修理，应立即通知拖车公司换车，或通知发货人更改装货时间；若在重箱返回途中车辆发生故障，则要视离集装箱堆场的截关时间还有多久进行处理，若时间很少，也应该通知拖车公司立即换车，以免耽误装船。

（四）车祸或行车故障

在运输途中，大家都不希望发生车祸或行车事故，但现实中却无法完全避免。在实践中，因集装箱拖车发生车祸或行车事故而耽误装箱的事时有发生，有可能还会造成集装箱破损、货物损坏、人员伤亡等重大事故。

如果一旦因行车事故造成集装箱破损、货物损坏，货代操作人员应积极与拖车公司、发货人、船公司、集装箱堆场沟通，尽量设法补救，将损失降到最低。若货物部分受损，要联系发货人，重新安排货物装运，将损失的货物补上；若货物已无法按时装船，就要通知船公司或其代理改船名、航次，或重新订舱；若集装箱已破损，要与集装箱堆场联系，更换集装箱，并协助集装箱拖车公司做好事故的处理工作及赔偿事宜。集装箱拖车公司也有责任做好对司机的安全教育，尽量避免或减少行车事故的发生。

（五）因发货人的原因延误装货

（1）发货人可能因信用证上的交货日期已到而提前安排订舱，但实际上货物还没有全部制造出来，达不到规定的数量，造成集装箱进入工厂后仍需等待，因而延误了装货时间。

（2）发货人在货物装箱时发现部分货物质量有问题，如果将质量不合格的货物装箱，可能会造成收货人索赔；或是发现部分货物包装不合格，必须更换包装；或发现货物装箱错了，必须卸下后重装，造成装货时间延误。

（3）由于发货人选择的装货地点不具备装箱条件，或是因道路狭窄，集装箱车辆进不去；或是因大门限高，集装箱拖车无法进门；或是因装箱地点晚间照明欠缺，无法安全装箱，造成装货延误。因此，货代操作人员在安排集装箱装货前应事先与发货人沟通好，将集装箱装运所需的基本条件告知客户，以便客户做好准备。当原选择的场地不具备装箱条件时，应变换装货地点，以免延误装货时间。

（4）由于集装箱不适合装货，发货人拒绝装箱而延误了装货时间。原因有可能是司机提取空箱时，检查得不够仔细，在正式装货时被客户检查出有漏洞、锈迹或污迹等。例如，曾经有司机在雨天行车时没有关好集装箱门，造成箱内积水，而所装的货物比较贵重又非常怕水，导致客户因怕潮湿的箱体造成货物霉变而拒绝装箱。为了顺利装货，货代操作人员在装箱前应与司机沟通，将注意事项告知司机。

（5）由于发货人安排的装卸工人或装卸机械的技术问题，导致装卸速度缓慢，延误了装货时间。装货时间太长可能会影响司机的情绪，引发司机与客户的矛盾。此时，货代操作人员应多做疏通工作。如果确实等待的时间过长，超过了一定限度，应考虑向客户收取压车费用。

（6）货物装进集装箱后，如果货物需要在当地海关报关，而在报关时因单证或货物原因造成货物被海关查扣，延误了重箱进场时间。在这种情况下，货代操作人员应保持与客户、司机、报关员的联系，随时掌握集装箱的动态，以便灵活处理出现的问题。

（六）因天气原因延误装货

在司机提取空箱后，也可能因天气原因未能及时到达装货地点而延误装货时间。如遇到台风、暴雨、大雾、雨雪、冰冻等天气，为了保证安全，一般都会推迟装货时间。货代操作人员平时要留意天气预报，在出现灾害天气时要及时与货主、拖车公司和司机联系，切勿让集装箱拖车冒险上路。

总之，货代操作人员要坚持对集装箱拖车进行跟踪，随时与发货人、司机紧密联系，无论出现何种问题，都要及时疏通解决，保证短驳集港任务的完成。

五、集港后的工作

集装箱装上货物后要返回集装箱堆场，之后，操作人员要做好以下工作。

（一）核对集装箱号和封志号

集装箱拖车提取空箱后，即得到了一个集装箱的箱号，箱号也会同时打印在设备交接单上。封志号也称铅封号，铅封在换单或提取空箱时由船公司提供，每个铅封上都有一个号码。集装箱箱号和封志号会出现在海运提单等各种单证上，是放货的依据，因此在装运集装箱时，一定要反复核对，以免出错造成麻烦。

（二）安排报关或转关

如果货物已在装货地报关，重箱进入集装箱堆场后要安排办理转关手续；如果货物在口岸报关，就要安排报关手续。

报关手续如果客户能自理，操作人员就要通知客户抓紧办理报关。但在实践中，大部分客户都愿意委托货代代理报关，或委托专业的报关行报关。

因此，在重箱进入集装箱堆场后，货代要将整套的报关资料及时送交报关行，并督促司机将重箱交还集装箱堆场后将设备交接单交给报关行，以便报关行办理报关手续。在报关过程中，货代要与报关行保持联系，及时获取海关对货物的查验或放行信息。

（三）催促客户提供完整、准确的提单补料

重箱进入集装箱堆场后，如果客户还未提供提单补料，货代操作人员要催促客户赶紧提供

完整、准确的提单补料；如果客户提供了提单补料，也要立即将补料发送给船公司，因为船公司要根据提单补料的内容膳制舱单、提单及其他有关单证。如果提单补料提供不及时，将贻误单证的制作，也可能贻误集装箱装船。

（四）资料录入，准备制单

重箱进入集装箱堆场后，货代操作人员要抓紧按客户提单补料上的内容将资料录入企业的海运管理系统，以准备下一步的制单工作。

 做一做：单项实训三

实训目标：学会识读和填写海运装箱单。

识读图 4-23 中的装箱单。

SHANDONG DONGJIN MACHINERY CO.,LTD.
LONGKOU ECONOMIC DEVELOPMENT ZONE, LONGKOU CITY SHANDONG, CHINA

PACKING LIST

Ship To:BRAKE PARTS INC LLC
PARKWAY DIS RIBUTION CENTER
From: QINGDAO, CHINA

Invoice No. :AM7842-14
Date:Dec. 27, 2013
TO:CHICAGO, USA

Buyer:BRAKE PARTS INC LLC

Seller:TRANS WORLD ACCURATE BRAKE LTD

SHIPPING MARKS	P.O.NO.	PART NO.	QUANTITY		GROSS WEIGHT (KGS)	MEASUREMENT (CBM)
			Pcs	Cartons		
	BRAKE ROTORS					
N/M	W63763-01	9000858	424	2	998.00	37.00
	W63763-01	9223754	220	2	983.00	
	W63763-01	9000465	401	2	1241.00	
	W63763-01	9001468	232	2	933.00	
	W63763-01	9223697	206	2	925.00	
	W63763-01	9124000	220	2	971.00	
	W63763-01	9287374	134	2	854.00	
	W63763-01	9000410	100	2	485.00	
	W63763-01	9000560	244	2	379.00	
	W63763-01	9124017	204	2	929.00	
	W63763-01	9221541	316	2	884.00	
	W63763-01	9101696	300	2	1040.00	
	W63763-01	9287255	220	2	992.00	
	W63763-01	9287293	150	2	757.00	
	W63763-01	9000258	234	2	1018.00	
	W63763-01	9000296	160	2	975.00	
	W63763-01	9001437	360	2	989.00	
	W63763-01	9101827	150	1	928.00	
TOTAL:			4275PCS	37PLTS	33157.00KGS	37.00CBM

SAY:PACKED IN THIRTY SEVEN PALLETS ONLY.
N.W.:31862.00KGS   G.W.:33157.00KGS
MEASUREMENT:37.00CBM

图 4-23　装箱单

任务四　报关报检与保险

任务描述：了解报关、报检的相关概念，了解关检融合整合申报的主要内容；了解海运可能遇到的风险，掌握海运保险的基本种类，掌握代办保险的程序和方法。

一、报关报检

微课 4.5

（一）报关报检概述

1．报关

报关是指进出口货物的收发货人、进出境运输工具的负责人、进出境物品的所有人或其代理人，向海关办理货物、物品或运输工具进出境手续及相关事务的全过程。《中华人民共和国海关法》（以下简称《海关法》）规定，所有进出境的运输工具、货物、物品都需要办理报关手续。由于国际货物运输跨越国境，因此，货代在为客户提供国际货运代理服务时，也可能需要代其办理报关手续。

《海关法》规定，进出口货物，除另有规定外，可以由进出口货物收发货人自行办理报关手续，也可由进出口货物收发货人委托海关准予注册登记的报关企业办理报关手续。由进出口货物收发货人自行办理报关手续称为自理报关，由进出口货物收发货人委托海关准予注册登记的报关企业办理报关手续称为代理报关。无论自理报关还是代理报关，报关工作都要通过报关员来完成。报关员必须依法取得报关员从业资格，并在海关注册登记。

2．报检

报检是指进出口商品的外贸关系人，包括生产单位、经营单位、进出口商品的收发货人和接运单位，按我国商检法、进出境动植物检疫法、国境卫生检疫法、食品卫生法等法规的规定，对进出境货物向检验检疫机构申请办理检验、检疫、认定和鉴定等手续。

国家出入境检验检疫管理机构负责对出入境货物、交通运输工具、人员及事项进行检验检疫，按业务内容分为进出口商品检验、进出境动植物检疫和国境卫生检疫等，具有进出口经营权的企业、出境货物的生产企业、进境货物的收货人、中外合资企业、外商独资企业及其他对外贸易关系人都可以自理报检或委托代理人代理报检。

3．关检融合改革

（1）关检业务融合。2018 年 3 月，中共中央印发《深化党和国家机构改革方案》，将国家质量监督检验检疫总局的出入境检验检疫管理职责和队伍划入海关总署。2018 年 4 月，海关总署印发《全国通关一体化关检业务全面融合框架方案》，明确规定将检验检疫作业纳入全国通关一体化整体框架，实现关检业务全面融合。

（2）报关报检资质整合。2018 年 4 月，海关总署对企业报关报检资质进行了优化整合，主要进行了以下三项改革。

① 将检验检疫自理报检企业备案与海关进出口货物收发货人备案合并为海关进出口货物收发货人备案，企业备案后同时取得报关和报检资质。

② 将检验检疫代理报检企业备案与海关报关企业（包括海关特殊监管区域双重身份企业）注册登记或者报关企业分支机构备案合并为海关报关企业注册登记和报关企业分支机构备案，企业注册登记或者企业分支机构备案后，同时取得报关和报检资质。

③ 将检验检疫报检人员备案与海关报关人员备案合并为报关人员备案，报关人员备案后同时取得报关和报检资质。

国际货运代理业务员在取得报关员资质后，可以为客户代办报关报检业务。

（二）关检融合整合申报的主要内容

海关总署关检业务融合的主要目的就是精简机构、简化报关报检手续、提高通关效率，核心内容是将报关报检合并为一张报关单及一套随附单证。整合主要内容如下。

1. 整合原报关、报检申报数据项

按照"依法依规、去繁就简"的原则，对海关原报关单和检验检疫原报检单申报项目进行梳理整合，通过合并共有项、删除极少使用项，将原报关、报检单合计 229 个货物申报数据项精简到 105 个，大幅减少企业申报项目。

2. 将原报关报检单整合形成一张报关单

整合后的新版报关单以原报关单 48 个项目为基础，增加部分原报检内容形成了具有 56 个项目的新报关单打印格式。此次整合对进口、出口货物报关单和进境、出境货物备案清单的布局结构进行了优化，版式由竖版改为横版，与国际推荐的报关单样式更加接近，纸质单证全部采用普通打印方式，取消套打，不再印制空白格式单证。修改后的进口、出口货物报关单和进境、出境货物备案清单格式自 2018 年 8 月 1 日起启用，原报关单、备案清单同时废止，原入境、出境货物报检单同时停止使用。新版报关单样本如图 4-24 所示。

图 4-24　新版报关单样本

3. 将原报关报检单据单证整合为一套随附单证

整合简化申报随附单证，对企业原报关、报检所需随附单证进行梳理，整理随附单证类别代码及申报要求，整合原报关、报检重复提交的随附单据和相关单证，形成统一的随附单证申报规范。

4．将原报关报检参数整合为一组参数代码

对原报关、报检项目涉及的参数代码进行梳理，参照国际标准，实现现有参数代码的标准化。梳理整合后，统一了 8 个原报关、报检共有项的代码，包括国别（地区）代码、港口代码、币制代码、运输方式代码、监管方式代码、计量单位代码、包装种类代码、集装箱规格代码等。

5．将原报关报检申报系统整合为一个申报系统

在申报项目整合的基础上，将原报关报检的申报系统进行整合，形成一个统一的申报系统，用户由"互联网+海关"、国际贸易"单一窗口"接入（网址 https://www.singlewindow.cn）。新系统按照整合申报内容对原有报关、报检的申报数据项、参数、随附单据等都进行了调整。新报关单录入界面（进口）如图 4-25 所示。

微课 4.6

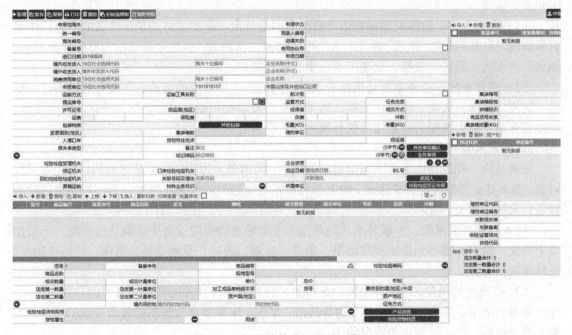

图 4-25　新报关单录入界面（进口）

报关报检业务具有很强的政策性，业务的办理需要具有专业的知识和技能，有关内容可参阅报关报检的专业书籍。

二、代办保险

微课 4.7

国际贸易中的买卖双方处于不同的国家，远隔重洋，把货物从卖方处送到买方处必须经过长途运输。货物在运输途中，特别是在海运途中，可能因船舶遇到暴风、巨浪等自然灾害，或者发生触礁、失火、搁浅、战争等意外而遭受损失，因此，保险是国际贸易中不可或缺的一个环节。

国际货运代理在接受客户委托时，为客户代办保险也是货代业务之一，因此，货代人员必须具备必要的代办保险的知识和技能。

（一）海运可能遇到的风险

装载进出口货物的船舶漂洋过海，要在海上经过漫长的航程才能到达目的港，浩瀚的大海变幻莫测、风急浪高，风险无处不有、无时不在，装载在船上的货物随时都有遭受灭失或损坏的可能。同时，货物在装船前要从发货人的工厂或仓库运进港口，再在港口经过储存、装卸的过程，在这个过程中，货物同样会遭受各种可能遇到的风险。由于国际贸易中的贸易国家政治制度不同、管制措施不同，因此也可能会出现战争、罢工、拒绝交付货物的风险，这些风险都是造成货物和船舶损失的原因。海运风险分类如图 4-26 所示。

海运风险 { 海上风险 { 自然灾害，意外事故 ；外来风险 { 一般外来风险，特殊外来风险 }

图 4-26　海运风险分类

1. 海上风险

海上风险通常又被称为海难，包括海上发生的自然灾害和意外事故。

（1）自然灾害。自然灾害是指由于自然界的变异而引起的破坏力量所造成的灾害。主要有暴风雨、雷电、海啸、地震、洪水、火山爆发和浪击落海等，也包括不可抗力原因导致海水、湖水、河水进入船舶、驳船、运输工具、集装箱及储存处所等。

（2）意外事故。意外事故是指由于意料不到的原因所造成的事故。主要有船舶搁浅、触礁、沉没、碰撞、火灾、爆炸、失踪、倾覆、投弃及船长和船员的恶意行为导致的危险事故，如故意弃船、纵火烧船、故意违反航行规则导致受到处罚等。

2. 外来风险

外来风险一般是指由于外来原因引起的风险。所谓外来原因，必须是意外的、事先难以预料的，而不是必然发生的外来因素。海上货物运输可能遇到的外来风险可分为一般外来风险和特殊外来风险两类。

（1）一般外来风险。一般外来风险是指海上运输货物保险业务中所确认的风险，一般指以下类别：偷窃、提不到货、淡水雨淋、短量、渗漏、破碎、受潮受热、串味、玷污、钩损、生锈和碰损等。

（2）特殊外来风险。特殊外来风险是指除一般外来风险以外的其他外来原因导致的风险，往往是由于战争、罢工、拒绝交付货物等政治、军事、国家禁令及管制措施所导致的风险，主要有战争风险、罢工风险和拒收风险等。

海上货物运输遇到以上任何一种风险都可能造成货物的损失，海上运输货物保险就是对货物在运输途中遭受到的保单承保的各种风险所导致的损失提供保障的保险，它可以承保其中的一种或数种风险。

（二）海运可能遭受的损失

货物在海上运输中一旦遭受到风险，就会造成货物的损失。货物在海上运输中可能遭受到的海上风险所导致的损失，在保险业务中被称为海损或海上损失，而货物可能遭受到的一般外来风险或特殊外来风险所导致的损失，在保险业务中则被称为其他损失。

在保险业务中对已被保险的货物造成的损失，按其损失程度可分为全部损失和部分损失。

1. 全部损失

全部损失简称全损，是指被保险货物在海上运输中遭受全部损失。从损失的性质看，全损又可分为实际全损和推定全损。

实际全损又称绝对全损，是指被保险货物在运输途中完全灭失或者已完全失去原有的用途，等同于全部灭失。

推定全损是指被保险货物的实际全损已经不可避免，或者为避免实际全损，需要支付的抢救、恢复、修复受损货物以及运送货物到原定目的地的费用之和已超过在该目的地的货物价值。

2. 部分损失

部分损失是指不属于实际全损和推定全损的损失，也就是说，凡不属于实际全损和推定全损的损失都称为部分损失。部分损失又可分为共同海损和单独海损。

共同海损是指船舶在航程中，当船、货及其他利益方遇到危难、处于共同危险时，船方为了维护船舶、货物的共同安全或使航程继续完成，有意识地，并且合理地做出的牺牲或支付的特殊费用。例如，船舶因故搁浅，船长为了挽救船舶和全船货物不得不下令将船上的部分货物抛下大海以减轻重量，使船舶上浮转危为安，因此而被抛下大海的货物便属于共同海损。又如，船在航行中推进器失灵或被打落，以致船舶失控，船长为了脱险不得不向附近港口呼救，要求派拖船拖曳，由此而支出的额外费用也属于共同海损。

共同海损一般必须具备下列特点。

（1）导致共同海损的危险首先必须是真实存在的，或者是不可避免的，而非主观臆测的，而且危险必须是危及船舶和货物的共同安全的。

（2）所有措施必须是为了解除船舶和货物的共同危险，是有意而合理的。

（3）损失必须是共同海损措施的直接或合理的后果，是特殊性质的，费用又是额外支付的，所以共同海损的牺牲和费用应由各利益关系人负担。

单独海损是相对于共同海损而言的，虽也是一种部分损失，却纯粹是偶然的意外事故所造成的，并无人为的因素在内；遭受的损失也仅涉及船舶或货物所有人的自身利益，并不关系到船、货甚至运费等各方的利益。由单独海损直接造成的损失，应由货物保险利益人单独承担。

 案例分析 4-1

某货轮从天津新港驶往新加坡，在航行途中船舶货舱起火，大火蔓延到机舱，船长为了船、货的共同安全，下令往舱内灌水，火很快被扑灭。但由于主机受损，无法继续航行，于是船长雇用拖轮将船拖回新港修理，修好后继续驶往新加坡。这次造成的损失包括：

（1）1 200 箱货被火烧毁。

（2）600 箱货被水浇湿。

（3）主机和部分甲板被烧坏。

（4）拖轮费用。

（5）额外增加的燃料和船上人员的工资。

请分析：从损失的性质看，上述损失各属于何种损失？为什么？

评析：

（1）1 200 箱货被火烧毁。该批货物致损是货舱起火这一意外事故直接造成的，故属单独海损。

（2）600 箱货被水浇湿。该批货物致损是因为货舱起火，大伙蔓延到机舱，若不扑灭大火，势必威胁到船、货的共同安全。损失是由船长为了解除或减轻火灾引起的风险而人为地、有意识地采取引水灭火这一合理措施而造成的，故应属于共同海损。

（3）主机和部分甲板被烧毁。该项损失是由火灾直接造成的，属单独海损。

（4）拖轮费用。该项损失是由于灭火过程中主机受损，而一旦海轮失去动力，必将威胁船、货共同安全，船长为避免这一风险雇佣拖轮而产生的额外费用，故其属于共同海损。

（5）额外增加的燃料和海上人员的工资。这一部分费用开支不在正常的营运费用范围内，其起因也是由于为解除船、货面临的共同危险而产生的，应属于共同海损。

【例4-4】 共同海损分摊。

有一货轮在航行中与流冰相撞，海水涌进，舱内部分货物遭浸泡，船长不得不将船就近行驶上浅滩，进行排水并修补裂口，而后为了浮起，又将部分货物抛入海中，共损失25万美元，船长当即宣布为共同海损。设：船舶价值250万美元，货主甲、乙、丙的货物分别价值200万美元、150万美元、100万美元、待收运费8万美元。问船船到达目的港后，各有关方应如何进行分摊？

解：

对共同海损，一般可按各方所占比例分摊。

总价值：250+200+150+100+8=708（万美元）

船方分摊：$\dfrac{250}{708} \times 25 = 8.83$（万美元）

货主甲分摊：$\dfrac{200}{708} \times 25 = 7.06$（万美元）

货主乙分摊：$\dfrac{150}{708} \times 25 = 5.30$（万美元）

货主丙分摊：$\dfrac{100}{708} \times 25 = 3.53$（万美元）

运费方分摊：$\dfrac{8}{708} \times 25 = 0.28$（万美元）

（三）海运货物保险类别

1. 海运货物保险的基本险别

海运货物保险包括平安险、水渍险和一切险三种基本险别，如图4-27所示。这三种险种的责任范围如表4-5所示。

图4-27 三种险别

表4-5 平安险、水渍险和一切险

险　　别	责 任 范 围
平安险	1. 负责被保险货物在运输途中由于自然灾害造成的全部损失； 2. 负责由于运输工具遭受条款中列举的意外事故而造成货物的全部或部分损失； 3. 负责运输工具已发生搁浅、触礁、沉没、焚毁意外事故，货物在此前后又在海上遭受自然灾害所造成的部分损失； 4. 在装卸或转运时由于一件或数件整件货物落海造成的全部或部分损失； 5. 被保险人对遭受承保责任内危险的货物，采取抢救、防止或减少货损的措施而支付的合理费用； 6. 运输工具遭遇海难后在避难港由于卸货所造成的损失以及在中途港、避难港由于卸货、存仓以及运送货物所造成的特别费用； 7. 共同海损的牺牲、分摊和救助费用； 8. 运输契约订有"船舶互撞责任"条款，条款中规定应由货方偿还船员的损失等

险　　别	责　任　范　围
水渍险	除了包括上述所列平安险的各项责任外，还负责被保后货物由于恶劣气候、雷电、海啸、地震、洪水等自然灾害所造成的部分损失
一切险	除了包括上述所列平安险和水渍险的各项责任外，还负责被保险货物在运输途中由于一般外来风险所致的全部或部分损失

2．基本险的保险责任起讫期

我国《海洋运输货物保险条款》对保险责任起讫期做了具体规定。上述三种基本险别的责任起讫，均依据通行的国际保险业惯例，采用"仓至仓"条款（Warehouse to Warehouse，W/W）。也就是说，保险责任自被保险货物运离保险单所载明的起运地仓库或储存处所开始运输时即生效，包括正常运输过程中的海上、陆上、内河和驳船运输在内，直到该项货物到达保险单所载明的目的地收货人的最后仓库或储存处所，或被保险人用作分配、分派或非正常运输的其他储存处所为止。如该项货物未抵达上述仓库或储存处所，则以该项货物在最后卸载港全部卸离海轮后满 60 天为止；如在上述 60 天内该项货物需转运到非保险单所载明的目的地，则以该项货物开始转运时终止。

3．除外责任

保险人依据《中华人民共和国保险法》（以下简称《保险法》）和保险合同的约定，对发生的损害和损失及费用免除保险责任的情形和事项称为除外责任。

我国海洋运输货物保险条款下，保险人的除外责任如表 4-6 所示。

表 4-6　我国海洋运输货物保险条款下保险人的除外责任

序　　号	除　外　责　任
1	被保险人的故意行为或过失所造成的损失
2	属于发货人责任所引起的损失
3	在保险责任开始前，被保险货物已存在的品质不良或数量短缺所造成的损失
4	被保险货物的自然损耗、本质缺陷、特性以及市价跌落、运输延迟所引起的损失或费用
5	属于海洋运输货物战争险和货物运输罢工险条款规定的责任范围和除外责任

4．附加险别

在海洋运输货物的保险业务中，进出口商除了投保货物的基本险外，还可根据货物的特点和实际需要，酌情再选择投保若干适当的附加险。

附加险是对基本险承保范围的补充和扩展，不能单独投保，只能与基本险一起附加投保。

附加险分为一般附加险和特殊附加险。

（1）一般附加险。由于一般附加险已包括在一切险的承保范围内，故在投保一切险后，不存在再加保一般附加险的问题。而在投保平安险或水渍险后，根据该保险货物的情况和需要，尚可加保下列 11 种一般附加险：偷窃、提货不着险；淡水雨淋险；短量险；混杂、玷污险；渗漏险；碰损破碎险；串味险；受潮、受热险；钩损险；包装破裂险；锈损险。

（2）特别附加险。特别附加险是承保由于特殊外来风险所造成的全部或部分损失，主要包括交货不到险；进口关税险；舱面险；拒收险；黄曲霉素险；战争险；罢工险等。

上述特别附加险，可根据不同需要而加保，即使已投保一切险者，也不例外。

（四）投保程序

投保手续一般参照图 4-28 所示的程序办理。

图 4-28　投保程序

1．确定保险金额

一般按照货物发票的 CIF 价另加 10% 的预期利润作为保险金额。在实际工作中，如果已有成本价，要计算出 CIF 价格，可先计算出运费与成本相加的和，得出成本加运费价 CFR，然后根据下列公式计算 CIF 价。

$$CIF = \frac{CFR}{1 - 保险费率 \times (1 + 投保加成率)}$$

【例 4-5】　计算 CIF 价。

某种出口商品的成本价为 USD 900，运费为 USD 89，保险费率为 1%，投保加成率为 10%，计算 CIF 价。

解：

$$CIF = \frac{CFR}{1 - 保险费率 \times (1 + 投保加成率)} = \frac{(900 + 89)}{1 - 1\% \times (1 + 10\%)} = 1\,000（美元）$$

【例 4-6】　计算保险金额。

某公司出口一批商品到美国某港口，CFR 价总金额为 1 000 美元。现卖方要求报 CIF 价格，投保一切险，加保战争险，保险加成率为 10%，已知该货物一切险保险费率为 0.6%，战争险保险费率为 0.06%。求保险金额。

解：

$$CIF = \frac{CFR}{1 - 保险费率 \times (1 + 投保加成率)} = \frac{1000}{1 - (1 + 10\%) \times (0.6\% + 0.06\%)} = 1\,007.31（美元）$$

保险金额 = 1 007.31 × (1 + 10%) = 1 108.04（美元）

2．选择投保险别

保险金额确定后，在具体填写投保单前，要选择投保险别。一般来说，选择投保险别要考虑货物的性质、包装、用途、运输工具、运输路线和货物的残损规律等。例如，冷藏货物要投保冷藏货物险，玻璃器皿或陶瓷要投保碰损破碎险，陆、空、邮运的货物要分别投保陆、空、邮包运输险，散装货物要选择短量险，而钢轨表面生锈不影响其使用，可投保锈损险。

保险险别必须明确、合理，在成交时双方即需商定。

3．填写投保单

确定保险金额和投保险别后，即可填写投保单。在投保单上填明货物名称、保险金额、运输路线、运输工具、起运日期和投保险别等事项后，再正式向货物保险人提出保险请求。

保险人接受申请并审核，如同意被保险人的请求，则保险合同成立，保险人向货物被保险人签发保险单或保险凭证。

4．交付保险费

保险费是根据保险金额和保险费率算出的。保险费率是由保险人依据货物保险市场的综合因素，在货物损失率、赔付率的基础上，参照国际保险市场保险费水平经精确计算而确定，并报保监会核准后公开实施的。保险人都备有保险费率表，被保险人可从费率表上查知准备保险货物的险别、运输区间、保险费率等，从而测算出保险费等重要事项。

中国人民保险公司的保险费率是按照不同商品、不同目的地、不同运输工具和不同险别制定的，有一般商品费率表、指明货物加费费率表、战争险费率表和其他规定等类别。

一般商品费率表按不同运输方式分海运、陆运、空运和邮包四类，再按不同洲别、国家、地区和港口分别制定费率。

指明货物加费费率表是按外贸公司分类列出需要加费的商品名称和注意事项。凡表内列明的商品，除应按一般商品费率计算外，还要加上加费费率。

战争险按战争险费率表计算；其他规定适用一般商品费率表、指明货物加费费率表和战争险费率表之外的保险费率，如舱面险、存仓险的计算，扩展责任的附加险，等等。

【例4-7】　保险费率的确定。

从中国某港口海运一批景泰蓝到意大利的热那亚，再转运到米兰，保一切险加战争险。请确定保险费率。

解：

（1）查一般商品费率表，知海运到欧洲意大利的费率为0.55%。

（2）从指明货物加费费率表中查到工艺品进出口项下景泰蓝需加费1%。

（3）在战争险费率表中查出海运战争险费率为0.03%。

（4）从其他规定中查明转运要另加0.25%的费率。

（5）这批商品总的保险费率为0.55%+1%+0.03%+0.25%=1.83%。

5. 领取保险单

经填写投保单，交付保险费后，如保险人同意被保险人的请求，则保险合同成立，保险人向货物被保险人签发保险单，被保险人可领取保险单。

保险单是保险人与被保险人之间的一种合同，它规定了双方之间的权利和义务，是认定赔偿责任的依据。《保险法》规定，保险单必须载明保险合同的内容，否则保险单无效。在信用证交易中，保险单必须符合信用证的有关规定。最低保险金额必须是有关货物的 CIF 或 CIP 价格。保险单日期按一般规律不得迟于货运单所表示的装运日、发货日或联合运输的收妥代运日。

【例4-8】　分析计算。

我国某公司出口一批货物，成交价为 CIF NEW YORK，货物的 CIF 价格为 USD 20 000，卖方与买方在买卖合同中未约定货物运输保险事项。该公司欲向中国人民财产保险公司依据其海洋运输保险条款投保货物保险（保险费率：一切险为0.2%，水渍险为0.15%，平安险为0.1%，战争、罢工险为0.1%）。该公司业务员向国际货运代理人咨询以下事项，请解答：

（1）依据保险惯例，该公司应如何确定货物的保险金额？

（2）该批货物的保险金额是多少？

（3）应投保何种险别？交纳多少保险费？

解：

（1）保险金额是指保险人所应承担的最高赔偿金，也是核算保险费的基础。保险金额一般应由买卖双方经过协商确定，按照国际保险市场习惯，通常按 CIF 或 CIP 总值加10%计算。

（2）由（1）可知，该批货物的保险金额为

CIF 货价×(1+加成率)=20 000×(1+10%)=22 000（美元）

（3）承保险别一般在买卖合同中予以约定。如果没有约定的，采用 CIF 术语成交时，卖方可投保基本险最低险别，即投保平安险。

保险费=保险金额×保险费率＝22 000× 0.1%=22（美元）

（五）保险单证及索赔

1．保险单证

保险单证是保险公司和投保人之间订立的保险合同，是保险公司出具的承保证明，也是投保人凭以向保险公司索赔的依据。

保险单证分为保险单、保险凭证和联合凭证等。

（1）保险单俗称大保单，是保险人和被保险人之间成立保险合同关系的正式凭证，是被保险人向保险人索赔或对保险人上诉的正式文件，也是保险人理赔的主要依据。在以 CIF 术语成交的贸易合同中，保险单是卖方必须向买方提供的单据。保险单可以转让，它通常是向银行进行押汇的单证之一，如图 4-29 所示。保险单一般一式四份，其中正本一份，索赔时应向保险公司提交正本保单。

中保财产保险有限公司

The People's Insurance (Property) Company of China,Ltd

发票号码 Invoice No. INV32158　　　保险单号次 Policy No.

海 洋 货 物 运 输 保 险 单

MARINE CARGO TRANSPORTATION INSURANCE POLICY

被保险人：GUANGZHOU FORGIGN TRADE IMP. AND EXP. CORP

Insured： 518 HUANGPU ROAD GUANGZHOU,CHINA

中保财产保险有限公司（以下简称本公司）根据被保险人的要求，及其所缴付约定的保险费，按照本保险单承担险别和背面所载条款与下列特别条款承保下列货物运输保险，特签发本保险单。

This policy of Insurance witnesses that the People's Insurance (Property) Company of China, Ltd. (hereinafter called "The Company"), at the request of the Insured and in consideration of the agreed premium paid by the Insured, undertakes to insure the undermentioned goods in transportation subject to conditions of the Policy as per the Clauses printed overleaf and other special clauses attached hereon.

保险货物项目 Descriptions of Goods	包装 Packing　单位 Unit　数量 Quantity	保险金额 Amount Insured
LADIES LYCRA LONG PANT	CIF LONDON 200 CARTONS USD20.00 2400 PIECES	USD52,800

承保险别 Conditions

TO BE EFFECTED BY SELLERS FOR 110%OF FULL INVOICE VALUE COVERING WAR DISK AND ICC(A) INSERANCE

货物标记 Marks of Goods

CBD

LONDON

NOS1-200

总保险金额：Total Amount Insured: SAY FIFTY TWO THOUSAND EIGHT HUNDRED ONLY

保费 Premium AS ARRANGED　载运输工具 Per conveyance S.S DAFENG　开航日期 Slg. on or abt OCTOBER 20,2019

起运港 Form GUANGZHOU　目的港 To LONDON

所保货物，如发生本保险单项下可能引起索赔的损失或损坏，应立即通知本公司下述代理人查勘。如有索赔，应向本公司提交保险单正本（本保险单共有　　份正本）及有关文件。如一份正本已用于索赔，其余正本则自动失效。

In the event of loss or damage which may result in acclaim under this Policy, immediate notice must be given to the Company's Agent as mentioned here under. Claims, if any, one of the Original Policy which has been issued in original (s) together with the relevant documents shall be surrendered to the Company. If one of the Original Policy has been accomplished, the others to be void.

赔款偿付地点 Claim payable at LONDON

日期 Date OCTOBER 20,2019　在 at GUANGZHOU

地址：Address： 518 HUANGPU ROAD GUANGZHOU, CHINA

图 4-29　保险单

（2）保险凭证俗称小保单，是保险人发给被保险人，证明货物已经投保、保险合同已经生效的文件。它简化了保险单证，凭证上仅列入了保险人和被保险人的名称、保险标的的名称、数量、保险金额、险别、运输工具和起讫地点。保险凭证具有与保险单同等的效力，但在信用证上规定必须提交保险单时，一般不能以保险凭证替代保险单。

（3）联合凭证又称承保证明，是我国保险公司特别使用的比保险凭证更简化的保险单据。保险公司仅将承保险别、保险金额及保险编号加注在我国进出口公司开具的出口货物发票上，并正式签章即可作为已经投保的证据，它是最简单的保险单据。它只能在我国港澳地区、新加坡、马来西亚的部分华商中使用，对其他国家和地区，除非双方另有约定，一般均不会使用。

2．索赔

被保险货物在运输途中遭受灭失、损害等损失时，被保险人有权向保险人索取赔偿。在向保险公司索赔时，应注意以下几个问题。

（1）CIF、CIP合同下虽由卖方投保并支付保险金，但卖方不负责代买方向保险公司索赔，索赔手续由买方自理。

（2）索赔是有时效的，我国保险业务中的索赔时效为两年。如果超过规定的时间，保险公司就不再受理。

（3）被保险货物运抵目的地后，收货人在提取货物前如果发现整件短少或有明显的残损痕迹，应立即向承运人或有关责任方索取货损货差证明，以书面形式向承运人或有关单位索赔。一经通知，即说明索赔行为已经开始，从而可不受索赔时效的限制。

（4）收货人向保险公司索赔时，应备妥索赔清单、列明索赔金额，并附送有关证件，如保险单正本、提单副本、发票、检验报告、施救等费用凭证和承运人拒赔信件等。

 做一做：单项实训四

实训目标： 体验在线报关报检的程序和方法，了解海运保险的办理和索赔程序。

1．报检报关体验

（1）登录中华人民共和国海关总署网站（http://www.customs.gov.cn），浏览该站点的信息，了解有关报关的政策、办事程序和相关问题。

（2）进入"互联网+海关"页面，浏览"常用事项"页面相关内容，如图4-30所示。

图4-30　"互联网+海关"——"常用事项"页面

2. 代办保险

某公司现出口下列货物：① 景德镇青瓷花瓶；② 铁观音茶叶；③ 散装白糖。请为该公司上述货物选择最合理的保险方式或保险方式组合，并说明理由。

3. 案例分析

（1）我国某外贸公司向日、英两国商人分别以 CIF 和 CFR 价格出售蘑菇罐头，有关被保险人均办理了保险手续。这两批货物自启运地仓库运往装运港的途中均遭受损失，问这两笔交易中各由谁办理货运保险手续？该货物损失的风险与责任各由谁承担？保险公司是否给予赔偿？并简述理由。

（2）大连某国际货运代理报检单位近期在大连口岸的部分代理报检业务情况如下：① 为北京某企业报检从荷兰进口的 200 株鲜郁金香（检验检疫类别为 P/Q），考虑鲜花保鲜要求，在领取《入境货物通关单》后，告知货主可立即将货物空运至北京；② 为某企业报检一批从澳大利亚进口的旧车床，在领取《入境货物通关单》后，告知货主可将货物运至目的地进行检验；③ 为某企业报检一批从泰国进口的香蕉（检验检疫类别为 PR/Q.S），货物经韩国仁川转船，其间未更换包装。在口岸检验检疫机构检验检疫合格后，领取了《入境货物检验检疫证明》；④ 为吉林某企业报检一批从智利进口的废塑（检验检疫类别为 M/），在领取《入境货物通关单》后，告知货主即可将货物运至目的地；⑤ 为长春某企业报检一批从法国进口的羊毛（检验检疫类别 M.P/N.Q），在领取《入境货物通关单》后，告知货主即可将货物运至长春。

请回答以下问题（请将业务序号填写在横线上）：

（1）上述业务中，报检时须提供《中华人民共和国进境动植物检疫许可证》的是：_____。

（2）上述业务中，货物须在口岸实施卫生消毒处理的是：_____。

（3）上述业务中，报检时须提供关于包装情况的声明或证书的是_____。

（4）上述业务，报检时须提供国外官方检疫证书的是_____。

（5）上述业务中，存在与检验检疫有关规定不符的行为的是_____。

任务五　提单缮制

任务描述：了解站场收据的作用，掌握海运提单的基本内容及其种类，学会提单的缮制、签发、更改、补发与背书处理。

一、场站收据

场站收据联单是一套综合性的单证。把货物订舱单（也称托运单）、装货单（也称关单、下货纸）、收货单（也称大副收据）、场站收据（D/R）、理货单、配舱回单、运费通知等单证汇成了一套联单，由托运人或其代理（即货代）填制，流转到承运人及其代理、集装箱场站、理货公司等海运参与方使用，可提高集装箱货物托运的效率。

场站收据是由承运人发出的证明已收到托运货物并开始对货物负责的凭证。场站收据有如下作用。

（1）船公司或船代确认订舱，并在场站收据上加盖有报关资格的单证章后，将场站收据交给托运人或其代理人，意味着运输合同开始执行。

（2）场站收据是出口货物报关的凭证之一。

（3）场站收据是承运人已收到托运货物并开始对其负责的证明。

（4）场站收据是换取海运提单或联运提单的凭证。

（5）场站收据是船公司、港口组织装卸、理货和配载的凭证。

（6）场站收据是运费结算的依据。

（7）如信用证中有规定，场站收据可作为向银行结汇的单证。

不同港口使用的场站收据的联数不完全一样，有 7 联、10 联、12 联不等。这里以 10 联格式为例，说明场站收据的组成，如表 4-7 所示。

表 4-7　场站收据联及其用途

序　号	名　　称	颜　色	主　要　用　途
1	集装箱货物托运单——货方留底	白色	系托运合同，托运人留存备查，也称为订舱单、订舱申请书
2	集装箱货物托运单——船代留底	白色	系托运合同，据此编制装船清单等
3	运费通知（1）	白色	计算运费
4	运费通知（2）	白色	运费收取通知
5	装货单——场站收据副本（1）	白色	报关单证之一，并作为海关放行的证明，也称为关单、下货纸
6	缴纳出口货物港杂费申请书	白色	港方计算港杂费
7	场站收据副本（2）——大副联	粉红色	报关单证之一，并证明货已装船等
8	场站收据	淡黄色	报关单证之一，船代凭此签发提单
9	货代留底	白色	缮制货物流向单
10	配舱回单（1）	白色	货代缮制提单

场站收据格式如图 4-6 所示。

场站收据的流转如图 4-31 所示，说明如下。

（1）货代填制后，留下货方留底联（第 1 联）。

（2）将第 2～10 联送订舱代理或船代订舱（船代需签章、编号）。

（3）船代编号后，留下第 2～4 联，并在第 5 联上加盖确认订舱—报关章，然后将第 5～10联退给货代，货代留下第 8 联、第 9 联，把第 10 联给货主作配舱回单。

（4）第 5～7 联作报关用。

（5）海关审核认可后，在第 5 联装货单上加盖放行章。

（6）货代负责将箱号、封志号、件数等内容填入第 5～7 联，并将集装箱货物连同这些联在规定的时间送到堆场，堆场业务员检查海关放行章后允许进入。

（7）场站业务员在集装箱货物进场、验收完毕后，在第 5～7 联填上实收箱数、进场完毕日期，并签收和加盖场站公章，表示承运人的责任开始。第 7 联返回货代，可向船公司或其代理换取待装船提单。第 5 联由场站留底。

（8）第 6 联送理货员，在装船时交大副交接签收，作为大副的收据。

（9）大副签收加货物批注后，第 6 联返还货代，可向船公司或其代理换取已装船提单。

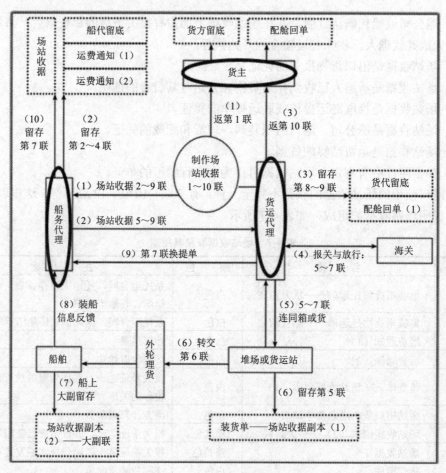

图 4-31 场站收据 10 联的流转

二、海运提单及种类

微课 4.8

当货物经过订舱、装箱、报检、报关、投保等环节，并最后经海关验讫放行后，就可以装船。货物装上船后，班轮公司或国际货运代理就要缮制海运提单，并将提单签发给货物的托运人。

《海商法》给提单下的定义是："提单，是指用以证明海上货物运输合同和货物已经由承运人接收或者装船，以及承运人保证据以交付货物的单证。提单中载明的向记名人交付货物，或者按照指示人的指示交付货物，或者向提单持有人交付货物的条款，构成承运人据以交付货物的保证。"

提单的合法持有人就是货物的主人，因此提单是各项货运单据中最重要的单据。提单样本如图 4-32 所示。

（一）提单的作用

提单的作用主要有以下三个方面。

（1）提单是承运人或其代理人签发的货物收据（Receipt for the Goods），证明承运人已按提单所列内容收到货物。

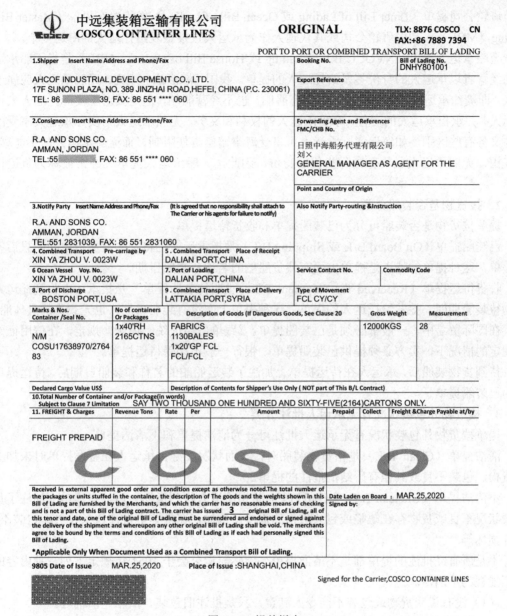

图4-32　提单样本

（2）提单是一种货物所有权的凭证（Documents of Title），即物权凭证。

（3）提单是托运人与承运人之间所订立的运输契约的证明（Evidence of Contract of Carrier）。

（二）提单的种类

海运提单（Ocean Bill of Lading 或 Marine Bill of Lading）的种类较多，所以在客户托运时，货代就要弄清楚需要签发的是哪一种提单。

1. 按提单签发人的身份不同分类

按提单签发人的身份不同可分为班轮公司提单和无船承运人提单。

班轮公司提单（Liner Bill of Lading 或 Ocean Bill of Lading）俗称船东提单（Master Bill of Lading，MBL），是由班轮公司或其代理人作为承运人直接签发给托运人的海运提单。

无船承运人提单（NVOCC Bill of Lading 或 House Bill of Lading，HBL）是指无船承运业务的经营者以承运人的身份签发给托运人的提单。我国《海商法》规定，无船承运人应属于承运人，即契约承运人。虽然其自己不拥有船舶，也不经营船舶，但是其对于实际托运人来说是承运人，并承担承运人的责任，享受承运人的权利和义务。无船承运人与实际承运人享受的权利与义务有些区别，如海运实际承运人可享受海事赔偿责任限制，而无船承运人却不能享受。在我国，无船承运人又具有国际货代的身份，因此，无船承运人提单又经常被称为货运代理提单。

2. 按货物是否装船分类

提单按货物是否装船可分为已装船提单和收货待运提单。

已装船提单（On Board B/L 或 Shipping B/L）是指承运人已将货物装上指定的船只后签发的提单，这种提单的特点是提单上面有载货船舶的名称和装船日期。

收货待运提单（Received for Shipment B/L，也叫待装船提单）是指承运人收到托运人的货物待装船期间，签发给托运人的提单。这种提单上面没有装船日期，也无载货的具体船名。

在国际贸易中，一般都必须是已装船提单。《跟单信用证统一惯例》规定，在信用证无特殊规定的情况下，卖方必须提供已装船提单。银行一般不接受待运提单。

待到货物装船后，承运人在待运提单上加注了装运船舶的名称和装船日期后，待运提单就成为已装船提单了。

3. 按货物外包装状况有无承运人批注分类

提单按货物外包装状况有无承运人批注可分为清洁提单和不清洁提单。

清洁提单（Clean B/L）是指货物装船时，表面状况良好，承运人在签发提单时未加上任何货损、包装不良或其他有碍结汇批注的提单。

不清洁提单（Unclean B/L 或 Foul B/L）是指承运人收到货物之后，在提单上加注了货物外表状况不良或货物存在缺陷或包装破损的提单。例如，在提单上批注铁条松失、包装不固、×件损坏等。

不是所有经批注的提单都是不清洁提单，国际航运公会于1951年规定下列三种内容的批注不能视为不清洁。

（1）没有说明货物或包装不能令人满意，只是批注旧包装、旧箱、旧桶等。

（2）强调承运人对货物或包装性质所引起的风险不负责任。

（3）否认承运人知悉货物内容、重量、容积、质量或技术规格（不知条款）。

在使用信用证支付时，银行通常不接受不清洁提单。当装船发生货损或包装不良时，托运人经常要求承运人不在提单上加批注，由其向承运人出具保函，也称赔偿保证书（Letter of Indemnity），向承运人保证因货物破残、短损以及承运人签发清洁提单而引起的一切损失由自己负责，承运人则给予签发提单，以便卖方在信用证下顺利结汇。对于这种保函，有些国家法律和判例并未承认，如美国法律就认为这是一种欺骗行为，所以使用保函时要视具体情况而定。

4. 按收货人抬头分类

提单根据收货人抬头可分为记名提单、不记名提单和指示提单。

记名提单（Straight B/L）又称收货人抬头提单，是指在提单的收货人栏内具体写明了收货人的名称的提单。

不记名提单（Open B/L）又称空白提单，是指在提单的收货人栏内不填写任何内容或记名（To the bearer 或 To the holder）的提单。

指示提单（Order B/L）是在提单的收货人栏中填"凭指示"（to Order）或"凭某人指示"（To the Order of...）字样的提单。其中，填写"凭指示"的提单称为托运人指示提单；填写"凭某人指示"的提单称为记名指示提单。

记名指示提单又分以下三类：凭托运人指示提单（to Order of Shipper）、凭收货人指示提单（to Order of Consignee）和凭银行指示提单（to Order of ×× Bank）。

一般情况下，提单可以背书转让，具体规定是：记名提单不得转让；指示提单可记名或者空白背书转让；不记名提单无须背书即可转让。

5. 按运输过程中是否转船分类

提单按运输过程中是否转船可分为直达提单、转船提单和多式联运提单。

直达提单（Direct B/L）中仅列有装运港和目的港之名，而无中途转船、在某港转船等批语。在国际贸易中，信用证如规定货物不准转船，卖方就必须取得承运人签发的直达提单，这样银行才会接受办理议付货款。

转船提单（Transshipment B/L）中一般注有"在××港转船"字样。有时碍于运输的条件所限，转船可能会使货物更快地到达目的港，此时买卖双方可以约定使用转船提单。

多式联运提单是须经两种或两种以上的运输方式（如海陆、海河、海空等）联合运输的货物的提单。

多式联运提单和转船提单虽然包括全程运输，但签发提单的承运人或其代理人一般都在提单条款中规定：只担负货物在其负责运输的一段航程内所发生的损失责任，货物从其运输工具上卸下后，其责任即告终止。

6. 其他分类

其他类别的提单主要有过期提单、倒签提单和预借提单等。

过期提单是指卖方向当地银行交单结汇的日期与装船开航的日期相距太久，以致银行按正常邮程寄单预计收货人不能在船到达目的港前收到的提单。此外，根据《跟单信用证统一惯例》的规定，在提单签发日期后 21 天才向银行提交的提单也属过期提单。

倒签提单是指承运人应托运人的要求，签发提单的日期早于实际装船日期的提单。这样做的目的是符合信用证对装船日期的规定，便于在该信用证下结汇。在出口业务中，当在信用证即将到期或不能按期装船时，为了不影响结汇，托运人只好采用倒签提单。倒签提单是一种欺骗行为，是违法的，因此应尽量避免使用倒签提单。

预借提单又称无货提单，是指在信用证规定的装运日期和议付日期已到，而货物因故未能及时装船，但已被承运人接管，或已经开装但未装毕的情况下，由托运人出具保函，要求承运人签发的已装船提单。

预借提单和倒签提单同属一种性质，一般都是出口公司出于无奈和应急时而采用的办法，为了防止意外，最好避免使用这两种提单。

案例分析 4-2　倒签提单的鉴别

我国某出口公司先后与伦敦 B 公司和瑞士 S 公司签订了两个出售农产品合同，共计 3 500 t，价值 8.275 万英镑，装运期为当年 12 月至次年 1 月。但由于原定的装货船舶出现故障，只能改装另一艘外轮，致使货物到次年 2 月 11 日才装船完毕。在我公司的请求下，外轮代理公司将提单的日期改为 1 月 31 日，货物到达鹿特丹后，买方对装货日期提出异议，要求我公司提供 1 月份装船证明。我公司坚持提单是正常的，无须提供证明。结果买方聘请律师上货船查阅船长的船行日志，证明提单日期是伪造的，立即凭律师拍摄的证据向当地法院控告并由法院发出通知扣留该船。经过 4 个月的协商，最后我方赔款 2.09 万英镑，买方才肯撤回上诉而结案。

思考：

（1）本案例的提单是不是倒签提单？为什么？

（2）倒签提单的性质是什么？在什么情况下才可签发倒签提单？

（3）如何识破一份提单是倒签提单？

评析：

（1）是倒签提单。提单签发日期是 1 月 31 日，早于装船完毕日 2 月 11 日。

（2）倒签提单是一种违法行为，一旦被识破，会产生严重的后果。在延期时间不多的情况下，倒签提单的情况在业界相当普遍。

（3）可通过查阅船长的航行日志或者班轮时刻表等途径识破。

三、提单的内容、缮制与签发

微课 4.9

（一）提单内容

提单格式如图 4-33 所示。

集装箱海运提单

Shipper		B/L No.	1234789
ABC COMPANY NO.128 ZHONGSHAN XILU, NINGBO		**OCEAN BILL OF LADING**	

Shipper ABC COMPANY NO.128 ZHONGSHAN XILU, NINGBO		B/L No.　　1234789
Consignee or order TO ORDER OF UFJ BANK, TOKYO		**OCEAN BILL OF LADING** SHIPPED on board in apparent good order and condition (unless otherwise indicated) the goods or packages specified herein and to be discharged at the mentioned port of discharge or as near thereto as the vessel may safely get and be always afloat. The weight, measure, marks and numbers, quality, contents and value, being particulars furnished by the Shipper, are not checked by the Carrier on loading. The Shipper, Consignee and the Holder of this Bill of Lading hereby expressly accept and agree to all printed, written or stamped provisions, exceptions and conditions of this Bill of Lading, including those on the back hereof. IN WITNESS whereof the number of original Bills of Lading stated below have been signed, one of which being accomplished the other (s) to be void
Notify address XYZ COMPANY, 6-2 OHTEMACHI,1-CHOME, CHIYADA-KU, TOKYO		
Pre-carriage by	**Port of loading** 　NINGBO	
Vessel VICOTRY V.666	**Port of transshipment**	
Port of discharge TOKYO, JAPAN	**Final destination**	

图 4-33　提单

Container. seal No. or marks and Nos.	Number and kind of packages	Description of goods	Gross weight（kgs.）	Measurement（m³）
XYZ TOKYO 04GD002 1-88 CTNS CONTAINER No. APLU1234567 006789 1x20' CY/CY	PACKED IN 88 CARTONS. SHIPPEND IN ONE CONTAINER. CLEAN ON BOARD JAN.18, 2019 NAME OF VESSEL:VICTORY V.666 PORT OF LOADING:NINGBO	HOSPITAL UNIFORM 5 250PCS	1 232.00KGS	4.20 CBM

Freight and charges		REGARDING TRANSHIPMENT
FREIGHT COLLECT PREPAID		INFORMATION PLEASE CONTACT

Ex. rate	Prepaid at	Freight payable at	Place and date of issue NINGBO JAN.18，2019
	Total prepaid	Number of original Bs/L 3/3	Signed for or on behalf of the Master 张山 As Agent

图 4-33　提单（续）

　　提单是托运人与承运人之间运输协议的证明，也是可以转让物权的证件，因此提单的内容涉及托运人、承运人、收货人或提单持有人等多方面关系人的权益和责任。海运提单的格式很多，每个船公司都有自己的提单格式，但是基本上都包括以下内容。

1．提单正面的内容

提单正面的内容包括由制单人填写的大部分内容及正面印刷的条款，主要有以下方面。

（1）货物的品名、标志、包数或者件数、重量或者体积。

（2）承运人的名称。

（3）船舶名称。

（4）托运人的名称。

（5）收货人的名称、通知人的名称。

（6）装货港。

（7）卸货港。

（8）提单的签发日期、地点和份数。

（9）运费的支付。

（10）承运人或者其代表的签字盖章。

提单正面除了以上需要制单人填写的内容外，尚有一些印刷的条款，主要有以下几个方面。

（1）确认条款。确认条款是承运人表示在货物或集装箱外表状况良好的条件下，接受货物或集装箱，并同意承担按照提单所列的条款，将货物或集装箱从装货港或起运地运往卸货港或交货地，把货物交付给收货人的责任条款。

（2）不知条款。不知条款是承运人表示没有适当的方法对所接受的货物或集装箱进行检查，所有货物的重量、尺码、标志、品质和数量等都由托运人提供，承运人并不承担责任的条款。但是，在实践中，"不知条款"并不一定有效。

（3）承诺条款。承诺条款是承运人表示承认提单是运输合同成立的证明，承诺按照提单条款的规定承担义务和享受权利，而且也要求货主承诺接受提单条款制约的条款。由于承诺条款是承运人单方拟定的，货主接受提单就表明接受了提单条款的制约，所以该条款也称代拟条款。

（4）签署条款。签署条款是承运人表明签发提单正本的份数，每份提单都具有相同效力，其中一份完成提货后其余各份自行失效，提取货物时必须交出经背书的一份提单以换取货物或提货单的条款。

2. 提单背面的内容

全式提单正本的背面内容为印刷的各种条款，副本的背面一般为空白。提单正本的背面条款可以分为两类：一类是强制性条款；另一类是任意性条款。

提单背面的条款主要有以下内容。

（1）首要条款。首要条款是指用于明确提单所使用法律的条款。

（2）定义条款。定义条款是指对提单有关术语的含义和范围做出明确规定的条款。

（3）承运人责任条款。承运人责任条款是指用以明确承运人在承运货物过程中应承担责任的条款。由于提单首要条款中规定了提单所适用的法律，而有关提单的国际公约或各国的法律也都规定了承运人的责任，因此，凡是列了首要条款或类似首要条款的提单，都可以不再以明示条款将承运人的责任列于提单条款之中。

（4）承运人责任期间条款。承运人责任期间条款是指用以明确承运人对货物运输承担责任的开始和终止时间的条款。《海商法》第四十六条规定："承运人对集装箱装运的货物的责任期间，是指从装货港接收货物时起至卸货港交付货物时止，货物处于承运人掌管之下的全部期间。承运人对非集装箱装运的货物的责任期间，是指从货物装上船时起至卸下船时止，货物处于承运人掌管之下的全部期间。"另外，承运人还可以就非集装箱装运的货物在装船前和卸船后所承担的责任达成任何协议。

（5）承运人赔偿责任限制条款。承运人赔偿责任限制条款是指用以明确承运人对货物的灭失和损坏负有赔偿责任应支付赔偿金时，承运人对每件或每单位货物支出的最高赔偿金额的条款。

（6）特定货物条款。特定货物条款是指用以明确承运人对运输一些特定货物时应承担的责任和享有的权利，或为减轻或免除某些责任而制定的相应条款，如舱面货、活的动植物和危险货物等。

此外，提单背面还列有一些其他条款，如免责事项、索赔通知与失效等。

（二）提单缮制

当货物装船完毕后，最重要的工作就是缮制和签发海运提单。如果客户需要的是班轮公司提单，也就是俗称的船东提单，则操作人员须及时将提单补料提供给船公司或其代理人。如客户接受无船承运人提单，或被称为货代提单的，则操作人员要自行缮制提单，并签发。

在提单正面需要填写的内容中，货物的品名、标志、数量、重量、体积，托运人的名称，收货人的名称，通知人的名称，装货港，卸货港，多式联运提单上的接收货物地点、交付货物地点，运费的支付方式等项均由托运人提供；承运人的名称、船舶的名称则由船公司或其代理人提供。如果是集装箱运输，集装箱箱号、封志号由船公司或其代理人提供，也可由集装箱拖车公司提供。

海运提单（见图4-34）的缮制方法表述如下。

SHIPPER（1）		B/L NO.（10） **CARRIER:** C O S C O 中国远洋运输（集团）总公司 CHINA OCEAN SHIPPING （GROUP） CO. **ORIGINAL** Combined Transport BILL OF LADING			
CONSIGNEE（2）					
NOTIFY PARTY（3）					
PLACE OF RECEIPT（4）	OCEAN VESSEL（5）				
VOYAGE NO.（6）	PORT OF LOADING（7）				
PORT OF DISCHARGE（8）	PLACE OF DELIVERY（9）				
MARKS（11）	NOS.& KINDS OF PKGS.（12）	DESCRIPTION OF GOODS（13）	G.W.（kg）（14）		MEAS（m³）（15）
TOTAL NUMBER OF CONTAINERS　OR PACKAGES（IN WORDS）　　（16）					
FREIGHT & CHARGES（17）	REVENUE TONS	RATE	PER	PREPAID	COLLECT
PREPAID AT	PAYABLE AT		PLACE AND DATE OF ISSUE（18）		
TOTAL PREPAID	NUMBER OF ORIGINAL B（S）L（19）				
LOADING ON BOARD THE VESSEL			SIGNED FOR AND ON BEHALF OF THE GARRIER（21）		
DATE　　（20）	BY				

图4-34　海运提单样例

（1）Shipper（托运人）：本栏通常填写信用证的受益人，即买卖合同中的卖方。只要信用证无相反规定，银行也接受信用证受益人外的第三方为发货人。

（2）Consignee（收货人）：这是提单中比较重要的一栏，应严格按照信用证规定填制。提单收货人按信用证的规定一般有三种填法，即记名抬头、不记名抬头和指示性抬头。

（3）Notify Party（通知人）：本栏填写内容要与信用证的规定一致。例如，信用证提单条款中规定"…Bill of Lading …notify applicant"，则提单通知人栏中要填制开证人的详细名称地址。

（4）Place of Receipt（收货地）：本栏填写船公司或承运人的实际收货地点，如工厂、仓库等。在一般海运提单中没有此栏，但在多式联运提单中则有此栏。

（5）Ocean Vessel（船名）：本栏按配单回单上的船名填写。若货物需转运，则填写第二程船名。

（6）Voyage No.（航次）：本栏按配单回单上的航次填写。若货物需转运，则填写第二程航次号。

（7）Port of Lading（装货港）：本栏要填实际的装货港口。如有转运，填中转港名称；如无转运，填装运港名称。

（8）Port of Discharge（卸货港）：本栏要填写货物实际卸下的港口名称。如果货物转运，可在目的港之后加注"With Transshipment at..."。

（9）Place of Delivery（交货地）：本栏填写最终目的地名称。如果货物的目的地就是目的港，此栏空白。

（10）B/L No.（提单号码）：本栏按配舱回单上的 D/R 号码填写。

（11）Marks（唛头）：本栏须同商业发票上的一致。如果信用证没有规定唛头，此栏可填"N/M"。

（12）Nos. & Kinds of PKGS（货物包装及件数）：本栏按货物装船的实际情况填写总外包装件数。

（13）Description of Goods（货物名称）：本栏填写货物的名称即可。按照《跟单信用证统一惯例》（2007 年修订版，简称《UCP600》）的规定，除商业发票外，在其他一切单据中，货物的描述可使用统称，即主要的商品名称，不需要详细列出商品规格，但不能与信用证中货物的描述相抵触。

（14）G.W.（货物的毛重）：本栏填写货物的毛重，须同装箱单上货物的总毛重一致。如果货物是裸装，没有毛重，只有净重，则在净重前加注"N.W"。本栏一般以千克为计量单位，保留两位小数。

（15）MEAS（尺码）：本栏填写货物的体积，须同装箱单上货物的总尺码一致。本栏一般以立方米为计量单位，保留三位小数。

（16）Total Number of Containers and/or Packages（In Words）（货物总包装件数的大写）：本栏填写货物总包装件数的英文大写，应与（12）栏一致。

（17）Freight & Charges（运费条款）：除非信用证有特别要求，一般的海运提单都不填写运费的数额，只是表明"Freight Prepaid"或"Freight to Collect"，并且要与所用的贸易术语一致。

（18）Place and Date of Issue（提单的签发地点和签发日期）：一般为承运人实际装运的地点和时间。

（19）Number of Original B（S）/L（正本提单份数）：本栏显示的是船公司为承运此批货物所开具的正本提单的份数，一般是 1～3 份，并用大写数字（如 ONE、TWO、THREE 等）写明。如信用证对提单正本份数有规定，则应与信用证规定一致。例如，信用证规定"3/3 Marine bills of lading…"即表明船公司为信用证项下的货物开立的正本提单必须是三份，且三份正本提单都要提交银行作为单据。

（20）DATE，即 Shipped on Board the Vessel Date, Signature（已装船批注、装船日期、装运日期）：根据《UCP600》的规定，如果提单上没有预先印就"已装船（Shipped on Board）"字样，则必须在提单上加注装船批注（On Board Notation）。在实际业务中，提单上一般都预先印就"已装船（Shipped on Board）"字样，这种提单称为"已装船提单"，不必另行加注"已装船"批注。提单的日期就是装船完毕的日期或装运完毕的日期。

（21）Signed for and on Behalf of the Carrier（承运人或其代理人签字、盖章）：根据《UCP600》的规定，提单必须由四类人员签署证实，即承运人、承运人的具名代理人、船长或船长的具名代理人。

承运人或船长的任何签字或证实必须表明"承运人"或"船长"的身份，代理人代表承运人或船长签字或证实时也必须表明代表的委托人的名称或身份，即注明代理人是代表承运人或船长签字或证实的。

（三）提单签发

1．签发人及签署方式

海运提单必须经过签署才能产生效力。有权签发提单的人包括承运人、载货船的船长及承运人授权的代理人。国际货运代理如具有无船承运人的身份，按照《中华人民共和国国际海运条例》的规定，可以签发无船承运人提单。

提单签发的类型如表 4-8 所示。

表 4-8　提单签发的类型

提单签发人	表示方式举例	备　注
由承运人签发	XYZ Shipping as carrier（签署）	如果承运人的身份已于单据正面标示，签署栏内可无须再次标示其身份
	as carrier: XYZ Shipping（签署）	
	XYZ Shipping（签署）	
由承运人代理人签发	ABC Co., Ltd.as agent for XYZ Shipping, carrier（签署）	提单表面上已有承运人身份和名称
	ABC Co., Ltd.as agent on behalf of XYZ Shipping（签署）	
	ABC Co., Ltd.as agent for the above named carrier（签署）	
	ABC Co., Ltd.as agent on behalf of the carrier（签署）	
由船长签发	John Doe（本人签字）as master	姓名不必标注，但须有承运人的身份和名称
由船长的代理人签发	ABC Co., Ltd.as agent for John Doe, master	船长的姓名和代理人名称必须显示，而且提单表面上必须有承运人的身份和名称
	ABC Co., Ltd. on behalf of John Doe, master	

在签署提单时，只要不违反提单签发地所在国的法律，采用手签、印模、打孔和盖章等任何机械或电子的方法都可以。在实践中，除信用证规定必须手签提单外，一般都采用盖章的方式。

微课 4.10

2．提单的份数和签发日期

提单有正本、副本之分，我们所说的提单的份数是指提单正本的份数。在实践中，一般都签发一式三份的正本提单，提单副本由于不具有法律效力，只用于日常业务中。

正本提单一般都标有"Original"的字样，副本则标有"Copy"的字样。有些国家也会用"Original""Duplicate""Triplicate"来分别表示其为全套正本提单中的第一联、第二联和第三联。

提单上记载的提单签发日期应该是提单上所列货物实际装船完毕的日期。

 案例分析4-3　开证行拒付是否有理

我A公司向英国B公司出口某商品，合同规定1—6月分数批装运，不可撤销即期信用证付款。合同签订后，B公司按时开来信用证，装运条款规定为"最迟装运期6月30日，1—6月按月等量装运，每月2 500箱"我方实际出口时，1—3月份交货正常，我方顺利结汇；4月份因船期延误，拖延至5月3日才实际装运出口，海运提单倒签为4月30日。5月5日我公司在同一船只"吉祥"号上又装运2 500箱。开证行收到单据后来电表示对这两批货拒付货款。

思考： A公司有何失误？开证行拒付是否有理？

评析： 开证行拒付有理。A公司失误及开证行拒付的依据如下。

（1）4月份A公司未装运，实际延至5月3日才装运，为掩人耳目倒签了提单，这种侵权的做法不当。

（2）《UCP600》规定，信用证中规定期限定量分批装运时，如任何一批未按规定装运，本批及以后各批均告失效。本案中，自延误的4月份起信用证即告失效，银行当然可拒付。

（3）《UCP600》规定，同船同航次装运不做分批装运，显然本案例4月和5月的装运与信用证要求不符。

综上所述，开证行有权拒付。

3．提单背书

提单应按照信用证的具体要求进行背书，一般信用证要求提单进行空白背书（"bill of lading … endorsed in blank."或"bill of lading … blank endorsed."）的比较多见。对于空白背书，只需要背书人签章并注明背书的日期即可。例如：

ABC Co.（签章）

December 19,2020

有时信用证也要求提单做记名背书，此时则应先写上被背书人的名称，然后再由背书人签署并加盖公章，同时注明背书的日期。例如：

Endorsed to: DEF Co.或 Delivered to DEF Co.

ABC Co.（签章）

December 19,2020

阅读材料 4-5

根据图 4-35 所示的委托书、图 4-36 所示的托运单和图 4-37 所示的配舱回单等资料缮制提单，如图 4-38 所示。

金 发 海 运 货 运 委 托 书

经营单位（托运人）	上海进出口贸易公司		金 发 编 号	JF0388811
提单 B/L 项目要求	发货人 Shipper：	上海进出口贸易公司		
	收货人 Consignee：	TO ORDER OF SHIPPER		
	通知人 Notify Party：	TKAMLA CORPORATION 6-7,KAWARA MACH OSAKA JAPAN		

洋运费（√） Sea freight	预付（√）或（ ）到付 Prepaid or Collect	提单份数	3	提单寄送地址	上海中山路 1321 号
起运港 SHANGHAI	目的港 OSAKA	可否转船	允许	可否分批	允许

集装箱预配数		20×1　40×	装运期限	2020.6.10	有效期限	2020.6.20
标记唛码	包装件数	中英文货号 Description of goods	毛重（公斤）	尺码（立方米）	成交条件（总价）	

T.C TXT264 OSAKA C/NO.1-66	66 箱	中国绿茶 CHINESE GREEN TEA	416	13.2	USD 32800	
			特种货物 □冷藏货 □危险品	重件：每件重量		
				大　件（长×宽×高）		
内 装 箱（CFS）地址	上海逸仙路 2960 号三号门 电话：6820682×215		特种集装箱：（ ）			
门对门装箱地址	上海市中山路 1321 号		物资备妥日期	2020 年 6 月 8 日		
外币结算账号	THY6684321337		物资进栈：自送（√）或金发派送（ ）			
声明事项			人民币结算单位账号	SZR80066686		
			托运人签章			
			电话	65788877		
			传真	65788876		
			联系人	李莉		
			地址	上海市中山路 1321 号		
			制单日期：	2020 年 6 月 1 日		

图 4-35　委托书

Shipper （发货人） SHANGHAI IMPORT & EXPORT TRADE CORPORATION. 1321 ZHONGSHAN ROAD SHANGHAI	委托号：TX0522 Forwarding agents: B/L No.	
Consignee （收货人） TO ORDER OF SHIPPER	**中国对外贸易运输总公司** **集装箱货物托运单** 第二联 船代留底	
Notify Party （通 知 人） TKAMLA CORPORATION 6-7,KAWARA MACH OSAKA JAPAN		
Pre-carriage by （前程运输） Place of Receipt（收货地点）		

Ocean Vessel （船名）	Voy. No. （航次）	Port of Loading（装货港） SHANGHAI	Date （日期）
Port of Discharge（卸货港） OSAKA	Place of Delivery（交货地点） OSAKA	Final Destination for the Merchant's Reference（目的地）	

Container No. （集装箱号）	Seal No（封志号） Marks & Nos. （标记与号码） T.C TXT264 OSAKA C/NO. 1-66	No. of containers or P'kgs （箱数与件数） 66CARTONS	Kind of Packing； Description of Goods （包装种类与货名） CHINESE GREEN TEA	Gross Weight （毛重） 416KGS	Measurement 尺码（m³） 13.2
Total Number of Container or Package（in words） 集装箱数或件数合计（大写）		SAY TOTAL SIXTY SIX CARTONS ONLY			

Contain No.（箱号）	Seal No（封志号）	P'kgs（件号） 66 CARTON	Contain No（箱号）	Seal No（封志号）	P'kgs（件号）
Received（实收）			By Terminal clerk/Tally Clerk （场站员／理货员签字）		

Freight & Charges	Prepaid at （预付地点）	Payable at （到付地点）	Place of Issue （签发地点）	Booking Approved by （定舱确认）
	Total Prepaid （预付总额）	No. of Original Bs/L （正本提单的分数）	货值金额	

Service Type on Receiving □…CY □…CFS □…DOOR	Service Type on Delivery □…CY ☑…CFS □…DOOR	Reefer Temperature Required（冷藏温度）	F	°C

Type of Goods （种类）	☑ Ordinary （普通） □ Liquid （液体）	□ Reefer （冷藏） □ Live Animal （活动物）	□ Dangerous （危险） □ Bulk （散装）	□ Auto （裸装车辆）	危 险 品	Class： Property IMDG code Page UN No.

发货人或代理地址：1321 ZHONGSHAN ROAD SHANGHAI　　联系人：童莉　　电话：65788877

可否转船　Y	可否分批　Y	装期　JUN,10. 2020	备注	集装场站名称
有效期：JUN,30. 2020		制单日期 JUN,2. 2020		

海运费由　上海进出口贸易公司　支付

如预付运费托收承付，请填准银行账号 THY6684321337

图 4-36　托运单

Shipper (发货人) SHANGHAI IMPORT & EXPORT TRADE CORPORATION. 1321 ZHONGSHAN ROAD SHANGHAI				D/R No. (编号) HJSHBI 142939		
Consignee (收货人) TO ORDER OF SHIPPER				中国对外贸易运输总公司 配舱回单（1） 第八联		
Notify Party (通知人) TKAMLA CORPORATION 6-7, KAWARA MACH OSAKA JAPAN						
Pre-carriage by (前程运输)		Place of Receipt (收货地点)				
Ocean Vessel (船名) Voy. No. (航次) PUDONG V.503		Port of Loading (装货港) SHANGHAI				
Port of Discharge (卸货港) OSAKA		Place of Delivery (交货地点)		Final Destination for the Merchant's Reference (目的地)		

Container No. (集装箱号)	Seal No. (封志号) Marks & Nos. (标记与号码)	No of containers or p'kgs. (箱数或件数)	King of Package: Description of Goods (包装种类与货名)	Gross Weight 毛重(公斤)	Measurement 尺码(立方米)
	T. C TXT264 OSAKA C/NO. 1-66	66CARTONS	66CARTONS CHINESE GREEN TEA	416KGS	13.2

TOTAL NUMBER OFCONTAINERS OR PACKAGES (IN WORDS) 集装箱数或件数合计(大写)	SAY TOTAL SIXTY SIX CARTONS ONLY				
FREIGHT & CHARGES (运费与附加费)	Revenue Tons (运费吨)	Rate (运费率)	Per (每)	Prepaid (运费预付) PREPAID	Collect (到付)
EX. Rate (兑换率)	Prepaid at (预付地点) SHANGHAI		Payable at (到付地点)		Place of Issue (签发地点) SHANGHAI
	Total Prepaid (预付总额) USD815.00		No. of Original B(s) /L (正本提单份数) THREE		

Service Type on Receiving ☐－CY ☑－CFS ☐－DOOR		Service Type on Delivery ☐－CY ☑－CFS ☐－DOOR		Reefer Temperature Required (冷藏温度)	℉	℃
TYPE OF GOODS (种类)	☑Ordinary. (普通) ☐Liquid. (液体)	☐Reefer. (冷藏) ☐Live Animal. (活动物)	☐Dangerous. (危险) ☐Bulk. (散货)	☐Auto. (裸装车辆) ☐	危险品 Class: Property: IMDG Code Page: UN No.

可否转船：Y	可否分批：Y
装　　期：JUN,10.2020	效　　期：JUN,30.2020
金　　额：USD815.00	
制单日期：JUN,3.2020	

图 4-37　配舱回单

微课 4.11

Shipper SHANHAI IMPORT & EXPORT TRADE CORPORATION 1321 ZHONGSHAN ROAD SHANGHAI CHINA		B/L NO. HJSHBI 142939　　　*ORIGINAL*
Consignee or order TO ORDER OF SHIPPER		中国对外贸易运输总公司 CHINA NATIONAL FOREIGN TRADE TRANSPORT CORPORATION **直 运 或 转 船 提 单** BILL OF LADING DIRECT OR WITH TRANSHIMENT
Notify address TALAMLA CORPORATIN 6-7 KAWARA MACH OSAKA JAPAN		SHIPPED on board in apparent good order and condition (unless otherwise indicated) the goods or packages specified herein and to be discharged or the mentioned port of discharge of as near there as the vessel may safely get and be always afloat. THE WEIGHT, measure, marks and numbers quality, contents and value, being particulars furnished by the Shipper, are not checked by the Carrier on loading.

Pre-carriage by	Port of loading SHANGHAI	THE SHIPPER, Consignee and the Holder of this Bill of Lading hereby expressly accept and agree to all printed, written or stamped provisions,
Vessel PUDONG V.503	Port of transshipment	exceptions and conditions of this Bill of Loading, including those on the back hereof. IN WITNESS where of the number of original Bill of Loading stated below have been signed, one of which being accomplished, the other(s) to be void.
Port of discharge OSAKA	Frail destination	

Container Seal No. or marks and Nos.	Number and kind of packages Designation of goods	Gross weight (kgs.)	Measurement (m³)
T.C TXT264 OSAKA C/NO.1-66	CHINESE GREEN TEA SAY SIXTY SIX (66) CARTONS ONLY TOTAL ONE 20' CONTAINER CY TO CY FREIGHT PREPAID	416KGS	13.2CBM

REGARDING TRANSHIPMENT INFORMATION PLEASE CONTACT			Freight and charge FRIGHT PREPAID
Ex. rate	Prepaid at	Fright payable at	Place and date of issue SHANGHAI JUN.10, 2020
	Total Prepaid	Number of original Bs/L THREE	Signed for or on behalf of the Master ×× as Agent

图 4-38　提单

 案例分析 4-4　提单类型鉴别

某公司收到国外开来一份信用证，证内规定"全套、清洁、已装船的海洋提单，仅由纽约芝加哥第一银行收货"。

思考：

（1）这是一张什么类型的海运提单？

（2）提单上的收货人应如何填写？

（3）提单上的收货人能否将提单再背书转让？

评析:
(1) 这是一张记名提单。
(2) 提单上的收货人只能填写"纽约芝加哥第一银行"。
(3) 记名提单不能再被背书转让。

四、提单的更改、补发与缴还

(一) 提单的更改

提单是可以更改的,流程如图 4-39 所示。提单更改最好赶在载货船舶开航之前办理,以减少因此而产生的费用和麻烦。如果船舶已经开航,提单已经签发,托运人才提出更改提单的要求,承运人就要在考虑各方面的因素后,再决定是否同意更改。因更改提单内容而引起的损失和费用都应由提出更改提单要求的托运人负担。

(二) 海运提单的补发

如果提单在签发后,托运人不慎将提单遗失或损毁,要求补发提单,承运人将会根据不同的情况进行处理,流程如图 4-40 所示。

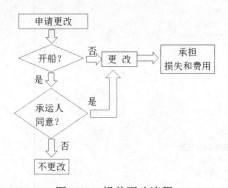

图 4-39 提单更改流程

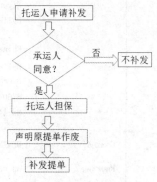

图 4-40 提单补发流程

承运人一般会要求提出补发提单要求的托运人提供担保或者缴纳保证金,而且还要依照一定的法定程序将原提单声明作废,才能补发新提单。

(三) 提单的缴还

收货人提货时必须以提单为凭证,而承运人交付货物时必须收回提单,并在提单上做作废的批注,这是公认的国际惯例,流程如图 4-41 所示。

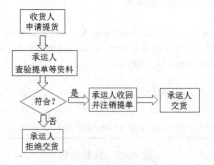

图 4-41 提单缴还流程

五、装船通知

集装箱货物集港装船后,国际货运代理人应及时向收货人或目的港代理发送装运预报。装运预报也称装船通知（Shipping Advice），用以提醒对方及时购买保险（如贸易合同使用 FOB、CFR 术语时）和准备接货。

装船通知无统一格式，内容应包括合同号、提单号、信用证号、货物名称、数量、总值、装运港和目的港、装运日期、船名/航次和开航日等信息，样例如图 4-42 所示。

```
Contract no.      : CH/15/66.809

L/C no.           : LC84E0074/15


                SHIPPING ADVICE


To              Dalian Weida Trading Co., Ltd.
                No. 10 Yunming Road
                Xigang District
                Dalian

                China
From            Deling Trade bv
                P.O. Box 100
                3700 GC Bunsten
                Holland


Commodity       DEMINERALIZED WHEY POWDER

Packing         As called for by the L/C
conditions
                4760 25kg in 4-ply paper sacks with inner polyethylene
                liner and big bags in 7x 20' containers

Quantity        119.00 Mt

Gross weight    121380 kgs

Net weight      119000 kgs

Total value     USD1118860.00

Please be informed that these goods have been shipped from
Rotterdam to Dalian with mv Sea Nordica and Lindoe Maersk.
Shipment date September 15, 2015

B/L no.         SEAU871107101


We herewith certify this message to be true and correct.
```

图 4-42　装船通知

案例分析 4-5 联运提单及中转港的处理

我国 U 外贸企业与加拿大 S 公司洽谈一笔五金器材出口业务。在装运问题上，S 公司提出：允许转船，但要求出具联运提单并指定在我国香港转船。

思考：对此条件 U 外贸企业可否接受？

评价：出具联运提单的问题不大，但指定在香港转船一事，须与船公司接洽后再定。在一般情况下，U 外贸企业不能接受指定中转港。但是，如果 U 外贸企业装运港输往加拿大目的港的货物一向是在香港转船，那就不妨顺水推舟予以接受。

 案例分析 4-6 联运提单纠纷

我国 K 外贸公司向爱尔兰 H 公司出口一批医疗器械，价值数十万英镑，即期 D/P 方式付款。货物运输时，因须经我国香港转船而由某船公司出具转船联运提单，货到都柏林后 H 公司倒闭，先后两批货物全被另一家公司以伪造提单取走货物。待 K 公司将正式提单及其他单据寄达国外后已无人赎单付款，委托国外银行凭提单提货时也提不着货，于是向船公司索赔，船公司以其是第一程承运人为理由推诿。

思考：

（1）船公司有无赔偿责任？

（2）K 公司该吸取什么教训？

评析：

（1）船公司的说法难以成立。首先，如货物在第二程船上发生灭失或损坏，则第一程承运人可不负直接责任。现在货物既然已安全到达目的港，则与第二程船无关。第一程承运人难辞其咎，理应负责赔偿。其次，海运提单是物权凭证，海运提单的签发人只能将货物交给合法持有正本提单提货的人。而本案中，船公司将货物交给了凭伪造提单提货的第三人，船公司应对这种"无单放货"的侵权行为承担赔偿责任。

（2）本案中，K 公司应吸取的教训包括：第一，交易前应充分掌握客户的资信情况，增强风险意识；第二，在未能掌握客户资信情况的情形下，应争取采取有利的信用证付款方式，避免使用 D/P 或 D/A 方式，以保证安全收汇。

 做一做：单项实训五

实训目标：学会根据客户资料正确缮制和审核海运提单。

1. 根据以下资料审核图 4-43 所示的提单，如有错误，请改正。

发货人 YIWU FORGIGN TRADE IMP.AND EXP.CORP.，通知人为英国 EAST AGENT COMPANY, 126Rome street, anterweip, Belgium, 出口 LADIES LYCRA LONG PANT 共 24 000 件，每件 20 美元 CIF 伦敦，纸箱包装，每箱 12 件，共 2 000 箱，装入一个 40 ft 平柜，运费预付，箱件尺寸为 50 cm×20 cm×30 cm，毛重为 10 kg/箱，运输标志（唛头）为 CBD/LONDON/NOS1-200，提单号为 NBPZU9140953，箱号为 BMOU4082668，封号为 L286552。

该货物于 2019 年 10 月 20 日在宁波装 E002 航次"DONGFANG"号轮运往伦敦。发货人要求货代出具"清洁、已装船、凭发货人指示"的一式三份正本海运提单，通知人为 EAST AGENT COMPANY，交接方式为场到场。

Shipper YIWU FORGIGN TRADE IMP. AND EXP. CORP.	B/L NO. ①
	PACIFIC INTERNATION LINES （PTE） LTD （Incorporated in Singapore） **COMBINED TRANSPORT BILL OF LADING**
Consignee TO ORDER	Received in apparent good order and condition except as otherwise noted the total number of container or other packages or units enumerated below for transportation from the place of receipt to the place of delivery subject to the terms hereof. One of the signed Bills of Lading must be surrendered duly endorsed in exchange for the Goods or delivery order. On
Notify Party EAST AGENT COMPANY 126ROOM STREET,ANTERWEIP, BELGIUM ②	presentation of this document （duly） Endorsed to the Carrier by or on behalf of the Holder, the rights and liabilities arising in accordance with the terms hereof shall （without prejudice to any rule of common law or statute rendering them binding on the Merchant） become binding in all respects between the Carrier and the Holder as though the contract evidenced hereby had been made between them. **SEE TERMS ON ORIGINAL B/L**

Vessel and Voyage Number ③ E002	Port of Loading NINGBO	Port of Discharge ④LONDON
Place of Receipt	Place of Delivery	Number of Original Bs/L THREE

PARTICULARS AS DECLARED BY SHIPPER – CARRIER NOT RESPONSIBLE

Container Nos/Seal Nos. Marks and/Numbers	No. of Container / Packages / Description of Goods	Gross Weight （Kilos）	Measurement （cu-metres）
CBD LONDON NOS1-200 ⑤	LADIES LYCRA LONG PANT ⑥	200 000KGS ⑦	60CBM

FREIGHT & CHARGES FREIGHT PREPAID SHIPPED ON BOARD	Number of Containers/Packages （in words） SAY TWO THOUSAND CARTONS ONLY
	Shipped on Board Date: ⑧
	Place and Date of Issue: ⑨
	In Witness Whereof this number of Original Bills of Lading stated Above all of the tenor and date one of which being accomplished the others to stand void. ⑩ for **PACIFIC INTERNATIONAL LINES （PTE） LTD** as Carrier

图 4-43　集装箱海运提单

2. 依照图 4-44 所附海运提单确认下列事宜。

Shipper ABC Co., ltd.		B/L No.
Consignee or order TO ORDER		直运或转船提单 **BILL OF LADING** **DIRECT OR WITH TRANSHIPMENT**
Notify address XYZ Co., ltd. Tel.NO.12345678		

SHIPPED on board in apparent good order and condition (unless otherwise indicated) the goods or packages specified herein and to be discharged at the mentioned port of discharge or as near thereto as the vessel may safely get and be always afloat.

The weight, measure, marks and numbers, quality, contents and value, being particulars furnished by the Shipper, are not checked by the carrier on loading.

The Shipper, Consignee and the Holder of this Bill of Lading hereby expressly accept and agree to all printed, written or stamped provisions, exceptions and conditions of this Bill of Lading, including those on the back hereof.

IN WITNESS whereof the number of original Bills of Lading stated below have been signed, one of which being accomplished, the other(s) to be void.

Pre-carriage by	Port of loading shanghai
Ocean Vessel M.V.GLoria	Port of transhipment
Port of discharge YoKohama	Final destination

Container seal No.or marks and Nos. 1234CN/5678JP	Number and Kind of VEHICLES 2×20'S.T.C 4 UNITS COSU8001215 S.O.C802376	Description of goods packages	Gross weight (kgs). 36,000	Measurement(m³) 40

PARTICULARS FURNISHED BY SHIPPER

Freight and charges Freight Prepaid	REGARDING TRANSHIPMENT INFORMATION PLEASE CONTACT

	Prepaid at	Freight payable at	Place and date of issue
Ex.rate	Total Prepaid	Number of original Bs/L TWO	Signed for or on behalf of the Master DEF Co., Ltd. AS AGENT FOR GHI Co., Ltd. AS CARRIER

TERMS AND CONDITIONS AS PER ORIGINAL BILL OF LADING

图 4-44 提单

（1）该提单应由（　　）首先背书转让。

　　A．ABC Co., Ltd.　　　　　　B．XYZ Co., Ltd.

　　C．GHI Co., Ltd.　　　　　　D．DEF Co., Ltd.

（2）作为收货人的代理人，应当找（　　）提货。

　　A．ABC Co., Ltd.　　　　　　B．XYZ Co., Ltd.

　　C．GHI Co., Ltd.　　　　　　D．DEF Co., Ltd.

（3）通常情况下，收货人提货时应提交（　　）提单即可。

　　A．3份　　　　B．2份　　　　C．1份　　　　D．全部正副本

（4）卸货港是（　　）。

　　A．上海　　　　B．东京　　　　C．横滨　　　　D．大阪

（5）承运人是（　　）。

　　A．ABC Co., Ltd.　　　　　　B．XYZ Co., Ltd.

　　C．GHI Co., Ltd.　　　　　　D．DEF Co., Ltd.

任务六　费用结算与放货

任务描述：掌握基本海运费用结算程序，能够办理放货手续，并能灵活处理海运代理意外事故。

一、费用结算

国际货运代理的收费除了收取海运运费外，还会向客户收取代其支付的诸如集装箱拖车运输费、报关费、商检费、查箱费、仓储费、文件费、电放费、港口建设费和港口保安费等其他相关费用。

对于运费预付的海上运输货物，承运人在签发完提单，并将提单交付托运人前，就要收回海运运费。如果货物由国际货运代理负责订舱，则先由国际货运代理收取托运人的海运运费后再交付给班轮公司。

在集装箱班轮运输中，运费是按每一个集装箱来计算的。在班轮公司或其代理人的运价表中会按集装箱的箱型、尺寸列出由装货港至目的港的基本运费和各种附加运费。

集装箱整箱货运费的计算方法比较简单，即将每个相同尺码的集装箱的基本运费与附加运费相加，再乘以集装箱的个数即可。

集装箱拼箱货物运费的计算与普通散装货物班轮运费的计算基本相同。

【例4-9】　计算。

2020年4月，广州A公司委托货运代理B出口某商品100 T，4 000箱装，每箱毛重25 kg，体积为20 cm×30 cm×40 cm，单价CFR马赛每箱55美元。货运代理B打算为A公司进行拼箱，查运价表得知该货为8级，计费标准为W/M，每运费吨运费80美元，另按基本费率征收转船附加费（Transshipment Surcharge）20%，燃油附加费BAF 10%。问：B公司应收多少运费（用人民币表示）？（现外汇牌价：100美元=620元人民币）

解：

每箱体积=0.2×0.3×0.4=0.024（m³）

微课 4.12

每箱毛重为 25 kg，等于 0.025 T。因为计费标准为 W/M，而毛重大于体积，所以应按毛重计收运费，则

运费=80×(1+20%+10%)×0.025×4 000=10 400（美元）=64 480（元）

所以 B 公司应收 64 480 元运费。

二、放货

当货物到达目的港，在客户已将海运运费及其他应支付的费用付讫的情况下，船公司或其代理人就要将货物交付给收货人。将货物交付给收货人的过程在国际货运代理行业内通常被称为"放货"。

由于在海上运输中使用的运输单证不同，放货的方式也就有所不同。

（一）班轮公司提单的放货

收货人凭正本提单换取提货单提取货物是正常情况下的常规放货操作，处理流程如图 4-45 所示。

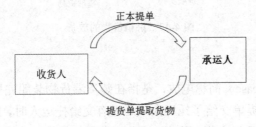

图 4-45 班轮公司提单的放货流程

（二）无船承运人提单的放货

一般来说，无船承运人签发的提单是不能用来直接提取货物的。无船承运人通常都会在货物到达的各目的港设立海外代理，当无船承运人取得班轮公司签发的主提单后，会将主提单寄送给其目的港的海外代理，而在其签发的分提单上会打上这家海外代理的详细名称、地址、联系电话、传真和电子邮箱等资料，以便收货人能方便地联系到海外代理。收货人可以持无船承运人签发的分提单到其海外代理处换取班轮公司的主提单，然后到承运人处换取提货单提取货物，处理流程如图 4-46 所示。

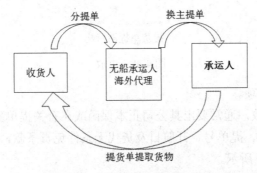

图 4-46 无船承运人提单的放货

（三）拼箱货物的放货

货物到达目的港后，由拼箱公司在目的港的海外代理凭班轮公司签发的主提单，将集装箱从码头集装箱堆场提取出来，运至海外代理的集装箱货运站。集装箱在海外代理的集装箱货运站内拆箱。当货物在集装箱货运站拆箱后，海外代理会通知分提单的持有人或提单上标明的收货人提货，收货人可以凭无船承运人的分提单到其海外代理的集装箱货运站提取货物。处理流程如图4-47所示。

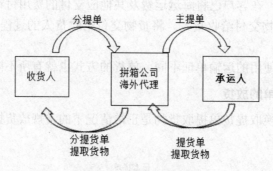

图 4-47　拼箱货物的放货

（四）电放

电报放货（Telex Release）简称电放，是指在装货港货物装船完毕，承运人或其代理人已经签发了提单，并已经将提单交给了托运人或还没有交给托运人时，应托运人的要求，承运人或其代理人收回正本提单而以电报、传真、电传、电子邮件的形式通知其在目的港的代理，在不出示提单的情况下将货物交给托运人指定的收货人的操作方式，处理流程如图4-48所示。

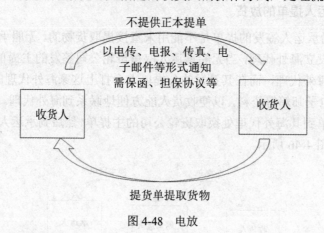

图 4-48　电放

电放需要注意以下事项。

（1）发货人申请电放，通常要出具公司正本保函或在有关提单副本上背书。保函的内容通常有发货人名字、航次、提单号、开航日及货代无条件免责条款，如图4-49所示。同时须签署担保协议，如图4-50所示。

（2）若签正本提单给发货人后，发货人才提出电放申请，须收回全套正本提单。

提 货 保 函

致：_____有限公司

船名（航次）_____；
抵港日期_____；
货物提单号_____；
件数_____；
品名_____；
唛头_____；

　　发货人 _____（全称）已安排上述货物由上述船舶承运发往我司，正本提单尚未到达。我司_____
（全称）现请求不凭正本提单提取货物。

　　考虑到贵司接受我司上述请求，我司同意如下：

　　赔偿并承担贵司以及贵司雇员和代理因此承担的一切责任和遭受的一切损失；若贵司或贵司雇员或代理因此被起诉，我司将随时提供足够的法律费用；若贵司船舶或财产因此被扣押或羁留或遭如此威胁，我司将提供所需的保释金或其他担保以解除或阻止前述扣押或羁留，并赔偿贵司由此所受的一切损失、损害或费用；一旦收到全套正本提单，我司将立即将其呈递贵司，我司在本保函中的保证随即终止；

　　我司以及我担保银行在本协议中负连带责任，无论贵司起诉其中的任何一方；本保函适用中国法律并接受_____海事法院管辖。

（法人代表签字并盖法人章）　　　　　（担保银行授权人签字并盖公章）

____年____月____日　　　　　　　　____年____月____日

图 4-49　提货保函

电放协议

_____有限公司（下称甲方）与_____公司（下称乙方）共同达成协议如下：

　　一、考虑到近洋航线距离短，提单不能及时抵达收货人手中，为方便收货人提货，甲方应乙方要求，同意乙方在受提单收货人委托安排进口代运或乙方作为提单通知方的情况下，乙方可以向甲方及其代理要求凭副本提单，按票出具提货保函和货主的进口货物临时委托书提取上述正本提单项下货物。乙方同时向甲方保证，乙方委托人或乙方即为该正本提单的真正收货人，与上述正本提单项下货物有关的国际贸易合同履行顺利，与该合同利益方不会产生任何争议和纠纷。

　　二、乙方在受货主委任向甲方要求无正本提单放货时，应以谨慎的态度审查收货人的资信程度，贸易履约等有关情况，并依照协议第一项中的保证及上述保函的承诺，承担甲方及其代理应乙方要求，未凭正本提单放货所导致的一切损失及费用，包括甲方支付的赔款和发生的诉前及诉后的法律费用。

　　三、乙方保证在提取货物后一个月内将正本提单交给甲方以换回上述保函。

　　四、本保函仅适用与甲方的_____航线在_____的放货。

　　五、本协议自双方签字之日起生效，有效期_____。

　　六、如在执行中发生严重违反本协议的事件，甲方及其代理有权在任何时间终止本协议。

　　七、本协议及因此引起的争议使用中国法律，并由_____海事法院管辖。

_____公司（甲方盖章）　　　　　_____公司（甲方盖章）

____年____月____日　　　　　　　　____年____月____日

图 4-50　担保协议

（3）以下情况原则上不允许做电放：以信用证为付款条件；提单为指示提单（只要"收货人"一栏有"order"字样者不得做电放）；不记名提单；付款条件为托收（Collection）。

（4）电放申请书上常有此句：Please kindly release cargo to Consignee here-below without presentation of the original ×××（代表 Carrier's Name 或货代名）Bill of Lading（在不提交××公司的正本 B/L 下请将此票货放给以下载明之收货人）。

（5）使用电放并非不出提单，只是不出正本提单（若已出，则一定要全套收回）而出副本提单。为了能详尽地反映货物的相关情况，使用副本提单是最好的方式。

（6）电放需要的单据主要有：提单联，即黄联（盖有船代申报章、报关行章、海关放行章以及码头配载室的签收章）；保函；船东运费通知；水单及海运费发票。

（五）无单放货

无单放货是指承运人在收货人没有交还正本提单的情况下，将货放给了收货人，处理流程如图 4-51 所示。

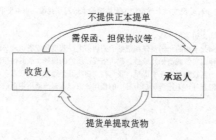

图 4-51　无单发货

通常承运人无单放货必须为此承担法律责任，即使是在实际提货的人原本就是有权提货的人时也不例外，但并不是所有无单放货的行为都是非法的，有些无单放货的行为属于正常的放货方式。

 案例分析 4-7

我国 RT 公司向日本 FS 株式会社订购彩电 800 台，合同约定，彩电价格为每台 600 美元 CIF 宁波，2020 年 6 月 30 日长崎港装货。货物于 6 月 30 日装船，装船时外包装有严重破损。FS 株式会社向船公司出具了货物品质的保函。船长应 FS 株式会社的请求，出具了清洁提单，FS 株式会社据此从银行取得了货款。货物到达宁波后，RT 公司发现电视机外包装箱有严重破损，船公司出示了 FS 株式会社提供的保函，认为该事应向 FS 株式会社索赔。

请分析：

（1）船公司是否应该承担责任？为什么？

（2）FS 株式会社是否应该承担责任？为什么？

（3）RT 公司的损失如何得到补偿？

评析：

（1）船公司应该承担责任。因为 FS 株式会社的保函没有对抗第三人的效力。

（2）FS 株式会社应该承担责任。船公司之所以出具清洁提单，是因为 FS 株式会社出具保函，因此，FS 株式会社应当依据保函对船公司承担责任。

（3）RT 公司的损失可要求船公司赔偿，因为船公司没有如实签发提单。船公司赔偿以后，可依据保函向 FS 株式会社追偿。

三、突发事件及处理

海运出口代理的三大任务是出口订舱、装箱集港和出口报关。海运出口代理委托书或委托协议是国际货运代理人的工作依据，国际货运代理人有义务按客户指示正确并谨慎地选择分包方，如集卡车队、报关行等，尽量减少错误的发生。尽管如此，国际货运代理人还是会经常遭遇突发事件，因此必须合理、快速地做出处理，这种应变能力往往成为很多货主企业选择货运代理的重要考查指标。下面介绍几种典型的突发事件及处理措施。

（一）舱位不足

一般而言，每年 5—10 月或某些地区的贸易高峰期，如欧美重大节日引起的订货量和订货频率增加，往往带来海运旺季。在旺季，我国各大港口经常出现舱位供不应求的情况。这时，国际货运代理人即便已经拥有较固定的船公司资源，也可能遭遇订舱困难。另外，货主临时、紧急的出货需求也可能带来此类问题。

针对这种情况，有经验的国际货运代理人会在旺季到来之前多积累船公司、舱位资源，如多联系几家船公司或订舱代理、积极利用同行资源等，以在真正遭遇舱位不足问题时不至于束手无策。货运代理人需要付出更多的成本和精力来获得舱位。

（二）装箱不顺和晚集港

装箱和集港都是针对货物在装船前的准备。就国际货运代理人的责任而言，对于整箱货，不管是产地装箱还是内装箱，都必须将重箱在截港时间前集入码头堆场，即交接给承运人，之后的装船事宜由船方承担。

装箱过程中常见的突发事件有集卡车队运力不足、船公司集装箱量不足、客户装箱地点临时变更、客户货物重量或尺寸与委托时不符导致已申请的集装箱不适用、装箱过程中发生货损事故、装箱设备不适用等。

集港过程中常见的突发事件有交通拥堵、运输事故造成晚集港等。

国际货运代理人应针对可能发生的状况积极预防，加强与客户、集卡车队、船公司和提空箱的堆场等各方的事先沟通，万一出现状况，应及时查明原因积极加以解决，以避免出现最坏的情况，即晚集港被甩货。

（三）通关的相关事件

出口报关过程中常见的事件有报关资料不全、报关单填写错误、因舱单信息或运抵报关传送问题等造成的不予清关、未能在截关时间前提交报关资料、因海关抽验造成时间延误等。

通关不及时也会造成被甩货，因此，国际货运代理人必须加强对特定客户及其货物通关要求的认识，了解海关货物通关的相关规定，丰富报关知识，预先防范。

（四）退关处理

如果在订妥舱位并可能已办妥通关手续的情况下，因晚集港或港方、船方等原因造成甩货，或货主要求中止装运，国际货运代理人必须进行退关处理。

1. 货主提出中止装运

出现这种情况，货运代理人应按以下方式处理。

（1）及时通知船方及其代理以便其在载货清单（也称舱单，船舶出境时须提交给海关）及其他随船单据中注销该批货物。

（2）及时通知该批货物目前的监管方，可能是集卡车队、集装箱货运站或港区堆场等，中止装箱集港的操作并注销相关单据，如场站收据等，结清已发生的费用，尽快将货物按货主指示处置，一般是送还货主。

（3）通知报关行向海关办理退关手续，注销该批货物的报关单，尽快取回货主交来的报关资料退还货主。

2. 其他原因导致甩货

此时，货运代理人应立刻查明原因并及时向货主说明情况，按货主指示处理。若货主指示退关并不再出运，货运代理人应及时通知船方及其代理以便其在载货清单及其他随船单据中注销该批货物。若货主指示再次装运，最为简便的做法是重新预订该船下一航次或该船公司其他航次的舱位，然后重新报关。货物已经集港的可以申请暂留港区，但要注意装船港区是否有变化；也可以重新预订其他船公司的舱位，但这样做比较麻烦，因为各个船公司一般只接受本公司的集装箱，货运代理人还需将货物拉出港区掏箱后归还空箱，再提取新订舱船公司的空集装箱重新装货，然后再重新报关、集港，等待装船。

📖 阅读材料4-6　海运整箱出口业务流程体验

2019年6月，广州ML外贸有限公司（单位代码：440195××××）经理王进准备出口一批冰柜（Chest Freezer），货价FOB37 200美元（汇率1 USD=6.67 RMB），总毛重85 900 kg，目的地伊拉克乌姆盖茨尔。欲委托广州YC国际货运代理有限公司（单位代码：440195×××××）办理海运出口拖车报关等一揽子手续。

角色说明：

A：广州YC国际货运代理有限公司（Guangzhou Yangcheng International Freight Forwarding Co., Ltd.）业务经理张晓军。

B：发货人，广州ML外贸有限公司（Guangzhou Beauty People Foreign Trade Co., Ltd.）经理王进。

C：阳明船舶有限公司（Yang Ming Marine Transport Corp.）经理刘龙。

主要流程如下：

流程一：2019年6月8日上午9时，广州ML外贸有限公司经理王进打电话给广州YC国际货运代理有限公司业务经理张晓军询问办理10个40英尺柜的高柜多功能面包烤炉出口到乌姆盖茨尔的整套出口手续的费用，同时约定要走阳明海运或长荣海运的船。张晓军发给王进一份报价单，王进同意按照所列价格办理出口手续，并约好6月15日装船。

流程二：之后张晓军打电话给阳明船舶有限公司经理刘龙订舱并确认，6月14日订舱确认并从刘龙处取得S/O，张晓军将S/O发给王进盖章确认并给回后，约定于15日早上9点去ML外贸有限公司仓库装货。

流程三：15日上午装货完毕并将10个高柜用拖车拉到黄埔码头，张晓军收到王进的整套报关资料，并根据重柜纸和报关资料内容发送配船资料给阳明船公司的驳船操作部门，请驳船部门安排驳船将10个高柜由广州转运去香港。

流程四：张晓军公司的报关员根据全部报关资料填写报关单，之后向海关发送电子数据，数据通过后，将全套纸质申报资料整理好向盐田港海关递交，海关审核申报内容无异议后在报关底单、出口核销单上加盖放行章，报关员将盖有放行章的其中一联报关单交给船公司码头相关部门，取得船公司签发的收讫函，而后将收讫函发给张晓军。

流程五：随后张晓军将账单明细发给王进，王进确认无误后支付了款项，张晓军收到款项后由船公司处取得正本提单并快递给了王进，随后将其他单证稍晚一并快递到 ML 外贸有限公司。

 做一做：单项实训六

实训目标：学会海运方式的选择。

1．计算

某轮船从广州港装载杂货——人造纤维，体积为 20 m³、毛重为 17.8 t，运往欧洲某港口，托运人要求选择卸货港 Rotterdam 或 Hamburg。Rotterdam 和 Hamburg 都是基本港口，基本运费率为 USD 80.0/m³，三个以内选卸港的附加费率为每运费吨加收 USD 3.0，计费标准为"W/M"。

思考：

（1）该托运人应支付多少运费（以美元计）？

（2）如果改用集装箱运输，那么海运费的基本费率为 USD 1 100.0/TEU，货币附加费为10%，燃油附加费为 10%。改用集装箱运输时，该托运人应支付多少运费（以美元计）？

（3）若不计杂货运输和集装箱运输两种运输方式的其他费用，托运人从节省海运费角度考虑，是否应选择改用集装箱运输？

2．案例分析

A 货主委托 B 货代公司出运一批货物，从青岛到新加坡。B 货代公司代表 A 货主向 C 船公司订舱，货物装船后，B 货代公司从 C 船公司处取得提单。C 船公司要求 B 货代公司暂扣提单，直到 A 货主把过去拖欠该船公司的运费付清以后再放单。随后 A 货主向海事法院起诉 B 货代公司违反代理义务，擅自扣留提单而造成其无法按时结汇产生损失。

根据上述案例，请分析：

（1）B 货代公司对 A 货主的损失是否承担责任？为什么？

（2）C 船公司本身是否有权暂扣提单？为什么？

 **练习题**

一、填空题

1．货代揽货成功的标志是：＿＿＿＿＿＿＿＿＿＿＿＿＿＿＿＿＿＿办理。

2．委托书一般由客户填写，有时客户也可以委托货代填写，但无论如何，＿＿＿＿＿＿＿必须签字盖章，承担委托方责任。

3．设备交接单的各栏分别由箱管单位（船公司或其代理人）、用箱人或运箱人（货代或集卡车队）、码头堆场的＿＿＿＿＿＿＿＿＿填写。

4．集装箱货物须经办妥有关＿＿＿＿＿＿＿＿手续后方可装船。

5．报检单由＿＿＿＿＿＿＿＿统一印制，除了编号由检验检疫机构指定外，其余各栏由报检单位填制并盖章确认。

6. 我国_____规定，所有进出境的运输工具、货物、物品都需要办理报关手续。

7. 报关所需的单证大致可分为报关单、_____、特殊单证、备用单证等。货代应通知客户根据贸易的特点准备。

8. 货物在海上运输中可能遭受到的海上风险所导致的损失，在保险业务中被称为海损或海上损失，而货物可能遭到的一般外来风险或特殊外来风险所导致的损失，在保险业务中则被称为_____。

9. 海运货物保险的基本险别包括平安险、_____和一切险三种基本险别。

10. 根据货物表面状况有无_____分类，提单分为清洁提单和不清洁提单。

11. 有权签发提单的人包括承运人、_____及承运人授权的代理人。国际货运代理如具有无船承运人的身份，按照《中华人民共和国国际海运条例》的规定，可以签发无船承运人提单。

12. 国际货运代理的收费除了收取_____外，还会向客户收取代其支付的诸如集装箱拖车运输费、报关费、商检费、查箱费、仓储费、文件费、电放费、港口建设费、港口保安费等其他相关费用。

13. 将货物交付给收货人的过程，在国际货运代理行业内通常被称为_____。

二、选择题

1. 集装箱拼箱货通常的交接条款为（　　）。

　　A．CY　　　　B．CFS　　　　C．Door　　　　D．Hook

2. 货物尚未装船完毕，托运人要求承运人签发的已装船提单是（　　）。

　　A．倒签提单　　　　　　　　B．预借提单

　　C．顺签提单　　　　　　　　D．收货待运提单

3. 海运单不具有的作用是（　　）。

　　A．货物收据　　　　　　　　B．运输合同证明

　　C．物权凭证　　　　　　　　D．运费支付凭证

4. 理论上，集装箱班轮运输下签发的提单通常是（　　）。

　　A．预借提单　　　　　　　　B．收货待运提单

　　C．已装船提单　　　　　　　D．倒签提单

5. 海上货物运输中，如果单件货物既超长又超重，计收附加费时，按（　　）。

　　A．超长附加费计收　　　　　B．超重附加费计收

　　C．两者中择大计收　　　　　D．两者相加计收

6. 出口商在货物装船取得提单后未能及时到银行议付，该提单将成为（　　）。

　　A．顺签提单　　　　　　　　B．待运提单

　　C．过期提单　　　　　　　　D．预借提单

7. 一票货物于 2002 年 9 月 10 日开始装船，并于同月 12 日全部装上船，同日船舶开航。如果在同月 11 日应托运人要求，承运人签发的已装船提单通常称为（　　）。

　　A．倒签提单　　　　　　　　B．顺签提单

　　C．预借提单　　　　　　　　D．待运提单

8. 郑州某企业使用进口料件加工的成品，在郑州海关办妥出口手续，经天津海关复核放

行后装船运往美国。这项加工成品复出口业务，除按规定已办理了出口手续外，同时，还要办理的手续是（　　）。

A．境内转关运输手续　　　　　　B．货物登记备案手续

C．货物过境手续　　　　　　　　D．出口转关运输手续

9．（　　）是指以某种运输工具从一个国家的境外起运，在该国边境不论换装运输工具与否，通过该国境内的陆路运输，继续运往境外其他国家的货物。

A．过境货物　　　　　　　　　　B．转关货物

C．转运货物　　　　　　　　　　D．通运货物

10．出境货物最迟应于报关或装运前（　　）报检，对于个别检验检疫周期较长的货物，应留有相应的检验检疫时间。

A．5 天　　　　　　　　　　　　B．7 天

C．10 天　　　　　　　　　　　　D．15 天

11．"仓至仓"条款是（　　）。

A．承运人负责的运输责任起讫的条款

B．出口人承担的货物包装担保责任起讫的条款

C．出口人承担的货物品质担保责任起讫的条款

D．保险公司承保的保险责任起讫的条款

12．按保险人承保责任范围大小，下列三种险别从大到小依次顺序应为（　　）。

A．平安险，一切险，水渍险　　　B．一切险，平安险，水渍险

C．水渍险，平安险，一切险　　　D．一切险，水渍险，平安险

13．在定值保险中，保险金额都高于合同的 CIF 价值，国际上习惯按 CIF 价值的（　　）% 投保。

A．150　　　　　B．120　　　　　C．110　　　　　D．125

14．按照中国人民保险公司海洋运输货物保险条款和我国海运货物保险实务的做法，投保海运运输货物一切险后还可以加保（　　）。

A．偷窃提货不着险　　　　　　　B．串味险

C．战争、罢工险　　　　　　　　D．渗漏险

15．我国某公司向德国出口一批精致的工艺美术品，装于一个 20 英寸的集装箱，货物投保了中国人民保险公司海洋运输货物保险条款中的一切险，并加保战争险、罢工险。根据保险条款规定，保险人对货物（　　）的损失不承担赔偿责任。

A．在海上遭遇海盗袭击受损　　　B．在收货人仓库中因火灾受损

C．在海上遭台风和暴雨淋湿受损　D．在卸货时从吊杆上脱落坠地受损

16．在国际海上货物运输保险业务中，下列（　　）属于共同海损。

A．暴雨所致货物损失　　　　　　B．船舶碰撞所致货物损失

C．失火所致货物损失　　　　　　D．救火所致货物损失

三、简答题

1．什么叫截单期？

2．订舱前的准备工作主要有哪些？

3．集装箱的装箱方式主要有哪几种？

4．装箱单的作用主要有哪些？

5．共同海损一般必须具备哪些特点？

6．提单的作用主要有哪三个方面？

7．简述班轮提单和无船承运人提单的区别。

8．电放需要注意哪些事项？

9．什么情况下国际货运代理办理货代责任险可以获得赔偿？

四、案例题

1．我国 A 公司与某国 B 公司于 2019 年 10 月 20 日签订购买 52 500 吨化肥的 CFR 合同。A 公司开出信用证规定，装船期限为 2020 年 1 月 1 日至 1 月 10 日，由于 B 公司租来运货的"顺风号"轮在开往某外国港口途中遇到飓风，结果到 2020 年 1 月 20 日才完成装货。承运人在取得 B 公司出具的保函的情况下签发了与信用证条款一致的提单。"顺风号"轮于 1 月 21 日驶离装运港。A 公司为这批货物投保了水渍险，2020 年 1 月 30 日，"顺风号"轮途经巴拿马运河时起火，造成部分化肥烧毁，船长在命令救火过程中又造成部分化肥湿毁。船在装货港口的延迟，使该船到达目的地时正遇上了化肥价格下跌。A 公司在出售余下的化肥时价格不得不大幅度下降，给 A 公司造成很大的损失。

思考：

（1）途中烧毁的化肥损失属什么损失？应由谁承担？为什么？

（2）途中湿毁的化肥损失属什么损失？应由谁承担？为什么？

（3）A 公司可否向承运人追偿由于化肥价格下跌造成的损失？为什么？

2．我国 A 贸易出口公司与外国 B 公司以 CFR 洛杉矶、信用证付款的条件达成出口贸易合同，合同和信用证均规定不准转运。A 贸易出口公司在信用证有效期内委托 C 货代公司将货物装上 D 班轮公司直驶目的港的班轮，并以直达提单办理了议付，国外开证行也凭议付行的直达提单予以付款。在运输途中，船公司为接载其他货物，擅自将 A 公司托运的货物卸下，换装其他船舶运往目的港。由于中途延误，货物抵达目的港的时间比正常直达船的抵达时间晚了 20 天，造成货物变质损坏。为此，B 公司向 A 公司提出索赔，理由是 A 公司提交的是直达提单，而实际则是转船运输，是一种欺诈行为，应当给予赔偿。

思考：

（1）A 公司是否应承担赔偿责任？理由何在？

（2）B 公司可否向船公司索赔？

3．2019 年 11 月 22 日，杭州一家外贸企业的负责人心急火燎地赶到 BL 海关，他们提出，企业于 2019 年 9 月 2 日从 BL 口岸出口了一票价值 6.4 万美元的化纤套头衫，由于舱单不能核销，企业一直无法办理退税手续。此时，该公司距国税部门规定的 3 个月退税期限仅剩下 3 天时间，如果再不能核销，将损失 6 万余元的退税款。这位负责人说，从货物代理公司得到的消息，舱单无法核销的原因是海关一直拖延不办舱单更改手续。

BL 海关物流监控科 C 科长当即进行调查，发现企业的说法与事实不相符。原来，由于货代工作疏忽，该公司出口货物的报关重量比舱单重量多了 7 kg，导致报关单数据和舱单数据不一致，海关无法正常办理舱单核销手续，而企业的舱单更改要求却一直被拖延在货代和船代的理单、交接环节中，80多天里一直未向海关提交修改舱单申请，同时，向外贸出口企业隐瞒了事实的真相。BL海关工作人员经过现场审核，认为此票舱单更改申请符合要求，当即进行了改单。

早在2018年5月，BL海关就对外承诺出口舱单更改申请只要资料齐全、单证真实且核对无误，海关保证在1个工作日内完成改单工作，并且，多年来，预录入公司对舱单更改仅收取工本费用20元/票。但是，一些代理公司出于自身利益，拖延或不提交舱单更改申请的情况时有发生。由于怕受罚，有的甚至对外宣称是海关不肯办理手续或者海关收取高额手续费用导致舱单无法更改。

请回答：

（1）作为国际货运代理企业，此种行为有何不妥之处？

（2）作为货主应如何防范此类风险？

4．2019年9月15日，经营国际集装箱拼箱业务的A国际货运代理企业在神户港自己的集装箱货运站（CFS）将分别属于6个不同发货人的拼箱货装入一个20 ft的集装箱，然后向某班轮公司托运。该集装箱于2019年9月18日装船，班轮公司签发给A国际货运代理企业CY/CY交接的FCL条款下的MASTER B/L一套；然后A国际货运代理企业向不同的发货人分别签发了CFS/CFS交接的LCL条款下的HOUSE B/L共6套，所有的提单都是清洁提单。2019年9月23日载货船舶抵达提单上记载的卸货港。第二天，A国际货运代理企业从班轮公司的CY提取了外表状况良好和铅封完整的集装箱（货物），并在卸货港自己的CFS拆箱，拆箱时发现两件货物损坏。2019年9月25日收货人凭A国际货运代理企业签发的提单前来提货，发现货物损坏。

请分析：

（1）收货人向A国际货运代理企业提出货物损坏赔偿的请求时，A国际货运代理企业是否要承担责任？为什么？

（2）如果A国际货运代理企业向班轮公司提出集装箱货物损坏的赔偿请求，班轮公司是否要承担责任？为什么？

（3）A国际货运代理企业如何防范这种风险？

项目综合实训：集装箱海运提单审核

一、实训目的

学会海运提单的缮制与审核。

二、实训方式

模拟实训。

三、实训内容及步骤

根据以下资料审核图4-52所示的提单，并改正其中错误之处。

Shipper		B/L No.	①
ABC COMPANY NO.128 ZHOUGSHAN XILU, NINGBO		**OCEAN BILL OF LADING**	
Consignee or order TO ORDER OF UFJ BANK, TOKYO		SHIPPED on board in apparent good order and condition (unless otherwise indicated) the goods or packages specified herein and to be discharged at the mentioned port of discharge or as near thereto as the vessel may safely get and be always afloat.	
Notify address XYZ COMPANY, 6-2 OHTEMACHI,1-CHOME, CHIYADA-KU, TOKYO		The weight, measure, marks and numbers, quality, contents and value, being particulars furnished by the Shipper, are not checked by the Carrier on loading.	
Pre-carriage by	Port of loading NINGBO	The Shipper, Consignee and the Holder of this Bill of Lading hereby expressly accept and agree to all printed, written or stamped provisions, exceptions and conditions of this Bill of Lading, including those on the back hereof.	
Vessel ②VICOTRY V.666	Port of transshipment		
Port of discharge TOKYO, JAPAN	Final destination ③	IN WITNESS whereof the number of original Bills of Lading stated below have been signed, one of which being accomplished the other(s) to be void	
Container. seal No. or marks and Nos.	Number and kind of package	Description of goods	Gross weight (kgs.)	Measurement (m³)
---	---	---	---	---
XYZ TOKYO 04GD002 1-88 CTNS CONTAINER No. PLU1234567 ④ 1x20' CY/CY	PACKED IN 88 CARTONS. SHIPPEND IN ONE CONTAINER. ⑤ CLEAN ON BOARD JAN.18, 2019 NAME OF VESSEL: VICTORY V.666 PORT OF LOADING: NINGBO	HOSPITAL UNIFORM 5 250PCS ⑥	1 232.00 千克 ⑦	4.20 立方米 ⑧

Freight and charges FREIGHT COLLECT ⑨			REGARDING TRANSHIPMENT INFORMATION PLEASE CONTACT	
Ex. rate	Prepaid at	Freight payable at	Place and date of issue NINGBO JAN.17，2019　⑩	
	Total prepaid	Number of original Bs/L 3/3	Signed for or on behalf of the Master 陈伟	
			As Agent	

图 4-52　集装箱海运提单

发货人 ABC COMPANY, NINGBO 向日本 XYZ COMPANY,6-2 OHTEMACHI,1-CHOME, CHIYADA-KU,TOKYO 出口 5 250 PCS HOSPITAL UNIFORM，毛重 1 232 kg，尺寸为 4.2m³，

装入一个 20 ft 平柜，箱号为 APLU1234567，封号为 006789，运费预付。该货物于 2019 年 1 月 18 日在宁波装"VICTORY V.666"号轮运往日本东京。支付方式为信用证，开证行（UFJ BANK，TOKYO）要求发货人出具由开证行指示的清洁、已装船全套三份正本提单。海运提单由承运人的代理人 PERFECT LOGISTICS COMPANY 签发，签发人为陈伟，签发地点为宁波。

四、实训结果

标出并改正图 4-52 所示提单的错误之处。

诚信经营　杜绝提单欺诈——提单中的诚信意识

提单欺诈是指利用倒签提单和预借提单等方式进行的海运欺诈行为，这种欺诈行为已经成为海运欺诈的最主要形式。提单是用以证明海上货物运输合同和货物已由承运人接管或者装船，以及承运人保证据以交付货物的单证。它运用于海运已有几百年的历史，在国际贸易中发挥着巨大作用，但由于提单担负着众多功能，通过各个环节进行欺诈的可能性很大。近年来，提单欺诈案件频繁发生，其范围之广、种类之多、危害之大，令人震惊。有效打击提单欺诈活动，进一步完善提单制度本身，已成为摆在世界各国面前的一个不容忽视的问题。

提单欺诈的主要表现形式有以下几种。

1．伪造提单

提单是信用证所要求的主要单据，在信用证业务中，只要单据符合信用证的要求，银行即凭单付款，而不审查单据的来源及其真实性。一些不法商人即利用信用证"单据交易、严格相符"的特点伪造提单，以骗取货款，可能货物根本没有装船，或以次充好，蒙骗客户。

2．倒签和预借提单

已装船提单应在货物全部装上船后签发，签发的日期必须是真实的，因为提单的签发日期即视作装运日期。如果提单在货物装船后签发，签发日期却早于实际装船日期，便构成倒签提单；如果货物尚未全部装船或货物已由承运人接管尚未开始装船的情况下签发了提单，便构成预借提单。倒签提单或预借提单，托运人的目的都是为了使提单签发日期符合信用证规定，顺利结汇，但对收货人来说则构成合谋欺诈，可能使收货人蒙受重大损失，对此，各国法律和海运规则都是不允许的。

3．以保函换取清洁提单

在国际贸易中，经常会出现这种情况：承运人欲对表面状况不良的装运货物签发不清洁提单，由于银行不接受不清洁提单，托运人不能凭此结汇，因而往往向承运人出具保函，让承运人签发清洁提单，并保证赔偿承运人因签发清洁提单而遭受的损失，以此来换取清洁提单，顺利结汇。

可见，出具保函是出于国际贸易的需要，从某种意义上讲托运人和承运人都能得到一定的方便和好处，但实际上对承运人来讲却潜伏着很大的风险，一旦收货人持清洁提单向承运人索赔，承运人必须赔付收货人。

4. 无提单放货

海运提单是物权凭证，货物运到目的港后，承运人有义务将货物交给正本提单持有人。然而在实际业务中，有时会发生货物先于运输单据到达的情况，由于收货人手头没有正本提单，无法及时提货转卖或销售，会产生货物压仓费用、品质变化、市场价格波动等一系列问题。碰到这种情况，习惯上都是通过担保提货的方式予以解决，即由收货人向船公司提供一份经银行会签的书面保函，要求在没有物权凭证的情况下先提货日后补交提单，但如果承运人将货物交给非正本提单持有人，有可能造成错误交货构成对提单持有人的侵权。在无提单放货过程中，提取货物的不一定是买卖合同的买方，有可能被冒领，提货人往往不易查明，也有船方偷货的可能，因此无提单交货风险是很大的。

思考： 结合以上材料，请思考如何在国际贸易中做到诚信经营，杜绝提单欺诈？

思政提示

项目五　国际航空运输代理常识

【学习目标】

通过本项目的训练和学习，了解航空货物运输的概念及特点；了解航空运输业务区划；熟悉时差的计算；熟悉航空运输工具；认识航空货运代码；掌握航空运价的概念和航空运价体系；掌握航空运费的计算。

【主要知识点】

航空货物运输的概念及特点；时差的概念及计算；航空运价的概念和航空运价体系；航空运费的计算。

【关键技能点】

掌握航空协议运价和国际航协运价构成体系；能够熟练计算各种航空运费。

微课 5.1

任务一　航空货物运输认知

任务描述：要求学生能够理解航空货物运输的概念，掌握航空货物运输的特点；了解国际民用航空组织、国际航空运输协会和国际航空电信协会的发展历史及其组织运作的现状。

一、航空货物运输

（一）航空货物运输的概念

航空货物运输（Air Cargo Transportation）是指通过航空器将货物从一地运往另一地的空中交通运输，这种运输一般还包括从货物所在地到机场的地面运输。

（二）航空货物运输的特点

航空货物运输同其他运输方式相比，有着鲜明的特点。

1. 运输速度快

航空货运所采用的运输工具是飞机，飞机的飞行时速大约在每小时 600~800 千米，比其他的交通工具要快得多。航空货运满足了一些特种货物的需求，如海鲜、活体动物等鲜活易腐的货物，由于其本身的特点导致其对时间的要求特别高，只能采用航空运输。

2. 空间跨度大

在有限的时间内，飞机飞行的空间跨度是最大的。现在有的宽体飞机一次可以飞行 7 000 千米左右，进行跨洋飞行完全没问题。例如从中国飞到美国西海岸，只需 13 个小时左右。

3. 破损率低、安全性好

飞机发生事故的概率远远低于地面运输。航空运输可降低货物的破损率和差错率，同时也可减少货物包装等费用。

4. 机舱容积和载运量比较小

受到飞机本身的载重容积的限制，航空货物运输量相对于其他运输工具来说少得多。例如，B747-400F 全货机的最大载重为 119 吨，A380F 全货机的最大载货量可达 150 吨，但相对于海运货船几万吨、十几万吨的载重，相对载量相差很多。

5．成本高、运价高

由于飞机的机舱容积和载重量有限，而租赁、购买飞机和航材的花费不菲，加上世界范围内的能源危机日益严重，航空燃油价格持续上涨，因此运输成本和运价较高。例如，从中国到美国西海岸的空运价格至少是海运价格的 10 倍以上。

6．易受天气影响

飞机飞行受天气的影响非常大，如遇到大雨、大风、雾等恶劣天气，往往会造成航班取消或延迟，从而也对航空货物造成比较大的影响。例如，有一批螃蟹苗从沈阳运往温州，到了温州上空，由于天气原因飞机无法降落，只好备降到福州的长乐机场。由于螃蟹苗的运输有一定的时间限制，超过有效时间，螃蟹苗可能死亡，而当时如再改用汽车运输，时间已经来不及了，最后只能降价贱卖给福州当地的一家水产批发市场。

（三）航空货物运输的分类

1．按货物运输的范围划分

航空货物运输按货物运输的范围划分，可以分为国内航空货物运输和国际航空货物运输。

国内航空货物运输是指运输货物时，其始发地、目的地和经停点都在中华人民共和国境内的运输。始发地或目的地为港、澳、台地区的暂时列为国际运输。

国际航空货物运输是指运送货物时，其始发地、目的地和经停点中至少有一处不在中华人民共和国境内的运输。

2．按货物运输的条件划分

航空货物运输按货物运输的条件划分，可以分为普通货物运输、特种货物运输和邮件运输。普通货物运输是指一般货物的运输，不需要特殊的运输条件。

特种货物运输是指特种货物的运输。特种货物包括贵重货物、活体动物、尸体、骨灰、危险物品、外交信袋、作为货物运输的行李和鲜活易腐货物等。由于运输特种货物的操作难度大，运输条件相对普通货物要更加严苛，因此，运输特种货物除了按一般运输规定外，还应严格遵守各类特种货物的特殊规定。

邮件运输是指邮局交付给航空运输部门运输的邮政物件，其中包括信函、包裹、报纸和杂志等印刷品。

3．按运输方式划分

航空货物运输按运输方式划分，可以分为包机运输、集中托运、联合运输、航空快递和货主押运等。

（1）包机运输（Charter Carriage）。包机运输是指托运人根据所运输的货物在一定时间内需要单独占用飞机部分或全部货舱、集装箱、集装板，而承运人需要采取专门措施予以保证的运输方式。一般有整架包机、部分包机和包集装器（板）等形式。

① 整架包机又称整包机，是指航空公司或包机代理公司按照与租机人事先约定的条件和费率，将整架飞机租给租机人，从一个或几个航空港装运货物至指定目的地的运输方式。这种方式适合运输大批量货物。

② 部分包机是指由几家航空货运代理公司或发货人联合包租一架飞机，或者是由航空公

司把一架飞机的舱位分别租给几家航空货运代理公司装载货物的运输方式。部分包机适用于运送货量在一吨以上但不够装一整架飞机的货物。

③ 包集装器（板）运输是指有固定货源且批量大、数量相对稳定的托运人在一定时期内、一定航线或航班上包用承运人一定数量的集装板或者集装箱运输货物的运输方式，简称包板运输。

📖 阅读材料 5-1 中国国际货运航空公司的包机服务

1. 服务简介

通过签署包机运输合同，以整架飞机的舱位按约定的条件和运价进行货物运输的系列服务，适用符合国家法律及按国际航协及中国民航总局的法规及相关政策规定的各类货物，包括且不限于大批量、客机腹舱超限、有特殊操作要求的货物，如超大、超重的成套生产线、仪器、设备、普通商品、军需用品、救灾物资、危险物品、贵重物品、活体动物和鲜活易腐货物等。

2. 服务标准

中国国际货运航空公司的包机服务标准如表 5-1 所示。

表 5-1 中国国际货运航空公司的包机服务标准

申请时限	包机人应尽早向承运人提出书面包机申请，通常为航班起飞前 20 天，根据航路、时刻的不同，包机申请的时限可根据承运人的解释适当调整
交运时限（航班起飞前）	遵照协议约定交运
提取时限（航班到达后）	遵照协议约定交运
特色保障	1. 丰富的机型、时刻、航路资源； 2. 专业团队免费提供运输方案及咨询服务； 3. 及时、主动地传递操作流程的各个主要环节的信息； 4. 指定专人负责指导并协助办理托运手续； 5. 提供监装、监卸服务

3. 包机须知

（1）包机人应凭介绍信或个人有效身份证件向承运人提出包机申请。

（2）包机人的申请应包括待运货物的详细信息：品名、件数、重量、尺寸、体积、始发站、目的站、特殊操作要求等。

（3）包机费用包括飞机及货物在仓库与飞机之间的地面运输、装机、卸机等地面服务费用，但在始发地和目的地的地面运输、货物装卸集装器以及海关检查和税收等其他费用由包机人自行办理并承担费用，且此项费用不计入包机费用中。

（4）包机人应当遵守并保证所有承运货物符合包机着陆国的所有海关、公安、公共卫生以及其他有关货物出入或清关的法律，并支付根据有关规定发生的一切费用。

（5）如您有包机运输需求，请联系 charter.sales@airchinacargo.com 以获取更多的信息。

（2）集中托运（Consolidation）。集中托运是指集中托运人（一般是航空货运代理公司）把若干批单独发运的货物组成一整批，集中向航空公司办理托运，采用一份航空总运单将货物发送到同一到达站，由集中托运人委托到达站当地的货运代理人负责收货、报关，并按集中托运人签发的航空分运单分拨给各个实际收货人的一种运输方式，其大致流程如图 5-1 所示。

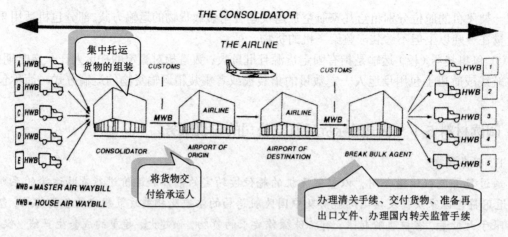

图 5-1　集中托运流程

集中托运是航空货运代理公司的主要业务之一，也是国际航空货物运输使用得比较广泛的一种方式。因为航空公司费率制定的原则是货物重量越大，费率越低，这样做可以吸引货主采取航空运输。对于货主来说，可利用集中托运人的服务简化托运手续，节省费用。对于货运代理人来说，既可通过办理集中托运收取手续费，又可从运费差价中获得利益。

集中托运也有局限性：一是贵重物品、活动物、尸体、骨灰、危险品、外交信袋等根据航空公司的规定不得采用集中托运的形式；二是由于集中托运的情况下，货物的出运时间不能确定，所以不适合易腐烂变质的货物、紧急货物或其他对时间要求高的货物的运输；三是对图书等可以享受航空公司优惠运价的货物来讲，使用集中托运的形式可能不仅不能节约运费，反而会使托运人运费负担加重。

（3）联合运输（Combined Carriage）。联合运输又称陆空联运，即使用民航飞机和地面运输工具的联合运输方式，也简称 TAT（Train Air Truck）。

（4）航空快递（Air Express）。航空快递是指航空快递企业利用航空运输，收取发件人托运的快件并按照向发件人承诺的时间将其送交指定地点或收件人，掌握运送过程的全部情况并能将即时信息提供给有关人员查询的门对门速递服务。这种运输方式特别适用于急需的药品和医疗器械、贵重物品、图纸资料、货样、单证和书报杂志等小件物品。这是目前航空货物运输中最快捷的运输方式。

（5）货主押运。货主押运是指在运输过程中需要专人照料监护的货物，由托运人派人随机押运的一种运输方式。

二、民用航空运输组织

（一）国际民用航空组织

国际民用航空组织（International Civil Aviation Organization，ICAO）是协调世界各国政府在民用航空领域内各种经济和法律事务、制定航空技术国际标准的重要组织。1944 年 11 月 1 日至 12 月 7 日，52 个国家在美国芝加哥举行国际民用航空会议，签订了《国际民用航空公约》（简称《芝加哥公约》），并决定成立过渡性的临时国际民用航空组织。1947 年 4 月 4 日，《芝加哥公约》生效，国际民用航空组织正式生效。1947 年 5 月 13 日，国际民用航空组织正式成为联合国的一个专门机构，总部设在加拿大的蒙特利尔。国际民用航空组织的最高权力机构是成员国大会，常设机构为理事会，常设执行机构为秘书处，下设航行、航空运输、技术援助、法律、行政服务五个局。理事会由大会选出的 33 名会员国代表组成，我国于 1974 年正式加入该组织，也是理事国之一。

根据《芝加哥公约》第四十四条的规定，国际民用航空组织的宗旨和目的主要有以下几点。

（1）保证全世界国际民用航空安全地和有秩序地发展。

（2）鼓励为和平用途的航空器的设计和操作艺术。

（3）鼓励发展国际民用航空应用的航路、机场和航行设施。

（4）满足世界人民对安全、正常、有效和经济的航空运输的需要。

（5）防止因不合理的竞争而造成经济上的浪费。

（6）保证缔约各国的权利充分受到尊重，每一缔约国均有经营国际空运企业的公平的机会。

（7）避免缔约各国之间的差别待遇。

（8）促进国际航行的飞行安全。

（9）普遍促进国际民用航空在各方面的发展。

（二）国际航空运输协会

国际航空运输协会（International Air Transport Association，IATA）是由世界各国航空公司所组成的大型国际组织，其前身是 1919 年在海牙成立并在二战时解体的国际航空业务协会。

1944 年 12 月，出席芝加哥国际民航会议的一些政府代表和顾问以及空运企业的代表聚会，商定成立了一个委员会为新的组织起草章程。1945 年 4 月 16 日，在哈瓦那会议上修改并通过了草案章程后，国际航空运输协会正式成立。

IATA 总部设在加拿大蒙特利尔，执行机构设在日内瓦，同时在日内瓦设置清算所，为各成员公司进行财务上的结算。该协会在全球有七个地区办事处：北美地区办事处（美国华盛顿）、南美地区办事处（智利圣地亚哥）、欧洲地区办事处（比利时布鲁塞尔）、非洲地区办事处（瑞士日内瓦）、中东地区办事处（约旦安曼）、亚太地区办事处（新加坡）和北亚地区办事处（北京）。协会的会员分为正式会员和准会员两类。如果申请加入的公司的批准政府是国际民航组织成员国政府，并且该公司在两个或两个以上国家间从事航空服务，则该公司可以成为正式会员，其他公司可以申请成为准会员。

IATA 的宗旨如下。

（1）为了世界人民的利益，促进安全、正常和经济的航空运输，扶持航空交通，并研究与此有关的问题。

（2）为直接或间接从事国际航空运输工作的各空运企业提供合作的途径。

（3）与国际民航组织及其他国际组织协力合作。

IATA 的主要活动有以下几个方面。

（1）协商制定国际航空客货运价。

（2）统一国际航空运输规章制度。

（3）通过清算所统一结算各会员间以及会员与非会员间的联运业务账目。

（4）开展业务代理。

（5）进行技术合作。

（6）协助各会员公司改善机场布局和程序标准，以提高机场的营运效率。

（三）国际航空电信协会

国际航空电信协会（Society International De Telecommunication Aero-nautiques，SITA）是联合国民航组织认可的一个非营利性组织，是航空运输业内世界领先的电信和信息技术解决方案的集成供应商。SITA成立于1949年，目前在全世界拥有650家航空公司会员，其网络覆盖全球180个国家。SITA的发展目标是带动全球航空业使用信息技术，并提高全球航空公司的竞争能力，它不仅为航空公司提供网络通信服务，还可为其提供共享系统，如机场系统、行李查询系统、货运系统和国际票价系统等。

三大国际航空组织缩写及标识Logo如表5-2所示。

表5-2　三大国际航空组织缩写及标识Logo

名　　称	缩　　写	标识 Logo
国际民用航空组织	ICAO	
国际航空运输协会	IATA	
国际航空电信协会	SITA	

 做一做：单项实训一

实训目标：认识国际航空运输行业组织，了解我国主要航空公司的基本情况。

1. 挑选一个国际航空货物运输组织进行介绍，内容包括中英文名称、成立情况、工作目的和工作任务等。

2. 通过中国民用航空局网站（http://www.caac.gov.cn）及其他网页进一步学习国际民航组织的成立背景、组织结构、组织成员和宗旨目的等内容。

3. 学生通过上网，浏览至少3家航空公司的网站（如中国国际航空公司、中国东方航空公司和中国南方航空公司），查看公司简介。根据网站介绍，填写表5-3，提交电子版文档给老师。

表5-3　航空公司基本情况认知表

序　号	航空公司中文名称及英文缩写	标识 Logo	主要业务范围	主　要　航　线	是否提供货运服务
1					
2					
3					

任务二　航空区划和时差计算

任务描述: 要求学生能够理解航空运输业务区划的目的,了解国际航空运输协会(IATA)划分的全世界三个航空运输业务区以及各业务区的范围;理解时差的概念,会计算航空时差。

一、航空运输业务区划

(一)航空区域划分的目的和 IATA 区域

1. 目的

出于保证国际航空运输的运营安全以及国际民航组织规定的各国航空运输企业在技术规范、航行程序和操作规则上的一致性原则,国际航空运输协会将世界划分为三个航空运输业务区,称为"国际航协交通会议区"(IATA Traffic Conference Areas),以方便各国及地区航空运输企业之间的运输业务划分与合作。

2. IATA 区域

国际航空运输协会将全球划分为三个航空运输业务区,即 Area TC1、Area TC2 和 Area TC3三个大区,分别简称为 TC1、TC2 和 TC3,其下又可以进行次一级的分区,称为次区(Sub-area)。

(二)IATA 区域分区范围

1. IATA 一区(Area TC1,TC1)

(1)范围。北起格陵兰岛,南至南极洲,包括北美洲和南美洲的所有大陆部分及其相邻的岛屿:格陵兰岛、百慕大群岛、西印度群岛、加勒比海群岛和夏威夷群岛(包括中途岛和巴尔米拉岛)。

(2)次区。IATA 又把 TC1 区细分为加勒比海次区(Caribbean Sub-area)、墨西哥次区(Mexico Sub-area)、狭长地带次区(Long Haul Sub-area)和南美次区(South America Sub-area)。

2. IATA 二区(Area TC2,TC2)

(1)范围。北起北冰洋诸岛,南至南极洲,包括欧洲全部(包括俄罗斯的欧洲部分)及其近邻岛屿,即冰岛和亚苏尔群岛;非洲全部及其近邻岛屿;亚松森群岛;以及包括伊朗在内及其以西的亚洲部分。

(2)次区。IATA 又把 TC2 区细分为欧洲次区(Europe Sub-area)、中东次区(Middle East Sub-area)和非洲次区(Africa Sub-area)。

3. IATA 三区(Area TC3,TC3)

(1)范围。北起北冰洋,南至南极洲,包括整个亚洲及未包括在 TC2 区范围内的相邻岛屿,整个东印度群岛,澳大利亚、新西兰及不包括在 TC1 区内的太平洋岛屿。

(2)次区。IATA 又把 TC3 区细分为南亚次大陆次区(South Asia Subcontinent Sub-area)、东南亚次区(South East Asia Sub-area)、西南太平洋次区(South West Pacific Sub-area)、日本/朝鲜次区(或称东亚次区,Japan/Korea Sub-area)。

我国属于 IATA 三区。

微课 5.2

微课 5.3

二、时差计算

（一）时差

由于地球自转造成了经度不同的地区时刻不同，当飞机跨越经度时，就产生了时刻上的不统一，即时差。

（二）时区

1884 年，在华盛顿举行的国际经度会议上，确定了以平太阳时为基础的标准时刻度。平太阳时就是日常用的手表时间，这种标准时刻度规定，按经度线把全球划分为 24 个标准时区，每个时区跨 15°经度，以 $\lambda=15°\times n$（n=0、±1、±2、±3…±11、±12）的经线为该时区的中央经线，它是所在时区的标准经线。中央经线的地方平太阳时就是该时区的标准时间，也称为时区。本初子午线所在的时区叫作零时区，也叫中央时区，简称中时区。中央时区的中央经线是通过格林威治天文台原址的 0°经线，0°经线向东、向西各 7.5°经线构成中央时区。中央时区的区时被称为世界标准时（Greenwich Mean Time，GMT）；再以 180°经线为中央经线，各划出 7.5°，称为东西十二时区。

（三）法定时区

法定时区是各国根据本国具体情况自行规定的适用于本国的标准时区。法定时区的界线一般不是依据经线，而是依据实际的行政区划和社会经济发展状况来确定的。

根据法定时区确定的标准时称为法定时。法定时是目前世界各国实际使用的标准时。为了充分利用太阳光照，世界各国法定时区的标准经度往往不是其适中经度，而是普遍向东偏离。从世界范围看，法定时区系统几乎比理论上的时区系统向东偏离一个时区。例如，法国和西班牙都位于中时区，它们所使用的法定时却是东一区的标准时。

IATA 出版的《航空货运手册》（*OAG Air Cargo Guide*）中的航班时刻表中的各个城市的时间都是当地标准时间，为了方便查阅与时差换算，OAG 公布了国际时间换算表（Internation Time Calculator），列出了各个国家当地标准时间与世界标准时间的时间差距，具体为

$$当地时间=GMT±某一数值 \tag{5-1}$$

式（5-1）中，某一数值的计算方法是 0 时区向东隔几个时区，时间加几小时；向西隔几个时区，时间减几小时。

【例 5-1】 GMT 是 08:00，求杭州当地时间。

解：杭州在东 8 区，杭州当地时间=8+8=16，即杭州当地时间是下午 4 点。

【例 5-2】 10 月 15 日西班牙当地时间是 05:00，求加拿大温哥华当地时间。

解：西班牙在东 1 区，加拿大温哥华在西 7 区，时差 8 小时，西班牙时间早于加拿大，加拿大温哥华时间为 14 日 21:00。

（四）时差计算

在航空运输业务中，常常需要计算飞行时间以正确计算货物的在途时间。航班飞行时间的计算大致分三步：第一，查国际时间换算表，查清始发地、目的地的当地时间和标准时间的关系；第二，将始发时间和到达时间换算成标准时间；第三，求到达时间和始发时间的差额，得到飞行时间。

【例5-3】　计算航班的飞行时间。

航班 AF033 于 12 月 10 日 10:30 从巴黎装运一票货物，将于同日 11:55 到蒙特利尔。请计算该航班的飞行时间。

解：

（1）由 Internation Time Calculator 可知：

巴黎当地时间=GMT+1

蒙特利尔当地时间=GMT-5

（2）巴黎始发时间 GMT=10:30-01:00=09:30

蒙特利尔到达时间 GMT=11:55+05:00=16:55

（3）AF033 从巴黎至蒙特利尔的飞行时间=16:55-09:30=7 小时 25 分钟

有的航班飞行跨越国际日期变更线，会出现日期上的前一天到达，或后一天到达，甚至后几天到达的现象。在计算这类航班的飞行时间时，需要用一天 24 小时的换算去调整。

【例5-4】　计算航班的飞行时间。

货机航班 NW904 于 12 月 10 日 15:15 从我国香港出发，航班有两个经停站，将于第二天 01:25 到达纽约。请计算航班的全程运输时间。

解：

（1）由 Internation Time Calculator 可知：

香港当地时间=GMT+8

纽约当地时间=GMT-5

（2）香港始发时间为 10 日：GMT=15:15-08:00=07:15

纽约到达时间为 11 日：GMT=01:25+05:00=06:25

将到达时间调整到与始发时间为同一天，则纽约到达时间为 10 日：GMT=06:25+24:00= 30:25

（3）NW904 从香港至纽约的飞行时间=30:25-07:15=23 小时 10 分钟

做一做：单项实训二

实训目标：了解航空区划，学会时差计算。

1. 从国际民航组织网页及其他相关网站查找资料，确定美国、英国和冰岛分别属于哪个航空区域。

2. 某旅客于 3 月 30 日乘国航班机从北京去华盛顿，北京始发时间是 09:44，到达华盛顿当地的时间为 3 月 30 日 15:30。计算该航班的飞行时间。

3. 根据表 5-4 给出的资料，填写表格空白处。

表 5-4　航空区划与飞行时间计算

始　发　站	起飞时间	标准时差	目　的　站	到达时间	标准时差	全程飞行时间
例：北京，中国	09:44	GMT+8	华盛顿，美国	15:30	GMT-5	18:46 或 18 小时 46 分钟
1. 杭州，中国	15:35	GMT+8	洛杉矶，美国	19:00	GMT-8	

续表

始发站	起飞时间	标准时差	目的站	到达时间	标准时差	全程飞行时间
2. 香港，中国	15:30	GMT+8	奥克兰，新西兰	06:20	GMT+12	
3. 香港，中国	23:35	GMT+8	巴黎，法国	07:00	GMT+1	
4. 香港，中国	07:30	GMT+8	大阪，日本	11:40	GMT+9	
5. 北京，中国	20:35	GMT+8	曼谷，泰国		GMT+7	04:45
6. 北京，中国		GMT+8	哥本哈根，丹麦	18:30	GMT+1	09:55
7. 北京，中国	13:00	GMT+8	纽约，美国		GMT−5	13:30
8. 北京，中国	11:10	GMT+8	伦敦，英国	15:00	GMT	
9. 北京，中国	08:10	GMT+8	釜山，韩国	11:25		
10. 广州，中国	00:50	GMT+8	马赛，法国	06:40	GMT+1	
11. 广州，中国	19:15	GMT+8	墨尔本，澳大利亚	07:15		
12. 维也纳，奥地利	14:55		伯明翰，英国	16:25	GMT	
13. 维也纳，奥地利	07:20		巴黎，法国	09:30	GMT+1	
14. 维也纳，奥地利	10:10		新德里，印度	22:00		

"国际时差换算表"可参见网站 http://time.123cha.com，有夏令时的目的站不按"夏令时"的时差计算

4. 访问"时间地图网"（网址 http://www.24timemap.com），查询任意两个城市之间的时间与时差，如广州和伦敦、北京和纽约。

任务三　航空运输工具

任务描述：要求学生了解飞机的机型类别、舱位结构；了解集装器的定义、种类及其使用原则。

微课 5.4

一、民用航空运输飞机

（一）飞机的舱位结构

飞机主要分为两种舱位——主舱（Main deck）和下舱（Lower deck），但有些机型，如波音 747 分为三种舱位，即上舱（Upper deck）、主舱和下舱，如图 5-2 所示。飞机货舱内部如图 5-3 所示。

图 5-2　飞机的舱位结构

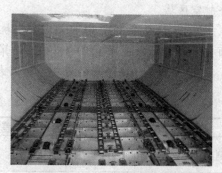

图 5-3　飞机货舱内部图

（二）机型的分类

1. 按机身的宽窄划分

按机身的宽窄划分，民用飞机可以分为窄体飞机和宽体飞机。

（1）窄体飞机（Narrow-body Aircraft）。窄体飞机的机身宽约 3 米，旅客座位之间有一条走廊，这类飞机往往只在其下货舱装运散货，如图 5-4 所示。常见的窄体飞机机型如表 5-5 所示。

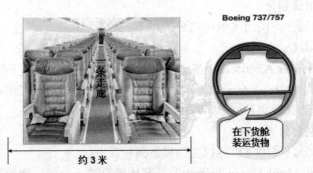

图 5-4　窄体飞机客货舱

表 5-5　常见的窄体飞机机型

厂　　商	机　　型
Airbus Industries	A318、A319、A320、A321
Boeing	B707、B717、B727、B737、B757
Fokker	F100
McDonnell Douglas	DC-8、DC-9、MD-80series、MD90
Antonov	AN-72/74

（2）宽体飞机（Wide-body Aircraft）。宽体飞机的机身较宽，客舱内有两条走廊、三排座椅，机身宽一般在 4.72 米以上，这类飞机可以装运集装箱货物和散货，如图 5-5 所示。常见的宽体飞机机型如表 5-6 所示。

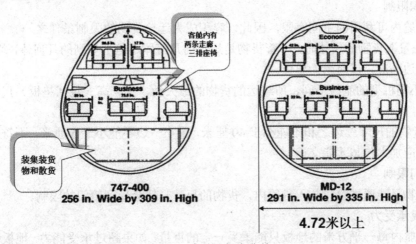

图 5-5　宽体飞机客货舱

表 5-6　常见的宽体飞机机型

厂　商	机　型
Airbus Industries	A300-B、A310、A330、A380
Boeing	B747、B767、B777、B787
McDonnell Douglas	DC-10、MD-11
Antonov	AN-124

2．按飞机使用用途划分

按飞机使用用途划分，民用飞机可以分为以下三种。

（1）全货机（All Cargo Aircrift）。全货机的主舱及下舱全部载货，如 B737-200F。

（2）全客机（Passenger Aircrift）。全客机的主舱全部装载旅客，只在下舱载货，如 B737-800。

（3）客货混用机（Mixed Aircrift）。客货混用机在主舱前部设有旅客座椅，后部可装载货物，下舱内也可以装载货物，如 B747-357M。

3．按载货的类型划分

按载货的类型划分，民用飞机可以分为以下两种。

（1）散货型飞机（Bulk Cargo Aircraft）。窄体飞机的下舱属非集装货舱，因此该类机型绝大部分都属于散货型飞机。

（2）集装型飞机（ULD Cargo Aircraft）。全货机及宽体客机均属集装型飞机，可装载集装设备。

（三）飞机的装载限制

1．重量限制

（1）飞机制造商规定了每一货舱可装载货物的最大重量限额。

（2）货物重量不得超过载运机型的地板承受力。

（3）非宽体飞机载运的货物，每件重量一般不超过 80 千克；宽体飞机载运的货物，每件重量一般不超过 250 千克。如果超过，则必须考虑并确认满足机舱地板承受力和有关各个航站的装卸条件后，方可收运。

2．容积限制

由于货舱内可利用的空间有限，因此，容积成为运输货物的限制条件之一。

（1）在量取货物的尺寸时，不管货物是规则的几何体还是不规则的几何体，均应以最长、最宽、最高边为准，以厘米为单位。

（2）不同机型的舱门不同，所载运的货物的最大长、宽、高（包括垫板）尺寸不得超过舱门限制。

（3）货物的尺寸三边之和不能小于 40 厘米，最小一边不能小于 5 厘米，不符合上述规定的小件货物应加大包装才能交运。

3．舱门限制

由于货物只能通过舱门装入货舱内，货物的尺寸必然会受到舱门的限制。

4．地板承受力

飞机货舱内每一平方米的地板只能承受一定的重量，如果超过承受能力，地板和飞机结构很有可能遭到破坏。因此，装载货物时一定不能超过地板承受限额。表 5-7 是空客系列和波音系列机型的地板承受限额。

表 5-7　空客和波音系列机型的地板承受限额

	空客系列	波音系列
下货舱散舱（kg/m²）	732	732
下货舱集货舱（kg/m²）	1 050	976

地板承受力计算公式为

地板承受力（kg/m²）=货物重量（kg）÷货物底部与机舱的接触面积（m²）　　　（5-2）

当货物重量过大时，为了减少货物对机舱的压力，可加一个 2～5 cm 厚的垫板，增加底面接触面积，使单位压力减少。最小垫板面积的计算公式为

最小垫板面积（m²）=[货物重量（kg）+垫板重量（kg）]÷

适用机型的地板承受力（kg/m²）　　　（5-3）

垫板本身有一定的重量，但在实践中，为了计算简便，往往忽略垫板重量，而改为在得出的面积上乘以 120% 以充分保证安全。

【例 5-5】　机舱地板承载力相关计算。

一件货物重 160 kg，不可倒置、侧放，包装尺寸为 40 cm×40 cm×60 cm（长×宽×高）。问：是否能装入 A320 飞机的下货舱？如果不可以，该如何处理才能装入？（垫板重量忽略不计，计算精确到小数点后两位。）

解：

（1）由于该件货物不可倒置、侧放，则货物底部与机舱的接触面积为 40 cm × 40 cm=0.16 m²。需装入 A320 飞机下货舱，其地板承受力为 732 kg/m²。

若该货物装机，根据式（5-2），机舱地板每平方米承受力为 160÷0.16=1 000（kg/m²）>732（kg/m²），所以不能直接装入 A320 飞机下货舱。

（2）若一定要装入，则可以考虑加一个 2～5 cm 厚的垫板。

最小垫板面积=160÷732=0.22（m²）

0.22×120%=0.26（m²）

所以，至少要加一块面积不少于 0.26 m²、厚度为 2～5 cm 的垫板才能运输。

【例 5-6】　超大超重货物垫板的加载。

单件重量为 4 760 kg 的货物，外形尺寸如图 5-6 所示，货物底部有 3 条宽度为 10 cm 的枕木垫板。问：货物对飞机货舱地板的压力是否符合波音系列飞机机舱地板承载力要求？如果不符合，该如何处理使其符合要求？

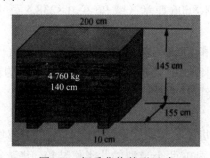

图 5-6　超重货物外形尺寸

解：

货物重量是通过底部的 3 条枕木传导到地板的，其接地面积为

$$S_{接地} = 1.55 \times 0.1 \times 3 = 0.465 \ (m^2)$$

货舱地板单位面积承载力=4 760÷0.465=10 237（kg/m²）>976（kg/m²）

查表 5-7 可知，波音系列飞机下货舱地板最大承载力为 976 kg/m²。

因此，该件货物在组装集装器时，必须在货物底部与集装器之间增加垫板，否则不能运输。

需要加垫板面积为

4 760÷976=4.88（m²）

4.88×120%=5.86（m²）

因此，垫板面积为 5.86 m²。

微课 5.5

二、航空集装器

（一）航空集装器的概念

航空集装器是指在飞机上使用的，用来装载货物、邮件和行李的专用设备，包括各种类型的集装箱、集装板及其网套、锁扣、角绳等。集装设备也被称作飞机货舱的可移动部件。

航空集装器被视为飞机构造中可拆卸的一部分，能放集装器的飞机货舱底部一般设置有滚轴及叉眼装置，集装器的底部直接与这些装置相接触，可使集装器平稳地进入货舱并牢固地固定在机舱内。

在飞机货舱内使用航空集装器有以下作用：一是减少货物装运时间，提高工作效率；二是以集装运输替代散件装机，可以减少地面等待时间；三是减少货物周转次数，提高货物完好率；四是减少差错事故，提高运输质量；五是节省货物的包装材料和包装费用。

（二）航空集装器的种类

1. 组合结构的集装器

（1）飞机集装板和网罩。集装板是根据机型要求制造的一块平面铝板，将货物集中放在板上用网罩或拱形盖板固定，然后锁定入机舱内以达到速装速卸的目的。集装板的厚度一般不超过 1 英寸（2.54 厘米），在板的边缘应有固定网罩的装置，可用绳子或皮带打成方形或菱形的网格。集装板的高度受不同机型货舱高度以及装载位置的限制而有所变化。集装板如图 5-7 所示。

常见的集装板尺寸有 224 厘米×318 厘米（或 88 英寸×125 英寸）、224 厘米×274 厘米（或 88 英寸×108 英寸）、244 厘米×606 厘米（或 96 英寸×238.5 英寸）、244 厘米×318 厘米（或 96 英寸×125 英寸）。

（2）飞机集装板、网罩和无结构拱形盖板。无结构拱形盖板前面敞开、没有底部，用硬质的玻璃纤维金属或其他材料制成拱形形状，这是为了与机舱的轮廓一致，可放在客舱交接部位，并与集装板通用，外面用网罩固定。

2. 全结构集装器

（1）下货舱集装箱。下货舱集装箱只能装在宽体飞机下部集装箱舱内，有全型和半型两种类型。机舱内可放入一个全型或两个半型的此类集装箱，集装箱高度不得超过 163 厘米，如

图 5-8 所示。

图 5-7　航空集装板

图 5-8　航空集装箱

（2）主货舱集装箱。该类集装箱高 163 厘米或更高一些，只能装在货机或客货机的主货舱内。

（3）有结构拱形集装箱。当无结构拱形盖板具备前部和底部并摆脱网罩固定，可单独使用时就变成了有结构拱形集装箱。

（三）集装器实例

表 5-8 列示了中国国际货运航空有限公司常见的集装板和集装箱的类型、图示和规格参数。

表 5-8　常见集装板和集装箱的类型、图示和规格参数

集装箱类别	图　示	规 格 参 数
AKE 集装箱		IATA 代码：LD3 规格尺寸：156 cm×153 cm×163 cm 可用容积：152cu. ft，4.3 m³ 净　重：73 kg（布门）/100 kg（金属门） 最大毛重：1 588 kg 适用机型：B747、B747F、B747Combi、B767、B777、A330、A340 等机型下货舱
AMP 集装箱		IATA 代码：AM 规格尺寸：318 cm×244 cm×163 cm 可用容积：11.5 m³ 净　重：200 kg 最大毛重：6 804 kg 适用机型：B747、B747F、B747Combi、B767、B777、A330、A340 等机型下货舱，B747F、B747Combi 主货舱
HMJ 集装箱		IATA 代码：HM 规格尺寸：318 cm×244 cm×235 cm 可用容积：可装 3 匹马 净　重：805 kg 最大毛重：3 800 kg 适用机型：B747F、B747Combi 主货舱

集装箱类别	图 示	规 格 参 数
PAG 集装板	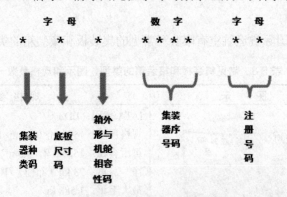	类　　型：PA 规格尺寸：318 cm×224 cm 净　　重：120 kg 最大毛重：6 033 kg 适用机型：B747、B747F、B767、B777、A330、A340 等机型下货舱，B747F、B747Combi 主货舱和下货舱
PRA 集装板		类　　型：PR 规格尺寸：498 cm×244 cm×300 cm 净　　重：400 kg 最大毛重：11 340 kg 适用机型：B747F、B747Combi 主货舱

（四）集装器代码

每个集装器都有 IATA 编号，编号由九位字母与数字组成，其代码结构如图 5-9 所示。

字 母	数 字	字 母
＊　＊　＊	＊＊＊＊	＊　＊

集装器种类码　底板尺寸码　箱外形与机舱相容性码　集装器序号码　注册号码

图 5-9　集装器代码结构

首位字母是集装器的种类；集装器的第 2 位字母表示集装器的底板尺寸；第 3 位表示集装器的外形以及与飞机的适配性；第 4～7 位数字表示序号；第 8、9 位字母表示所有人、注册人。例如，某集装器代码是 PAP2233CA，其含义如表 5-9 所示。

表 5-9　集装器代码的含义

位　　置	字母或数字	含　　义	说　　明
1	字母	集装器的种类	P：注册飞机的集装板
2	字母	底板尺寸	A：224 cm×218 cm
3	字母	外形或适配性	P：适用于 B747COMB 上舱及 B747、DC10、L1011、A310 下舱的集装板
4、5、6、7	数字	序号	2233
8、9	字母	所有人、注册人	CA

注：以下是集装器种类的字母代码：A 代表注册的飞机集装器；B 代表非注册的飞机集装器；F 代表非注册的飞机集装板；G 代表非注册的集装板网套；J 代表保温的非机构集装棚；M 代表保温的非注册的飞机集装箱；N 代表注册的飞机集装板网套；P 代表注册的飞机集装板；R 代表注册的飞机保温箱；U 代表非机构集装棚

（五）集装货物的基本原则

（1）检查所有待装货物，设计货物组装方案。

（2）一般情况下，大货、重货装在集装板上；体积较小、重量较轻的货物装在集装箱内。组装时，体积或重量较大的货物放在下面，并尽量向集装器中央集中码放；小件和轻货放在中间；对于危险物品或形状特异可能危害飞机安全的货物，应将其固定，如图 5-10 所示，可用填充物将集装器塞满或使用绳、带捆绑。合理码放货物应做到大不压小、重不压轻、木箱或铁箱不压纸箱；同一卸机站的货物应装在同一集装器上，一票货物应尽可能地集中装在一个集装器上，避免分散装在不同的集装器。

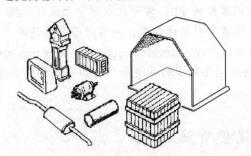
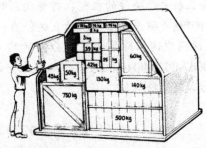

图 5-10　形状特异物品的组装

（3）集装箱内的货物应码放紧凑，间隙越小越好，如图 5-11 所示。

（4）如果集装箱内没有装满货物，即所装货物的体积不超过集装箱容积的 2/3，且单件货物重量超过 150 千克，就要对货物进行捆绑固定，如图 5-12 所示。

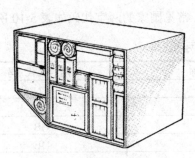
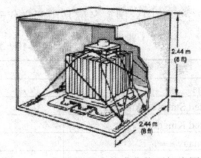

图 5-11　集装箱货物的码放　　　　　图 5-12　集装箱没有装满货物要捆绑固定

（5）特别重的货物放在下层，底部为金属的货物和底部面积较小、重量较大的货物必须使用垫板，如图 5-13 所示。

（6）装在集装板上的货物要码放整齐，上下层货物之间要相互交错，骑缝码放，避免货物坍塌、滑落，如图 5-14 所示。

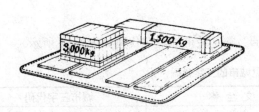
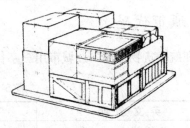

图 5-13　特别重的货物的码放　　　　　图 5-14　集装板上的货物码放

做一做：单项实训三

实训目标：熟悉主要航空运输机型，掌握各机型对航空运输工具、航空集装箱、集装器的装载要求。

1. 访问中国国际货运航空公司网站（http://www.airchinacargo.com/index.php?section=0-0001-0007-0028），查询常见客货机机型及相关资料（具体为机型、基本参数、装载参数、综合装载数据表、主货舱标准装载俯视图、下货舱标准装载俯视图和主货舱装载截面图），然后选择三种自己关注的机型，将查询到的内容做成 PPT 的形式在课堂上进行汇报。考核指标：PPT 精美程度；汇报人的表达能力；收集资料的详细度；内容是否条理清晰。

2. 访问中国国际货运航空公司网站（http://www.airchinacargo.com/index.php?section=0-0001-0007-0029-0046-0071），从网上查询航空集装器的相关知识，将查询到的内容做成PPT 的形式提交给老师。

微课 5.6

任务四　航空货运代码

任务描述：要求学生熟悉常用的各种航空货运代码，能够从表中快速查找各种航空货运代码。

一、国家代码

在航空运输中，国家名称是用两字代码表示的。常见国家的两字代码如表 5-10 所示。

表 5-10　常见国家的两字代码

英 文 全 称	中 文 全 称	两 字 代 码
China	中国	CN
United States of America	美国	US
United Kingdom	英国	GB
Germany	德国	DE
France	法国	FR
Japan	日本	JP
Korea	韩国	KR
Singapore	新加坡	SG
Canada	加拿大	CA
Australia	澳大利亚	AU

二、城市代码

在航空货物运输中，城市用三字代码表示。常见城市的三字代码如表 5-11 所示。

表 5-11　常见城市的三字代码

英 文 全 称	中 文 全 称	城市三字代码
Beijing	北京	BJS

续表

英 文 全 称	中 文 全 称	城市三字代码
Guangzhou	广州	CAN
Shanghai	上海	SHA
Shenzhen	深圳	SZX
London	伦敦	LON
Seoul	首尔	SEL
Paris	巴黎	PAR
New York	纽约	NYC
Tokyo	东京	TYO
Osaca	大阪	OSA

三、机场代码

机场名称通常也用三字代码表示，有些机场的三字代码与城市的三字代码一样，我国很多城市都是如此，如天津等。但从国际性角度看，大多数机场的三字代码同城市的三字代码不一样。例如，北京的城市代码是 BJS，首都机场的代码是 PEK。常见机场的三字代码如表 5-12 所示。

表5-12 常见机场的三字代码

机场的英文全称	中 文 全 称	三 字 代 码	所 在 国 家
Capital Airport	首都国际机场	PEK	中国
Charles DE Gaulle Airport	戴高乐机场	CDG	法国
Hangzhou Airport	杭州萧山国际机场	HGH	中国
Kansai INT' Airport	大阪关西国际机场	KIX	日本
Dulles INT' Airport	达拉斯国际机场	IAD	美国
Hahn Airport	法兰克福哈恩机场	HHN	德国
O'hare INT' Airport	芝加哥奥黑尔国际机场	ORD	美国

四、航空公司代码

航空公司一般既有两字代码，也有三字代码，但通常使用的是两字代码。常用航空公司的两字代码如表 5-13 所示。

表5-13 常用航空公司的两字代码

英 文 全 称	中 文 全 称	两 字 代 码	所在国家/地区
Air China International Corp	中国国际航空公司	CA	中国
China Southern Airlines	中国南方航空公司	CZ	中国
China Eastern Airlines	中国东方航空公司	MU	中国
China Airlines Ltd	中华航空公司	CI	中国台湾
Air Macao Airlines	澳门航空公司	NX	中国澳门

英 文 全 称	中 文 全 称	两 字 代 码	所在国家/地区
United Airlines	美国联合航空公司	UA	美国
British Airways	英国航空公司	BA	英国
Air France	法国航空公司	AF	法国
Lufthansa	德国汉莎航空公司	LH	德国
Japan Airlines	日本航空公司	JL	日本
Emirates Airlines	阿联酋航空公司	EK	阿拉伯联合酋长国
Korean Airlines	大韩航空公司	KE	韩国
Singapore Airlines	新加坡航空公司	SQ	新加坡

五、航空操作代码

在航空货物运输中，航空操作代码用三字代码表示，如表 5-14 所示。

表 5-14　航空操作代码表

操 作 代 码	英 文 全 称	中 文 全 称
AOG	Aircraft on Ground	航材
AVI	Live Animal	活动物
BIG	Outsized	超大货物
CAO	Cargo Aircraft Only	仅限货机
DIP	Diplomatic Mail	外交邮袋
EAT	Foodstuffs	食品
FIL	Undeveloped/Unexposed Film	未冲洗/未曝光的胶卷
FRO	Frozen Goods	冷冻货物
HUM	Human Remains in Coffins	尸体
ICE	Dry ICE	干冰
LHO	Living Human Organs/Blood	人体器官/鲜血
NWP	Newspapers, Magzines	报纸、杂志
OBX	Obnoxious Cargo	有强烈异味的货物
OHG	Overhang Item	拴挂货物
PEF	Flowers	鲜花
PEM	Meat	肉
PER	Perishable Cargo	易腐货物
PES	Pise/Seafood	鱼/海鲜
VAL	Valuable Cargo	贵重物品
WET	Shipments of Wet Material Notpacked in Watertight Containers	湿潮货
HEA	Heavy Cargo, 150kgs and Overper Piece	单件 150 千克以上的货物

六、常见危险品代码

常见危险品代码如表 5-15 所示。

表5-15　常见危险品代码

英 文 全 称	中 文 全 称	危险品代码
Cryogenic Liquids	低温液体	RCL
Corrosive	易腐蚀的货物	RCM
Explosives 1.3C	爆炸物 1.3C 类	RCX
Flammable Liquid	易燃液体	RFL
Organic Peroxide	有机过氧化物	ROP
Toxic Gas	有毒气体	RPG
Radioactive Material, Category I-white	放射性包装，I 类白色包装	RRW

七、其他常用的缩写代码

其他常用的缩写代码如表5-16所示。

表5-16　常用缩写代码

中 文 全 称	英 文 全 称	缩 写 代 码
货运单	Air Waybill	AWB
货运账目清算系统	Cargo Acounts Settlement System	CASS
运费到付	Charges Collect	CC
总运单	Master Air Waybill	MWB
分运单	House Air Waybill	HWB
货物运费更改通知书	Cargo Charges Correction Advice	CCA
无声明价值	No Value Declared	NVD
运费预付	Charges Prepaid	PP
托运书	Shipper's Letter of Instruction	SLI
集装器	Unit Load Device	ULD

 做一做：单项实训四

实训目标： 识记常用的航空货运代码。

1. 查找书籍或互联网相关资讯，分别填写表5-17和表5-18。

表5-17　常见航空货运三字代码

城市三字代码		
所 在 国 家	中 文 全 称	三 字 代 码
中国	北京	BJS
		BOM
		BUE
		BCN
		OVB
		OSA
		PAR
美国	费城	
	莫尔斯比港	

续表

城市三字代码		
所 在 国 家	中 文 全 称	三 字 代 码
	西班牙港	
	金边	
巴拿马	巴拿马城	
捷克	布拉格	
意大利	比萨	

机场的三字代码			
英 文 全 称	中 文 全 称	三 字 代 码	所在国家/地区
Capital Airport	首都国际机场		中国
Charles DE Gaulle Airport	戴高乐机场		法国
Hangzhou Airport	杭州萧山国际机场		中国
Kansai INT' Airport	大阪关西国际机场		日本
Dulles INT' Airport	达拉斯国际机场		美国
Hahn Airport	法兰克福哈恩机场		德国
O'hare INT' Airport	芝加哥奥黑尔国际机场		美国

表 5-18　常见航空货运二字代码

国家两字代码		
英 文 全 称	中 文 全 称	两 字 代 码
China	中国	CN
	韩国	
United Kingdom		
	德国	
	荷兰	
	卢森堡	
	泰国	
	阿联酋（阿拉伯联合酋长国）	
	俄罗斯	

航空公司两字代码			
英 文 全 称	中 文 全 称	两 字 代 码	所在国家/地区
China Southern Airlines	中国南方航空公司		中国
	美洲航空公司		美国
		MU	中国
		OZ	韩国
		LH	德国
		KML	荷兰
		CV	卢森堡
		TG	泰国
		EK	阿联酋
		SU	俄罗斯

2．从航空操作代码表中查找以下航空操作的代码：外交邮袋；报纸、杂志；活动物；湿潮货；贵重物品。

任务五　航空运价认知

任务描述：要求学生能够理解航空运价的概念；熟悉航空运价体系。

一、航空运价的概念

微课 5.7

（一）航空运价

航空运价又称费率（Rate），是指承运人对所运输的每一单位重量货物（千克或磅）所收取的自始发地机场至目的地机场的航空费用。

1．航空运价所使用的货币

用以公布航空货物运价的货币称为运输始发地货币。

航空货物运价一般以运输始发地国货币公布，有的国家以美元代替其本国货币公布。以美元公布货物运价的国家视美元为当地货币。运输始发地销售的航空货运单的任何运价、运费值均应为运输始发地货币，即当地货币。

2．货物运价的有效期

销售航空货运单所使用的运价应为填制货运单之日的有效运价，即在航空货物运价有效期内适用的运价。

（二）航空运费

航空运费（Weight Charge）是指航空公司将一票货物自始发地机场运至目的地机场所应收取的航空运输费用，该费用根据每票货物所适用的运价和货物的计费重量计算而得。每票货物是指使用同一份航空货运单的货物。

由于货物的运价是指货物运输起讫地点间的航空运价，航空运费就是指运输始发地机场至目的地机场间的运输货物的航空费用，不包括其他费用。

（三）其他费用

其他费用（Other Charges）是指由承运人、代理人或其他部门收取的与航空货物运输有关的费用。

在组织一票货物自始发地至目的地运输的全过程中，除了航空运输外，还有地面运输、仓储、制单、国际货物的清关等环节，提供这些服务的部门所收取的费用即为其他费用，如地面运输费、退运手续费、航空货运单费、到付运费手续费、特种货物处理费、保险费、声明价值和声明价值附加费等。

（四）计费重量

计费重量（Chargeable Weight）是指用来计算货物航空运费的重量。在实际运费计算时，货物的计费重量往往是取货物的实际毛重、体积重量或较高重量分界点的重量的最大值。

1．实际毛重

包括货物包装在内的货物重量称为货物的实际毛重（Actual Gross Weight）。

2. 体积重量

按照国际航空运输协会的规则，将货物的体积按一定的比例折合成的重量称为体积重量（Volume Weight）。体积重量的换算标准为每 6 000 立方厘米折合为 1 千克，或 366 立方英寸折合为 1 千克，或 166 立方英寸折合为 1 磅。通常按式（5-4）折算。

$$体积重量 = \frac{货物体积}{6\,000} \tag{5-4}$$

不论货物的形状是否为规则的长方体或正方体，计算货物体积时，均应以最长、最宽、最高的三边的厘米长度计算。

体积重量的单位有以下规定。

（1）千克。以 0.5 千克为单位，其国际进位方法是：小数点后不足 0.5 千克的，进到 0.5 千克；大于 0.5 千克而不足 1 千克的，进到 1 千克。例如，100.001 千克进位为 100.5 千克；100.501 千克进位为 101.0 千克。

【例 5-7】 货物体积重量计算。

一票货物的尺寸为 46 cm×51 cm×72 cm，求该批货物的体积重量。

解：

$$体积重量 = \frac{46 \times 51 \times 72}{6\,000} = 28.15 = 28.5 \,（kg）$$

（2）磅（国际单位）的进位方法：小数点后不足 1 磅，进位到 1 磅。

（3）长度单位厘米、英寸的进位方法：长、宽、高的第一位小数部分按四舍五入，结果取整。

3. 计费重量的规则

（1）一般地，采用货物的实际毛重与货物的体积重量二者比较取其中高者。

（2）当货物按较高重量分界点的较低运价计算的航空运费较低时，则此较高重量的分界点的货物起始重量作为货物的计费重量。

（3）国际航空运输协会规定，国际货物的计费重量以 0.5 千克为最小单位，重量尾数不足 0.5 千克的，按 0.5 千克计算；0.5 千克以上不足 1 千克的，按 1 千克计算。

（4）当使用同一份运单，收运两件或两件以上可以采用同样种类运价计算运费的货物时，其计费重量为：货物总的实际毛重与总的体积重量两者比较取高者。

4. 计费重量计算

计费重量计算分三步：第一步，计算货物的体积；第二步，将体积折算成体积重量；第三步，比较体积重量与货物重量的大小，取二者中较大的值确定为计费重量。

【例 5-8】 单件货物计费重量的计算。

由北京运往东京一箱服装，毛重 31.4 kg，体积尺寸为 80 cm×70 cm×60 cm，求该批货物的计费重量。

解：

体积=80×70×60=336 000（cm³）

体积重量=336 000÷6 000=56.0（kg）

毛重 31.4 kg<体积重量 56.0 kg，所以，计费重量为 56.0 kg。

【例 5-9】 一票货运单包含两件或两件以上体积不同的货物计费重量的计算。

一票国际货运单上有两件货物，其中 A 货物：1 箱，30 kg，货物尺寸为 90 cm×50 cm×70 cm；B 货物：1 桶，60 kg，货物尺寸为 50 cm×50 cm×120 cm。计算此票货物的计费重量。

解：

（1）计算此票货物的总体积：

A 体积=90×50×70=315 000（cm³）

B 体积=50×50×120=300 000（cm³）

总体积=315 000+300 000=615 000（cm³）

（2）计算此票货物的总体积重量：

体积重量=615 000÷6 000=102.50（kg）

（3）比较、确定计费重量。

因为两件货物总的毛重是 90 kg，而体积重量是 102.5 kg，所以货物的计费重量为 102.5 kg。

（五）最低运费

最低运费（Minimum Charge）也叫起码运费，是指一票货物自始发地机场至目的地机场航空运费的最低限额。不同地区有不同的起码运费标准，最低运费用代码 M 表示。

表 5-19 是 IATA 公布的 *TACT RATE* 4.3 运价表中从我国出发的航空货物的最低运费。

表 5-19　从我国出发的航空货物到相关区域的最低运费

航空区域代码	区域名称	最低运费（人民币元）
2	Europe,middle	320
2	Africa	451
3	Japan,Korea	230
3	South Asian Subcontinent	230
3	South West Pacific	420

在国内运输中，普通货物每份运单的最低航空运费为人民币 30 元，等级货物按普通货物最低运费的 150%计算，即按人民币 45 元收取。如经民航局和航空公司特别批准，也可调整某类货物或航线的最低运费。

货物按其适用的航空运价与其计费重量计算所得的航空运费应与货物最低运费相比，取高者。例如，一票货物按照实际计费重量计算的运费为人民币 200 元，而航空公司运价表中对应的最低运费为人民币 320 元，则实际运费应按照人民币 320 元计收。

（六）货币及进位

1. 货币代号

从 1990 年 1 月起，国际货币使用国际标准化组织（ISO）制定的货币符号。货币代号通常由国家两字代号和货币简称共三个字母组成。例如，人民币元的代号为 CNY，其中 CN 是国家两字代号，Y 是货币简称。

货币代号的构成也有特殊的情况，如 EUR。EUR 是欧元的货币代号，在加入欧元区的国家中统一使用。

2. 货币的进位

国际货物航空运价及运费的货币进位因货币的币种不同而不同。TACT 将各国货币的进位

规则公布在 *TACT Rules* 中，详细规则可参考 *TACT Rules*5.7.1 中的 CURRENCY TABLE。

进位规则是：先从 *TACT Rules*5.7.1 的 CURRENCY TABLE 中查看进整单位规则；再从 *TACT Rules*5.7.2 的 ROUNDING OFF PROCEDURES 中查看该如何进位。具体归纳如下。

（1）当货币进位单位（Rounding Off Units）是 0.001、0.01、0.1、1 或 10 时，其货币进位就是我们常说的四舍五入。表 5-20 所示是 CNY 和 RUB 的进位示例。

表 5-20　货币进位示例

货 币 代 号	货币进位单位	示例 1	示例 2
CNY（人民币）	0.01	CNY 59.028 进位后为 CNY 59.03	CNY 59.021 进位后为 CNY 59.02
RUB（卢布）	10	RUB 256 进位后为 RUB 260	RUB 254 进位后为 RUB 250

（2）当货币进位单位是 0.005、0.05、0.50 或 5 时，以最小进位单位的一半为准，划分为三个进位区。以 0.50 为例，最小进位单位的一半是 0.25，以 0.25 的 1 倍 0.25 和 3 倍 0.75 为准划分进位区。当尾数小于 0.25 时，舍去；当尾数大于 0.25 小于 0.75 时，进位为 0.5；当尾数大于 0.75 时，进位为 1。表 5-21 所示是澳元（AUD）的进位示例。

表 5-21　货币进位示例

货 币 代 号	货币进位单位	示 例	备 注
AUD（澳元）	0.05	AUD 8.4864 进位后为 AUD 8.50	尾数 0.0864 大于 0.075，因而进位到 0.1

对于以 0.05、0.5、5 等为进位单位的货币，计算中应特别注意其进整问题。由于世界上很多国家的货币采用此类进位单位，因此在实际运输工作中，在处理境外运至我国的到付货物时，对航空货运单的审核及费用的收取须注意此项规则。

微课 5.8

二、国际航空运价体系

目前，国际航空货物运价按制定的途径划分，主要分为协议运价和国际航协运价。

（一）协议运价

协议运价是指航空公司与托运人签订协议，托运人保证每年向航空公司交运一定数量的货物，航空公司则向托运人提供一定数量的运价折扣优惠。

目前，航空公司使用的运价大多是协议运价，但在协议运价中又可以根据不同的协议方式进行细分。

1. 根据协议签订的期限划分

根据协议签订的期限划分，可以分为长期协议和短期协议。

（1）长期协议是指航空公司同代理人签订的协议期限是一年或一年以上。

（2）短期协议是指航空公司同代理人签订的协议期限是半年或半年以下。

2. 根据包板（舱）的方式划分

包板（舱）是指托运人在一定航线上包用承运人的全部或部分舱位或集装器来运送货物。根据包板（舱）的方式，可以分为以下两种。

（1）死包板（舱）是指托运人在承运人的航线上通过包板（舱）的方式运输时，无论托运人是否向承运人交付货物，都必须付协议上规定的运费，且航空公司必须为托运人保留相应舱位。

（2）软包板（舱）是指托运人在承运人的航线上通过包板（舱）的方式运输时，托运人在航班起飞前72小时如果没有确定舱位，承运人则可以自由销售舱位，但承运人对代理人的包板（舱）的总量有所控制。

3. 根据运费返还的条件划分

根据运费返还的条件划分，可以分为以下两类。

（1）销售量返还。销售量返还是指如果代理人在规定期限内完成了一定的销售量，航空公司可以按一定的比例返还运费。

（2）销售额返还。销售额返还是指如果代理人在规定期限内完成了一定的销售额，航空公司可以按一定的比例返还运费。

除协议货物外，其余货物都是一票货物一个定价，即自由销售。

（二）国际航协运价

国际航协运价是指 IATA 在运价手册（*TACT Rates Book*）上公布的运价。按照 IATA 货物运价公布的形式划分，国际航空货物运价可分为公布直达运价和非公布直达运价。

1. 公布直达运价

公布直达运价（Published Through Rates）是指航空公司在运价本上直接注明甲、乙两地金额的运价。公布直达运价又分为指定商品运价、等级货物运价、普通货物运价和集装货物运价。

（1）指定商品运价（Specific Commodity Rate）。指定商品运价是指承运人根据在某一航线上经常运输某一种类货物的托运人的请求或为促进某地区某一种类货物的运输，经国际航空运输协会同意所提供的优惠运价。指定商品运价的代号为C。

（2）等级货物运价（Commodity Classification Rate）。等级货物运价是用于指定地区内部或地区之间的少数货物的运价，通常是在普通货物运价的基础上减少或增加一定的百分比。减少的为附减运价，代号为R；增加的为附加运价，代号为S。

（3）普通货物运价。普通货物运价又称一般货物运价。当一批货物不适用指定商品运价和等级货物运价时，则适用普通货物运价。普通货物运价分为：45千克以下运价，代号为N；45千克以上运价，代号为Q；45千克以上运价又可分为100千克、300千克、500千克、1 000千克、2 000千克等的运价。

（4）集装货物运价（Unit Load Device Rate）。集装货物运价是成组货物运价，适用于托盘、集装器或集装箱运输。

2. 非公布直达运价

非公布直达运价（UN-published Through Rates）是指航空公司在运价本上未注明甲、乙两地金额的运价，可选择比例运价或分段相加运价。

（1）比例运价（Construction Rate）。比例运价采用《货物运价手册》中公布的一种不能单独使用的运价附加数（add—on amount），当货物运输始发地至目的地无公布直达运价时，采用此附加数与已知的公布运价相加，构成非公布直达运价。

（2）分段相加运价（Combination of Rates and Charges）。对于相同运价种类，当货物运输的始发地至目的地无公布直达运价和比例运价时，只能采用分段相加的办法组成运输起讫地点间的运价，一般采用最低组合运价。

国际航协运价由国际航协通过运价手册向全世界公布，主要目的是协调各国的货物运价。但从实际操作来看，各国从竞争角度考虑，很少有航空公司完全遵照国际航协运价执行，大多打了一定的折扣，但这并不能说明这种运价没有实际价值。首先，它把世界上各个城市之间的运价通过手册公布出来，每个航空公司都能找到一种参照运价，所以每个航空公司在制定本公司运价时都是参照国际航协的标准运价进行的。其次，国际航协对特种货物运价进行了分类，航空公司在运输这种货物时一般都采用国际航协标准运价。最后，这种国际航协运价在全世界制定了一种标准运价，使得国际航空货物运输的价格有了统一的基准，使得这个市场得以规范。

（三）航空运价的影响因素

1. 重量分段对应相应运价

重量分段对应相应运价是指在每一个重量范围内设置一个运价。例如，北京到汉城的航空运价如表 5-22 所示。

表 5-22　北京到汉城的运价表

重量分级（千克）	运价（元/人民币）
N	23.95
45	18.00
100	17.17
300	15.38

注：N 表示重量在 45 千克以下的运价是每千克人民币 23.95 元，也就是运价 23.95 元适用的重量范围是 0～45 千克，在这个重量范围用的都是同一个运价。

2. 数量折扣

一般随着运输重量的增大，运价会越来越低，这实际上就是定价原则中的数量折扣原则，通过这个原则，可以保证飞机的舱位有充足的货物。从表 5-22 所示北京到汉城的运价可以看出，45 千克的运价是 18 元，100 千克的运价是 17.17 元，300 千克的运价是 15.38 元，即重量越大，运价越低。

3. 运距

一般运距越长，运价越高，这是因为运距越长，运输的消耗越大，因此运价越高。例如，北京到新加坡和北京到悉尼的运价对比如表 5-23 所示。

表 5-23　北京到新加坡和北京到悉尼的运价对比表

北京—新加坡		北京—悉尼	
重量分级（千克）	运价（元/人民币）	重量分级（千克）	运价（元/人民币）
N	36.66	N	54.72
45	27.50	45	41.04
300	15.38	300	32.83

从北京到悉尼的距离大概是到新加坡的两倍左右。从表 5-23 可以看出：300 千克的运价，从北京到悉尼是到新加坡的两倍左右。距离越长，这种趋势越明显，但在低重量级别，往往运价相差比距离比之差要小，原因在于其受到了地面操作成本的影响。

4．货物性质

根据货物的性质不同，运价又分为在普货运价的基础上运价附加和运价附减。例如，对于活体动物、骨灰、灵柩、鲜活易腐物品、贵重物品、急件等货物采取运价附加的形式；而对于书报杂志、作为货物运输的行李等采取运价附减的形式。

三、航空运价适用顺序

（一）运价适用顺序

（1）如果有协议运价，则优先使用协议运价。

（2）在相同运价种类、相同航程、相同承运人条件下，公布直达运价应按下列顺序使用：优先使用指定商品运价，其次使用等级货物运价，最后使用普通货物运价。

（3）当运输两点间无公布的直达运价时，则应使用非公布直达运价。

① 优先使用比例运价构成全程直达运价。

② 当两点间无比例运价时，使用分段相加办法组成全程最低运价。分段相加组成运价时，不考虑实际运输路线，不同运价组成点组成的运价相比取其低者。

（二）计费规则

（1）货物运费的计费以"元"为单位，元以下四舍五入。

（2）按计费重量计得的运费与最低运费相比取其高者。

（3）按实际计费重量计得的运费与按较高重量分界点运价计得的运费比较取其低者，即从低原则。

 做一做：单项实训五

实训目标：熟悉航空运价体系，掌握计费重量的计算。

1．某货币进位单位为5，则102.5～107.4的数一律进位为_____；107.5～112.4的数一律进位为_____；112.5～117.4的数一律进位为_____；117.5～122.4的数一律进位为_____。

2．某货币进位单位是0.01，则104.995～105.004的数一律进位为_____；105.005～105.014的数一律进位为_____。

3．由北京运往东京一箱服装，毛重31.4 kg，体积尺寸为80 cm×70 cm×60 cm，求该箱货物的计费重量。

4．Routing: Beijing, CHINA (BJS) to OSAKA, JAPAN (OSA); Commodity: Fresh Apples; Gross Weight: Each 65.2 kg, Total 5 Piecs; Dimensions: 102 cm×44 cm×25 cm×5。求计费重量。

任务六　航空运费计算

任务描述：要求学生能够熟练掌握普通货物、指定商品、等级货物的运价组成并学会计算相应运费；了解航空运输的其他费用所包含的内容。

一、普通货物运价及计算

（一）基本知识

普通货物运价（General Cargo Rate，GCR）是指除了等级货物运价和指定商品运价以外的适合于普通货物运输的运价。该运价规则及其内容公布在 *TACT Rules* 3.5 和 *Trac Rates* 4.3 中。

一般地，普通货物运价根据货物重量不同分为若干个重量等级分界点运价。例如，N 表示标准普通货物运价（Normal General Cargo Rate），指的是 45 千克以下的普通货物运价（如无 45 千克以下运价时，N 表示 100 千克以下普通货物运价）。同时，普通货物运价还公布有 Q45、Q100、Q300 等不同重量等级分界点的运价，这里的 Q45 表示 45 千克以上（包括 45 千克）普通货物的运价，依此类推。对于 45 千克以上的不同重量分界点的普通货物运价均用 Q 表示。

用货物的计费重量和其适用的普通货物运价计算而得的航空运费不得低于运价资料上公布的航空运费的最低运费标准（M）。

这里，代号 N、Q、M 在 AWB 的销售工作中主要用于填制货运单运费计算栏中"RATE CLASS"一栏。

（二）运费计算及运费栏填写举例

【例 5-10】　普通货物运费计算实例 1。

Routing：Shanghai, CHINA (SHA) to Tokyo, JAPAN (TYO)

Commodity：Sample

Gross Weight：25.2 kg

Dimensions：82 cm×48 cm×32 cm

公布的航空运价如表 5-24 所示。

表 5-24　运价表

SHANGHAI	CN	SHA	
Y.RENMINBI	CNY	KGS	
TOKYO	JP	M	230.00
		N	37.51
		45	28.13

计算该票货物的航空运费，并填制航空货运单运费计算栏。

解：

体积（Volume）：82×48×32=125 952（cm³）

体积重量（Volume Weight）：125 952÷6 000=20.99=21.0（kg）

毛重（Gross Weight）：25.2 kg

计费重量（Chargeable Weight）：25.5 kg

适用费率（Applicable Rate）：GCR N 37.51 CNY/KG

航空运费（Weight Charge）：25.5×37.51=CNY 956.51

根据计算结果，填制的航空货运单运费计算栏如表 5-25 所示。

表 5-25　航空货运单运费计算栏

No. of Pieces RCP	Gross Weight	Kg Lb	Rate Class		Chargeable Weight	Rate/ Charge	Total	Nature and Quantity of Goods(Incl. Dimensions or Volume)
			Commodity Item No.					
		N						
1	25.2	K			25.5	37.51	956.51	SAMPLE DIMS: 82 cm×48 cm×32 cm

有关航空货运单运费计算栏的填制说明如下。

（1）No. of Pieces RCP：填写货物的数量。RCP（Rate Combination Point）是运价组成点。如果运价是使用分段相加或使用比例运价组成的，在件数的下方填入运价相加点机场的三字代码。

（2）Gross Weight：货物的毛重。

（3）Kg/ Lb：以千克为单位用代号"K"，以磅为单位用代号"L"。

（4）Rate Class：若计费重量小于 45 千克，填写"N"；若计费重量大于 45 千克，填写"Q"；若航空运费为最低运费，则填写"M"。

（5）Commodity Item No.：普通货物此栏不填，指定商品或等级货物填货物代码。

（6）Chargeable Weight：填写计费重量。

（7）Rate/Charge：填写适用运价。

（8）Total：填写航空运费。

（9）Nature and Quantity of Goods (Incl.Dimensions or Volume)：填写商品品名及商品的尺寸。

【例 5-11】　普通货物运费计算实例 2。

Routing：SHANGHAI, CHINA (SHA) to PARIS, FRANCE(PAR)

Commodity：TOY

Gross Weight：5.6 kg

Dimensions：40 cm×28 cm×22 cm

公布的航空运价如表 5-26 所示。

表 5-26　运价表

SHANGHAI	CN		SHA
Y.RENMINBI	CNY		KGS
PARIS	FR	M	320.00
		N	50.37
		45	41.43

计算该票货物的航空运费，并填制航空货运单运费计算栏。

解：

Volume：40×28×22=24 640（cm³）

Volume Weight：24 640÷6 000=4.11=4.5（kg）

Gross Weight：5.6 kg

Chargeable Weight：6.0 kg

Applicable Rate：GCR N 50.37 CNY/KG

Weight Charge：6.0×50.37=CNY 302.22

Minimum Charge：CNY 320.00

由于按计费重量计算的运费 CNY 302.22 小于运价表中的最低运费（起始运费）CNY 320.00，故该票货物的航空运费为 CNY 320.00。

根据计算结果，填制的航空货运单运费计算栏如表 5-27 所示。

表 5-27　航空货运单运费计算栏

No. of Pieces RCP	Gross Weight	Kg Lb	Rate Class	Commodity Item No.	Chargeable Weight	Rate/ Charge	Total	Nature and Quantity of Goods (Incl. Dimensions or Volume)
			M					
1	5.6	K			6.0	320.00	320.00	TOY DIMS: 40 cm×28 cm×22 cm

【例 5-12】　普通货物运费计算实例 3。

Routing：Beijing, CHINA (BJS) to Amsterdam, HOLLAND (AMS)

Commodity：PARTS

Gross Weight：38.6 kg

Dimensions：101 cm×58 cm×32 cm

公布的航空运价如表 5-28 所示。

表 5-28　运价表

BEIJING	CN		BJS
Y.RENMINBI	CNY		KGS
AMSTERDAM	NL	M	320.00
		N	50.22
		45	41.53
		300	37.52

计算该票货物的航空运费，并填制航空货运单运费计算栏。

解：

（1）按照实际重量计算：

Volume：101×58×32=187 456（cm^3）

Volume Weight：187 456÷6 000=31.24=31.5（kg）

Gross Weight：38.6 kg

Chargeable Weight：39.0 kg

Applicable Rate：GCR N 50.22 CNY/KG

Weight Charge：39.0×50.22=CNY 1 958.58

（2）采用较高重量分界点的较低运价计算：

Chargeable Weight：45.0 kg

Applicable Rate：GCR Q 41.53 CNY/kg

Weight Charge：41.53×45.0=CNY 1 868.85

（1）和（2）相比较，取运费较低者。

故该票货物的航空运费为 CNY 1 868.85。

根据计算结果，填制的航空货运单运费计算栏如表 5-29 所示。

表 5-29　航空货运单运费计算栏

No. of Pieces RCP	Gross Weight	Kg Lb	Rate Class		Chargeable Weight	Rate/ Charge	Total	Nature and Quantity of Goods (Incl. Dimensions or Volume)
			Q	Commodity Item No.				
1	38.6	K			45.0	41.53	1 868.85	PARTS DIMS: 101 cm×58 cm×32 cm

二、指定商品运价及计算

（一）基本知识

1. 定义及代号

指定商品运价是指适用于自规定的始发地至规定的目的地运输特定品名货物的运价。该运价规则及其内容公布在 *TACT Rules* 3.6 和 *TRAC Rates Books* 2 及 4.3 中。

通常情况下，指定商品运价低于相应的普通货物运价。就其性质而言，该运价是一种优惠性质的运价。因此，在使用指定商品运价时，对于货物的起讫地点、运价使用期限、货物运价的最低重量起点等均有特定的条件。

2. 货物品名编号及分组

在 *TACT Rates Books* 的 *Section* 2 中，根据货物的性质、属性以及特点等对货物进行了分类，共分为十大组，每一组又分为十个小组，同时对其分组形式用四位阿拉伯数字进行编号。该编号即为指定商品货物的品名编号。指定商品货物分组和品名编号如下。

（1）0001～0999：Edible animal and vegetable products（可食用的动植物产品）。例如：

① 0007——FRUIT,VEGETABLE（水果，蔬菜）。

② 0008——FRUIT,VEGETABLES(FRESH)（新鲜的水果，蔬菜）。

③ 0300——FISH(EDIBLE),SEAFOOD（鱼（可食用的），海鲜、海产品）。

（2）1000～1999：Live animals and inedibel animal and vegetable products（活动物及非食用的动植物产品）。例如，1093 为 WORMS（沙蚕）。

（3）2000～2999：Textiles, fibres and manufactures（纺织品、纤维及其制品）。例如：

① 2195，包括 YARN,THREAD,FIBRES,CLOTH(NOT FURTHER PROCESSED OR MANUFACTURED):EXCLUSIVELY IN BALES, BOLTS, PIECES（成包、成卷、成块未进一步加工或制造的纱、线、纤维、布）；WEARING APPAREL, TEXTILE MANUFACTURES（服装、纺织品）。

微课 5.10

② 2199，包括 YARN, THREAD, FIBRES,TEXTILES（纱、线纤维、纺织原料）；TEXTILE MANUFACTURES（纺织品）；WEARING APPAREL（服装，包括鞋、袜）。

（4）3000～3999：Metals and manufactures, excluding machinery, vehicles and electrical equipment（金属及其制品，不包括机器、汽车和电器设备）。

（5）4000～4999：Machinery, vehicles and electrical equipment（机器、汽车和电器设备）。

（6）5000～5999：Non-metallic minerals and manufactures（非金属材料及其制品）。

（7）6000～6999：Chemicals and related products（化工材料及其相关产品）。

（8）7000～7999：Paper, reed, rubber and wood manufactures（纸张、芦苇、橡胶和木材制品）。例如，7481 为 RUBBER TYRES, RUBBER TUBES（橡胶轮胎、橡胶管）。

（9）8000～8999：Scientific, professional and precision instrument, apparatus and supplies（科学仪器、专业仪器、精密仪器、器械及配件）。

（10）9000～9999：Miscellaneous（其他）。

为了减少常规的指定商品品名的分组编号，IATA 还推出了试验性的指定商品运价，该运价用 9700～9799 内的数字编出。其主要特点是一个代号包括了传统指定商品运价中分别属于不同指定商品代号的众多商品品名，如 9735 这个指定商品代号就包括了属于 20 多个传统指定商品运价代号的指定商品。

3．指定商品运价的使用规则

在使用指定商品运价时，只要所运输的货物满足下述三个条件，就可以直接使用指定商品运价。

（1）运输始发地至目的地之间有公布的指定商品运价。

（2）托运人所交运的货物品名与有关指定商品运价的货物品名相吻合。

（3）货物的计费重量满足指定商品运价使用时的最低重量要求。

使用指定商品运价计算航空运费的货物时，其航空货运单的"Rate Class"一栏，用字母"C"表示。

（二）运费计算

1．计算步骤

（1）先查询运价表，如有指定商品代号，则考虑使用指定商品运价。

（2）查找 *TACT Rates Books* 的品名表，找出与运输货物品名相对应的指定商品代号。

（3）如果货物的计费重量超过指定商品运价的最低重量，则优先使用指定商品运价。

（4）如果货物的计费重量没有达到指定商品运价的最低重量，则不能按指定商品运价计算。

2．计算示例

【**例 5-13**】 指定商品货物运费计算实例 1。

Routing：SHANGHAI, CHINA (SHA) to OSAKA, JAPAN (OSA)

Commodity：FRESH APPLES

Gross Weight：Each 65.2 kg, total 5 pieces

Dimensions：102 cm×44 cm×25 cm×5

公布的航空运价如表 5-30 所示。

表5-30　运价表

SHANGHAI	CN		SHA
Y.RENMINBI	CNY		KGS
OSAKA	JP	M	230.00
		N	37.51
		45	28.13
	0008	300	18.80
	0300	500	20.61

计算该票货物的航空运费，并根据计算结果填制航空货运单运费计算栏。

解：

Volume：102×44×25×5=561 000（cm^3）

Volume Weight：561 000÷6 000=93.5（kg）

Gross Weight：65.2×5=326.0（kg）

Chargeable Weight：326.0 kg

Applicable Rate：SCR 0008/Q300 18.80 CNY/kg（注：因 0008 的商品计费重量 326.0 kg 超过了指定商品最低重量等级 300 kg，因此适合费率是 18.80 CNY/kg）

Weight Charge：326.0×18.80=CNY 6 128.80

根据计算结果，填制的航空货运单运费计算栏如表 5-31 所示。

表5-31　航空货运单运费计算栏

No. Of Pieces RCP	Gross Weight	Kg Lb	C	Rate Class / Commodity Item No.	Chargeable Weight	Rate/ Charge	Total	Nature and Quantity of Goods (Incl. Dimensions or Volume)
5	326.0	K		0008	326.0	18.80	6 128.80	FRESH APPLES DIMS:102 cm×44 cm×25 cm×5

【例 5-14】　指定商品货物运费计算实例 2。

Routing：BEIJING, CHINA (BJS) to NAGOVA, JAPAN (NGO)

Commodity：FRESH ORANGE

Gross Weight：Each 47.8 kg,total 6 pieces

Dimensions：128 cm×42 cm×36 cm×6

公布的航空运价如表 5-32 所示。

表5-32　运价表

BEIJING	CN		BJS
Y.RENMINBI	CNY		KGS
NAGOVA	JP	M	230.00
		N	37.51
		45	28.13
	0008	300	18.80
	0300	500	20.61

计算该票货物的航空运费，并根据计算结果填制航空货运单运费计算栏。

解：

Volume：128×42×36×6=1 161 216（cm³）

Volume Weight：1 161 216÷6 000=193.536=194.0（kg）

Gross Weight：47.8×6=286.8（kg）

Chargeable Weight：287.0 kg

因为计费重量没有满足 0008 的最低要求 300 kg，不满足指定商品运价使用条件，因此，只能按普通货物计算运费。

Applicable Rate：GCR Q45 28.13 CNY/kg

Weight Charge：287.0×28.13=CNY 8 073.31

根据计算结果，填制的航空货运单运费计算栏如表 5-33 所示。

表 5-33　航空货运单运费计算栏

No. of Pieces RCP	Gross Weight	Kg Lb	Q	Rate Class / Commodity Item No.	Chargeable Weight	Rate/ Charge	Total	Nature and Quantity of Goods (Incl. Dimensions or Volume)
6	286.8	K			287.0	28.13	8 073.31	FRESH ORANGE DIMS:128 cm×42 cm×36 cm×6

三、等级货物运价及计算

微课 5.11

（一）基本知识

1. 基本概念

等级货物运价是指在规定的业务区内或业务区之间运输特别指定的等级货物的运价。

IATA 规定等级货物包括下列各种货物：活体动物、贵重货物、书报杂志类货物，作为货物运输的行李、灵柩、骨灰、汽车等。

2. 使用规则

等级货物运价是在普通货物运价的基础上附加或附减一定百分比构成的。通常附加等级货物用代号 S（Surcharged Class Rate）表示，附减的等级货物用代号 R（Reduced Class Rate）表示。

适用附加运价的商品有：活体动物、贵重物品和尸体骨灰；适用附减运价的商品有：报纸、杂志、书籍及出版物和作为货物托运的行李等。

（二）等级货物运费计算

1. 计算步骤

（1）根据货物品名判断其是否适合等级货物运价。

（2）用适用的公布运价乘以百分比。

（3）适用的等级货物运价乘以计费重量。

2. 活体动物运费计算

活体动物（Live Animals）运价参看 *TACT Rules* 3.7.2，由表 5-34 确定。

表 5-34　活体动物运价

	IATA AREA (see Rules 1.2.2 Definitions of Area)					
	Within 1	Within 2 (see also Rule 3.7.1.3)	Within 3	Between 1 & 2	Between 2 & 3	Between 3 & 1
ALL LIVE ANIMALS Except: Baby Poultry less than 72 hours old	175% of Normal GCR	175% of Normal GCR	150% of Normal GCR Except: 1 below	175% of Normal GCR	150% of Normal GCR Except: 1 below	150% of Normal GCR Except: 1 below
BABY POULTRY Less than 72 hours old	Normal GCR	Normal GCR	Normal GCR Except: 1 below	Normal GCR	Normal GCR Except: 1 below	Normal GCR Except: 1 below

注：1. Rates covering all areas, excluding between countries in the ECAA（欧共体协会协议国家）。

2. Within and from the south West Pacific sub-area:200% of the applicable GCR.

3. 最低运费：（不包含 ECAA 国家之间）活体动物的最低运费标准为 200%M。

对表 5-34 中的说明如下。

（1）该活体动物运价表适用于所有地区，但不包括 ECAA 国家。

（2）IATA 将全球分成三个业务区，表中"Within 1""Within 2""Within 3""Between 1 & 2""Between 2 & 3""Between 3 & 1"中的数字"1""2""3"分别代表业务一区、业务二区和业务三区。

（3）ALL LIVE ANIMALS Except:Baby Poultry less than 72 hours old，意指所有活体动物，除了出生不到 72 小时的家禽。

（4）当表中出现"Normal GCR"时，表示适用运价表中的 45 千克以下普货运价，即 N 运价（当不存在 45 千克重量点时，N 运价表示 100 千克以下的普通货物运价）。此时，运价的使用与货物的计费重量无关。

（5）当表中出现"Normal GCR"的百分比时（如 150% of Normal GCR），表示在运价表中 N 运价的基础上乘以这个百分比（如 150%N）。此时，运价的使用与货物的计费重量无关。

（6）当表中出现"appl. GCR"时，表示适用运价表中的普通货运价（N、Q45、Q100、Q300、Q500…）。此时，运价的使用与货物的计费重量无关。

（7）当表中出现"appl. GCR"的百分比时（如 110% of appl. GCR）时，表示在所适用的普货运价基础上乘以该百分比（如 110%N、110%Q45kg、110%Q100kg、110%Q300kg、110%Q500kg…）。此时，运价的使用与货物的计费重量无关。

（8）动物的容器以及食物等应包含在活体动物的计费重量中。

【例 5-15】　活体动物运费计算实例 1。

Routing：Brussels,Belgium (BRU) to Sharjah,United Arab Emirates (SHJ)

Commodity：Day Old Chicks (一日龄鸡)

Chargeale Weight：70 kg

Dimensions：100 cm×60 cm×20 cm×10

公布的普通货物运价表如表 5-35 所示，活体动物运价表如表 5-34 所示。

表 5-35　普通货物运价表

BRUSSELS	BE		BRU
EURO	EUR		KGS
SHARJAR	AE	M	61.97
		N	11.58
		45	8.75
		100	3.92
		500	2.88
		1 000	2.45

计算该票货物的航空运费，并根据计算结果填制航空货运单运费计算栏。

解：

IATA 2 区内运输 72 小时以内家禽，运价为 N。

Volume：100×60×20×10=1 200 000（cm^3）

Volume Weight：1 200 000÷6 000=200（kg）

Gross Weight：70 kg

Chargeable Weight：200 kg

Applicable Rate：Normal GCR=EUR 11.58

Weight Charge：200×11.58=EUR 2 316.00

根据计算结果填制的航空货运单运费计算栏如表 5-36 所示。

表 5-36　航空货运单运费计算栏

No. of Pieces RCP	Gross Weight	Kg Lb	Rate Class	Commodity Item No.	Chargeable Weight	Rate/ Charge	Total	Nature and Quantity of Goods (Incl. Dimensions or Volume)
10	70	K	S	N100	200	11.58	2 316.00	DAY OLD CHICKS DIMS: 100 cm×60 cm×20 cm×10 LIVE ANIMAL

注：1. 运价类别栏（Rate Class）：填入活体动物运价附加代号"S"。

　　2. 货物品名及数量栏（Nature and Quantity of Goods）：要求有"活体 LIVE ANIMAL"字样。

　　3. 品名代号栏（Commodity Item No.）：填写所使用的规则"N100"表示使用 100% 的 N 运价。

　　4. 运价/运费栏（Rate/Charge）：填写按照活体动物规则计算出的运价"11.58"。

　　5. 货币代码"EUR"。

【例 5-16】　活体动物运费计算实例 2。

Routing：Shanghai, China (SHA) to Rome, Italy (ROM)

Commodity：Parrots（鹦鹉）

Gross Weight：3 kg

Dimension：40 cm×30 cm×30 cm×1

公布的普通货物运价表如表 5-37 所示，活体动物运价表如表 5-34 所示。

表 5-37　普通货物运价表

SHANGHAI	CN		SHA
Y.RENMINBI	CNY		KGS
ROMA	IT	M	125.00
		N	16.43
		45	12.08
		100	11.08
		300	9.17
		500	7.96

计算该票货物的航空运费，并根据计算结果填制航空货运单运费计算栏。

解：

IATA2 区与 3 区之间运输一般动物，运价为 150%N。

Volume：40×30×30×1=36 000（cm^3）

Volume Weight：40×30×30÷6 000=6（kg）

Gross Weight：3 kg

Chargeable Weight：6 kg

Applicable Rate：150%N=150%×16.43=24.645=CNY 24.65

Weight Charge：6×24.65=CNY 147.90

Minimum Charge：200%M=200%×125.00=CNY 250.00（注：除 ECAA 国家之外的地区活体动物的最低运费标准为 200%M）

因此，运费为 CNY 250.00。

根据计算结果填制的航空货运单运费计算栏如表 5-38 所示。

表 5-38　航空货运单运费计算栏

No. of Pieces RCP	Gross Weight	Kg Lb	Rate Class	Commodity Item No.	Chargeable Weight	Rate/ Charge	Total	Nature and Quantity of Goods (Incl. Dimensions or Volume)
1	3	K	S	M200	6	250	250	PARROTS DIMS: 40 cm×30 cm×30 cm LIVE ANIMALS

3．书报运费的计算

这一类货物包括报纸、期刊、图书、目录、盲人读物及设备，其运价表如 5-39 所示。

表 5-39　书报、杂志运价表

Area	Rate:
With IATA Area 1 Within Europe Between IATA Area 1 and 2	67% of the Normal GCR
All other arera	50% of Normal GCR

该类货物最低运费按公布的最低运费 M 收取，也可以使用普通货物的较高重量点的较低运价。

【例5-17】　书报、杂志运费计算实例。

Routing：Beijing, CHINA (BJS) to London, United Kingdom (LON)

Commodity：BOOKS

Gross Weight：980.0 kg

Dimensions：20 Piece, 70 cm×50 cm×40 cm each

公布的普通货物运价表如表5-40所示，书报、杂志运价表如表5-39所示。

表5-40　普通货物运价表

BEIJING	CN		BJS
Y.RENMINBI	CNY		KGS
LONDON	GB	M	320
		N	63.19
		45	45.22
		100	41.22
		500	33.42
		1 000	30.71

计算该票货物的航空运费，并根据计算结果填制航空货运单运费计算栏。

解：

Volume：$70×50×40×20=2\ 800\ 000$（cm^3）

Volume Weight：$2\ 800\ 000÷6\ 000=466.67=467.0$（kg）

Gross Weight：980.0 kg

Chargeable Weight：980.0 kg

Applicable Rate：R 50% of the Normal GCR

　　　　　　　$50\%×63.19=31.595$ CNY/kg$=31.60$ CNY/kg

Weight Charge：$980.0×31.60=$CNY 30 968.00

由于计费重量已经接近下一个较高重量点1 000 kg，因此用较高重量点的较低运价。

Chargeable Weght：1 000.0 kg

Weight Charge：$1\ 000.0×30.71=$CNY 30 710.00

低于上述利用等级运价减价计算出的运价，因此运费为CNY 30 710.00。

（注：本题意味着，当货物重量较大，接近较大重量等级时，这批书报杂志不享受指定商品的价格优惠，而直接采用普通货物价格计算运费，实际运费更低一些。）

根据计算结果填制的航空货运单运费计算栏如表5-41所示。

表5-41　航空货运单运费计算栏

No. of Pieces RCP	Gross Weight	Kg Lb	Rate Class		Chargeable Weight	Rate/ Charge	Total	Nature and Quantity of Goods (Incl. Dimensions or Volume)
			Q	Commodity Item No.				
20	980	K			1 000.0	30.71	30 710.00	BOOKS DIMS: 70 cm×50 cm×40 cm×20

在本例中，假设Q1 000对应的运价为32.00 CNY/kg，则用较高重量点的较低运价。

Chargeable Weght：1 000.0 kg

Weight Charge：1 000.0×32.00=CNY 32 000.00

高于上述利用等级运价减价计算出的运价，因此运费为 CNY 30 968.00。

在这种情况下，填制的航空货运单运费计算栏如表 5-42 所示。

表 5-42　航空货运单运费计算栏

No. of Pieces RCP	Gross Weight	Kg Lb	Rate Class		Chargeable Weight	Rate/ Charge	Total	Nature and Quantity of Goods (Incl. Dimensions or Volume)
			Commodity Item No.	R				
20	980	K		R50	980.0	31.60	30 968.00	BOOKS DIMS: 70 cm×50 cm×40 cm×20

4. 作为货物运输的行李运费的计算

作为货物运输的行李（Baggages Shipped As Cargo）是指个人衣服和个人物品，包括手提乐器、手提打字机、手提体育用品，但不包括机器及其零备件、现金、债券、珠宝、手表、金、银及镀金、镀银器皿、毛皮、胶卷、照相机、客票、文件、药剂、香料、家具、日用品及样品。

作为货物运输的行李运价适用于所有国家之间的运输（ECAA 国家之间和航协欧洲分区所属国家之间除外）。

作为货物运输的行李收运条件如下。

（1）使用此运价运输的行李航程必须包含在旅客所持客票的航程内。

（2）旅客交运行李的时间不得晚于旅客出行的日期。

（3）旅客的客票号、航班号、日期等旅行信息必须填写到航空货运单上。

（4）旅客必须进行行李内容的申报，完成行李发运、海关所要求的文件，负责行李到付、交付以及海关额外的费用。

（5）运输行李的航班由承运人决定。

（6）作为货物运输的行李运价不得与 45 千克以下普通货物运价或指定商品运价相加。

作为货物运输的行李的运价如表 5-43 所示，它也可以使用普通货物的较高重量点的较低运价。最低运费按公布的最低运费（M）收取。

表 5-43　作为货物运输的行李的运价

Area/County	Rate
From all IATA Areas, except from Malaysia and South West Pacific	Applicable GCR
From Malaysia	50% of the Norml GCR
From Australia and Papua New Guinea	75% of the Normal GCR
From New Zealand to Samoa And Tonga	Applicable GCR
From New Zealand to all other Countries	50% of the Norml GCR
From the rest of South West Pacific	50% of the Norml GCR
From Croatia	75% of the Normal GCR

【例 5-18】　作为货物运输的行李运费计算实例 1。

Routing：KUALA LUMPUR, MALAYSIA(KUL) To MUMBAI,INDIA(BOM)

Commodity：PERSONAL EFFECTS

Gross Weight：15.0 kg

Dimensions：1 box, 30 cm×60 cm×30 cm

公布运价如表 5-44 所示。

表 5-44　运价表

KUALA LUMPUR	MY		KUL
MALAYSIAN RI	MYR		KGS
MUMBAI	IN	M	75.00
		N	10.25
		45	7.68

计算该票货物的航空运费，并根据计算结果填制航空货运单运费计算栏。

解：

Volume：30×60×30=54 000（cm³）

Volume Weight：54 000÷6 000=9.0（kg）

Gross Weight：15.0 kg

Chargeable Weight：15.0 kg

Applicable Rate：50% of Normal GCR

$\qquad$ 10.25×50%=5.125 MYR/kg=5.13 MYR/kg

Rounding of Unit：MYR 0.01

Weight Charge：15.0×5.13=MYR 76.95

Minimum Charge：MYR 75.00

根据计算结果填制的航空货运单运费计算栏如表 5-45 所示。

表 5-45　航空货运单运费计算栏

No. of Pieces RCP	Gross Weight	Kg Lb		Rate Class	Chargeable Weight	Rate/ Charge	Total	Nature and Quantity of Goods (Incl. Dimensions or Volume)
			R	Commodity Item No.				
1	15.0	K		N50	15.0	5.13	76.95	PERSONAL EFFECTS DIMS: 30 cm×60 cm×30 cm

【例 5-19】　作为货物运输的行李运费计算实例 2。

Routing：SHANGHAI,CHINA(SHA) to MANILA,PHILIPPINES(MNL)

Commodity：UNACCOMPANIED BAGGAGE(NOT RESTRICTED)

Gross Weight：6.5 kg

Dimensions：1 case, 40 cm×30 cm×30 cm

公布的运价如表 5-46 所示。

表 5-46　运价表

SHANGHAI	CN		SHA
Y.RENMINBI	CNY		KGS
MANILA	PH	M	230.00
		N	33.94
		45	25.46

计算该票货物的航空运费，并根据计算结果填制航空货运单运费计算栏。

解：

Volume：40×30×30=36 000（cm³）

Volume Weight：36 000÷6 000=6.0（kg）

Gross Weight：6.5 kg

Chargeable Weight：6.5 kg

Applicable Rate：33.94 CNY

Weight Charge：33.94×6.5=CNY 220.61

Minimum Charge：CNY 230

根据计算结果填制的航空货运单运费计算栏如表 5-47 所示。

表 5-47　航空货运单运费计算栏

No. of Pieces RCP	Gross Weight	Kg Lb	R	Rate Class	Chargeable Weight	Rate/ Charge	Total	Nature and Quantity of Goods (Incl. Dimensions or Volume)
				Commodity Item No.				
1	6.5	K		M100	6.5	230.00	230.00	UNACCOMPANIED BAGGAGE DIMS: 40 cm×30 cm×30 cm

5. 尸体、骨灰运价

尸体、骨灰（Human Remains）运价表如表 5-48 所示（ECAA 国家之间运输不适用）。

表 5-48　尸体、骨灰运价表

Area	Ashes	Coffin
All IATA Areas(except within area 2)	Applicable GCR	Normal GCR
Within IATA Area 2×GCR	300% of Normal GCR	300% of Normal GCR

中国至 IATA 各区，尸体按普通货物 45 千克以下运价收取，即不论货物重量为多少，均适用 N 运价；骨灰按适用的普通货物运价收取。

尸体、骨灰按普通货物的最低运费（M）收取，但在 IATA 二区内最低运费为 200%M，同时不得低于 65.00 美元或等值货币。

【例 5-20】　骨灰作为货物运输的运费计算。

Routing：SHANGHAI, CHINA(SHA) TO ROME, ITALY (ROM)

Commodity：ASHES

Gross Weight：3.8 kg

Dimensions：1URN, 20 cm×20 cm×20 cm

公布的运价如表 5-49 所示。

表 5-49　运价表

SHANGHAI	CN		SHA
Y.RENMINBI	CNY		KGS
ROME	IT	M	320.00
		N	51.98
		45	42.60
		100	40.00

计算该票货物的航空运费，并根据计算结果填制航空货运单运费计算栏。

解：

Volume：20×20×20=8 000（cm^3）

Volume：8 000÷6 000=1.33=1.5（kg）

Gross Weight：3.8 kg

Chargeable Weight：4.0 kg

Applicable Rate：Normal GCR 51.98 CNY/kg

Weight Charge：4.0×51.98=CNY 207.92

Minimum Charge：M CNY 320.00

根据计算结果填制的航空货运单运费计算栏如表 5-50 所示。

表 5-50　航空货运单运费计算栏

No. of Pieces RCP	Gross Weight	Kg Lb	S	Rate Class	Chargeable Weight	Rate/ Charge	Total	Nature and Quantity of Goods (Incl. Dimensions or Volume)
				Commodity Item No.				
1	3.8	K		M100	4.0	320.00	320.00	ASHES DIMS: 20 cm×20 cm×20 cm

微课 5.12

四、混运货物运费及计算

（一）混运货物的定义

混运货物（Mixed Consignments）是指使用同一份货运单运输的货物中，包含有不同运价、不同运输条件的货物，一般也称为集中托运。

混运货物中不得包括的物品主要有：*TACK Rules* 3.7.6 中规定的任何贵重货物；活体动物；尸体、骨灰；外交信袋；作为货物运送的行李；机动车辆（电力自动车辆除外）；危险物品。

（二）申报方式与计算规则

（1）申报整批货物的总重量（或体积）。其计算规则为：混运的货物被视为一种货物，根据货物总重量确定一个计费重量。运价采用适用的普通货物运价。

（2）分别申报每一种货物的件数、重量、体积及货物品名。其计算规则为：按不同种类货物适用的运价与其相应的计费重量分别计算运费。

（3）如果所有混运货物使用一个外包装合并运输，则该包装物的运输按混运货物中运价最高的货物的运价计收。

（三）声明价值

混运货物只能按整票（整批）货物办理声明价值，不得办理部分货物的声明价值，或办理两种以上的声明价值。因此，混运货物声明价值附加费应按整票货物的总毛重计算。

（四）最低运费

混运货物的最低运费按整票货物计收，也就是说，无论混运货物是分别申报还是整批申报，应收取的最低运费都是按其运费计算方法计得的运费与起讫地点间的最低收费标准中的较高者。

【例 5-21】　混运货物的运费计算。

Routing：SHANGHAI,CHINA (SHA) to OSAKA,JAPAN (OSA)

Commodity：MAGAZINES,BEANS AND SAMPLES

Cross Weight：50.0 kg,100 kg and 80.0 kg

Dimensions：1 box, 40 cm×40 cm×30 cm;2 boxes, 50 cm×50 cm×60 cm;

　　　　　　1 box, 40 cm×60 cm×70 cm

公布的运价如表 5-51 所示。

表 5-51　运价表

SHANGHAI	CN		SHA
Y.RENMINBI	CNY		KGS
OSAKA	JP	M	230.00
		N	30.22
		45	22.71
	0008	300	18.80
	0300	500	20.61
	1093	100	17.72
	2195	500	18.80

计算该票货物的航空运费。

解：这是一票混运货物，先按申报整批货物的总重量（或体积）计算运费；再按分别申报每一种类货物的重量计算运费；两者比较，取低者。

（1）总体申报。

Total Gross Weight：50.0+100.0+80.0=230.0（kg）

Volume：40×40×30=48 000（cm³）

　　　　2×50×50×60=300 000（cm³）

　　　　40×60×70=168 000（cm³）

Volume Weight：(48 000+300 000+168 000)÷6 000=516 000÷6 000=86.0（kg）

Chargeable Weight：230.0 kg

Applicable Rate：GCR Q 22.71 CNY/kg

Weight Charge：230.0×22.71=CNY 5 223.30

（2）分别申报。

① MAGAZINES：

Volume：40×40×30=48 000（cm³）

Volume Weight：48 000÷6 000=8.0（kg）

Gross Weight：50.0 kg

Chargeable Weight：50.0 kg

Applicable Rate：50% of Normal GCR

　　　　　　　　30.22×50%=15.11 CNY/kg

Weight Charge：15.11×50.0=CNY 755.5

② BEANS：

Volume：2×50×50×60=300 000（cm³）

Volume Weight：300 000÷6 000=50.0（kg）

Gross Weight：100.0 kg

Chargeable Weight：100.0 kg

Applicable Rate：GCR Q 22.71 CNY/kg

Weight Charge：22.71×100.0=CNY 2 271.00

注：虽然 BEAN 是属于编号为 0008 大类的商品，但其计费重量 100.0 kg 小于 300 kg，不满足等级货物运价条件，因此只能按普通货物计费。

③ SAMPLES：

Volume：40×60×70=168 000（cm³）

Volume Weight：168 000÷6 000=28.0（kg）

Gross Weight：80.0 kg

Chargeable Weight：80.0 kg

Applicable Rate：GCR Q 22.71 CNY/kg

Weight Charge：22.71×80.0=CNY 1 816.80

三种货物运费相加：CNY 755.5+CNY 2 271.00+CNY 1 816.80=CNY 4 843.30

总体申报的货物运费为 CNY 5 223.30，分别申报的货物运费为 CNY 4 843.30，经比较取低者，因此该批货物应分别申报，总航空运费为 CNY 4 843.30。

根据计算结果，分别填制三张航空货运单，各自的运费计算栏如表 5-52～表 5-54 所示。

表 5-52　MAGAZINES 的航空货运单运费计算栏

| No. of Pieces RCP | Gross Weight | Kg Lb | Rate Class | | Chargeable Weight | Rate/ Charge | Total | Nature and Quantity of Goods (Incl. Dimensions or Volume) |
				Commodity Item No.				
1	50.0	K	R	N50	50.0	15.11	755.5	MAGAZINES DIMS: 40 cm×40 cm×30 cm

表 5-53　BEANS 的航空货运单运费计算栏

| No. of Pieces RCP | Gross Weight | Kg Lb | Rate Class | | Chargeable Weight | Rate/ Charge | Total | Nature and Quantity of Goods (Incl. Dimensions or Volume) |
				Commodity Item No.				
2	100.0	K	Q		100.0	22.71	2 271	BEANS DIMS: 2×50 cm×50 cm×60 cm

表 5-54　SAMPLES 的航空货运单运费计算栏

| No. of Pieces RCP | Gross Weight | Kg Lb | Rate Class | | Chargeable Weight | Rate/ Charge | Total | Nature and Quantity of Goods (Incl. Dimensions or Volume) |
				Commodity Item No.				
1	80.0	K	Q		80.0	22.71	1 816.80	SAMPLES DIMS: 40 cm×60 cm×70 cm

五、航空运输的其他费用

（一）货运单费

货运单费又称为航空货运单工本费，是填制航空货运单的费用。对于航空货运单工本费，各国的收费水平不尽相同，具体依 *TACT Rules* 4.4 及各航空公司的具体规定来操作。货运单费应填制在货运单的"其他费用"一栏中，用两字代码"AW"（Air Waybill）表示。按《关于统一国际航空运输某些规则的公约》（以下简称《华沙公约》）等有关公约，国际上多数 IATA 航空公司做如下规定。

（1）由航空公司来销售或填制航空货运单，此项费用归出票航空公司（Issuing Carrier）所有，表示为 AWC。

（2）由航空公司的代理人销售或填制货运单，此项费用归销售代理人所有，表示为 AWA。

中国民航各航空公司规定：无论货运单是由航空公司销售还是由代理人销售，填制 AWB 时，货运单中"OTHER CHARGES"一栏中均用 AWC 表示，意为此项费用归出票航空公司所有。

我国每份国际货运单收取人民币 50 元，国内货运单收取人民币 10 元。

（二）垫付款和垫付费

1. 垫付款

垫付款（Disbursements）是指在始发地机场运输一票货物时发生的部分其他费用，这部分费用仅限于货物地面运输费、清关处理费和货运单工本费。

此项费用须按不同的其他费用的种类将其代号、费用归属代号（A 或 C）及费用金额一并填入货运单的"其他费用"一栏。其中，AWA 表示代理人填制的货运单；CHA 表示代理人代替办理始发地清关业务；SUA 表示代理人将货物运输到始发地机场的地面运输费。

垫付款仅适用于货物费用及其他费用到付"Charges Collect"（CC.），且按 *TACT Rules* 7.2 规定目的地国家可接收的货物。

有些国家不办理垫付款业务，操作时应严格按照 *TACT Rules* 4.2 规定。

垫付款由最后一个承运人（Last Carrier）向提货人收取，按国际货物运输到付结算规则，通过出票航空公司开账结算，付给支付垫付款的代理人或出票航空公司。垫付款数额（Disbursemen Amounts）在任何情况下都不能超过货运单上的全部航空运费总额，但当货运单的航空运费总额低于 100 美元时，垫付款金额可允许达到 100 美元标准。

2. 垫付费

垫付费（Disbursements Fees）是相对于垫付款的数额而确定的费用。垫付费的费用代码为 DB，按照 *TACT Rules* 4.2 规定，该费用归出票航空公司所有。在货运单的其他费用栏中，此项费用应表示为 DBC。垫付费的计算公式为

$$垫付费 = 垫付款 \times 10\%$$

每一票货物的垫付费不得低于 USD 20 或等值货币。

（三）地面运输费

地面运输费是指使用车辆在机场和市内货运处之间运送货物的费用。

地面运输费的收取规定（该费用收取各地均有差异）如下。

（1）在出发地使用车辆者，每千克收取人民币 0.20 元；在到达地使用车辆者，每千克收取人民币 0.20 元，由到达站收取；出发地不应计收到达地的地面运输费。

（2）不使用车辆者不收费。

（3）轻泡货物按计费重量计收地面运输费。

（4）每份航空货运单最低地面运输费为人民币 5.00 元。

（5）对机场与市区路程较远的到达地，可商请当地工商、税务等部门核准收取地面运输费的标准。

（四）货物退运手续费

对于国内货物运输，每份航空货运单的退运手续费为人民币 20.00 元；对于国际货物运输，每份航空货运单的退运手续费为人民币 40.00 元。

（五）运费到付手续费

在国际货物运输中，当货物的航空运费及其他费用到付时，在目的地的收货人，除支付货物的航空运费和其他费用外，还应支付运费到付手续费（Charges Collect Free，CC Free）。

此项费用由最后一个承运航空公司收取，并归其所有。一般 CC Free 的收取，采用目的地开具专门发票的方式，但也可以使用货运单（此种情况在交付航空公司无专门发票，并将 AWB 作为发票使用时使用）。

对于运至我国的运费到付货物，到付运费手续费的计算公式为

$$运费到付手续费=(货物的航空运费+声明价值附加费)×5\%$$

各个国家 CC Free 的收费标准不同。在我国，CC Free 最低收费标准为 CNY 100.00。

（六）危险品处理费

在国际航空货物运输中，对于收运的危险品货物，除了按危险品规则收运并收取航空运输费外，还应收取危险货物收运手续费，该费用必须填制在货运单的"其他费用"栏内，用 RA 表示费用种类。*TACT Rules* 规定，危险品处理费归出票航空公司所有。在货运单中，危险品处理费表示为 RAC。

自我国至 IATA 业务一区、二区、三区，每票货物的最低收费标准均为人民币 650.00 元。

（七）超限货物附加费

托运人托运的货物，使用非宽体飞机运输单件重量超过 80 千克或体积超过 40 厘米×60 厘米×100 厘米的、使用宽体飞机运输单件重量超过 250 千克或体积超过 100 厘米×100 厘米× 40 厘米的称为超限货物。超限货物的收运应考虑飞机货舱门的尺寸、始发站/中转站/到达站机场装卸设备的操作能力、飞机货舱地板承受力的大小等因素，并应按规定收取超限货物附加费。对于超限货物附加费的收费标准，各航空公司有所不同，通常按表 5-55 所示的标准收取（超限货物一律以计费重量计算）。

表 5-55　超限货物附加费收费标准

计费重量（千克）	计费标准（元/件）
81～100	3～5
101～200	10～20
201～300	20～30
300 以上	30～50

（八）国内航空保险费

在国内运输中，托运人可以要求办理航空货物运输保险。航空公司作为保险公司的代理方，可以根据货物的性质、货物的易损程度，按照保险公司提供的保险费率表（见表 5-56）为托运人办理航空货物运输保险。

表 5-56　保险费率表

类　　别	保险费率（%）	货　物　名　称
第一类	1	一般物资，如机器设备、一般金属材料、电子元器件、马达、变压器、磁带、10 毫升以下的针剂、金属桶或听装液体、半液体商品、中西药材等
第二类	4	易损货物，如仪器仪表、医疗器械、录像机、电视机、复印机、电冰箱、洗衣机、电风扇、收录机、图书纸张、服装、皮货、块状粉状物资、2 千克以下的瓶装液体、有毒危险品和较易挥发的物品等
第三类	8	特别易损物资，如各种玻璃制品、陶瓷制品、箱装玻璃、2 千克以上的瓶装液体、半液体、显像管、电子管以及各种灯泡、灯管、特别易损的高度精密仪器仪表以及水果和菜类
第四类	12	冰鲜易腐物品，一般植物及冻、水产品，如冻肉、冻鱼
第五类	20	鲜活易腐物品，一般动物，如鱼苗、种蛋、成雏畜禽和鲜花或插花等
第六类	30	珍奇动物、植物，国家重点保护的珍贵动物和植物及其他珍奇活物

在办理航空货物运输保险时需要注意以下三点。

（1）托运人不能同时办理航空运输保险和声明价值。

（2）航空运输保险只在始发地办理，保险费须全部预付。

（3）航空保险费的最低收取标准由各地与保险公司协商制定。

（九）声明价值附加费

按《华沙公约》规定，对由于承运人的失职而造成的货物损坏、丢失或错误等所应承担的责任，其赔偿的金额为每千克 20 美元或每磅 7.675 英镑或相等的当地货币。

如果货物的价值超过了上述值，托运人得到足额赔偿，就必须事先即向承运人做出特别声明，并在航空运单"供运输使用的声明价值（Declared Value）"栏中注明声明金额。这样，一旦货物发生应由承运人承担责任的毁灭、遗失、损坏或延误，承运人将根据实际损失情况，按照高于赔偿责任限额的托运人声明价值予以全额赔偿。

货物的声明价值是针对整件货物而言的，不允许对货物的某部分声明价值。

由于托运人申明价值增加了承运人的责任，承运人要收取声明价值附加费（Declared Valuation Charges），否则即使出现更多的损失，承运人对超出的部分也不承担赔偿责任。

声明价值附加费的收取依据货物的实际毛重，计算公式为

声明价值附加费=(货物价值–货物毛重×20 美元/千克)×声明价值附加费费率

声明价值附加费费率通常为 0.5%。

注意：（1）根据我国民航各有关航空公司的规定，每批货物（即每份货运单）的声明价值不得超过 10 万美元或其等值货币（未声明价值的，按毛重每千克 20 美元计算）。超过时，应分批交运（即分两份或多份货运单）；如货物不宜分开，必须经有关航空公司批准后方可收运。（2）大多数的航空公司在规定声明价值附加费费率的同时，还要规定声明价值附加费的最低收费标准。如果根据上述公式计算出来的声明价值附加费低于航空公司的最低标准，则托运人要按照航空公司的最低标准缴纳声明价值附加费。

 案例分析 5-1

一票航空运输的精密设备从新加坡到延吉市，货运单号为 999-89783444。货物价值为 6 万美元，声明价值为 6 万美元。货运单上注明"Airport of departure: Singapore; Airport of destination: YanJi"，货物重 20 kg。货物从新加坡运往长春机场，再使用卡车运至延吉市。由于在长春至延吉的高速公路上发生车祸，精密设备受到损坏，相关检验部门对受损精密设备进行估价，其残值为 2.4 万美元。

思考：

（1）航空公司是否应赔偿？理由是什么？

（2）如果赔偿，应赔偿多少？为什么？

评析：

（1）航空公司应给予赔偿。因为根据《华沙公约》的规定，国际航空运输的国际航班的国内段同样适用于华沙体制，而不适用国内航空法。

（2）如果赔偿，应赔偿 3.6（6-2.4）万美元。因为该票货物运输前已声明价值，故应按声明价值和残值来确定赔偿金额。

 做一做：单项实训六

实训目标：学会航空运费的计算，学会填制航空运费计算单。

1. 由北京运往东京一箱服装，毛重为 31.4 kg，体积尺寸为 80 cm×70 cm×60 cm，公布的运价如表 5-57 所示。计算该票货物的航空运费。

表 5-57　运价表

BEIJING	CN		BJS
Y.RENMINBI	CNY		KGS
TOKYO	JP	M	230.00
		N	37.51
		45	28.13

2. 根据以下内容，计算货物的航空运费。

Routing：Beijing, CHINA (BJS) to Tokyo, JAPAN (TYO)

Commodity：MACHINERY

Gross Weight：2 pieces, each 18.9 kg

Dimensions：2 pieces, 70 cm×47 cm×35 cm each

公布的运价如表 5-58 所示。

3. 根据以下内容，计算货物的航空运费。

Routing：BJS-TYO

Commodity：TOOLS

Gross Weight：280 kg

Dimensions：10 boxes, 40 cm×40 cm×40 cm each

公布的运价如表 5-58 所示。

表 5-58　运价表

BEIJING	CN		BJS
Y.RENMINBI	CNY		KGS
TOKYO	JP	M	230.00
		N	37.51
		45	28.13
		300	23.46

4. 根据以下内容，计算货物的航空运费。

Routing：Beijing, CHINA (BJS) to Tokyo, JAPAN (TYO)

Commodity：MOON CAKE

Gross Weight：1 pieces, 5.8 kg

Dimensions：1 pieces, 42 cm×35 cm×15 cm

公布的运价如表 5-59 所示。

表 5-59　运价表

BEIJING	CN		BJS
Y.RENMINBI	CNY		KGS
TOKYO	JP	M	230.00
		N	37.51
		45+	28.13

5. 根据以下内容，计算货物的航空运费。

从上海运往巴黎的一件玩具样品，毛重为 5.3 kg，体积尺寸为 41 cm×33 cm×20 cm。公布的运价如表 5-60 所示。

表 5-60　运价表

SHANGHAI	CN		SHA
Y.RENMINBI	CNY		KGS
PARIS(PAR)	FR	M	320.00
		N	42.81
		45+	44.6

6. 根据以下内容，计算货物的航空运费。

Routing：Beijing, CHINA (BJS) to Porland, U.S.A. (PDX)

Commodity：FIBRES

Gross Weight：20 pieces, each 70.5 kg

Dimensions：20 pieces, 82 cm×68 cm×52 cm each

公布的运价如表 5-61 所示。

表 5-61　运价表

BEIJING Y.RENMINBI	CN CNY		BJS KGS
PORLAND	U.S.A.	M	420.00
		N	59.61
		45+	45.68
		100+	41.81
		1000+	28.79
		1500+	25.49

7. 北京运往大阪 20 箱鲜蘑菇共 360.0 kg，每件体积为 60 cm×45 cm×25 cm，计算航空运费。公布的运价如表 5-62 所示。

表 5-62　运价表

BEIJING Y.RENMINBI	CN CNY		BJS KGS
OSAKA	JP	M	230.00
		N	37.51
		45	28.13
	0008	300	18.80
	0300	500	20.61
	1093	100	18.43
	2195	500	18.80

8. 根据以下内容，计算货物的航空运费。

Routing：BEIJING, CHINA (BJS) TO ATLANTA, USA (ATL)

Commodity：MONKEYS

Gross Weight：total 3 pieces, each 55.3 kg

Dimensions：3 pieces, each 98 cm×88 cm×44 cm

公布的运价如表 5-63 和表 5-64 所示。

表 5-63　运价表（一）

BEIJING SHAY.RENMINBI		CN CNY	BJS KGS
ATLANTA	US	M	420
		N	75.95
		45	58.68
		100	52.34
		300	47.26
		1000	30.71

表 5-64　运价表（二）

ALL LIVE ANIMALS Except: Baby poultry less than 72 hours old	Within 1	Within 2 (see also Rules 3.7.1.3)	Within 3	Between 1 & 2	Between 2 & 3	Between 3 & 1
	175% of Normal GCR	175% of Normal GCR	150% of Normal GCR	175% of Normal GCR	150% of Normal GCR	150% of Normal GCR

9. 根据以下内容，计算货物的航空运费。

Routing：SHANGHAI,CHINA(SHA) to ZURICH, SWITZERLAND(ZRH)

Commodity：BOOKS

Gross weight：310.0 kg

Dimensions：30 boxes, 30 cm×30 cm×30 cm each

公布的运价如表 5-65 所示。

表 5-65　运价表

SHANGHAI Y.RENMINBI	CN CNY		SHA KGS
ZURICH CH	CA	M	320.00
		N	55.61
		45	45.57
		500	38.46

10. 根据以下内容，计算这批混运（或称集中托运）货物的航空运费。

Routing：BEIJING, CHINA (BJS) to OSAKA, JAPAN (OSA)

Commodity：BOOKS AND HANDICRAFT AND APPLE (FRESH)

Gross Weight：100.0 kg, 42.0 kg and 80.0 kg

Dimensions：4 pieces, 70 cm×47 cm×35 cm; 1 pieces, 100 cm×60 cm×42 cm;

　　　　　　2 pieces, 90 cm×70 cm×32 cm

公布的运价如表 5-66 所示。

表 5-66　运价表

BEIJING Y.RENMINBI	CN CNY		BJS KGS
OSAKA	JP	M	230.00
		N	37.51
		45	28.13
	0008	300	18.80
	0300	500	20.16
	1093	100	18.43
	2195	500	18.80

 **练习题**

一、填空题

1. 国际航空运输协会（International Air Transport Association）简称_____，其英文缩写是_____。

2. 国际民用航空组织（International Civil Aviation Organization，ICAO）是各国_____之间组成的国际航空运输机构。

3. 在充分考虑了世界上各个不同国家、地区的社会经济、贸易发展水平后，国际航空运输协会将全球分成三个区域，简称为航协区（IATA Traffic Conference Areas），分别是_____，简称为_____。

4. 公布直达运价分为普通货物运价、_____、_____和集装货物运价四种。非公布直达运价分为比例运价和_____两种。

5. 民用飞机可划分为三种：全货机（主舱及下舱全部载货）、_____（只在下舱载货）和客货混用机。

6. 飞机的装载限制主要有重量限制、容积限制、_____和地板承受力。

7. 我国的两字代码为 CN，美国的两字代码为 US；北京的三字代码为_____，广州的三字代码为_____，上海的三字代码为_____；中国国际航空公司的代码为_____，中国南方航空公司的代码为_____，中国东方航空公司的代码为_____。在常见的航空货运的操作代码中，_____代表活动物，BIG 代表_____，DIP 代表_____，EAT 代表_____，_____代表冷冻货物，_____代表潮湿货物。在常见的危险品代码中，RCM 代表_____的货物，RPG 代表_____。在常见的缩写中，_____代表货运单，_____代表运费到付，NVD 代表_____。

二、选择题

1. 在航空货物运输中，某集装器代号为 PAP2334CA，其中第三个字母"P"表示（　　）。
   - A. 集装器的底板尺寸
   - B. 集装器的种类
   - C. 集装器所有人
   - D. 集装器的外形以及与飞机的适配性

2. 某集装箱代号为 AKA1234CZ，该集装箱属于（　　）。
   - A. 中国南方航空公司
   - B. 中国东方航空公司
   - C. 中国国际航空公司
   - D. 海南航空公司

3. 在航空货运中，下面可以混运的货物是（　　）。
   - A. 塑料玩具、衣服
   - B. 活动物、塑料玩具
   - C. 衣服、活动物
   - D. 金表、活动物

4. 航空货运承运人对没有办理声明价值的货物损失，其最高赔偿限额为毛重每千克（　　）。
   - A. 15 美元
   - B. 20 美元

C. 25 美元　　　　　　　　　　　D. 30 美元

5. 托运单上声明价值一栏，如货物毛重每千克未超过 20 美元，则此栏可填（　　）。

A. 20 美元　　　　　　　　　　　B. 未超过 20 美元

C. NVD　　　　　　　　　　　　D. ALSO NOTIFY

6. 航空公司的运价类别，以"M"表示（　　）。

A. 最低运价　　　　　　　　　　B. 指定商品运价

C. 附加运价　　　　　　　　　　D. 附件运价

7. 航空公司运价以"S"表示（　　）。

A. 最低运价　　　　　　　　　　B. 等级货物附加运价

C. 45 千克以上普货运价　　　　　D. 45 千克以下普货运价

8. 航空公司运价以"R"表示（　　）。

A. 最低运价　　　　　　　　　　B. 等级货物附减运价

C. 45 千克以上普货运价　　　　　D. 45 千克以下普货运价

9. 国际空运货物的计费重量以（　　）为最小单位。

A. 0.3kg　　　　　　　　　　　　B. 0.5kg

C. 0.8kg　　　　　　　　　　　　D. 1kg

10. （　　）是各国航空运输企业之间的联合组织，且会员必须是有国际民用航空组织的成员国颁发的定期航班运输许可证的航空公司。

A. IATA　　　　　　　　　　　　B. ICAO

C. SITA　　　　　　　　　　　　D. ILTA

11. （　　）是国际航空运输协会的最高权力机构，每年举行一次，经执委会召集，也可随时召开特别会议。

A. 执行委员会　　　　　　　　　B. 专门委员会

C. 全体会议　　　　　　　　　　D. 理事会

12. 由国际航协出版的一本通用的运价手册是（　　）。

A. TCA　　　　　　　　　　　　B. TC1

C. TC2　　　　　　　　　　　　D. TACT

13. 在航空货运中 GB 代表（　　）。

A. 中国　　　　　　　　　　　　B. 美国

C. 英国　　　　　　　　　　　　D. 日本

14. 航空运输中 ULD 是（　　）的缩写代码。

A. 集装器　　　　　　　　　　　B. 主运单

C. 无声明价值　　　　　　　　　D. 托运书

15. 在 IATA 运价体系中，在相同航程、相同承运人的条件下，公布直达运价应优先使用（　　）。

A. 普通货物运价　　　　　　　　B. 指定商品运价

C. 等级货物运价　　　　　　　　D. 集装货物运价

16. 表示航空货物等级货物附加运价类别代码的是（　　）。

A. M　　　　　　　　　　　　　B. C

C. S   D. R

17. 在航空货物运输中，指定商品代号 0300 指的货物是（   ）。

     A. 鱼和海鲜   B. 皮革

     C. 水果   D. 纺织品

18. 航空货物的指定商品品名编号在 0001～0999 的代表（   ）。

     A. 机器、汽车和电器设备   B. 可食用的动植物产品

     C. 活动物及非食用的动植物产品   D. 纺织品、纤维及其制品

19. 航空货物的指定商品品名编号在 1000～1999 的代表（   ）。

     A. 机器、汽车和电器设备   B. 可食用的动植物产品

     C. 活动物及非食用的动植物产品   D. 纺织品、纤维及其制品

20. SCR 表示（   ）。

     A. 比例运价   B. 指定商品运价

     C. 普通货物运价   D. 等级货物运价

21. 在航空货运中，General Cargo Rate 表示的中文含义是（   ）。

     A. 普通货物运价   B. 指定商品运价

     C. 等级货物运价   D. 比例运价

22. 当一笔普通航空货物计费重量很小时，航空公司规定按（   ）计收运费。

     A. 特种运价   B. 声明价值费用

     C. 起码运费   D. 指定运价

三、简答题

1. 什么叫作包舱/箱/板运输？主要有哪两种类别？

2. 简述采用包舱包板运输对承托双方而言各有什么好处。

3. 简述直接运输与集中托运货物的区别。

4. 简述集装器代号 AKE2233MU 中每个字母的含义。

5. 简述集装货物的基本原则。

6. 简述航空集装箱运输的特点。

7. 什么是协议运价？

8. 简述航空运价适用顺序。

9. 简述指定商品运价的使用规则。

四、案例题

1. 航班 AF033，12 月 10 日 10:30 从巴黎（+1）出发，将于同日 11:55 到达蒙特利尔（-5），请计算航班的飞行时间。

2. 货机航班 NW904，12 月 10 日 15:15 从中国香港（+8）出发，航班有两个经停站，将于第二天 01:25 到达纽约（-5）。请计算航班的全程运输时间。

3. 根据下列资料，计算该票货物的航空货运费。

Routing: Beijing CHINA (BJS) to BOSTON,U.S.A.(BOS)

Commodity: GOLD WATCH

Gross weight: 32.0 kg

Dimensions: 1 piece, 61 cm×51 cm×42 cm

公布的运价如表 5-67 所示。

表 5-67　运价表

BEIJING	CN		BJS
Y.RENMINBI	CNY		KGS
BOSTON	US	M	630.00
		N	79.97
		45	60.16
		100	53.19
		300	45.80

4. 我国 A 出口商通过 B 国际货运代理企业办理一票普通货物的空运事宜，经北京出口至日本东京，但 A 出口商对于航空运价并不是很了解，于是咨询 B 国际货运代理企业有关北京至日本东京航空运价问题。假设公布运价如表 5-68 所示。

表 5-68　运价表

BEIJING	CN		BJS
Y.RENMINBI	CNY		KGS
TOKYO	JP	M	230
		N	38
		45	29
		100	25
		300	20

请计算并答复客户的下列咨询：

（1）出口商托运的货物计费重量为 6 kg 时应支付（　　）运费。

  A．CNY 228   B．CNY 230

  C．CNY 174   D．CNY 200

（2）出口商托运的货物计费重量为 15 kg 时应支付（　　）运费。

  A．CNY 230   B．CNY 570

  C．CNY 435   D．CNY 375

（3）出口商托运的货物计费重量为 45 kg 时应支付（　　）运费。

  A．CNY 230   B．CNY 1 710

  C．CNY 1 305   D．CNY 1 125

（4）出口商托运的货物计费重量为 70 kg 时应支付（　　）运费。

  A．CNY 1 750   B．CNY 2 030

  C．CNY 2 500   D．CNY 2 660

（5）出口商托运的货物计费重量为 260 kg 时应支付（　　）运费。

  A．CNY 7 540   B．CNY 6 500

  C．CNY 6 000   D．CNY 5 200

项目综合实训：国际航空运费计算

一、实训目的

通过实际动手操作，让学生掌握各类货物的运费计算方法，并能按要求正确填写运单上的有关运费栏目。

二、实训方式

根据指定材料完成计算，填写表格。

三、实训内容及步骤

按单项实训六的材料，逐题（1～10 题）完成相关的航空运费计算，并填写航空货运单运费计算栏表格。

四、实训结果

根据单项实训六 1～10 题中的货物类别，分别选择下面的计算单（见表 5-69 和表 5-70）填写，并将电子版提交给老师检查。

表 5-69　计算单一

航空运费计算单一

（适合普通货物、等级货物、指定商品）

货物名称：＿＿＿＿＿＿＿＿　　货物尺寸：长＿＿＿cm，宽＿＿＿cm，高＿＿＿cm

体积（Volume）（cm³）：＿＿＿＿＿＿＿＿＿＿＿＿＿＿＿＿＿＿＿

体积重量（Volume Weight）（kg）：＿＿＿＿＿＿＿＿＿＿＿＿＿＿＿＿＿

毛重（Gross Weight）（kg）：＿＿＿＿＿＿＿＿＿＿＿＿＿＿＿＿＿

计费重量（Chargeable Weight）（kg）：＿＿＿＿＿＿＿＿＿＿＿＿＿

适用费率（Applicable Rate）：＿＿＿＿＿＿＿＿＿＿＿＿＿＿＿＿＿

航空运费（Weight Charge）（货币单位：＿＿）：＿＿＿＿＿＿＿＿＿＿

根据计算结果，航空货运单运费计算栏填制如下。

No. Of Pieces RCP	Gross Weight	Kg Lb	Rate Class		Chargeable Weight	Rate/ Charge	Total	Nature and Quantity of Goods (Incl. Dimensions or Volume)
			Commodity Item No.					

表 5-70　计算单二

航空运费计算单二

（适合混运/集中托运）

1. 总体申报

货物名称：_____　　货物尺寸：长_____cm，宽_____ cm，高_____cm

体积（Volume）（cm³）：_____

体积重量（Volume Weight）（kg）：_____

毛重（Gross Weight）（kg）：_____

计费重量（Chargeable Weight）（kg）：_____

适用费率（Applicable Rate）：_____

航空运费（Weight Charge）（货币单位：_____）：_____

2. 分别申报

货物名称	（1）	（2）	（3）
货物尺寸：长（cm）×宽（cm）×高（cm）			
体积（Volume）（cm³）			
体积重量（Volume Weight）（kg）			
毛重（Gross Weight）（kg）			
计费重量（Chargeable Weight）（kg）			
适用费率（Applicable Rate）			
航空运费（Weight Charge）			
运费合计（货币单位：_____）			

3. 比较

总体申报的运费为_____，分别申报的运费合计为_____。

取低者，因此运费合计为_____。

根据计算结果，完成如下航空货运单运费计算栏填制。

No. of Pieces RCP	Gross Weight	Kg Lb	Rate Class		Chargeable Weight	Rate/ Charge	Total	Nature and Quantity of Goods (Incl. Dimensions or Volume)
				Commodity Item No.				

大飞机，中国造！——大国重器与工匠精神

2022 年 5 月 14 日 6 时 52 分，编号为 B-001J 的 C919 大飞机，从上海浦东国际机场第 4 跑道起飞，于 9 时 54 分安全降落，飞行时间 3 小时 02 秒，标志着中国商飞公司即将交付首家用户的首架 C919 大飞机，首次飞行试验圆满完成。

C919，全称 COMAC919，COMAC 是 C919 的主制造商中国商用飞机有限责任公司的英文名称简写，也就是中国商飞，"C"既是"COMAC"的第一个字母，也是中国的英文名称"CHINA"的第一个字母，体现了大型客机是国家的意志、人民的期望。它是我国自行研制、具有我国完全的自主知识产权的真国产大飞机。也是我国首款完全按照国际先进适航标准研制的单通道大型干线客机，最大航程超过 5 500 千米，性能与国际新一代的主流单通道客机相当。在性能上，中国的国产大飞机，是为了与国际领先的欧洲空客（Airbus）、美国波音（Boeing）直接竞争的航空大飞机，以后的航空大飞机领域，将是欧洲空客、美国波音、中国 C919，组成 ABC 三大大飞机巨头，三足鼎立、竞逐蓝天的局势。

思考：结合以上材料，谈谈对中国制造大飞机的必要性和优势的看法？提示：从中国制造大国到制造强国转变、中国国际地位提升，以及工匠精神几个角度谈。

思政提示

项目六　国际航空运输代理业务处理

【学习目标】

通过本项目的训练和学习，熟悉国际航空货运出口代理业务的操作流程，学会填写托运委托书；学会预配舱与预订舱，能正确填制航空货运单，掌握配舱与订舱、交接发运程序；掌握航班跟踪内容和费用结算。

【主要知识点】

航空托运书的概念与功能、航空运单的概念以及作用及填制要求；配舱与订舱、交接发运、航班跟踪、费用结算。

【关键技能点】

航空货运委托书的审核、货运单的填制、配舱与订舱、收运货物、装板出库与交接发运。

任务一　接受委托

微课 6.1

任务描述：要求学生深刻理解托运书的意义，能正确指导客户填写托运委托书，并准确对委托书进行审核。

一、揽货及委托运输

揽货是航空货代的核心业务。货代人员在具体操作时，须及时向出口单位介绍本公司的业务范围、服务项目和各项收费标准，特别是要向出口单位介绍优惠运价，介绍本公司的服务优势，等等。

货代人员向货主揽货时，必须了解以下信息：一是品名（是否危险品）；二是重量（涉及收费）、体积（尺寸大小及是否泡货）；三是包装（是否木箱、有无托盘）；四是目的机场（是否基本港）；五是要求时间（直飞或转飞）；六是要求航班（各航班服务及价格差异）；七是提单类别（主单及分单）；八是所需运输服务（报关方式、代办单证、是否清关派送等）。

航空货代与发货人就出口货物运输事宜达成意向后，可以向发货人提供所代理的航空公司的国际货物托运书。

根据《华沙公约》的相关规定，托运书必须由托运人自己填写，并在上面签字或盖章。委托时，发货人除了应填制托运书外，还应提供贸易合同副本、出口货物明细发票、装箱单以及检验、检疫和通关所需要的单证和资料给航空货代。

二、客户填写托运书

（一）托运书的概念

托运书（Shipper's Letter of Instruction，SLI）是托运人办理货物托运时填写的书面文件，也是填开航空货运单的凭据，表单上列有填制货运单所需的各项内容，并印有授权于承运人或其代理人代其在货运单上签字的文字说明。

国际货物托运书是一份非常重要的法律文件。它是委托方（货主）与代理方（货代公司）之间的契约文件，也是代理方的工作依据。航空货代根据委托书要求办理出口手续，并据以结算费用。因此，委托方和代理方均需在托运书上签字或盖章。

（二）托运书的内容

托运书是托运人用于委托承运人或其代理人填开货运单的一种表单，其上列有填开货运单所需的各项内容，托运人必须逐项认真仔细地填写。托运书样本如图 6-1 所示。

SHIPPER'S LETTER OF INSTRUCTION

Air Waybill No.131-12345675

Airport of Departure K.LUMPUR,MALAYSIA				Airport of Destination QINGDAO, CHINA				For Carrier Use Only	
Routing and Destination								Flight / Date	Flight / Date
To QAO	By First Carrier KE	To	By	To	By	To	By	KE855/17JUN	
								Booked	
Shipper's Account Number				Shipper's Name and Address				Documents to Accompany Air Waybill	
MATSUDA TELEVISION SYSTEMS CO. LOT5, PRESIAN TENKU APUAN SITE 400 SHA ALAM SELANG DE MALAYSIA								Packing List Invoice Contract Certificate for Cancelling After Verification	
Consignee's Account Number				Consignee's Name and Address				Customs Declaration	
MATSUDA QINGDAO CO., LTD. NO. 128 WUHAN ROAD QINGDAO CHINA								Customs Certifiacate of Commission Certificate of Commission for Exporting Agency	
Also Notify									

Shipper's Declared Value		Amount of Insurance	Freight Charges		
For Carriage NVD	For Customs NCD		USD107 610.00		
No. of Pieces	Actual Gross Weight (kg.)	Rate Class	Chargeable Weight	Rate / Charge	Nature and Qty of Goods (Incl. Dimension or Volume)
52	**510.00**	N	211	AS ARRANGED	TV-PARTS 12.638 m^3

Shipper's instructions in case of Inability to deliver shipment as consigned
"NOTIFY PARTY-SAME AS CONSIGNEE"

Handling information (Incl. method of packing, Identifying marks and numbers. Etc.)

The shipper certifies that the particulars on the face here of are correct and agrees to all the conditions and regulations of carriage of the carrier.

托运人签字	日期		经手人	日期
Signature of Shipper	Date	JUN. 10,2020	Agent	Date

图 6-1 托运书样本

　　各公司托运书的格式并不完全一样，但一般包含以下内容栏。

　　（1）托运人（Shipper's Name and Address）。填列托运人的全称、街名、城市名、国家名称及便于联系的电话、电传或传真号码。

　　（2）收货人（Consignee's Name and Address）。填列收货人的全称、街名、城市名称、国家名称（特别是在不同国家内有相同城市名称时，更应注意填上国名），以及电话、传真号。

　　（3）始发站机场（Airport of Departure）。填始发站机场的全称，可填城市名称。

　　（4）目的地机场（Airport of Destination）。填目的地机场（机场名称不明确时，可填城市名称），如果某一城市名称用于一个以上国家，应加上国名。例如，LONDON UK（伦敦，英国）；LONDON KY US（伦敦，肯塔基州，美国）。

　　（5）要求的路线/申请订舱（Requsted Routing/Requesed Booking）。本栏用于航空公司安排运输路线时使用，但如果托运人有特别要求，也可填入本栏。为保证制单承运人收运的货物可以被所有续运承运人接受，可查阅 *TACT Rules* 8.1 的双边联运协议。中转站的装卸及仓储条件情况见 *TACT Rules* 7.3。

　　（6）供运输用的声明价值（Declared Value for Carriage）。填列供运输用的声明价值金额，该价值即为承运人赔偿责任的限额。承运人按有关规定向托运人收取声明价值费。但如果所交运的货物毛重每千克不超过 20 美元（或等值货币），无须填写声明价值金额，可在本栏内填入"NVD"（No Value Declared，未声明价值）；如本栏空白未填写，承运人或其代理人可视为货物未声明价值。

　　（7）供海关用的声明价值（Declared Value for Customs）。国际货物通常要受到目的站海关的检查，海关根据此栏所填数额征税。

　　（8）保险金额（Amount of Insurance）。如未代办保险业务，本栏可空着不填。

　　（9）处理事项（Handling Information）。填列附加的处理要求。例如，另请通知（Also Notify），除填收货人之外，如托运人还希望在货物到达的同时通知他人，请另填写被通知人的全名和地址；还可填写外包装上的标记或者操作要求，如易碎、向上等。

　　（10）货运单所附文件（Documentation to Accompany Air Waybill）。填列随附在货运单上运往目的地的文件，应填上所附文件的名称。例如，托运人所托运的动物证明书（Shipper's Certification for Live Animals）。

　　（11）件数和包装方式（Number and Kind of Packages）。填列该批货物的总件数，并注明其包装方法，如包裹（Package）、纸板盒（Carton）、盒（Case）、板条箱（Crate）、袋（Bag）和卷（Roll）等。如果货物没有包装，就注明为散装（Loose）。

　　（12）实际毛重（Actual Gross Weight）。本栏内的重量应由承运人或其代理人在称重后填入。如果托运人已填上重量，承运人或其代理人必须进行复核。

　　（13）运价类别（Rate Class）。填写所适用的运价、协议价、杂费和服务费。

　　（14）计费重量（Chargeable Weight）。本栏内的计费重量应在承运人或其代理人量过货物的尺寸并算出计费重量后填入，如果托运人已经填上，承运人或其代理人必须进行复核。

　　（15）费率（Rate/Charge）。本栏可空着不填。

　　（16）货物的品名及数量（包括体积或尺寸）（Nature and Quantity of Goods (INCL. Dimensions or Volume)）。填列货物的品名和数量（包括尺寸或体积）。

　　若一票货物包括多种物品，托运人应分别申报货物的品名，填写品名时不能使用"样品""部件"等比较笼统的名称。货物中的每一项均须分开填写，并尽量填写详细，如"9 筒 35

毫米的曝光动画胶片""新闻短片（美国制）"等。本栏所填写的内容应与出口报关发票、进出口许可证上列明的货物相符。

运输下列货物时，按国际航协有关规定办理（参阅 *TACT Rules* 2.3.3/7.3/8.3）：活体动物；个人物品；枪械、弹药、战争物资；贵重物品；危险物品；汽车；尸体；具有强烈气味的货物；裸露的机器、铸件、钢材；湿货；鲜活易腐物品。危险物品应填写适用的准确名称及标贴的级别。

（17）托运人签字（Signature of Shipper）。托运人必须在本栏内签字。

（18）日期（Date）。填写托运人或其代理人交货的日期。

三、货代审核托运书

在接受托运人委托后，航空货运代理公司通常会指定专人对托运书进行审核。审核时，需审查各栏目填写是否正确、规范，审核运价能否被接受，预订航班是否可行，等等。另外，还要注意审核目的港名称、所在城市名称、运费预付或运费到付、货物毛重、收发货人和电话/传真号码等。还需特别注意的是，托运人签字处一定要有托运人的签名。

审核后，审核人员必须在托运书上签名并注明日期以示确认。

📖 阅读材料 6-1　航空出口业务流程体验

2019 年 10 月，广州 ML 外贸有限公司经理李小四准备出口一批男式针织衫，共 20 箱 1 440 件，货价 FOB 4 320 美元，毛重为 360 千克，目的地为美国纽约，收货人为 Sanmen。欲委托广州 YC 国际货运代理有限公司办理空运出口报关报检等一揽子手续。

角色说明：

A：广州 YC 国际货运代理有限公司（Guangzhou Yangcheng International Freight Forwarding Co., Ltd.）业务经理张山峰。

B：发货人广州 ML 外贸有限公司（Guangzhou Beauty People Foreign Trade Co., Ltd.）经理李小四。

C：航空公司货运经理王小二。

流程体验如下。

流程一：2019 年 10 月 13 日上午 9 时，客户李小四打电话给广州 YC 国际货代公司业务经理张山峰，询问将 360 千克、20 箱全棉男式针织衫空运到美国纽约的价格，并要求货代公司代理报关报检。张山峰将报价单电传给了客户李小四，李小四询问总价金额，张山峰将计算的总价报给李小四，李小四同意。随后张山峰发给客户李小四一份国际货物托运书，李小四确认无误后签字交回张山峰处。

流程二：张山峰查询确认本批男式针织衫编码 6105100099，属于免检，出口退税 14%，同时联系南方航空公司货运经理王小二查询航班舱位情况，得知 10 月 14 日 23 时的航班有舱位，张山峰于是向王小二订舱。

流程三：10 月 14 日上午 9 时，张山峰派公司司机去李小四公司将货物运到白云机场南航货运站，中午 11 时 40 分，张山峰在白云机场南航货运站和司机将运到的货物过磅、入库，与客户所述重量相符。

流程四：下午 14 时，张山峰携打印好的出口报关单和装箱单、发票等向白云机场海关申报，海关盖好放行章放行，张山峰到航空公司签单，领取航空运单，并将运单号告诉了客户李小四。

流程五：填写装箱单、出口报关单。

流程六：10 月 14 日 17 时，张山峰持相关单证交给白云机场南航货运站并支付了运费，之后南航准时将货物上机运走。

流程七：10 月 15 日下午 15 时，张山峰收到通知得知货物已经准时到达美国纽约，收货人 Sanmen 已经签字接收。

 做一做：单项实训一

实训目标： 学会根据客户资料填写航空货物托运单。

1. 根据图 6-2 所示的商业发票内容，填写图 6-1 所示的托运书，要求格式清楚、内容完整。

ISSUER NANJING TANG TEXTILE GARMENT CO., LTD. HUARONG MANSION RM2901 NO.85 GUANJIAQIAO, NANJING 210005, CHINA			**商业发票** COMMERCIAL INVOICE	
TO FASHION FORCE CO., LTD. P.O.BOX 8935 NEW TERMINAL, ALTA, VISTA OTTAWA, CANADA			**NO.** NT01FF004	**DATE** Mar.9,2020
TRANSPORT DETAILS SHIPMENT FROM SHANGHAI TO MONTREAL BY AIR FREIGHT PREPAID			**S/C NO.** F01LCB05127	**L/C NO.** 63211020049
			TERMS OF PAYMENT L/C AT SIGHT	
Marks and Numbers	Number and kind of package Description of goods	**Quantity**	**Unit Price** USD	**Amount**
FASHION FORCE F01LCB05127 CTN NO. MONTREAL MADE IN CHINA	CIF MONTREAL, CANADA			
	LADIES COTTON BLAZER (100% COTTON, 40SX20/140X60)	2 550PCS	USD12.80	USD32 640.00
	Total:	2 550PCS		USD32 640.00

SAY TOTAL: USD THIRTY TWO THOUSAND SIX HUNDRED AND FORTY ONLY

SALES CONDITIONS: CIF MONTREAL/CANADA
SALES CONTRACT NO. F01LCB05127
LADIES COTTON BLAZER (100% COTTON, 40SX20/140X60)
STYLE NO. PO NO. QTY/PCS USD/PC
46-301A 10337 2550 12.80

PAKAGE. N. W. G. W.
85CARTONS 17KGS. 19 KGS

TOTAL PACKAGE: 85 CARTONS
TOTAL MEAS: 21.583 CBM

NANJING TANG TEXTILE GARMENT CO., LTD.
（签名）×××

图 6-2 商业发票

2. 审核图 6-3 所示的国际货物托运书，如有错误，请改正。

珠海商远贸易有限公司
ZHUHAI SHARERUN TRADE CO., LTD.
国际货物托运书
SHIPPER'S LETTER OF INSTRUCTION

TO:			进仓编号：	
托运人	珠海商远贸易有限公司			
发货人 SHIPPER	ZHUHAI SHARERUN TRADE CO., LTD. ZHUHAI COLLEGE ROAD No.2 ZHUHAI 322000, CHINA			
收货人 CONSIGNEE	FASHION FORCE CO., LTD. P.O.BOX 8935 NEW TERMINAL, ALTA, VISTA OTTAWA, CANADA TEL: 00966-1-4659220　FAX: 00966-1-4659213			
通知人 NOTIFY PARTY	FASHION FORCE CO., LTD. P.O.BOX 8935 NEW TERMINAL, ALTA, VISTA OTTAWA, CANADA TEL: 00966-1-4659220　FAX: 00966-1-4659213			
始发站	HONGKANG	目的站 MONTREAL	运费	PREPAID
标记唛头 MARKS	件数 NUMBER	中英文品名 DESCRIPTION OF GOODS	毛重（千克） G. W（KGS）	尺码（立方厘米） SIZE（cm³）
FASHION FORCE F01LCB05127 CTN NO. MONTREAL MADE IN CHINA	85 CARTONS	LADIES COTTON BLAZER 女式棉运动上衣 （100% COTTON, 40SX20/140X60）	637.5	1 205 000
其他	不投保，不声明价值 ONE COMMERCIAL INVOICE ATTACHED. NOTIFY ON ARRIVAL			
1. 货单到达时间：10.4 报关		2. 航班：CA965/10.5		运价：CNY30/kg+AWC60
电　话：83803000 传　真：83803000 联系人：×× 地　址：珠海市学院路 2 号 托运人签字：　张三		★如改配航空公司请提前通知我司 公章 制单日期：　2020 年 9 月 29 日		

图 6-3　托运书

任务二　预配舱与预订舱

任务描述： 要求学生熟悉单证审核的内容，学会预配舱与预订舱。

微课 6.2

一、审核单证

航空国际货运代理接受客户委托之后，首先应审核各种单证。单证应包括以下内容。

（1）发票、装箱单：发票上一定要加盖公司公章，标明价格术语和货价。

（2）托运书：一定要注明目的港名称或目的港所在城市名称，明确运费预付或到付、货物毛重、收发货人、电话和传真等信息，审核托运人的签名。

（3）报关单：注明经营单位注册号、贸易性质和收汇方式，并要求在申报单位处加盖公司章。

（4）外汇核销单：在出口单位备注栏内一定要加盖公司章。

（5）许可证：合同号、出口口岸、贸易国别、有效期。

（6）商检证：商检证、商检放行单、盖有商检放行章的报关单均可。商检证上应有海关放行联字样。

（7）进料、来料加工核销本：注意本上的合同号是否与发票相符。

（8）索赔/返修协议：要求提供正本，要求合同双方盖章，如对方没章时，可以签字。

（9）到付保函：凡到付运费的货物，发货人都应提供到付保函。

（10）关封。

二、预配舱

接到货运代理委托后，货运代理人对所接受的委托进行汇总，依据各个客户报来的预报数据，计算出各航线的总件数、重量、体积，按照客户的出运要求和货物情况，结合比较各航空公司的航班时刻汇总表，以及各航空公司不同机型对不同板箱的重量和高度要求，选择承运人。承运人确定后，货代公司将为每票货配上运单号。预配舱流程如图6-4所示。

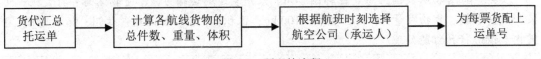

图6-4　预配舱流程

一般情况下，航空公司会将运单定期发放给与其有运价协议的航空货运代理公司，因此通常运单掌握在与航空公司有协议的货代手中，当预配某一票货物时，货代会提供预留运单号。

三、预订舱

代理人根据预配舱方案，按航班号、日期打印出总运单号、件数、重量和体积，向航空公司进行预订舱。这一环节之所以被称为预订舱，是因为此时货物可能还没有入库，预报和实际的件数、重量、体积等都会有差别，这些将等到正式配舱时再做调整。

向航空公司预订舱位要尽量准确，如果实际到货少于订舱数会导致航空公司产生亏仓；如果实际到货多于订舱数，舱位紧张时航空公司会将多余的货物安排到下一航次出运，容易产生目的港分批到货的情况。

另外，货物预订舱须根据发货人的要求和货物标识的特点而定。一般来说，大宗货物、紧急物资、鲜活易腐物品、危险品和贵重物品等必须预订舱位，非紧急的零散货物可以不预订舱位。

通常下列货物应当预订航班舱位，否则承运人可以不予受理。

（1）货物在中转时需要特殊对待。

（2）不规则形状或者尺寸超限的货物。

（3）批量较大的货物。

（4）特种货物，如危险品、活动物等。

（5）需要两家及以上承运人运输的联运货物。

（6）货物的声明价值超过 10 万美元或者其等价货币。

四、接收单证

货代对托运人提供的单证审核完毕，进行预配舱与预订舱之后，就可以接收托运人或其代理人送交的已经审核确认的托运书及报关单证和收货凭证。之后，货代还需要完成以下三项工作。

（1）制作操作交接单。

（2）逐单预配运单。

（3）逐单附报关单证。

完成后，将制作好的交接单、配好的总运单或分运单、报关单证移交制单员。如果此时货未到或未全到，制单员可以按照托运书上的数据填入交接单并注明，货物到齐后再进行修改。

 做一做：单项实训二

实训目标：体验航空预订舱操作。

预订舱操作

安排一批货物从我国上海发往韩国仁川，采用空运的运输方式。货物名称：打火机；包装形式：木箱；货物数量：5 箱；重量：100 kg；体积：1 m³；目的地：仁川；运输时间：3 天内。请进行预订舱处理。

任务三　填制货运单

任务描述：要求学生理解航空运单的概念以及作用，了解航空运单的分类，熟悉航空货运单的填制要求，学会填制航空货运单。

一、航空货运单认知

（一）航空货运单的概念

微课6.3

航空货运单（Air Waybill，AWB）是托运人（或其代理人）和承运人（或其代理人）之间缔结的货物运输合同契约，同时也是承运人运输货物的重要证明文件。

航空货运单与海运提单不同，航空货运单既不能转让，也不是代表货物所有权的物权凭证，而是一种不可议付的单据。航空货运单不可转让，所有权属于出票航空公司，即货运单所属的空运企业（Issue Carrier）。在货运单的右上端印有"不可转让（Not Negotiable）"字样，任何 IATA 成员公司均不得印制可以转让的航空货运单，"不可转让"字样不可被删去或篡改。

从形式上看,航空货运单通常包括印制有出票航空公司标志的航空货运单和无承运人任何标志的中性货运单两种。

（二）航空货运单的构成

国际航空货运单一般由一式十二联组成，其中有三联正本、六联副本和三联额外副本，分别用不同的颜色表示，具体如表 6-1 所示。

表 6-1　航空货运单各联信息

序　号	名称及发放对象	颜　色
1	Original 1（正本 1，给填开货运单的承运人或代理人）	绿色
2	Original 2（正本 2，给收货人）	粉红色
3	Original 3（正本 3，给托运人）	蓝色
4	Copy 4（副本 4，提取货物收据）	黄色
5	Copy 5（副本 5，给目的站机场）	白色
6	Copy 6（副本 6，给第三承运人）	白色
7	Copy 7（副本 7，给第二承运人）	白色
8	Copy 8（副本 8，给第一承运人）	白色
9	Copy 9（副本 9，给代理人）	白色
10	Extra Copy 10（额外副本 10，供承运人使用）	白色
11	Extra Copy 11（额外副本 11，供承运人使用）	白色
12	Extra Copy 12（额外副本 12，供承运人使用）	白色

航空货运单三份正本的流转程序如下。

（1）正本 1 注明交承运人，并由托运人签字，送交财务部门作为运费结算的依据。

（2）正本 2 注明交收货人，由托运人和承运人签字并随同货物运送到目的地，收货人提取货物时在本联签收。

（3）正本 3 注明交托运人，在填制货运单、承运人接受货物之后，装上飞机之前签字交给托运人，作为托运货物及货物预付运费时交付运费的收据。同时，它也是托运人与承运人之间签订的具有法律效力的运输文件。

货运单的三联正本背面印有英文,内容涉及有关运输契约、航空货物运输的许多法律问题,如索赔、保险、改变承运人等。

货运代理一般持有副本 9。

（三）航空货运单的作用

航空货运单是货物托运人和承运人（或其代理人）所使用的最重要的运输文件，其作用有以下几个。

（1）航空货运单是承运人与托运人之间缔结货物运输关系的运输契约。

（2）航空货运单是承运人收运货物的证明文件。

（3）航空货运单是运费结算凭证及运费收据。

（4）航空货运单是承运人在货物运输组织的全过程中运输货物的依据。

（5）航空货运单是国际进出口货物办理清关的证明文件。

（6）航空货运单是货物保险证明。

（四）货运单填开责任

托运人有责任填制航空货运单。托运人对货运单所填各项内容的正确性、完备性负责。由于货运单所填内容不准确、不完全致使承运人或其他人遭受损失时，托运人负有责任。托运人在航空货运单上签字，证明其接受航空货运单正本背面的运输条件和契约。

根据《中华人民共和国民用航空法》（以下简称《民航法》）第一百一十四条规定："托运人应当填写航空货运单正本一式三份，连同货物交给承运人。"

（五）航空货运单的有效期

航空公司或其代理人根据托运书填制好货运单，托运人（或其代理人）和承运人（或其代理人）在货运单上签字后货运单即开始生效。货物运输至目的地之后，收货人提取货物时在货运单的交付联上签字后，作为运输凭证，货运单的运输使用有效期即告结束。但是作为运输契约，其法律有效期会延至自运输停止之日起两年内。

（六）航空货运单的分类

航空货运单根据签发人的不同分为航空主运单和航空分运单。

（1）航空主运单。由航空公司签发的航空运单被称为航空主运单（Master Air Waybill，MAWB）。这是航空公司凭以办理货物运输和交接的依据，也是航空公司与托运人订立的运输合同。

（2）航空分运单。在办理集中托运时，由集中托运人（或称为航空货运代理公司）签发给托运人的运单被称为航空分运单（House Air Waybill，HAWB）。航空分运单是集中托运人或航空货运代理公司与托运人之间的运输合同。

以下是办理集中托运时航空主运单及航空分运单的签发过程及两种运单之间的关系。

（1）各发货人将要发运的货物送交集中托运人，集中托运人在收到货物以后，签发航空分运单给各发货人，作为发货人与集中托运人之间的运输合同以及集中托运人已接收货物的证明。

（2）集中托运人将从各发货人处收到的货物组成一整批，填写一份总运单，集中向航空公司办理托运。航空公司收到集中托运人托运的货物以后，签发航空主运单给集中托运人，作为集中托运人与航空公司之间的运输合同以及航空公司已接收货物的证明。

（3）集中托运人将航空主运单和航空分运单寄给集中托运人在目的地的分公司或其代理人。

（4）货物到达目的地机场后，由集中托运人在目的地机场的分公司或其代理人提货、报关，再将货物转交给各收货人。

在办理集中托运时，航空主运单的关系方是集中托运人与航空公司；航空分运单的关系方是集中托运人和发货人。在办理集中托运时，发货人与航空公司之间无论在发货地机场或目的地机场都不发生直接的联系。

二、航空货运单的填制

微课6.4

（一）航空货运单的填制要求

（1）航空货运单一般应使用英文大写字母，用计算机印制。各栏内容必须准确、清楚、齐全，不得随意涂改。

（2）货运单已填好内容在运输过程中需要修改时，必须在修改项目的近处盖章注明修改货运单的空运企业名称、地址和日期。修改货运单时，应将所有剩余的各联一同修改。

（3）在始发站货物运输开始后，货运单上的"运输声明价值（Declared Value for Carriage）"一栏的内容不得再做任何修改。

（4）每批货物必须全部收齐后，方可填开货运单，每一批货物或集中托运的货物均填写一份货运单。

（二）航空货运单各栏填制说明

为了叙述方便，将航空货运单各栏用加圆圈的数字符号进行标注，如图6-5所示。

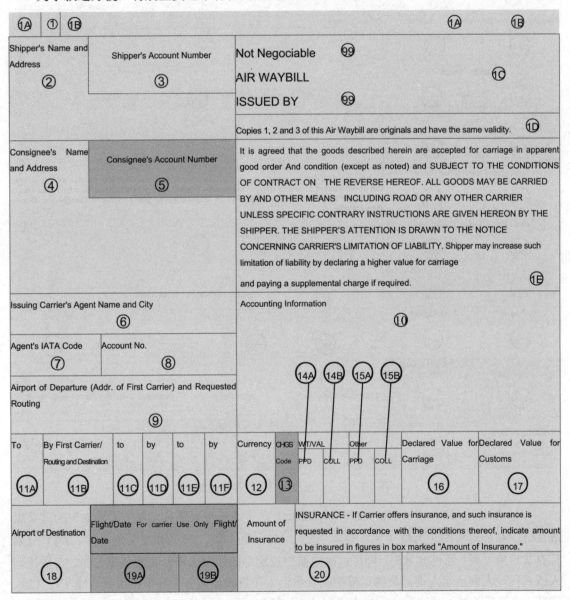

图6-5 航空货运单各栏标注符号

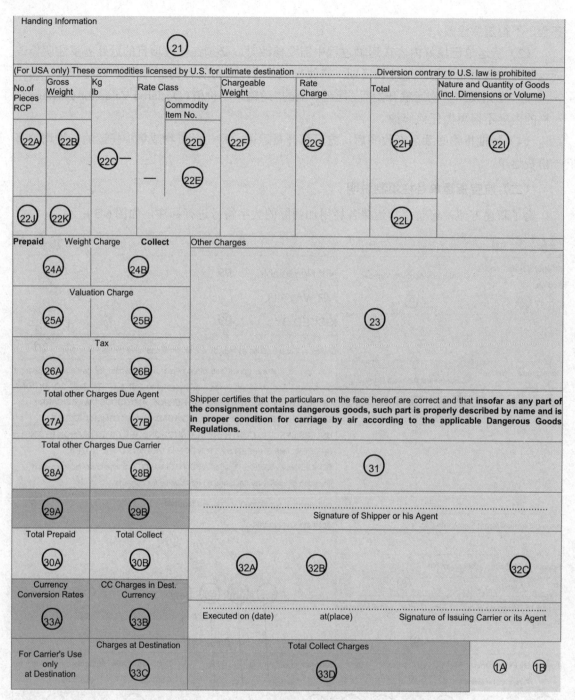

图6-5　航空货运单各栏标注符号（续）

（1）货运单号码（The Air Waybill Number）。货运单号码是货运单中不可缺少的重要组成部分，在货运单的左上角（①A、①、①B）、右上角（①A、①B）和右下角（①A、①B）分别标有货运单号码。通过此号码，即可以确定航空货运单的所有人——出票航空公司，它是托运人或其代理人向承运人询问货物运输情况及承运人在货物运输各个环节中组织运输（如订舱、配载、查询货物等）时的重要信息来源和依据。其中，①A表示航空公司的数字代号，①B表示货运单序号及检验号码，①表示航空公司所在城市代码。例如，货运单号码 999PEK1234 5675，999 表示中国国际航空公司，PEK 表示北京首都国际机场，1234 5675 为顺序号。

（2）⑩栏。表示货运单所属航空公司名称及总部所在地址，一般此处还印有航空公司的标志。

（3）②栏（Shipper's Name and Address）：托运人姓名和地址。此栏填制托运人的姓名（名称）、详细地址、国家（或国家两字代号）以及托运人的电话、传真号码。

（4）③栏（Shipper's Account Number）：托运人账号，一般此栏不需填写，除非承运人另有要求。

（5）④栏（Consignee's Name and Address）：收货人姓名和地址。填制收货人的姓名（名称）、详细地址、国家（或国家两字代号）以及收货人的电话、传真号码。

（6）⑤栏（Consignee's Account Number）：收货人账号，此栏仅供承运人使用，一般不需填写，除非最后的承运人另有要求。

（7）⑥栏（Issuing Carrier's Agent Name and City）：出票航空公司货运代理人名称和城市。此栏填制向出票航空公司收取佣金的国际航协代理人的名称和所在机场或城市。

（8）⑦栏（Agent's IATA Code）：国际航协代号。航空公司为便于内部系统管理，要求其代理人在此处填制相应的数字代码。采用货物财务结算系统（Cargo Accounts Settlement System，CASS）清算的代理人按规定填入相应代号。

（9）⑧栏（Account No.）：账号。本栏一般不需填写，除非承运人另有需要。

（10）⑨栏（Airport of Departure（Addr. of First Carrier）and Requested Routing）：始发站机场和要求的运输路线。此栏填制运输始发站机场或所在城市（始发地机场与所在城市使用相同代码）的全称，以及所要求的运输路线。

（11）⑩栏（Accounting Information）：相关财务信息。此栏填制有关财务的说明事项，如付款方式，选择现金、支票或其他方式。作为货物运输的行李使用 MCO 付款时，此栏应填制 MCO 号码、换取服务金额以及旅客客票号码、航班号、日期及航程。如因货物无法交付需要退运时填开的货运单，应将原始货运单号码填入本栏内。注意：代理人不得接受托运人使用 MCO 作为付款方式。

（12）⑪A～⑪F栏（Routing and Destination）：运输路线和目的站。

（13）⑫栏（Currency）：货币。填制运输始发地货币代号（统一采用国际标准化组织——ISO 的货币代号）。除了㉝C、㉝D栏外，货运单上所列明的费用金额均用上述货币表示。

（14）⑬栏（CHGS Code）：运费代号。

（15）⑭A、⑭B、⑮A、⑮B：货物运费、声明价值费、其他费用付款方式栏。“WT/VAL”表示货物航空运费、声明价值附加费的预付⑭A或到付⑭B。“Other”表示其他费用预付⑮A或到付⑮B。有关费用预付（PPD）或到付（COLL），分别用字母“PP”“CC”在货运单上表示，或在相关栏目内用“×”表示。

另请注意：货运单上㉔A、㉕A或㉔B、㉕B两项费用必须全部预付或全部到付；货运单上㉗A、㉘A或㉗B、㉘B两项费用也必须全部预付或全部到付。

（16）⑯栏（Declared Value for Carriage）：运输声明价值。填制托运人关于货物运输声明价值的金额。如果托运人没有运输声明价值，此栏可填写“NVD（No Value Declared）”字样。若该栏为空，则可视为货物未声明价值。

（17）⑰栏（Declared Value for Customs）：供海关用声明价值。填制货物过海关时海关需要的货物商业价值金额。如果货物没有商业价值，或海关不要求声明，此栏必须打印"NCV（No Commercial Value 或 No Customs Value）"字样。

（18）⑱栏（Airport of Destination）：目的站机场。填制最后承运人的目的地机场全称。

（19）⑲A、⑲B栏（Flight/Date）：航班/日期。仅供承运人使用。

（20）⑳栏（Amount of Insurance）：保险金额。如果承运人向托运人提供代办货物保险业务，此栏打印托运人货物投保的金额。如果承运人不提供此项服务或托运人不要求投保，此栏内必须打印"×××"符号。

（21）㉑栏（Handling Information）：运输处理注意事项。填写内容包括：第一，危险货物（如有）的情况下，如果需要附托运人危险货物申报单，则本栏填写"Dangerous Goods as per Attached Shipper's Declaration"字样，对于要求装上货机的危险货物，还应加上"Cargo Aircraft Only"字样，而如果不需要附托运人危险货物申报单，则本栏填写"Shipper's Declaration Not Required"字样；第二，被通知人（Also Notify）；第三，货运单所附文件；第四，包装情况；第五，发货人对货物在途中的特别指示，或对第二承运人的要求，等等。

（22）㉒A～㉒U栏：货物运价及细目。一票货物中如含有两种或两种以上不同运价类别计费的货物应分别填写，每填写一项另起一行。如果含有危险品，则该危险货物应列在第一项。具体填写要求如下：

- ◇ ㉒A栏（No.of Pieces RCP）：货物件数/运价组合点。运价组合点是指如果使用分段相加运价计算运费，在件数的下面应打印运价组合点城市的 IATA 三字代码。
- ◇ ㉒B栏（Gross Weight）：毛重。填入货物实际毛重（以千克为单位时可保留至小数后一位）。
- ◇ ㉒C栏（Kg/Lb）：重量单位为千克或磅。以千克为单位用代号"K"；以磅为单位用代号"L"。
- ◇ ㉒D栏（Rate Class）：运价等级。
- ◇ ㉒E栏（Commodity Item No.）：商品品名编号。运输指定商品，货物运费使用指定商品运价计费时，此栏打印指定商品品名代号（打印位置应与运价代号 C 保持水平）；运输等级货物，使用等级货物运价计费时，此栏打印附加或附减运价的比例（百分比）；如果是集装货物，打印集装货物运价等级。
- ◇ ㉒F栏（Chargeable Weight）：计费重量。填入计算货物运费适用的计费重量。
- ◇ ㉒G栏（Rate/Charge）：运价/运费。当使用最低运费时，此栏与运价代号"M"对应打印最低运费。填入与运价代号"N""Q""C"等相应的运价。当货物为等级货物时，此栏与运价代号"S"或"R"对应打印附加或附减后的运价。
- ◇ ㉒H栏（Total）：总计。填入计费重量与适用运价相乘后的运费金额。如果是最低运费或集装货物基本运费，本栏与㉒G栏内金额相同。
- ◇ ㉒U栏（Nature and Quantity of Goods）：货物品名和数量。为便于组织该批货物运输，本栏填制要求清楚、简明，并符合下列要求：一是打印货物的品名（用英文大写字母）；二是当一票货物中含有危险货物时，应分列打印，危险货物应列在第一项；三是活体动物运输，本栏内容应根据 IATA 活动物运输规定打印；四是对于集合货物，本栏应打印"Consolidation as Per Attached List"；五是打印货物的体积，用长×宽×高表示，如 DIMS：40cm×30cm×20cm。

◆ ㉒J、㉒K、㉒L分别为货物总件数、总毛重和总运费。

（23）㉓栏（Other Charges）：其他费用。其他费用种类可用两字代码表示，以下为部分其他费用的两字代码。

◇ AC——Animal Container（动物容器租费）。

◇ AS——Assembly Service Fee（集中货物服务费）。

◇ AT——Attendant（押运员服务费）。

◇ AW——Air Waybill（货运单工本费）。

◇ DB——Disbursement Fee（代垫付款手续费）。

◇ FC——Charges Collect Fee（运费到付手续费）。

◇ LA——Live Animals（动物处理费）。

◇ RA——Dangerous Goods Surcharge（危险品处理费）。

◇ SD——Surface Charge Destination（目的站地面运输费）。

◇ SU——Surface Charge（地面运输费）。

注意：此栏中任一费用均需用三个字母表示：前两个字母表示费用种类，第三个字母表示费用归属。承运人收取的其他费用用"C"表示，代理人收取的其他费用用"A"表示。例如，"AWC"属于出票航空公司收取的货运单工本费，"AWA"为代理人收取的货运单工本费。

（24）㉔A、㉔B栏（Weight Charge）：航空运费。此栏填入航空运费计算栏㉔A、㉒A～㉒L栏计算所得的航空运费总数。如果航空运费预付，填入㉔A栏；如果航空运费到付，则填入㉔B栏。

（25）㉕A、㉕B栏（Valuation Charge）：声明价值费。当托运人声明货物运输声明价值时，此栏填入声明价值附加费金额。该费用必须与航空运费同步付款，即同时预付或同时到付。声明价值附加费预付填入㉕A栏，到付填入㉕B栏。

（26）㉖A、㉖B栏（Tax）：税款。预付填入㉖A，到付填入㉖B。

（27）㉗A、㉗B栏（Total other Charges Due Agent）：由代理人收取的其他费用总额。预付填入㉗A栏，到付填入㉗B栏。

（28）㉘A、㉘B栏（Total other Charges Due Carrier）：由出票航空公司收取的其他费用总额。预付填入㉘A栏，到付填入㉘B栏。

（29）㉙A、㉙B栏：无名称阴影栏目。本栏不需打印，除非承运人需要。

（30）㉚A栏（Total Prepaid）、㉚B栏（Total Collect）：预付和到付费用总额。㉚A栏填入㉔A、㉕A、㉖A、㉗A、㉘A栏有关预付款项之和；㉚B栏填入㉔B、㉕B、㉖B、㉗B、㉘B栏有关到付款项之和。

（31）㉛栏：托运人证明栏。填写托运人名称，并由托运人或其代理人在本栏内签字或盖章。

（32）㉜A、㉜B、㉜C栏：承运人填写栏。将填开货运单的日期、地点、所在机场或城市的全称或缩写分别填入㉜A、㉜B、㉜C栏，填开日期按日、月、年的顺序填写。㉜C栏要求填开货运单的承运人或其代理人在本栏内签字。

（33）㉝A、㉝B、㉝C、㉝D栏：仅供有关承运人、目的地机场等在目的站使用。收货人用目的地国家货币付费。

◇ ㉝A栏（Currency Conversion Rates）：货币兑换比价，填入将运输始发地货币换算成目的地国家货币的比价（银行卖出价）。

- ❖ ⑬栏（CC Charges in Destination Currency）：用目的地国家货币表示的付费金额。
- ❖ ⑬栏（Charges at Destination）：目的站费用。最后一个承运人将目的站发生的费用金额填制在本栏中。
- ❖ ⑬栏（Total Collect Charges）：到付费用总额。

如图 6-6 所示是实际填开的国际航空货运单。

| 023 | 1234 | 5678 | | | | | | | | | | | 023－12345678 |

Shipper's Name and Address	Shipper's Account Number
DESUN TRADING CO., LTD. HUARONG MANSION RM2901 NO.85 GUANJIAQIAO, NANJING 210005, CHINA TEL: 0086-25-4715004 FAX: 0086-25-4711363	

| | | Copies 1, 2 and 3 of this Air Waybill are originals and have the same validity. |

Consignee's Name and Address	Consignee's Account Number	It is agreed that the goods described herein are accepted for carriage in apparent good order And condition (except as noted) and SUBJECT TO THE CONDITIONS OF CONTRACT ON THE REVERSE HEREOF. ALL GOODS MAY BE CARRIED BY AND OTHER MEANS INCLUDING ROAD OR ANY OTHER CARRIER UNLESS SPECIFIC CONTRARY INSTRUCTIONS ARE GIVEN HEREON BY THE SHIPPER. THE SHIPPER'S ATTENTION IS DRAWN TO THE NOTICE CONCERNING CARRIER'S LIMITATION OF LIABILITY. Shipper may increase such limitation of liability by declaring a higher value for carriage and paying a supplemental charge if required.
NEO GENERAL TRADING CO. P.O. BOX 99552, RIYADH 22766, KSA TEL: 00966-1-4659220 FAX: 00966-1-4659213		

Issuing Carrier's Agent Name and City	Accounting Information

Agent's IATA Code	Account No.	

Airport of Departure (Addr. of First Carrier) and Requested Routing NKG	FREIGHT PREPAID

To RUH	By First Carrier Routing and Destination FX0910	to	by	to	by	Currency CNY	CHGS Code	WT/VAL PPD	COLL	Other PPD	COLL	Declared Value for Carriage NVD	Declared Value for Customs
								X		X			

Airport of Destination RUH	Flight/Date FX0910 APRIL 7, 2020	Amount of Insurance ××××	INSURANCE - If Carrier offers insurance, and such insurance is requested in accordance with the conditions thereof, indicate amount to be insured in figures in box marked "Amount of Insurance."

Handing Information

No of Pieces RCP	Gross Weight	Kg lb	Rate Class Commodity Item No.	Chargeable Weight	Rate Charge	Total	Nature and Quantity of Goods (incl. Dimensions or Volume)
1 700 CTNS	19 074.44	K N		19 074.44	20.61	393 124.21	CANNED MUSRHOOM PIECES & STEMS 24 TINS X 425 GRAMS DIMS：30 cm×25c m×50 cm

图 6-6 国际航空货运单填开实例

Prepaid　Weight Charge　**COLLECT**	Other Charges
393 124.21	
Valuation Charge	AWC: 50.00
Tax	
Total other Charges Due Agent	Shipper certifies that the particulars on the face hereof are correct and that insofar as any part of the consignment contains dangerous goods, such part is properly described by name and is in proper condition for carriage by air according to the applicable Dangerous Goods Regulations.
Total other Charges Due Carrier 50.00	
	Signature of Shipper or his Agent
Total Prepaid　　Total Collect 393 174.21	7/APRIL/2020　　　　NANJING　　　DESUN TRADING CO., LTD.
Currency Conversion Rates　　CC Charges in Dest. Currency	
	Executed on (date)　　at(place)　　Signature of Issuing Carrier or its Agent
For Carrier's Use only at Destination　　Charges at Destination	Total Collect Charges　　　　023－12345678

图 6-6　国际航空货运单填开实例（续）

做一做：单项实训三

实训目标：学会填制航空货运单，并能准确识读和理解各栏目的含义。

1. 操作题

托运人将以下所附航空货运单（见图 6-7）传真给国际货运代理人，并咨询关于货物运输的下列事宜：该票货物的始发站机场、目的站机场、承运人、货币币种、运费支付方式、货物的声明价值、货物的保险金额、货物的总运费、货物的 Rate Class 栏的"Q"的含义，以及该票货物的 Other Charges 栏中的"AWC:50"的含义。请你作为国际货运代理人的操作人员，给予答复（请用中文答复）。

999			999一

Shipper's Name and Address	Shipper's Account Number	Not Negociable
CHINA INDUSTRY CORP., BEIJING P.R.CHINA TEL:86(10)64596666 FAX: 86(10) 64598888		**AIR WAYBILL** ISSUED BY Copies 1, 2 and 3 of this Air Waybill are originals and have the same validity.

Consignee's Name and Address	Consignee's Account Number	It is agreed that the goods described herein are accepted for carriage in apparent good order And condition (except as noted) and SUBJECT TO THE CONDITIONS OF CONTRACT ON THE REVERSE HEREOF. ALL GOODS MAY BE CARRIED BY AND OTHER
NEW YORK SPORT IMPORTERS, NEW YORK,U.S.A. TEL:78789999		MEANS INCLUDING ROAD OR ANY OTHER CARRIER UNLESS SPECIFIC CONTRARY INSTRUCTIONS ARE GIVEN HEREON BY THE SHIPPER. THE SHIPPER'S ATTENTION IS DRAWN TO THE NOTICE CONCERNING CARRIER'S LIMITATION OF LIABILITY. Shipper may increase such limitation of liability by declaring a higher value for carriage and paying a supplemental charge if required.

Issuing Carrier's Agent Name and City	Accounting Information
KUNDA AIR FREIGHT CO.,LTD	

Agent's IATA Code	Account No.

Airport of Departure (Addr. of First Carrier) and Requested Routing

BEIJING

To	By First Carrier Routing and Destination	to	by	to	by	Currency	CHGS Code	WT/VAL		Other		Declared Value for Carriage	Declared Value for Customs
								PPD	COLL	PPD	COLL		
NYC	CA					CNY		X		X		NVD	NCV

Airport of Destination	Flight/Date For carrier Use Only Flight/Date	Amount of Insurance	INSURANCE - If Carrier offers insurance, and such insurance is requested in accordance with the conditions thereof, indicate amount to be insured in figures in box marked "Amount of Insurance."
NEW YORK	CA921/30 JUL,2020	X X X	

Handing Information

1 COMMERCIAL INVOICE   KEEP UPSIDE

(For USA only) These commodities licensed by U.S. for ultimate destination ....Diversion contrary to U.S. law is prohibited

No. of Pieces RCP	Gross Weight Kg lb	Rate Class Commodity Item No.	Chargeable Weight	Rate Charge	Total	Nature and Quantity of Goods (incl. Dimensions or Volume)
4	53.8 K	Q	77.0	48.34	3 722.18	MECHINERY DIMS:70 cm×47 cm×35 cm×4

Prepaid Weight Charge **Collect**	Other Charges
3 722.18	
Valuation Charge	AWC:50.00
Tax	

图 6-7   航空货运单

Total other Charges Due Agent		Shipper certifies that the particulars on the face hereof are correct and that **insofar as any part of the** consignment contains dangerous goods, such part is properly described by name and is in proper **condition for carriage by air according to the applicable Dangerous Goods Regulations.**
Total other Charges Due Carrier 50.00		
		Signature of Shipper or his Agent
Total Prepaid 3 772.18	Total Collect	30 JUL2020　　　BEIJING
Currency Conversion Rates	CC Charges in Dest. Currency	
		Executed on (date)　　　　at(place)　　　Signature of Issuing Carrier or its Agent
For Carrier's Use onlyat Destination	Charges at Destination	Total Collect Charges　　　　　　　999—

图 6-7　航空货运单（续）

2. 选择题

我国 A 货主通过航空运输一批货物，始发站是北京首都国际机场，目的站是伦敦希斯罗国际机场，没有办理供运输用的声明价值，也没有办理货物保险，运费预付，计费重量是 300 kg。

（1）在 Airport of Departure and Requested Routing 栏填写（　　　）。

  A. BEIJING B. LONDON C. PEK D. LHR

（2）在 Declared Value for Carriage 栏填写（　　　）。

  A. CNY B. NVD C. PPD D. ×××

（3）在 Airport of Destination 栏填写（　　　）。

  A. BEIJING B. LONDON C. PEK D. LHR

（4）在 Amount of Insurance 栏填写（　　　）。

  A. CNY B. NVD C. PPD D. ×××

（5）在计费重量 Chargeable Weight 栏填写（　　　）。

  A. 310 kg B. 320 kg C. 300 kg D. 330 kg

任务四　收运货物与正式订舱

任务描述：要求学生了解接货时的注意事项，了解接货时对外包装的要求，熟悉过磅与丈量时的注意事项，掌握配舱与订舱。

一、接管货物

接管货物是指航空货运代理公司把即将发运的货物从发货人手中接过来并运送到自己的仓库。

接管货物的方式分为两种：国际货运代理企业在仓库接收客户送来的货；国际货运代理企业到客户的门店去接货。

对于航空货运来说，接货员是第一个直接与客户面对面交流的企业职员，从接货、搬货到

微课 6.5

引导客户操作托运程序等，每一个环节都起到广告宣传的作用。因而，热情的服务、优良的业务素质是每一位接货人员所需具备的必要条件。接货人员要注意以下事项。

（1）主动接货，热情接待客户，接货时要轻拿轻放，切忌抛扔货物。

（2）仔细清点托运人的货物，检查货物名称与货物是否相符，防止假报品名、夹带禁止或限制运输物品、危险品和其他违禁物品。如果查有危险品或敏感货物应立即与货主联系，确定是否托运。

（3）看清货物的件数、重量、包装是否符合标准。

（4）检查货物的包装和货物状况是否良好，能否保证货物安全运送。对精密易碎物品要特别注意，必要时轻轻摇动货物包装，检查内部有无破碎声音。检查货物的标志是否相符，若一致才能收货，若不符接货人员要立即通知操作部门，由操作部门及时向承运人和客户反映。

（5）检查货物包装是否符合托运要求，即确认货物外包装有无破损、污渍、水渍、不明粉末及箱内有无异响，客户有特殊要求的要尽量满足。若发现有不符情况应详细记录，拍下照片留存并发给客户。

接收货物一般与接单同时进行。对于通过空运或铁路从境内运往境外的出口货物，货运代理人按照发货人提供的运单号、航班号及接货地点、接货日期，代其提取货物。如果货物已在始发地办理了出口海关手续，发货人应同时提供始发地海关的关封。

接货时应对货物进行过磅和丈量，并根据发票、装箱单或送货单清点货物，并核对货物的数量、品名、合同号或唛头等是否与货运单上所列一致。

二、检查包装、标记与标签

（一）包装检查

1．包装的基本要求

对货物包装的基本要求如下。

（1）托运人提供的货物包装要求坚固、完好、轻便，应能保证在正常运输情况下，货物可完好地运达目的地，同时不损坏其他货物和设备。具体要求：包装不破裂；内装物不漏失；内装物相互不摩擦；没有异味散发；不因气压、温度变化而引起货物变质；不伤害机上人员和操作人员；不玷污飞机、设备和机上其他装载物；便于装卸。

（2）为了不使密闭舱飞机的空调系统堵塞，不得用有碎屑、草末等的材料做包装，如草袋、草绳、粗麻包等。包装的内衬物，如谷糠、锯末、纸屑等不得外漏。

（3）包装外部不能有突出的棱角，也不能有钉、钩、刺等。包装外部须清洁、干燥，没有异味和油腻。

（4）包装窗口的材料要状态良好，不得用腐朽、虫蛀、锈蚀的材料。无论是木箱还是其他容器，为了安全，必要时可用塑料、铁箍加固。

（5）如果包装件有轻微破损，填写货运单时应在"Handling Information"栏标注详细情况。

2．对包装材料的具体要求

通用包装包括木箱、结实的纸箱（塑料打包带加固）、皮箱、金属或塑料桶等。

（1）液体类货物。不论瓶装、罐装或桶装，容器内至少应有5%～10%的空隙，封盖严密，容器不得渗漏；用陶瓷、玻璃容器盛装的液体，每一容器的容积不得超过 500 毫升，并需外加木箱包装，箱内装有内衬物和吸湿材料的，内衬物要填牢实，以防内衬容器碰撞破碎；用陶瓷、玻璃容器盛装的液体物，外包装上应加贴"易碎物品"标贴，如图 6-8 所示。

（2）易碎物品。每件重量不超过 25 千克；用木箱包装，并用内衬物填塞牢实；包装上应贴"易碎物品"标贴。

（3）精密仪器和电子管。多层次包装，内衬物要有一定的弹性，但不得使货物移动位置或互相碰撞摩擦；悬吊式包装，用弹簧悬吊在木箱内，适于电子管运输；加大包装底盘，不使货物倾倒；包装上应加贴"易碎物品"和"禁止倒置"标贴（见图 6-8 和图 6-9）。

图 6-8　"易碎物品"标贴

图 6-9　"禁止倒置"标贴

（4）裸装货物。裸装货物即不怕碰压的货物，如轮胎等，可以不用包装，但不易点数或容易碰坏飞机的仍需妥善包装。

（5）木制包装。木制包装或垫板表面应清洁、光滑、不携带任何种类的植物害虫。

（6）混运货物。一票货物中含有不同物品的称为混运货物。这些物品可以装在一起，也可以分别包装，但不得包含下列物品：贵重货物、动物、尸体、骨灰、外交信袋以及作为货物运送的行李等。

3．对包装材料的质量要求

（1）木箱。厚度和结构要适应货物安全运送的需要，盛装贵重物品、精密电子仪器、易碎物品的木箱，不能有腐朽、虫蛀、裂缝等缺陷，必要时可用铁皮条箍紧。

（2）纸箱。抗压能力可以承受同类包装货物垛码 3 米高的总重量，并用绳索和其他材料箍紧。

（3）条筐、竹箩。条筐应不断条、不劈条，编制紧密整齐。盛装货物重量不超过 40 千克为宜。

（4）铁桶。铁皮的厚度应当与所装容器相适应。中小型铁桶，容量在 25 千克、50 千克、100 千克的应当使用 0.6～1.0 毫米厚的黑铁皮制作。容量在 150～180 千克的应当使用 1.25～1.5 毫米厚的黑铁皮制作。

（二）标记、标签检查

1．标记

标记是指在货物外包装上由托运人书写的有关事项和记号，主要包括托运人和收货人的姓名、地址、联系方式、传真号码，合同号以及操作注意事项等，如图 6-10 所示。

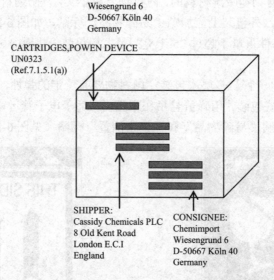

图 6-10 航空货物外包装标记示意

2. 标签

当货物送至相关的货站后，货运代理会根据航空公司的运单号码，制作主标签和分标签贴在货物上，以便于起运港及目的港的货主、货代、货站、海关、航空公司、商检及收货人识别。

（1）根据标签的作用分类，可以分为识别标签、特种货物标签和操作标签等。

① 识别标签。识别标签是说明货物的货运单号码、件数、重量、始发站、目的站和中转站的一种运输标志。它分为挂签和贴签两种，如图 6-11 所示。

图 6-11 识别标签

使用要求：在使用标签之前，清除所有与运输无关的标记与标签；体积较大的货物须对贴两张标签；袋装、捆装、不规则包装除使用两个挂签外，还应在包装上写清货运单号码和目的站。

② 特种货物标签。它是指说明特种货物性质的各类识别标志。特种货物标签分为活动物标签、鲜活易腐物品标签和危险品标签，分别如图 6-12、图 6-13 和图 6-14 所示。

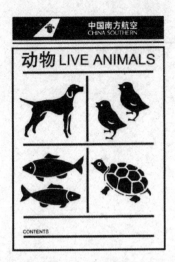

图 6-12　活动物标签

图 6-13　鲜活易腐物品标签

③ 操作标签。操作标签即说明货物储运注意事项的各类标志，包括易碎、防潮（见图 6-15）和不可倒置等。

图 6-14　危险品标签

图 6-15　"防潮"标贴

（2）按签发单位不同，标签分为航空公司标签和分标签两种。

① 航空公司标签是对其所承运货物的标志，各航空公司的标签虽然在格式、颜色上有所不同，但内容基本相同。标签上的 3 位阿拉伯数字代表所承运航空公司的代号，后 8 位数字是总运单号码。

② 分标签是代理公司对出具分运单货物的标志。凡出具分运单的货物都要制作分标签，填制分运单号码和货物到达城市或机场的三字代码，如图 6-16 所示。

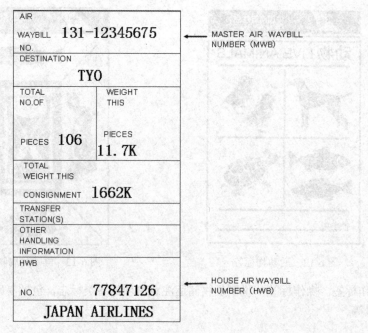

图 6-16 分标签

一件货物贴一张航空公司标签，有分运单的货物，每件再贴一张分标签。

三、过磅与丈量

货物的运输数量（重量、体积）是通过过磅与丈量来获得的，空运接货时，每件货物都必须进行过磅与丈量，准确测出重量和体积。因为航空公司收运货物会受飞机机型、机舱地板承受力、机舱门大小的限制，同时也涉及货物运费的计算。

（一）过磅

接货过磅时要注意轻拿轻放，切忌丢货、扔货、抛货。准确过磅，正确地在托运书中填写件数、重量。如果重新打了包装，要填写打过包装后的重量，再签上收货员的名字，协助客户填写托运书；若属轻泡货物，须在托运书上注明。空运货物过磅程序如图 6-17 所示。

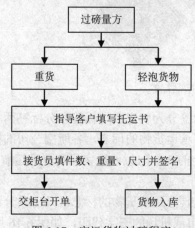

图 6-17 空运货物过磅程序

过磅货物时，要注意重量与体积是否超过托运限制。在航空运输中，非宽体飞机载运的货物一般不超过 80 千克/件，每件的体积不超过 40 厘米×60 厘米×100 厘米；宽体飞机载运的货物，一般不超过 250 千克/件，每件的体积不超过 100 厘米×100 厘米×140 厘米。每件货物最小尺寸的长、宽、高之和不小于 40 厘米。

（二）测量轻重货

测量轻重货的目的在于计算计费重量。计费重量是国际运输中用来计算运费的运输数量，它可能是实际毛重，也可能是体积重量，还可能是其他单位，如票、货值等。通常重量货物使用实际毛重；轻泡货物使用体积重量。

空运货物轻重货标准如表 6-2 所示。

表 6-2　空运货物轻重货标准

重　量	体　积
1 吨	6 立方米
1 千克	6 000 立方厘米
1 磅	166 立方英寸

四、货单核对

接货人员在接管、查货的同时，要根据发票、装箱单或送货单清点货物，核对货物品名、数量等是否与货运单所列一致。

对每票货物，接货人员应抽取一件，开箱检查货物与托运单是否相符，复核尺码并计件，不同规格包装的货物抽样两件以上，以满尺丈量法复核尺寸，精确到 0.5 厘米。

五、配舱

配舱时，需运出的货物都已入库，这时需要核对货物的实际件数、重量、体积与托运书上预报数量的差别；注意要对预订舱位、板箱有效领用，合理搭配，按照各航班机型、板箱型号、高度、数量进行配载。同时，对于货物晚到、未到情况及未能顺利通关放行的货物进行调整处理，为制作配舱单做好准备。实际上，这一过程一直延续到单、货交接给航空公司后才完毕。

六、订舱

微课 6.6

订舱是指航空货运代理公司就所接收的空运货物向航空公司申请舱位。

货物订舱须根据发货人的要求和货物标识的特点而定。一般来说，大宗货物、紧急货物、鲜活易腐货物、危险品、贵重物品等必须预订舱位，非紧急的零散货物可以不预订舱位。

订舱的具体做法是：接到发货人的单、货后，向航空公司吨控部门领取并填写订舱单，同时提供相应的信息，包括货物的名称、体积、重量、件数、目的地、要求出运的时间、货运单号码及其他运输要求（如温度、装卸要求、货物到达目的地时限等）。

航空公司将根据实际情况安排舱位和航班。航空公司订舱遵循的原则有以下几个。

（1）保证有固定舱位配舱的货物。

（2）保证邮件、快件舱位。

（3）优先预订运价较高的货物舱位。

（4）保留一定的零散货物舱位。

（5）未订舱的货物按交运时间顺序安排舱位。

货运代理公司订舱时，可依照发货人的要求选择最佳的航线和最佳的承运人，同时为发货人争取最低、最合理的运价。订舱后，航空公司签发舱位确认书及装货集装器领取凭证，以表明舱位订妥。

货运代理要优先选择本国家、本州或是本地区的航空公司，优先选择全程均可承运的承运人。如最后一程或两程航班为新的承运人，须先征得一程承运人的确认。

在订舱过程中，货代要与货主保持密切联系，订舱前，就航班选择和运价情况先征求货主同意；订舱后，要及时向客户确认航班以及相关信息（即将订舱情况通知委托人），以便及时备单、备货。

预订舱位时，有时会由于货物原因、单证原因、海关原因而使得最终舱位不够或者空舱，应尽量减少此类事情的发生，并且在事情发生后采取及时、必要的调整和补救措施。

本阶段任务完成后，可以编制空运货运舱单，如图 6-18 所示。

ATU CONSOLIDA TOR
Langer kornweg D-6092 Kelsterbach Germany
CONSOLIDATION MANIFEST

MWB:131-1234 5675

AIRLINE		:JAPAN AIRLINES		FLIGHT:JL678/23	
POINT OF LOADING		:FRANKFURT			
POINT OF UNLOADING		:TOKYO		DATE:20 JAN	
HWB NR	DEST	NUMBER OF PACKAGES	GROSS	TOTAL CC	
ACCORDING					
		NATURE OF GOODS	WEIGHT		
77846117	TYO	7 CLOTH	160.5KG	DEM	1 460.74
77846118	TYO	4 AIRCRAFT PARTS	10.0KG	DEM	1 22.95
77847005	FUK	4 MUSICAL INTRU	235.0KG	DEM	1 838.60
77847123	TYO	1 SPARE PART POR	8.8KG	DEM	173.40
		CUTTING MACH			
77847124	TYO	30 PLASTIC SHEBTS	360.0KG	DEM	5 939.30
77847125	TYO	1 ADVE MAT	45.0KG	PREPAID	
77847126	TYO	4 HELICO PARTS	11.7KG	DEM	252.40
77847127	OSA	6 SHOES	139.0KG	DEM	1 173.69
77847128	TYO	49 PARTS POR SHOES	692.0KG	DEM	5 746.66
		106	1662.0KG	DEM	16 721.74

图 6-18　集中托运货物舱单

七、报关报检

进出口货物的航空运输需要按海关要求办理报关报检手续，此业务与海运业务的报关报检手续基本一致，在此不再重复。

做一做：单项实训四

实训目标：学会根据客户委托在线预订航空货运舱位。

请按以下资料，向中国国际货运航空公司订舱。

安排一批货物从我国广州空运至德国法兰克福。运输货物：计算机配件；包装形式：纸箱；每箱尺寸：40厘米×40厘米×50厘米；毛重：25千克/箱；运输数量：25箱；运输时间：5天内。

提示：访问中国国际货运航空公司网站（http://www.airchinacargo.com），在网站"网络资源"菜单中查询航线及舱位状况并进行预订，如图6-19所示。

图6-19　航班查询

任务五　装板出库与交接发运

微课6.7

任务描述： 要求学生掌握出仓单的编制，知道装板、装箱时的注意事项，熟悉交接发运程序，熟悉航班跟踪内容，知道如何进行信息服务，掌握费用结算的内容与方法。

一、编制出仓单

配舱方案制定后就可着手编制出仓单了。出仓单应有承运航班的日期、装载板箱形式及数量、货物进仓顺序编号、总运单号、件数、重量、体积、目的地三字代码和备注。出仓单交给出口仓库，用于出库计划，出库时点数并向装板箱交接。

出仓单交给装板箱环节用作出口仓库提货的依据，同时用作缮制国际货物交接清单的依据，该清单用于向航空公司交接货物，出仓单还可用于外拼箱。出仓单交给报关环节，当报关有问题时，可有针对性地反馈，以采取相应措施。

出仓单格式如表6-3所示。

表6-3　出仓单

单　　号	件　　数	重　　量	目　的　港	板　　号
180-12345678	12	450	ICN	PMC3728
180-12345677	10	270	ICN	PMC3728
180-37345678	120	1 520	PUS	PMC3728
180-38345668	17	310	LAX	PMC2857
180-12345679	320	936	BUS	PMC2857

二、提板箱与集装板

除特殊情况外，航空货运均是以集装箱、集装板形式装运的。因而，货运代理须根据订舱计划向航空公司办理申领板、箱的相应手续，以便装货。

订妥舱位后，航空公司吨控部门将根据货量发放航空集装箱、板凭证，货运代理公司凭此向航空公司箱板管理部门领取与订舱货量相应的集装板（见图 6-20）、集装箱（见图 6-21）。提板、箱时，还应领取相应的塑料薄膜和网；对所使用的板、箱要登记、销号。

图 6-20　集装板

图 6-21　集装箱

航空货运代理公司将体积为 2 立方米以下的货物作为小货交与航空公司拼装，而对于大于 2 立方米的大宗货或集中托运拼装货，一般均由货运代理自己装板装箱。

大宗货物、集中托运货物可以在货运代理公司自己的仓库、场地、货棚装板、装箱，也可在航空公司指定的场地装板、装箱。

装板、装箱时要注意以下几点。

（1）不要用错集装箱、集装板，不要用错板型、箱型。各个航空公司为了加强本航空公司的板、箱管理都不允许本公司的板、箱被其他航空公司的航班使用。不同公司的航空集装箱、航空集装板因型号、尺寸有异，用错会出现装不上飞机的现象。

（2）不要超装箱、板尺寸。一定型号的箱、板用于一定型号的飞机，板、箱外有具体尺寸规定，超装箱、板尺寸就无法装上飞机。因此，装箱、板时，既要注意货物的尺寸不超装，又要在规定的范围内用足箱、板的可用体积。

（3）要垫衬、封盖好塑料纸，防潮、防雨淋。

（4）集装箱、板内货物要尽可能地配装整齐，结构稳定，防止途中倒塌。

（5）对于大宗货物、集中托运货物，要尽可能地将整票货物装于一个或几个板、箱内运输。已装妥整个板、箱后剩余的货物尽可能地拼装在同一箱、板上，防止散乱、遗失。

三、航空签单

货运单在盖好海关放行章后还需到航空公司签单。签单主要是审核运价的使用是否正确以及货物的性质是否适合空运，如危险品等是否已办了相应的证明和手续。航空公司的地面代理规定，只有签单确认后才允许将单、货交给航空公司。

四、交接发运

交接是向航空公司交单、交货，由航空公司安排航空运输。

交单就是将随机单据和应由承运人留存的单据交给航空公司。随机单据包括第二联航空运单正本、发票、装箱单、产地证明和品质鉴定书等。

交货即把与单据相符的货物交给航空公司。交货之前必须粘贴或拴挂货物标签，清点和核对货物，填制货物交接清单。大宗货、集中托运货以整板、整箱称重交接，零散小货按票称重，计件交接。航空公司审单验货后，在交接签单上验收，将货物存入出口仓库，单据交吨控部门，以备配舱。图 6-22 是货物装机实景。

图 6-22　货物装机实景

五、航班跟踪

单、货交接给航空公司后，航空公司可能会因种种原因，如航班取消、延误、溢载、故障、改机型、错运、倒垛或装板不符规定等，未能按预定时间运出货物。因此，货运代理公司从单、货交给航空公司后就需对航班、货物进行跟踪。

需要联程中转的货物，在货物出运后，要求航空公司提供二、三程航班中转信息，有些货物事先已预订了二、三程，也还需要确认中转情况。有时须直接发传真或打电话与航空公司的海外办事处联系货物中转情况。货代须及时将上述信息反馈给客户，以便在遇有非正常情况时及时处理。

六、信息服务

航空货运代理应为委托人进行全程信息服务并须在多个方面为客户做好信息服务。

（1）订舱信息。货代应将是否订妥舱位的信息及时告诉货主或委托人，以便及时备单、备货。

（2）审单及报关信息。货代应在审阅货主或委托人送来的各项单证后，及时向发货人通告，若有遗漏、失误应及时补充或修正。在报关过程中，遇有任何报关、清关的问题，也应及时通知货主，共同协商解决。

（3）仓库收货信息。货代应告诉仓库出口货物的到达时间、货量、体积、缺件、货损情况，并将相关信息及时通告货主，以免事后扯皮。

（4）交运称重信息。运费计算标准以航空公司称重、所量体积为准，如果在交运航空公司称重过磅过程中，发现称重、体积与货主声明的重量、体积有误差，且超过一定比例，货代必须通告货主，加以确认。

（5）一程及二程航班信息。货代应及时将航班号、日期及之后跟踪了解到的二程航班信息及时通告货主。

（6）集中托运信息。对于集中托运货物，货代还应将发运信息预报给收货人所在地的国外代理人，以便对方及时接货、查询和进行分拨处理。

（7）单证信息。货运代理人在发运出口货物后，应将发货人留存的单据，包括盖有放行章和验讫章的出口货物报关单、出口收汇核销单、第三联航空运单正本以及用于出口产品退税的单据，交付或寄送给发货人。

航空货运代理公司从接受委托开始，一直到将货物交给收货人的整个过程中，应始终与委托人及有关人员保持密切的信息往来，对货物进行全程跟踪。

七、费用结算

费用结算主要涉及同发货人、承运人和国外代理人三个方面的结算。

（1）发货人结算费用。在运费预付的情况下，收取航空运费、地面运输费、各种服务费和手续费。

（2）承运人结算费用。向承运人支付航空运费及代理费，同时收取代理佣金。

（3）国外代理结算主要涉及到付运费。到付运费实际上是发货方的航空货运代理公司为收货人所垫付的，因此收货方的航空货运代理在将货物移交收货人时，应收回到付运费并退还发货方的代理人。同时发货方的航空货运代理公司应向目的地的货运代理公司支付一定的手续费及产生的其他相关费用。

由于航空货运代理公司之间存在长期的互为代理协议，因此与国外代理结算一般不采取一票一结的办法，而采取应收应付相互抵销、在一定期限内清单冲账的办法。

 做一做：单项实训五

实训目标： 学会填制航空货运出舱单，学会跟踪航班动态并为客户提供货运信息服务。

1. 填制航空货运出仓单

请按以下资料填制航空货运出仓单。

安排一批货物从北京运往加拿大多伦多，采用空运。运输货物：计算机配件；包装形式：纸箱；运输数量：25箱；每箱尺寸：40 cm×40 cm×50 cm；毛重：25 kg/箱，运输时间：9天。

2. 航班跟踪查询

访问航班跟踪查询专业公司 Flight Aware 网站，网址 https://zh.flightaware.com/live，注册为会员。查询你所关注的任意航班的实时信息。

3. 航班动态查询

访问中国东方航空公司网站，利用自助服务功能（网址 http://www.ceair.com/aoc/#/flightNo）查询当日从上海虹桥国际机场出发飞广州白云国际机场的相关航班动态。

练习题

一、填空题

1. 从形式上看，航空货运单通常包括印制有_____标志的航空货运单和无承运人任何标志的中性货运单两种。

2. 根据《华沙公约》的相关规定，托运书必须由_____填写，并在上面签字或盖章。

3. 国际航空货运单一般由一式十二联组成，其中有_____联正本、_____联副本和_____联额外副本，分别用不同的颜色表示。

4. 货代对托运人提供的单证审核完毕，进行预配舱与预订舱之后，就可以接收托运人或其代理人送交的已经审核确认的托运书及报关单证和收货凭证。之后，货代还需要完成以下三项工作：制作操作交接单，_____，逐单附报关单证。

5. 航空货运单三份正本的流转程序是：正本 1 交_____，正本 2 交_____，正本 3 交_____。货代一般持有_____。

6. 接货时应对货物进行_____，并根据发票、装箱单或送货单清点货物，核对货物的数量、品名、合同号或唛头等是否与货运单上所列一致。

7. 标记是指在货物_____上由托运人书写的有关事项和记号。

8. 订舱后，航空公司签发_____及_____，领取凭证，以表明舱位订妥。

9. 货运单在盖好海关放行章后还需到_____签单。

10. 交接是向航空公司交单交货，由_____安排航空运输。

二、选择题

1. 航空货运单是（　　　）。
   A. 可议付的单据 　　　　　　　　　B. 物权凭证
   C. 货物收据和运输合同 　　　　　　D. 提货凭证

2. 我国国际航空货运单，航空货运代理人持有（　　　）。
   A. 正本 3 　　　　B. 副本 6 　　　　C. 副本 9 　　　　D. 正本 1

3. 航空货运单的"Not Negotiable"的意思是（　　　）。
   A. 航空业务权不可转让 　　　　　　B. AWB 是不可转让的文件
   C. AWB 上航程不可改变 　　　　　　D. AWB 不可以在运输始发国以外销售

4. 在填制航空货运单时，下列（　　　）不符合货运单的填制要求。
   A. 可用英文大写或小写字母打印货运单
   B. 货运单已填内容可以修改
   C. 使用没有标题的阴影栏目一般不需要填写，除非承运人特殊要求
   D. 如果始发地机场名称不明确，可填制机场所在城市的 IATA 三字代号

5. 在航空货运中，可以不预订舱位的货物是（　　　）。
   A. 活螃蟹 　　　　　　　　　　　　B. 活鹦鹉
   C. 皮鞋 　　　　　　　　　　　　　D. 打火机

6. 在航空货运中，一般来说，下列（　　）货物必须提前预订舱位。

  A. 服装   B. 乳制品

  C. 机械零件   D. 书刊

7. 在国际航空货物运输中，下列说法错误的是（　　）。

  A. 液体类货物，不论瓶装、罐装或桶装，容器内至少有 5%～10%的空隙

  B. 用陶瓷、玻璃容器盛装的液体，每一容器的容量不得超过 25 kg

  C. 易碎物品每件重量不超过 25 kg

  D. 鲜活易腐货物每件重量不超过 25 kg

三、简答题

1. 简述航空货运单的用途。

2. 货代审核托运书须重点审核哪些内容？

3. 航空货物配舱时应注意哪些问题？

4. 航空公司订舱遵循的原则有哪些？

5. 航空货物装板、装箱时要注意哪些事项？

6. 航空货代的费用结算主要涉及哪些方面？

四、案例题

1. 一托运人从上海运往巴黎一批蔬菜，代理人应如何向航空公司交运？请回答：

  （1）该批货物必须具备哪些收运条件？

  （2）货物的包装应符合哪些条件？

  （3）货物的外包装上应拴挂什么标签？

  （4）应注意哪些运输事项？

  （5）简单说明蔬菜在航空运输中的处理要求。

2. 一家航空货运代理公司同时接到三个货主的货，分别是金表、宠物狗、电子元件，都要求在 10 月 10 日运往纽约。请回答：

  （1）代理公司是否可以将这三类货拼在一张主单上采用集中托运的方式？为什么？

  （2）这些货物是否需要贴分标签？为什么？

  （3）向航空公司订舱时，需要提供哪些信息？

  （4）这三类货物是否都能办理运费到付？

3. 请根据给定材料填开航空货运单。

托运人赵刚要托运 10 件服装从广州机场至德国法兰克福（Frankfurt Airport，Germany）交付给弗兰先生（Mr.Fulan），货物毛重 280 kg，尺寸为 60 cm×60 cm×40 cm×10 pcs，计费重量为 280 kg，航空运费共 CNY 5 700.00 元，并且货物的声明价值为 100 000 元人民币（1 美元=8.300 00 元人民币），声明价值附加费为 267.6 元人民币，无其他费用，采用运费到付的方式，请填写图 6-5 所示的航空货运单。

4. 我国 A 贸易公司欲从上海浦东国际机场运往美国洛杉矶国际机场一票贵重货物，B 国际航空货运代理公司在收运该批贵重货物时要特别注意下列操作要求：

  （1）该票贵重货物包装应采用（　　）。

    A. 软质纸箱   B. 硬质纸箱

  C. 软质木箱　　　　　　　　　D. 硬质木箱

（2）关于该票贵重货物，以下说法正确的是（　　　）。

  A. 托运人必须办理声明价值

  B. 托运人自愿办理声明价值

  C. 该票贵重货物价值可以超过 100 万美元

  D. 该票贵重货物价值可以超过 200 万美元

（3）该票贵重货物的货运单上应注明（　　　）。

  A. Valuable Cargo　　　　　　B. General Cargo

  C. Specific Cargo　　　　　　　D. Dangerous Cargo

（4）该票贵重货物在订舱时应（　　　）。

  A. 收运前，必须订妥全程舱位，优先使用直达航班

  B. 收运前，无须订妥全程舱位，优先使用直达航班

  C. 收运前，必须订妥全程舱位，无须考虑航班问题

  D. 收运前，无须订妥全程舱位，无须考虑航班问题

（5）该票贵重货物在装机或者装集装箱时，至少应有（　　　）在场，其中一人必须是承运人的代表。

  A. 一人　　　　B. 二人　　　　C. 三人　　　　D. 四人

项目综合实训：国际航空货运代理出口业务制单操作

一、实训目的

熟悉国际航空货运出口代理业务操作流程，掌握出口货代的操作技能，能够准确地进行主要单据制作。

二、实训方式

根据给定材料模拟实训。

三、实训内容及步骤

1. 材料

浙江茶叶集团委托浙江双马国际货运有限公司办理一票空运出口代理业务，请根据以下资料完成客户的空运出口委托代理业务，制作相关单证。

一票航空货物，始发站：上海浦东国际机场，目的站：杜勒斯国际机场，承运人：中国东方航空公司。

托运人：浙江茶叶集团股份有限公司；地址：杭州体育场路 218 号；TEL：86（10）86596688，FAX：86（10）86596677。

收货人：ABC TIMPORTERS；地址：2000 CENTURY BLVD LOSANGELES CALIFORNIA USA；TEL：7572。

航空货运代理人：HAIHUA AIR SERVICES, HANGZHOU。

IATA Code：86-17925/5679

Commodity：TEA

Gross Weight：260.0 kg

Dimensions：60 cm×48 cm×30 cm×10

公布的运价如表 6-4 所示。

表 6-4　运价表

SHANGHAI	CN		SHA
Y.RENMINBI	CNY		KGS
LOSANGELES (LAX)	US	M	320.00
		N	52.81
		45	44.46
		100	40.93

货运单号：777-12566870；声明价值：20 000.00 元；付费方式：均为到付。

货运单工本费：50.00 元；始发站机场保管费：100.00 元；地面运输费：200.00 元；清关费：200.00 元。

航空货运单填制日期：2020 年 5 月 15 日。

飞机起飞时间：2020 年 5 月 18 日 9:20；到达时间：2020 年 5 月 19 日 15:20。

航班号：85626；货运代理公司工作号：KC080290110；报关行：浙江双马报关行。

2．实训步骤

（1）请代理客户填写图 6-1 所示的托运书。

（2）以货代身份审核委托书。

（3）填写图 6-5 所示的航空货运单。

（4）以货代身份在中国东方航空公司订舱。

四、实训结果

提交托运书和货运单。

思政园地
（职业素养）

小错误，大损失——单证工作中严谨细心的重要性

2021 年 4 月，开证行南洋商业银行有限公司开具了一份不可撤销跟单信用证，金额为 156 750 美元，要求空运一批货物至买方，开证申请人为 A 公司，受益人为 B 集团，信用证约定遵守 UCP600 规则。同年 5 月 4 日，中国银行收到南洋商业银行电传的信用证后，通知 B 集团，B 集团开始发运该信用证项下货物一批男士短袖衬衫，同时将相应单据（包括空运单、商业发票、装箱单、货物运输保险单等单据）递交给中国银行，随后中国银行将这些单据交南洋商业银行有限公司请求付款。南洋商业银行在收到这些单据后通知中国银行发现单证存在以下不符点：（1）空运单上所示货物名称"RAYGN"，而信用证上名称为"RAYON"，存在一个字母的差异；（2）空运单上未标明承运人代码。据此，南洋商业银行退回了信用证项下所有单据。B集团收到单据后自行委托了目的地一家公司提取了到港货物，但由于违约交货，导致其需要赔偿买方A公司损失共50 000美元。之后，B集团向其所在地宁波市某区级法院起诉南洋商业银行，认为其错误认定不符点，要求其承担该部分损失赔偿责任。最终，法院经审理认为，南洋商业银行作为开证行在审单时坚持单证严格相符的原则审核单据并做出拒付决定并无不妥，驳回B集团诉请，B集团上诉至宁波市中级人民法院，经审理，宁波市中级人民法院判决驳回上诉请求，维持原判。

思考：针对此案例，请你谈谈对本案的看法，并总结作为一名货代单证员，应具备什么样的职业素养？

思政提示

项目七　国际货代事故纠纷处理

【学习目标】

通过本项目的训练和学习，了解《海牙规则》《维斯比规则》《汉堡规则》的主要规定及相互之间的区别，了解《华沙公约》等国际航空运输公约的主要规定以及华沙体制在航空货运中的应用，了解国际海运事故及国际空运事故纠纷产生的原因，熟悉海运代理事故、航空货物代理事故的索赔与理赔程序。

【主要知识点】

《海牙规则》《维斯比规则》《汉堡规则》等国际海运公约的主要规定，《华沙公约》等国际航空运输公约的主要规定及华沙体制在航空货运中的应用。

【关键技能点】

能够鉴别国际海运事故及国际空运事故产生的原因，能够根据相关国际公约处理简单的运输事故纠纷，办理海运代理事故、航空货物代理事故的索赔与理赔。

任务一　国际海运代理事故纠纷处理

任务描述：要求学生能了解《海牙规则》《维斯比规则》《汉堡规则》等国际海运公约的主要规定，熟悉海运事故产生的主要原因，掌握国际海运事故的索赔与理赔程序。

一、国际海运公约

国际海上货物运输的国际公约有《海牙规则》《维斯比规则》《汉堡规则》《鹿特丹规则》。我国有《海商法》。

（一）《海牙规则》

微课 7.1

《海牙规则》（*Hague Rules*）全称是《统一提单的若干法律规定的国际公约》（*International Convention for the Unification of Certain Rules of Law Relating to Bills of Lading*）。它签署于 1924 年 8 月 25 日在比利时布鲁塞尔举行的由 26 个国家代表出席的外交会议，于 1931 年 6 月 2 日起生效。《海牙规则》堪称现今海上货物运输方面最重要的国际公约。我国虽然没有加入该公约，但我国《海商法》的制定却以之为重要参考依据，我国不少船公司的提单条款也采纳了这一公约的精神。

《海牙规则》共十六条，其中第一至第十条是实质性条款；第十一至第十六条是程序性条款，主要是有关公约的批准、加入和修改的程序性条款。实质性条款主要包括以下内容：承运人最低限度的义务；承运人运输货物的责任期间；承运人的赔偿责任限额；承运人的免责；索赔与诉讼时效；托运人的义务和责任；运输合同无效条款；适用范围。

《海牙规则》明确规定了承运人最低限度的义务和责任，制止了公共承运人利用契约自由的原则扩大免责范围、任意降低承运人责任和义务的现象，使国际海上货物运输有了统一的规则，有利于国际贸易的发展。

1. 《海牙规则》的主要内容

（1）承运人最低限度的义务。所谓承运人最低限度的义务，就是承运人必须履行的基本义务。《海牙规则》第三条第一款规定："承运人必须在开航前和开航当时，谨慎处理，使航船处于适航状态，妥善配备合格船员，装备船舶和配备供应品；使货舱、冷藏舱和该船其他载货处所能适当而安全地接受、载运和保管货物。"该条第二款规定："承运人应妥善地和谨慎地装载、操作、积载、运送、保管、照料与卸载。"

该条款的核心内容包含两点：一是提供适航船舶；二是妥善管理货物，否则将承担赔偿责任。承运人提供适航船舶的义务是指不但船舶本身要适于航行，证书齐全，符合安全航行和各项技术要求，而且船员要配备齐全，配足燃料供应品，货仓也要适货。妥善管理货物是指在海运全过程中对货物都要妥善处理。

（2）承运人运输货物的责任期间。所谓承运人运输货物的责任期间，是指承运人对货物运送负责的期限。按照《海牙规则》第一条"货物运输"的定义，货物运输的期间为从货物装上船至卸完船为止的期间。所谓"装上船起至卸完船止"可分为两种情况：一是在使用船上吊杆装卸货物时，装货时货物挂上船舶吊杆的吊钩时起至卸货时货物脱离吊钩时为止，即"钩至钩"期间；二是使用岸上起重机装卸，以货物越过船舷为界，即"舷至舷"期间。承运人须对在责任期间的货物运输负责。

货物装船以前，即承运人在码头仓库接管货物至装上船这一段时间，以及货物卸船后到向收货人交付货物这一段时间，按《海牙规则》第七条规定，可由承运人与托运人就承运人在上述两段发生的货物灭失或损坏所应承担的责任和义务订立任何协议、规定、条件、保留或免责条款。

（3）承运人的赔偿责任限额。它是指对承运人不能免责的原因造成的货物灭失或损坏，通过规定单位最高赔偿额的方式，将其赔偿责任限制在一定的范围内。《海牙规则》第四条第五款规定："不论承运人或船舶，在任何情况下，对货物或与货物有关的灭失或损坏，每件或每单位超过100英镑或与其等值的其他货币时，任意情况下都不负责；但托运人于装货前已就该项货物的性质和价值提出声明，并已在提单中注明的，不在此限。"此条款意味着承运人单位最高赔偿额为100英镑。这一制度实际上是对承运人造成货物灭失或损害的赔偿责任的部分免除，充分体现了对承运人利益的维护。

（4）承运人的免责。《海牙规则》第四条第二款对承运人的免责做了十七项具体规定，分为两类：一类是过失免责；另一类是无过失免责。

① 承运人的过失免责。《海牙规则》第四条第二款第一项规定："由于船长、船员、引航员或承运人的雇用人在航行或管理船舶中的行为、疏忽或过失所引起的货物灭失或损坏，承运人可以免除赔偿责任。"这种过失免责条款是其他运输方式责任制度中所没有的。很明显，《海牙规则》偏袒了船方的利益。

② 承运人的无过失免责。这种免责主要有以下几种。

第一种，不可抗力或承运人无法控制的免责。这种又分为八项：一是海上或其他通航水域的灾难、危险或意外事故；二是君主、当权者或人民的扣留或拘禁，或依法扣押；三是天灾；四是战争行为；五是公敌行为；六是检疫限制；七是由于任何原因所引起的局部或全面罢工、关厂、停工或劳动力受到限制；八是暴力和骚乱。

第二种，货方的行为或过失免责。这种又包括四项：一是货物托运人或货主、其代理人或代表的行为；二是由于货物的固有缺点、质量或缺陷所造成的容积或重量的损失，或任何其他灭失或损害；三是包装不固；四是标志不清或不当。

第三种，特殊免责条款。这种又包括三项：一是火灾，即使是承运人和雇用人的过失，承运人也不负责，只有承运人本人的实际过失或私谋所造成者才不能免责；二是在海上救助人命或财产，这一点是对船舶的特殊要求；三是谨慎处理，恪尽职责所不能发现的潜在缺陷。

第四种，承运人免责条款的第十六项所规定的内容，即"不是由于承运人的实际过失或私谋，或是承运人的代理人或雇用人员的过失或疏忽所引起的其他任何原因。"所谓"没有过失和私谋"不仅指承运人本人，而且也包括承运人的代理人或雇用人没有过失和私谋。援引这一条款要求享有此项免责利益的人应当负举证义务，即要求证明货物的灭失或损坏既非自己的实际过失或私谋导致的，也非自己的代理人或受雇人的过失或私谋导致的。

（5）索赔与诉讼时效。索赔通知是收货人在接收货物时，就货物的短少或残损状况向承运人提出的通知，它是索赔的程序之一。收货人向承运人提交索赔通知，意味着收货人有可能就货物短损向承运人索赔。

《海牙规则》第三条第六款规定，承运人将货物交付给收货人时，如果收货人未将索赔通知用书面形式提交承运人或其代理人，则这种交付应视为承运人已按提单规定交付货物。如果货物的灭失和损坏不明显，则收货人应在收到货物之日起三日内将索赔通知提交承运人。

《海牙规则》有关诉讼时效的规定是，除非从货物交付之日或应交付之日起一年内提起诉讼，承运人和船舶在任何情况下都应免除对灭失或损坏所负的一切责任。

（6）托运人的义务和责任。

① 保证货物说明正确的义务。托运人应被视为已在装船时向承运人保证，由他书面提供的标志、件数、数量或重量正确无误，否则应赔偿因此对承运人造成的损失。

② 不得擅自装运危险品的义务。对于装运易燃、易爆炸或危险货物的，托运人应如实申报，否则承运人可以在卸货前的任何时候将其卸在任何地点，或将其销毁，或使之无害而不予赔偿，该项货物的托运人应对于装载该项货物而直接或间接引起的一切损失承担责任。如果承运人已知该项货物的性质并同意装载，则在该货物对船舶或货物发生实际危险时，亦可将其销毁，或使之无害，而不负赔偿责任，但如有共同海损，则不在此限。

③ 损害赔偿责任。根据《海牙规则》第四条第三款规定，托运人对其本人或其代理人或受雇人因过错给承运人或船舶造成的损害，承担赔偿责任。可见，托运人承担赔偿责任是完全过错责任原则。

（7）运输合同无效条款。《海牙规则》第三条第八款规定，运输合同中的任何条款或协议，凡是解除承运人按该规则规定的责任或义务，或以不同于该规则的规定减轻这种责任或义务的，一律无效。

该条款有利于承运人，应视为属于免除承运人责任的条款。

（8）适用范围。《海牙规则》第十条规定，《海牙规则》的各项规定适用于在任何缔约国内所签发的一切提单；第五条第二款规定，本公约的规定不适用于租船合同，但如果提单是根据租船合同签发的，则它们应符合公约的规定。

结合本规则"运输契约"的定义可以看出：根据租船合同或在船舶出租情况下签发的提单，如果提单在非承运人的第三者手中，即该提单用来调整承运人与提单持有人的关系时，《海牙规则》仍然适用；不在《海牙规则》缔约国签发的提单，虽然不属于《海牙规则》的强制适用范围，但如果提单上订有适用《海牙规则》的首要条款，则《海牙规则》作为当事人协议适用法律，亦适用于该提单。

2. 《海牙规则》存在的主要问题

（1）较多地维护了承运人的利益，在免责条款和最高赔偿责任限额上表现得最为明显，造成在风险分担上的不均衡。

（2）未考虑集装箱运输形式的需要。

（3）责任期间的规定欠周密，出现装船前和卸货后两个实际无人负责的空白期间，不利于维护货方的合法权益。

（4）单位赔偿限额太低，诉讼时效期间过短，适用范围过窄。

（5）对某些条款的解释至今仍未统一，例如，"管理船舶"与"管理货物"的差异；与货物有关的灭失或损坏的含义；作为赔偿责任限制的计算单位的解释；等等。因没有统一解释而容易引起争议。

（二）《维斯比规则》

《维斯比规则》是《修改统一提单若干法律规则的国际公约的议定书》的简称。《维斯比规则》是《海牙规则》的修改和补充，故常与《海牙规则》一起，称为《海牙—维斯比规则》。

微课7.2

《维斯比规则》对《海牙规则》的修改主要表现在以下几个方面。

（1）承运人的赔偿限额。《维斯比规则》规定，凡属未申报价值的货物，其灭失或损害的最高赔偿限额为每件或每单位 666.67 特别提款权，或按货物毛重每千克 2 特别提款权，两者中以较高者为准。

（2）集装箱条款。《维斯比规则》规定，如果货物是用集装箱、托盘或类似运输工具集装时，提单中所载明装在这种运输工具中的货物件数或单位，应视为本款所指的件数或单位数。除上述情况外，此种运输工具应视为件或单位。

（3）提单的最终证据效力。当提单转移给善意的第三方时，与此相反的证据不予采用，即此时承运人必须交付提单上记载的货物。

（4）合同之诉或侵权之诉的规定。在货物运输中，即便受害人是以侵权行为提起诉讼时，也要适应运输合同所提起的诉讼。

（5）船方的雇佣人员的法律地位。船方的雇佣人员在受雇期间，由于其过失造成人身或货物的损失，与船方一样享有免责和限制的规定。

（6）适用范围。《维斯比规则》适用于两个不同国家和地区港口之间有关货物运输的每一份提单。参加和实施《维斯比规则》的国家和地区主要有英国、法国、挪威、丹麦、瑞典、芬兰、比利时、瑞士、叙利亚、黎巴嫩、新加坡、厄瓜多尔、汤加、百慕大群岛、埃及、直布罗陀、波兰、斯里兰卡、阿根廷、荷兰、利比里亚、南斯拉夫和中国香港等。其中，阿根廷、荷兰、利比里亚和南斯拉夫等国已将该规则引入本国国内法中。

（三）《汉堡规则》

《汉堡规则》（*Hamburg Rules*）的全称是《1978 年联合国海上货物运输公约》（*United Nations Convention on the Carriage of Goods by Sea，1978*），1976 年由联合国贸易法律委员会草拟。

《汉堡规则》共分七个部分、三十四条条文，是一项完整的国际海上货物运输公约。《汉堡规则》除了保留《维斯比规则》的修改内容外，在下列几个方面进行了根本性的变革。

1. 推行完全过失责任制

《汉堡规则》删去了争议最大的航行过失免责条款，并以下列规定实行推定过失责任制。

（1）第一条第一款规定：除非承运人证明其本人、其雇佣人或代理人为避免事故的发生及其后果已采取一切所能合理要求的措施，否则承运人应对因货物灭失或损坏或延迟交货造成的损失负赔偿责任。

（2）外交会议通过的共同谅解书说明：根据本公约，承运人的责任以推定过失疏忽的原则为基础，即通常由承运人负举证之责。

2. 承运人的责任期间

从装船至卸船改为港口到港口。

3. 关于延迟交付货物的责任

对延迟交付货物做了明确规定：如果货物未能在协议明确规定的时间内，或虽无此项协议，但未能在对一个勤勉的承运人所能合理要求的时间内交货，即为延迟交付。如果延迟交付达到 60 天，即可视为货物已经灭失，货主可以向承运人提出索赔。

承运人对延迟交付的赔偿责任以相当于延迟交付货物应支付运费的 2.5 倍数额为限，但不得超过海上货运合同规定的应付运费总额。

4. 关于火灾造成的货物损失

对此规定应由索赔人举证。由于承运人、其雇佣人或代理人的过失造成货物损失时，承运人才负赔偿责任；如经索赔人证明，承运人、其雇佣人或代理人在扑灭火灾中有所过失致使货物灭失或损坏或延迟支付，承运人也应负赔偿责任。

5. 关于赔偿责任限额

将每件货物的赔偿限额提高到 835 特别提款权或者每千克 2.5 特别提款权，以其高者为准。

6. 关于舱面货

《汉堡规则》并不将舱面货排除在货物之外，而且明确规定，承运人只有按照同托运人达成的协议或符合特定的贸易惯例或依据法规或规章的要求，才有权在舱面上装货，否则承运人应对货物因装在舱面上而造成的损失负赔偿责任。

7. 关于承运人和实际承运人之间的关系

如果承运人将全部运输或部分运输委托实际承运人（Actual Carrier）办理，承运人仍须按公约规定对全部运输负责。如果实际承运人和承运人都有责任，则在此责任范围内，他们应负连带责任。

8. 关于保函问题

《汉堡规则》第十七条规定，托运人为了换取清洁提单可以向承运人出具承担赔偿责任的保函。该保函在托运人与承运人之间有效，对包括受让提单的收货人在内的第三方一概无效。与此同时还规定，如果发生欺诈，则该保函对托运人也属无效。

9. 关于诉讼时效问题

第一，将时效从一年扩展为两年；第二，被要求赔偿的人，可在时效期限内的任何时间向索赔人提出书面说明延长时效期限，并可再次声明延长。这一规定使债务人有权声明延长时效，与《维斯比规则》固定的协议延长时效相比，虽无实质性差别，但变得更为灵活了，同时也为当事人之间的友好协商提供了充分的时间。

10．关于管辖权

《海牙规则》和《维斯比规则》对于管辖权均无规定，而提单上一般都订有在航运公司所在地法院管辖的规定，对托运人、收货人显然不利。

《汉堡规则》第二十一条管辖权条款规定，原告可以选择管辖法院，但该法院必须在下列范围内选定：一是被告主要营业所所在地；二是合同订立地，而合同是通过被告在该地的营业所或分支机构订立的；三是装货港或卸货港；四是海上运输合同中为此目的而指定的任何其他地点。该条同时又规定，扣押船舶的法院具有管辖权，但经承运人请求，原告仍应选择上述法院之一提起诉讼。按照本条规定，提单上的管辖条款至多只能作为一项可供选择的法院而不是唯一的法院的条款。

《汉堡规则》第二十二条仲裁条款对仲裁地点也规定了申请人选择的权利。

11．公约适用范围

《汉堡规则》除在保留原有规定的缔约国内签发的提单和提单上载有适用《汉堡规则》条款时适用外，还加列了以下适用范围：一是海上运输合同规定的装货港位于缔约国内；二是海上运输合同规定的卸货港或指定的备选卸货港位于缔约国内。这样只要装货港或卸货港位于缔约国内均应适用《汉堡规则》，也就是说，缔约国的进出口贸易海运都要适用《汉堡规则》。

12．允许使用其他单证

《汉堡规则》第十八条规定，如果承运人签发除提单以外的其他单证，用以证明收到交运的货物，这种单证就是订立海上合同和由承运人接受该单证上所载货物的初步证据。这是为了适应现代科学电子技术的发展和有些航海海运开始使用海运单（Sea Waybill）的情况而制定的。

（四）《鹿特丹规则》

2008 年 12 月 11 日，联合国在纽约召开第 63 届大会第 67 次会议，会议审议并通过了联合国国际贸易法委员会提交的《联合国全程或部分海上国际货物运输合同公约》（*United Nations Convention On Contracts for The International Carriage of Goods Wholly or Partly by Sea*）。2009 年 9 月 23 日在荷兰鹿特丹，荷兰、美国、刚果、丹麦、加蓬、加纳、希腊、几内亚、波兰、尼日利亚、挪威、塞内加尔、西班牙、瑞士、多哥和法国 16 个成员国参与了该公约的签署。该公约也因此得名《鹿特丹规则》，其目的在于统一国际海运立法，并让参与国际海运过程的各方的责权更加明确。

此后，咯麦隆、亚美尼亚、马达加斯加、尼日尔和马里等国家也陆续签署了《鹿特丹规则》，但包括我国在内的众多影响力较大的国家至今尚未加入。

《鹿特丹规则》共有十八章、九十六条，主要是围绕船货双方的权利义务、争议解决及公约的加入与退出等做出了一系列规定。与传统的三大公约相比，《鹿特丹规则》做出的变革主要包括以下内容。

1．提出了"批量合同"的概念

批量合同是指在约定期间内分批装运约定总量货物的运输合同。货物总量可以是最低数量、最高数量。其常见的类型是远洋班轮运输中的服务合同。针对批量合同，《鹿特丹规则》允许承运人与托运人约定增加或者减少该公约中规定的权利、义务和赔偿责任，并承认上述约定在特定情况的约束力。

2．提出了"履约方"与"海运履约方"的概念

《鹿特丹规则》没有沿用《汉堡规则》提出的"实际承运人"概念，而是提出了"履约方"及"海运履约方"的概念。根据该公约，"履约方"是指承运人以外的，履行或者承诺履行承运人在运输合同下有关货物接收、装载、操作、积载、运输、照料、卸载或者交付的任何义务的人；"海运履约方"则指凡在货物到达船舶装货港至货物离开船舶卸货港期间履行或者承诺承运人任何义务的履约方，内陆承运人仅在履行或者履行其完全港区范围内的服务时方为海运履约方。

3．明确承认了"电子运输记录"的法律效力

《鹿特丹规则》明确规定了电子运输记录，确认其法律效力，并将电子运输记录分为可转让电子运输记录与不可转让电子运输记录。该公约明确规定，凡应在运输单证上载明的内容均可在电子运输记录中加以记载，但电子运输记录的签发和随后的使用须得到承运人和托运人的同意，并且电子运输记录的签发、排他性控制或者转让，与运输单证的签发、占有或者转让具有同等效力。

4．扩大了承运人的责任期间

与《海牙规则》中"钩至钩"或"舷至舷"及《汉堡规则》中"港至港"的调整范围不同，为适应国际集装箱货物"门到门"运输方式的变革，《鹿特丹规则》明确规定，承运人的责任期间自承运人或者履约方为运输而接收货物时开始，至货物交付时终止。

5．加重了承运人的适航义务

与《海牙规则》明显不同的是，《鹿特丹规则》规定，必须在开航前、开航当时和海上航程中谨慎处理船舶使其处于且保持适航状态；妥善配备船员、装备船舶和补给供应品，且在整个航程中保持此种配备、装备和补给；使货舱、船舶所有其他载货处所和由承运人提供的载货集装箱适于且能安全接收、运输和保管货物，且保持此种状态。

6．进一步明确了承运人的责任

《鹿特丹规则》对承运人的责任基础做出了明确的规定，采用了完全过失责任制，废除了目前较为主流的"航行过失"和"火灾过失"免责。同时，《鹿特丹规则》还规定，未在约定时间内在运输合同约定的目的地交付货物，即为延迟交付，这一规定删减了《汉堡规则》中"合理时间"的标准。在《鹿特丹规则》中，承运人的责任限制被提高到每件或每单位875特别提款权，或者毛重每千克3特别提款权，以两者中较高限额为准，但货物价值已由托运人申报且在合同事项中载明的，或者承运人与托运人已另行约定高于本条所规定的赔偿责任限额的不在此列。此外，《鹿特丹规则》还对船、货双方的举证责任和顺序做了较为具体的规定。

7．进一步明确了托运人的责任

《鹿特丹规则》明确规定，除非运输合同另有约定，否则托运人应当交付备妥待运的货物。在任何情况下，托运人交付的货物应当处于能够承受住预定运输的状态，包括货物的装载、操作、积载、绑扎、加固和卸载，且不会对人身或者财产造成损害。托运人有提供信息、指示和文件的义务。对于承运人遭受的灭失或者损坏，如果承运人证明，此种灭失或者损坏是由于违反公约规定的托运人义务而造成的，托运人应当负赔偿责任。

此外，《鹿特丹规则》还提出了"单证托运人"的概念，根据该公约，"单证托运人"是指托运人以外的、统一在运输单证或者电子运输记录中记名为"托运人"的人。单证托运人享有托运人的权利，并且也应承担其相应的义务。

8．对货物交付做出了更为全面的规定

《鹿特丹规则》较为细致地就货物交付问题做出了全面规定。根据该公约，当货物到达目的地时，要求交付货物的收货人应当在运输合同约定的时间或者期限内，在运输合同约定的地点接收交货；无此种约定的，应当考虑到合同条款和行业习惯、惯例以及运输情形，在能够合理预期的交货时间和地点接收货物。收货人应当按照交付货物的承运人或者履约方的要求，以交货地的习惯方式确认从承运人或者履约方处收到了货物。收货人拒绝确认收到货物的，承运人可以拒绝交付。

如果没有签发可转让运输单证或者可转让电子运输记录，承运人应当在一定的时间和地点将货物交付给收货人，声称是收货人的人未按照承运人的要求适当表明其为收货人的，承运人可以拒绝交付；如果签发了必须提交的不可转让运输单证，承运人应当在收货人按照承运人的要求适当表明其为收货人并提交不可转让单证时，在一定的时间和地点将货物交付给收货人，声称是收货人的人不能按照承运人的要求适当表明其为收货人的，承运人可以拒绝交付；未提交不可转让单证的，承运人应当拒绝交付。所签发不可转让单证有一份以上正本的，提交一份单证即可，其余正本单证随即失去效力；如果签发的是可转让运输单证或可转让电子运输记录，可转让运输单证或可转让单证不能证明其为可转让电子运输记录的持有人，承运人应当拒绝交付，所签发可转让运输单证有一份以上正本，且该单证中注明正本份数的，提交一份正本单证即可，其余正本单证随即失去效力；使用可转让电子运输记录的，一经向持有人交付货物，该电子运输记录随即失去效力。

《鹿特丹规则》还对无单放货做出了规定，将航运实践中承运人凭收货人的保函和提单副本交货的习惯做法，改变为承运人凭托运人或单证托运人发出的指示交付货物，且只有在单证持有人对无单放货事先知情的情况下，才免除承运人无单放货的责任，此时承运人有权向上述发出指示的人索要担保。公约为承运人实施上述无单放货设定了条件，即可转让运输单证必须载明可不凭单放货。

9．明确提出了"控制权"的概念

《鹿特丹规则》首次在国际海上货物运输领域明确规定了货物的控制权。"货物控制权"是指根据该公约按运输合同向承运人发出有关货物的指示的权利。《鹿特丹规则》所定义的控制权只能由控制方行使，且仅限于以下几个方面：就货物发出指示或者修改指示的权利，此种指示不构成对运输合同的变更；在计划挂靠港，或者在内陆运输情况下在运输途中的任何地点提取货物的权利；由包括控制方在内的其他任何人取代收货人的权利。控制权在公约规定的整个承运人责任期间有效，该责任期间届满时即告终止。

《鹿特丹规则》规定，签发不可转让运输单证，其中载明必须交单提货的，托运人为控制方，且可以将控制权转让给运输单证中指定的收货人，该运输单证可不经背书转让给该人，所签发单证有一份以上正本的，应当转让所有正本单证，否则不能行使控制权；签发可转让运输单证的，持有人为控制方，所签发可转让运输单证有一份以上正本的，持有人得到所有正本单证，方可成为控制方；持有人可以根据公约，通过将可转让运输单证转让给其他人而转让控制权，所签发单证有一份以上正本的，应当向该人转让所有正本单证，方可实现控制权的转让，并且为了行使控制权，持有人应当向承运人提交可转让运输单证。特定情况下，还应适当表明其身份，所签发单证有一份以上正本的，应当提交所有正本单证，否则不能行使控制权；签发可转让电子运输记录的，持有人为控制方，持有人可以按照公约规定的程序，通过转让可转让

电子运输记录，将控制权转让给其他人，并且为了行使控制权，持有人应当按公约规定的程序证明其为持有人。

其他情况下，托运人为控制方，除非托运人在订立运输合同时指定收货人、单证托运人或者其他人为控制方。控制方有权将控制权转让给其他人。此种转让在转让人向承运人发出转让通知时对承运人产生效力，受让人于是成为控制方，并且行使控制权时，应当适当表明其身份。

10. 就权利转让问题做出了明确规定

《鹿特丹规则》还就权利转让问题做了专门的规定。签发可转让运输单证的，其持有人可以通过向其他人转让该运输单证而转让其中包含的各项权利。若是指示单证的，须背书给该人；若是不记名提单或者空白背书单证的，或者是凭记名人指示开出的单证，且转让发生在第一持有人与该记名人之间的，无须背书。签发可转让电子运输记录无论是凭指示开出还是凭记名人指示开出，其持有人均可以按照公约规定，通过转让该电子运输记录，转让其中包含的各项权利。

微课 7.3

二、海上货运事故产生的原因与索赔

（一）海运事故产生的原因

货运事故是指在各种不同的运输方式下，承运人在交付货物时发生的货物质量变差、数量减少的事件。国际海上货物运输的时间、空间跨度比较大，涉及的部门、作业环节众多；使用的文件、单证繁杂，运输过程中的环境复杂多变，因此，在国际海运过程中就可能造成货物灭失或损坏，即货损、货差事故。

货损是指由于责任人的原因导致的货物损坏、灭失，即在装卸、运输和保管过程中，由于操作不当、保管不善而引起的货物破损、受潮、变质、污染等。货差是指由于错转、错交、错装、错卸、漏装以及货运手续办理错误原因而造成的有单无货或有货无单等单证不符、件数或重量溢短的差错。货损、货差均属于货运事故。

货运事故按照事故性质划分为货差和货损；按货物损失的程度分为全部损失和部分损失。海运事故的种类及主要原因如表 7-1 所示。

表 7-1 海运事故的种类和原因

事 故 种 类			主 要 原 因
货差			标志不清、误装、误卸、理货错误等
货损	全部损失		船只沉没、搁浅、触礁、碰撞、火灾、爆炸、失踪、偷窃、政府法令禁运和没收、海盗、战争、拘留、货物被扣等
	部分损失	灭失	偷窃、抛海、遗失、落海等
		内容缺失	包装不良或破损、偷窃、泄漏、蒸发等
		破损	积载不当导致的倒垛、松动、包装破碎，装卸不当造成的货物碰撞、破损，等等
		淡水水湿	雨、雪中装卸货物，消防救火过程中的水湿，舱内管系故障，等等
		海水水湿	海上风浪、船体破损、压载舱漏水等
		汗湿	通风不良、衬垫、隔离不当，积载不当，等等
		污染	不适当的混载、衬垫，隔离不充分，等等
		虫蛀、鼠咬	驱虫、灭鼠不充分，舱内清扫、消毒不充分，对货物检查不严致使虫、鼠被带入舱内，等等

续表

事 故 种 类		主 要 原 因
货损	锈蚀	潮湿、海水溅湿、不适当的混载等
	腐烂、变质	易腐货物未按照要求积载的位置装载，未按要求控制舱内温度，温度、湿度过高，换气通风不充分，冷藏装置故障，等等
部分损失	混票	标志不清、隔票不充分，倒垛、积载不当，等等
	焦损	自燃、火灾、漏电等
	烧损	温度过高、换气通风过度、货物本身的性质等

此外，原装货物数量不足、货物品质与合同不符、货物包装不充分、水尺计量不准、海上欺诈等也是造成货损、货差的原因。

（二）货运事故的责任划分

1. 托运人的责任

不论是海上货物运输、航空货物运输，还是公路或者铁路货物运输；不论是单一运输方式的货物运输，还是货物多式联运的运输方式，托运人根据运输合同将货物交付承运人或者承运经营人之前所发生的一切货损、货差均由托运人自己负责。

2. 承运人的责任

货物在承运人监管过程中所发生的货损、货差事故，除由于托运人的原因和不可抗力等原因外，原则上都由承运人承担责任。

承运人管理货物的时间不仅仅指货物装载在运输工具之上的阶段，也可以包括货物等待装运和等待提货阶段。

3. 第三方的责任

在国际海上货物运输中，第三方责任人一般是港口装卸企业、陆路及水路运输企业、第三方船舶、车辆以及仓储企业等。在装卸作业过程中会由于装卸工人操作不当或疏忽致使货物损坏；水路运输中会由于驳船方面的原因导致货物受损；陆运运输中也会由于交通事故、管理不善等原因而发生货物灭失；在仓储过程中，不良的保管条件、储存环境会使货物变质、失窃；与其他船舶、车辆的碰撞事故也是导致货损的现象之一；理货失误等也会造成货差事故的出现。对于这些损失，承运人和托运人如何分担责任以及如何向第三方索赔等事务处理，要根据货损、货差发生的时间、地点和性质而定。

 案例分析 7-1　货运事故的责任划分

2020 年 5 月 20 日，我国甲电力有限公司从欧洲进口一批发电机组及配套设备，委托我国乙货运代理公司负责全程运输。乙货运代理公司以托运人的身份向海运承运人订舱，装卸港口分别为 A 和 B。货物从欧洲港口起运前，甲电力有限公司向我国丙财产保险股份有限公司投保海洋货物运输一切险，保险单上启运港和目的港分别为 A 和 B。2020 年 6 月 9 日，在发电设备被海运至我国 B 港后，乙货运代理公司又转委托中国丁运输有限公司将货物运至甲电力有限公司在 C 地的工地，并向其支付陆运运费。发电设备在公路运输途中，从丁运输有限公司的车上侧移跌落地面，严重受损。

思考：

（1）甲电力有限公司的货损应向谁索赔？为什么？

（2）丁运输有限公司是否要承担责任？为什么？

（3）保险公司是否承担责任？为什么？

评析：

（1）甲应向乙公司索赔，因为乙公司对其负责全程运输。

（2）若货物侧移跌落地面是由于丁公司绑扎货物不牢所致，丁公司应对乙公司承担赔偿责任。

（3）保险公司不承担责任，因为保险单上的启运港和目的港为 A 和 B，该事故发生在 B 至 C 的途中，已非保险责任区间。

（三）海运事故的索赔

货物在运输中发生了货损、货差后，受到损害的一方向责任方索赔和责任方处理受损方提出的索赔要求是货运事故处理的主要工作。货主对因货运事故造成的损失向承运人等责任人提出赔偿要求的行为称为索赔，承运人等处理货主提出的索赔要求的行为称为理赔。

1. 索赔的原则和一般程序

索赔时，索赔方应坚持实事求是、有根有据、合情合理、注重实效的原则。索赔方应该明白根据运输合同的规定，其索赔对象是运输合同中的承运人。

各种运输方式进行索赔的程序基本上是相同的，即由索赔方发出索赔通知、提交索赔函，进而解决争议。如果无法解决争议，则可以进入诉讼或仲裁程序。

（1）发出索赔通知。我国《海商法》和有关的国际公约以及相关的提单条款一般都规定，货损事故发生后，根据运输合同或提单有权提货的人，应在承运人或承运人的代理人、雇佣人交付货物当时或规定时间内，向承运人或其代理人提出书面通知，声明保留索赔的权利，否则承运人可免除责任。

根据规则、法律、国际公约、提单以及航运习惯，一般都把交付货物当时是否提出货损书面通知视为按提单记载事项将货物交付给收货人的初步证据。

另外，在某种情况下，索赔人在接收货物时可以不提出货损书面通知。这种情况是，货物交付时，收货人已经会同承运人对货物进行了联合检查或检验的，无须就所查的灭失或者损坏的情况提交书面通知。

（2）提出索赔申请书或索赔清单。索赔申请书或索赔清单是索赔人向承运人正式要求赔偿的书面文件，其意味着索赔方正式提出索赔要求。因此，如果索赔方仅仅提出货损通知而没有递交索赔申请书或索赔清单，或出具有关的货运单证，则可解释为没有提出正式的索赔要求，承运人就不会受理货损、货差的索赔，即承运人不会进行理赔。

货物一旦发生灭失或损坏，通常由收货人向承运人或其代理人提出索赔。但是，当收货人根据保险条款从承保货物的保险人那里得到了赔偿后，保险人可代为（指代替收货人）向承运人或其代理进行追偿。

在提出索赔时，作为举证的手段，索赔方应出具相关单证等证明文件，来证明货损的原因、种类和程度，确定最终责任方。

海运货损索赔中提供的主要单证有：提单正本；卸货港理货单或货物溢短单、残损单等卸货单证；重理单（复查或重新理货的单据）；货物残损检验报告；商业发票；装箱单；修理单；有关的证明文件（用于证明索赔的起因和作为索赔数目的计算依据）；权益转让证书。

除了以上所述单证外，凡是能够证明货运事故的原因、损失程度、索赔金额、责任所在，以及索赔人具有索赔权利的单证都应提供。同时，还应该有索赔函。如有其他能够进一步说明责任人责任的证明，如船长或大副出具的货损报告，或其他书面资料也应提交。

索赔案件的性质、内容不同，所需要的索赔单证和资料也就不同，对于提供何种索赔单证没有统一的规定。总之，索赔单证必须齐全、准确，内容衔接一致，不能自相矛盾。

（3）提出诉讼或仲裁。索赔可以通过双方当事人之间的协调、协商，或通过非法律机关的第三人的调停予以解决。但是，这种协商、调停工作并不能保证出现可预见的解决问题的结果。这时，双方最终可能只有通过法律手段解决，也就是要进入司法程序，提出诉讼。另外，双方还可以仲裁解决争议。

2. 索赔权利的保全措施

为了保证索赔得以实现，需要通过一定的法律手段使得货损事故责任人对仲裁机构的裁决或法院判决的执行履行责任，这种责任就称为索赔权利的保全措施。

在实践中，货方作为索赔人采取的保全措施主要有要求承运人提供担保和留置承运人的运输工具（如扣船）两种方式。

（1）提供担保。提供担保是指货损事故责任人对执行仲裁机构的裁决或法院的裁判提供担保，主要有现金担保和保函担保两种形式。

① 现金担保。现金担保是指由货损事故责任人提供一定数额的现金，并以这笔现金作为保证支付赔偿金的担保。现金担保在一定期间内影响着责任人的资金使用，因此较少采用。在实际业务中通常都采用保函担保的形式。

② 保函担保。保函担保是指使用书面文件担保的形式。保函可由银行出具，也可由事故责任人的保赔协会等出具。银行担保的保函比较安全可靠。保函中一般应包括：受益人；担保金额；造成损失事故的运输工具，如船名及国籍；有效期；付款条件（应写明根据什么条件付款，如规定根据商检证书、仲裁机关裁定或法院判决书等）；付款时间和地点。

（2）留置运输工具。在货损事故的责任比较明确地被判定属于承运人，又不能得到可靠的担保时，索赔人或对货物保险的保险公司可以按照法律程序，向法院提出留置运输工具的请求，如扣船请求，并由法院核准执行。

扣留运输工具，如船舶，其目的是通过对船舶的临时扣押，保证获得承运人对属于承运人责任的货损进行赔偿的担保，这样可避免货损赔偿得不到执行的风险。在承运人按照要求提供保证承担赔偿责任的担保后，应立即释放被扣船舶。

同样地，扣船也会带来风险。如果法院判决货损责任不属于承运人，则因不正确地扣船而给承运人带来的经济损失要由提出扣船要求的索赔人承担，同时也会产生其他不必要的纠纷和负面影响。因此，一些国家，如欧洲大陆国家及日本，规定索赔人提出扣船要求时，必须提供一定的担保作为批准扣船的条件，我国《海事诉讼特别程序法》也对此做了相应规定。

（四）海运事故的理赔

1. 索赔的受理与审核

承运人或其代理受理索赔案件后，即需对这一索赔进行审核。审核是处理货损事故的重要工作。理赔主要审核以下几个方面的内容。

（1）对索赔单证完备性的审核。首先审核单证的完备性。由于索赔案的具体情况不同，索赔方需要提供的单证也不尽相同。如果索赔方提供的单证不足以表明事故的原因和责任，承运人或其代理还可以要求收货人或其代理进一步提供其他单证或公正机构签发的证明文件。索赔单证必须齐全、准确。

（2）对索赔单证内容的审核。审核的内容主要有：索赔的提出是否在规定的期限内；提出索赔所出具的单证是否齐全；单证之间有关内容是否相符，如船名、航次、提单号、货号、品种和检验日期等；货损是否发生在承运人的责任期限内；船方有无海事声明或海事报告；船方是否已在有关单证上签字确认；装卸港的理货数量是否正确；等等。

2．承运人举证的单证

承运人对所发生的货损欲解除责任或意图证明自己并无过失行为，需出具有关单证证明对所发生的货损不承担或少承担责任。除前述的收货单、理货计数单、货物溢短单、货物残损单、过驳清单等货运单证外，承运人还应提供积载检验报告、舱口检验报告、海事声明或海事报告、卸货事故报告等。

3．索赔金的支付

通过举证与反举证，虽然已明确了责任，但在赔偿上未取得一致意见时，则应根据法院裁决或决议支付一定的索赔金。关于确定损失金额的标准，《海牙规则》并没有做出规定，但在实际业务中大多以货物的 CIF 价作为确定赔偿金额的标准。

微课 7.4

三、海运事故处理案例

案例分析 7-2　货代投保责任险案

甲货运代理公司受一客户委托，将 6 000 箱水晶桌链分别装入集装箱运往日本的横滨和意大利的热那亚。由于装箱人员的疏忽，错将发往日本横滨的货装入发往意大利热那亚的货中，造成横滨客户急需的货物不能按时到达，其要求以空运方式速将货物至横滨，否则整批货无法出售，其影响更为严重。为了减少日本客户的损失，该客户通知有关代理将货物空运到横滨，另外将误运到横滨的货运到意大利热那亚去，这样便产生了两票货物的重复运输费用，共计14 724.04 美元。上述损失是由甲公司的装箱员失职导致货物错运造成的，因此，责任全部由甲公司承担。

幸好甲公司投保了责任险，且保单附加 A 条款明确规定：本保单承保范围延伸至由于错运货物所产生的重复运输的费用及开支，只要不是被保险人及其雇员的故意或明知造成的。根据保单条款的上述规定，在货运代理赔付了委托人后，保险公司赔偿货运代理所承担的全部损失。同时，又因为该保单规定了免赔额 3 500 美元，故保险公司从应赔付的 14 724.04 美元中扣除了 3 500 美元的免赔额，货运代理实际获得的赔偿金额为 11 224.04 美元。

思考：

（1）投保责任险后，货代一切过失责任造成的损失是否都可以从保险公司处获得全额赔偿？

（2）货代出现过失导致货物错运后，应如何补救才能既挽回客户的损失，又得到保险公司的认可并理赔？

评析：

（1）只有符合保险合同所确认的赔偿范畴的损失才能得到保险公司的赔偿。以下是保险公司予以赔偿的三个必备条件：一是货物灭失或损害发生在保险人责任期间；二是货物灭失或损害属保险人承保范围的内容；三是箱内货物的名称、数量、标志等必须与保单内容记载一致。本案的损失属于保险赔偿范畴，因此，保险公司扣除了免赔额 3 500 美元后，将超过免赔额部分的损失，即 11 224.04 美元赔付给了甲货代公司。

（2）货物错运后，被保险人一定要及时、合理地采取补救措施。被保险人在采取措施之前，最好征求保险公司的意见，尤其是在改变运输方式、加大费用支出的情况下，以免事后向保险公司索赔时产生纠纷或得不到全部赔偿。

 案例分析7-3　持正本提单败诉案

某外贸公司将货物交与 A 货运代理公司出运，由广州运至纽约。A 公司代其到船公司签发了提单，载明托运人为外贸公司，收货人"凭指示"，提单同时注明正本份数为三份。一个月后，货物在目的港清关、拆箱。两个月后，该外贸公司通过 A 公司向船公司目的港的代理询问货物下落，被告知货物已被甲公司提走。由于该外贸公司的买家甲公司始终没有支付货款，该外贸公司遂以无单放货为由诉请判令承运人船公司赔偿货物损失及相关退税损失，但该外贸公司仅向法院提供了一份正本提单，结果法院判决对外贸公司的诉讼请求不予支持。

思考：

（1）什么是无单放货？

（2）为什么法院不支持外贸公司的请求？

评析：

（1）无单放货又叫无正本提单放货，是指承运人或其代理人（货代）或港务当局或仓库管理人在未收回正本提单的情况下，依提单上记载的收货人或通知人，凭副本提单或提单复印件加保函放行货物的行为。

（2）承运人一般签署 3 份正本提单，托运人、收货人和承运人各持有 1 份。交货时，只需注销 1 份正本提单，其余正本自动失效。本案中，外贸公司仅出具一式 3 份的正本提单中的其中 1 份，无法证明这份单据的有效性，也无法说明其他 2 份提单的去向及用途。因此，法院根本无法判断货物是否被甲公司提走，或者是承运人过失等，所以法院不支持外贸公司的请求。

 案例分析7-4　中海物流公司代理运输木耳案

广东一客户委托中海物流公司出运一批干木耳，委托书中指示：由中海物流公司安排订舱、装船出运，并为客户办理出口报关、检验，由中海物流公司安排卡车将干木耳运至中海物流公司仓库装箱，为确定集装箱能否装载干木耳，装箱前中海物流公司向商检提出验箱，商检报告证明可装载。但由于该批货未能在信用证装运期内出运，因而客户要求船公司出具倒签提单，但船公司不接受倒签提单的签发，于是中海物流公司出具自己的提单给客户办理结汇，再由船公司出具提单给中海物流公司。中海物流公司出具的提单签发日期是信用证规定的装运期，而船公司签发的提单是货物实际装船日期，信用证规定的运输条款是 CY to CY，因而两份提单上均记载 CY to CY。中海物流公司将干木耳装箱后从盐田港出运，集装箱进 CY 大门时，集装箱设备交接单对进 CY 的集装箱外表状况未做任何批注；装船时，外轮理货也未对装船的集装箱外表状况提出异议；到进口国卸船时，国外公证机构也未对集装箱外表状况提出异议。收货人在进口国 CY 提取集装箱时也未对集装箱外表状况提出异议，根据集装箱整箱货 CY to CY 运输条款规定，承运人与收货人责任以集装箱出大门作为划分点，既然收货人在提取集装箱时未对集装箱的外表状况、关封状况提出异议，则表明承运人已完成交货。收货人在将集装箱运回自己的仓库拆箱时发现箱内有一部分干木耳受潮，即申请公证行到现场拆箱检验，检验报告证明干木耳受潮系因箱子顶部漏水，而且是淡水所致。

思考：

（1）若收货人根据买卖双方合同中的品质条款向发货人提出赔偿要求，理由是发货人未按合同规定的品质交货，假设你作为发货人，你要如何答复？

（2）若收货人以承运人未按提单记载状况交货为理由向承运人提出赔偿要求，假设你作为承运人，你要如何答复？

（3）若该批货成交价是 FOB，由买方投保，收货人因此向保险公司索赔，作为保险公司，遇到这种情况会赔付吗？请说明判断的理由。

（4）当国际货运代理具有多重身份（无船承运人、国际货运代理人和第三方物流经营人等）时，客户在与其发生业务往来时，应该如何确定其身份？

评析：

（1）发货人拒赔。理由是：既然签发了清洁提单，则可以认定承运人接收的是外表良好的干木耳，否则承运人便会在提单上加批注，加批注的提单是不可结汇的。如果发货人进一步提出，公证行检验报告证明木耳受潮系因集装箱顶部漏水所致，则建议收货人对承运人提出赔偿要求。

（2）承运人拒赔。理由是：提单的记载是 CY to CY 运输条款，表明是整箱交接。集装箱整箱交接责任划分是以交接双方在交接时箱子外表状况是否良好、铅封是否完整为标准的，而收货人在提箱时未对集装箱的外表状况提出任何异议，则表明承运人已完成交货。

（3）保险人拒赔。理由是：收货人要得到赔偿，首先应举证集装箱顶部漏水的原因和责任方，只有这样，保险人在赔付给收货人后，从收货人处得到代位求偿权，才能向责任方行使追赔权。如收货人无法举证而由保险人承担赔偿责任，则意味着保险人只有赔偿的义务，没有追偿的权利。

（4）应依具体业务操作来定。此案中，中海物流公司具有双重身份。对出口方来说，因签发了全程提单，它是承运人；但对船公司来说，它是托运人。另外，中海物流公司也是第三方物流经营人。因为出口方的一切事项均由中海物流公司承担，这包括将木耳从客户处运至物流公司仓库，申请验箱、装箱，安排内陆运输，代为出口报关、报检、订舱托运、提单签发、运费计收、单证制作等。

案例分析7-5 货代公司员工谎报货物名称案

A贸易公司委托南方货运代理公司办理一批从深圳盐田港运往韩国釜山的危险品货物。A贸易公司向南方货运代理公司提供了正确的货物名称和危险品货物的性质,南方货运代理公司为此签发其公司的 HOUSE B/L 给 A 贸易公司。随后,南方货运代理公司以托运人身份向船公司办理订舱和出运手续。经手该业务的销售员为了节省运费、多赚差价,同时又因为南方货运代理公司已投保责任险,向船公司谎报了货物名称,亦未告知船公司该批货物为危险品货物。于是船公司按普通货物处理并装载于船舱内,结果在海上运输过程中,这批危险品货物引发火灾,造成船舶受损,致使该批货物全部灭失并给其他货主造成了巨大损失。

思考:

(1)A贸易公司、南方货运代理公司、船公司在这次事故中分别承担何种责任?

(2)承运人是否应对其他货主的损失承担赔偿责任?

(3)责任保险人是否承担赔偿责任?

评析:

(1)A贸易公司和船公司无责任,南方货运代理公司负全责。

(2)承运人船公司无须对其他货主的损失承担赔偿责任。由于南方货运代理公司未向船公司告知该批货物为危险品,因此由此产生的货物灭失和对其他货物及船舶的损失均由南方货运代理公司负责。

(3)责任保险人不承担责任。因为投保人隐瞒了货物的真相,属于欺骗性质,保险公司免责。

 案例分析7-6 ZJ货代公司货代拼箱事故案

ZJ 货代公司海运部新增国际集装箱拼箱业务,承办集拼业务者在国际上被称为Consolidator,由于公司签发自己的提单,所以又是无船承运人。9月15日,ZJ货代公司在其位于广州港的货运站(CFS)将分别属于6个不同发货人的拼箱货装入一个20英尺的集装箱,然后向甲班轮公司办理托运。该集装箱于9月18日装船,班轮公司签发给ZJ货代公司场至场(CY to CY)交接的整箱货(FCL)条款下的主运单(MASTER B/L)一套;之后,ZJ货代公司向不同的发货人分别签发了站至站(CFS to CFS)交接的拼箱货(LCL)条款下的仓至仓提单(HOUSE B/L)6套,所有的提单都是清洁提单。9月23日,载货船舶抵达提单上记载的卸货港。9月24日,ZJ货代公司在卸货港的分公司从班轮公司的堆 场(CY)提取了外表状况良好和铅封完整的集装箱(货物),并在其位于卸货港的货运站(CFS)拆箱,拆箱时发现两件货物损坏。9月25日,收货人凭ZJ货代公司签发的提单前来提货,发现货物损坏。

思考:

(1)如果收货人对ZJ货代公司提出货物损坏赔偿的请求,ZJ货代公司是否要承担责任?

(2)如果收货人向班轮公司提出集装箱货物损坏的赔偿请求,班轮公司是否要承担责任?

(3)如果ZJ货代公司向班轮公司提出集装箱货物损坏的赔偿请求,班轮公司是否要承担责任?

评析：

（1）ZJ 货代公司要承担责任。ZJ 货代公司作为无船承运人，收到货物时签发的提单为清洁提单，表明货物状况良好，而拆箱时发现损坏，当然要对货物的损失承担责任。

（2）班轮公司不用承担责任。案例当事人之间的责任关系为：收货人与 ZJ 货代公司存在（货代）提单关系，班轮公司与 ZJ 货代公司存在（海运）提单关系，而收货人与班轮公司之间不存在任何关系。

（3）班轮公司不用承担责任。因为班轮公司是按照外表状况良好和铅封完整的集装箱（货物）这一标准在 CY 交给无船承运人 ZJ 货代公司的，班轮公司与无船承运人之间是整箱货交接。

 案例分析7-7 货运代理人擅自扣留提单

A 公司委托 B 货运代理公司出运一批货物，自上海到新加坡，B 货代公司代表 A 公司向船公司订舱后取得提单，船公司要求 B 货代公司暂时扣留提单，直到 A 公司把过去拖欠船公司的运费付清以后再放单，由于 B 货代公司扣留提单造成 A 公司无法结汇产生了巨额损失，A 公司遂向某海事法院起诉 B 货代公司违反代理义务擅自扣留提单，要求其赔偿损失。

思考：

（1）B 公司在本案例中是什么身份？

（2）对于 A 公司的索赔，B 公司是否有责任？

（3）本案例中船公司的做法是否得当？为什么？

（4）国际货运代理公司作为货主的代理人具有哪些义务？

评析：

（1）B 公司在本案例中是代理人。

（2）对于 A 公司的索赔，B 公司有责任。

（3）本案例中船公司的做法不得当。对于拖欠运费，船方可行使留置权，留置货物，并非提单。

（4）国际货运代理公司作为货主的代理人通常对自己或自己雇员的过失承担责任。此类过失或疏忽包括违反指示交付货物，尽管有指示，仍疏漏办理货物保险、在有关业务中过失、将货物运至错误的目的地、未能按必要的程序取得再出口（进口）货物退税、未从收货人手中收取费用而交付货物。货运代理人也要受到来自第三方就货代在经营过程中由货代所引起的灭失或损害及人身伤害的索赔。如果货运代理在选择第三方时已谨慎从事，一般不对第三方（如承运人、二次货运代理人等）的行为或不行为负责。

 做一做：单项实训一

实训目标：学会利用海牙规则处理国际海运纠纷事故。

1. 某货运代理公司接受客户的委托，以托运人的名义为客户办理一批人造宝石运往欧洲的订舱、报关等事宜。货运代理公司在接受委托后，根据委托人的指示办理了相关事宜，为客户选择了服务、价格均较优的船公司，并在规定的时间和地点将货物装上船，取得了全套清洁正本提单。但货物在运输途中，由于承运人放置不当，集装箱掉入水中，造成货物损失。于是委托人起诉国际货运代理公司，要求其承担货物的损失赔偿。原告认为：我方把租船订舱事宜交给你来承担，是相信你的选择和判断能力，现在货物发生了灭失和损坏，势必要你们承担赔偿责任。而货运代理公司则认为：我们是按照你的指示租船订舱的，货物的灭失和损害是由船公司造成的，和本公司没有关系。

请分析：你认为国际货运代理公司是否要承担赔偿责任？请说明理由。

2. 某经纪人替租船人租一条油轮运输植物油。由于是要装载食用油，因此对船舱的洁净度要求较高，租船人要求查清在装货之前是否洗过舱。船东经纪人打电话通知租船人的经纪人，船舱已经洗过，但没使用淡水漂洗（washed but not fresh water rinsed）。租船人的经纪人正在饭店吃午饭，他是用移动电话接听的，由于饭店环境嘈杂，他听成了"使用淡水清洗（washed and fresh water rinsed）"并将此信息转述给了租船人。结果，由于使用的是海水洗舱，舱内残留的盐分污染了食用油，租船人向其经纪人索赔货损90万美元。

请分析：你认为租船经纪人是否需要赔偿？

3. 某年7月，我国WD贸易公司与美国WST贸易有限公司签订了一项出口货物到美国纽约港的合同，合同中，双方约定货物的装船日期为该年11月，以信用证方式结算货款。但由于WD贸易公司没有能够很好地组织货源，直到第二年2月才将货物全部备妥，于第二年2月15日装船。其要求承运人HS海上运输公司按前一年11月的日期签发提单，并凭借提单和其他单据向银行办理了议付手续，收清了全部货款。货物到达纽约港，收货人对装船日期产生了怀疑，在审查航海日志之后发现该批货物真正的装船日期是第二年2月15日，比合同约定的装船日期延迟了三个多月，为此WST公司非常气愤，并表示一定要追究责任，同时向当地法院起诉，控告我国WD贸易公司和HS海上运输公司串谋伪造提单，进行欺诈。

请分析：你认为美国WST贸易有限公司的上诉申请能胜诉吗？

4. 货主A公司向作为无船承运人的B货运代理公司订舱出运20个出口集装箱，B公司接受委托承运后签发了提单，又以自己的名义将其中10个集装箱交由C航运公司运输，将另外10个集装箱交由D航运公司运输。D航运公司的船舶在运输途中遇强风，部分装在甲板上的集装箱因绑扎不牢而落入海中灭失。收货人持B公司签发的B/L提货时发现少了3个集装箱，于是向B公司索赔，B公司拒赔，从而引发诉讼。

请分析：

（1）B公司和D航运公司是否应对收货人承担赔偿责任？为什么？

（2）D航运公司对集装箱落海灭失是否适用免责条款？为什么？

5. 我国A外贸公司委托B货运代理公司代为办理一批CIF贸易术语的海运货物出口手续，装货港为中国上海港，卸货港为荷兰鹿特丹港。B货运代理公司签发了以自己为承运人的提单。其后，B货运代理公司又以托运人身份向C航运公司订舱，C航运公司也出具了以自己为承运人的记名提单。B货运代理公司就该批货物向中国人民财产保险公司投保海洋运输货物保险一切险，被保险人为A外贸公司。A外贸公司将保险单和B货运代理公司签发的提单转让给目的地收货人。C航运公司的船舶在运输途中遭遇强风，部分装在甲板上的集装箱因绑扎不牢而落入海中灭失。收货人持B货运代理公司签发的提单提货时，C航运公司拒交货物。B货运代理公司凭C航运公司记名提单提货时，发现少了1个集装箱。B

货运代理公司向 C 航运公司索赔，C 航运公司拒赔，从而引发诉讼。

请分析并回答下列问题：

我国 A 外贸公司与 B 货运代理公司之间存在（　　　）。

A. 委托合同关系，A 外贸公司是委托人，B 货运代理公司是受托人

B. 运输合同关系，A 外贸公司是托运人，B 货运代理公司是承运人

C. 委托合同关系，A 外贸公司是托运人，B 货运代理公司是承运人

D. 运输合同关系，A 外贸公司是委托人，B 货运代理公司是代理人

6. 2020 年 6 月，我国 A 进出口公司委托 B 货运代理公司办理 600 个纸箱的男式羽绒滑雪衫出口日本的手续。B 货运代理公司将货物装上 C 船公司派来的船舶，并向 A 进出口公司签发了清洁的多式联运提单，提单载明货物数量为 600 纸箱，分装在 3 个集装箱内。6 月 29 日，该轮抵达神户港，同日，集装箱驳卸到岸上。7 月 7 日，这 3 个集装箱由 B 货运代理公司安排卡车运至东京收货人仓库，收货人发现货物由于集装箱有裂痕，雨水进入箱内造成货物损坏。2020 年 9 月 25 日，收货人以 B 货运代理公司和实际承运人 C 船公司为被告，向法院提起诉讼。

请分析并回答下列问题：

（1）在本案例中 B 货运代理公司的身份是（　　　）。

    A. 货运代理人　　　　　　　　　　B. 多式联运经营人

    C. 海上运输区段承运人　　　　　　D. 托运人

（2）根据我国《海商法》规定，就海上货物运输向承运人要求赔偿的请求权，时效为（　　　）年。

    A. 1　　　　　　B. 1.5　　　　　　C. 2　　　　　　D. 3

（3）（　　　）对货物运输全程运输承担责任。

    A. A 进出口公司　　　　　　　　　B. B 货运代理公司

    C. C 船公司　　　　　　　　　　　D. 卡车运输公司

（4）如果货物投保了 PICC 海运险，（　　　）可以向保险公司提出索赔。

    A. A 进出口公司　　　　　　　　　B. B 货运代理公司

    C. C 船公司　　　　　　　　　　　D. 收货人

（5）B 货运代理公司相对于收货人而言，对货物损失（　　　）。

    A. 免责，因为是代理人　　　　　　B. 免责，因为是多式联运经营人

    C. 赔偿，因为是代理人　　　　　　D. 赔偿，因为是多式联运经营人

任务二　国际航空运输代理事故纠纷处理

任务描述：要求学生了解《华沙公约》等国际航空运输公约的主要规定及华沙体制在航空运输中的应用，掌握航空货运事故的索赔与理赔。

一、国际航空运输公约

微课 7.5

国际航空运输公约是指世界各国在国际民用航空的政治、经济、技术等方面公开讨论、达

成一致的意见，并且同意遵守的一些规定，是若干国家共同缔结的多边条约。

现行的国际航空条约涉及航空运输的方方面面，如航空运输、安全保卫、国际航空运输的业务权和双边协定等。有关航空货物运输方面的条约主要是关于统一国际航空运输规则的条约。该条约共有八个文件，总称"华沙体制（the Warsaw System）"。

（一）华沙体制的内容

华沙体制由以下八个文件组成。

（1）1929 年在华沙签订的《统一国际航空运输某些规则的公约》，简称《华沙公约》（*Warsaw Treaty*）。我国于 1958 年批准该公约。

（2）1955 年在海牙签订的《修订 1929 年 10 月 12 日在华沙签订的〈统一国际航空运输某些规则的公约〉的议定书》，简称《海牙议定书》。我国于 1975 年批准该议定书。

（3）1961 年在瓜达拉哈拉签订的《统一非缔约承运人所办国际航空运输某些规则以补充华沙公约的公约》，简称《瓜达拉哈拉公约》。

（4）1971 年在危地马拉城签订的《修订经海牙议定书修订的〈统一国际航空运输某些规则的公约〉的议定书》，简称《危地马拉城协议书》。

（5）1975 年在蒙特利尔签订的第一、二、三、四号《关于修改〈统一国际航空运输某些规则的公约〉的附加议定书》，分别简称《蒙特利尔第一号议定书》《蒙特利尔第二号议定书》《蒙特利尔第三号议定书》《蒙特利尔第四号议定书》。

华沙体制主要以《华沙公约》《海牙议定书》《蒙特利尔第四号议定书》这三个文件为基础。

1. 《华沙公约》

1929 年 10 月 12 日订于波兰华沙，自 1933 年 2 月 13 日起生效。《华沙公约》共分五章、四十一条，就国际航空运输的定义、运输凭证、承运人的责任制度以及诉讼的若干程序问题做了规定，共有 149 个国家批准或加入该公约。

2. 《海牙议定书》

1955 年 9 月 28 日订于荷兰海牙，1963 年 8 月 1 日起生效。在该议定书缔约国之间，《华沙公约》和该议定书被视为并解释为一个单一的文件，称为《1955 年在海牙修正的华沙公约》，共 131 个国家批准或加入该公约。

《海牙议定书》对《华沙公约》的改动主要是：把航空承运人对旅客的赔偿限额提高了一倍；简化了运输凭证；取消了对货物运输的航空过失免责的规定；修改了第二十五条，删除了"有意的不良行为"的概念。但对承运人的责任制度未做实质性的变动。

我国于 1958 年 7 月 20 日加入《华沙公约》，1975 年 8 月 20 日加入《海牙议定书》，并声明公约适用于我国的全部领土。我国与《华沙公约》的缔约国之间适用于《华沙公约》；与《海牙议定书》的缔约国之间适用于《海牙议定书》。

3. 《蒙特利尔第四号议定书》

1975 年 9 月 25 日订于蒙特利尔，1998 年 6 月 14 日起生效。在该议定书的各缔约国之间，《1955 年在海牙修正的华沙公约》和本议定书应被视为并解释为一个单一的文件，称之为《1955 年在海牙修正的和 1975 年蒙特利尔第四号议定书修正的华沙公约》。《蒙特利尔第四号议定书》主要在以下三个方面做出了新的规定。

（1）引入"特别提款权"作为赔偿金的计算单位。

（2）国际航空货物运输承运人的责任制度由主观责任制修改成客观责任制。承运人只有证明货物的损失是由下列原因造成的才可以免责：货物内在的质量问题或缺陷，货物的包装有缺陷，且包装是由承运人或其雇用人员或代理人之外的其他人完成的；货物的进出港或中转中的行为造成的。

（3）引入电子计算机储存货运资料，同时进一步简化了航空货运单的内容。也就是说，经托运人同意，可以用能够保存运输记录的其他任何方法代替出具航空货运单。

（二）华沙体制的应用

1. 华沙体制的适用范围

华沙体制主要应用于国际航空运输。国际航空运输主要指航空器的始发地和目的地位于两个国家的运输；或者同属一个国家，但航空器在另一个国家有一约定的经停点的运输。国际航空运输的国际航班的国内段同样适用于华沙体制，而不适用于国内航空法。例如，有一航班从法兰克福经北京中转至青岛，如果货物在北京至青岛段发生事故，则解决方案适用于华沙体制。

《海牙议定书》规定，该公约不调整根据国际邮政公约而发生的邮件运输。因为邮件运输不属于航空货运范畴，而属于邮政范畴。邮政行业是一个国家的公用事业，不属于商业行为，但物品类特快专递、邮政快件及包裹属于商业性运输，所以属于航空货运之列，因此受到华沙体制的约束。

2. 航空货运单

（1）航空货运单是运输合同的证明。《华沙公约》第五条规定，没有这种凭证，或凭证不合规定或凭证遗失，不影响运输合同的存在和有效，除第九条另有规定外，这项运输合同同样受本公约的规则的约束。《华沙公约》第十一条规定，在没有相反的证据时，航空货运单是订立合同、接收货物和承运条件的证明。

（2）航空货运单的签发。《华沙公约》第五条规定，货物承运人有权要求托运人填写航空货运单，托运人有权要求承运人接受这项凭证。

① 如果承运人承运货物而不出具运单，则无法享受法律所规定的免责和责任限额。

② 在实践中，托运人一般只填写托运单，而空运单则由承运人或承运人的代理人签发。在没有相反证明的情况下，承运人填写的空运单视为代托运人填写。

（3）航空货运单的流通性。《海牙议定书》在《华沙公约》第十五条内加入下款："（3）本公约不限制填发可以流通的航空货运单。"流通的限制表现在两个方面：第一，托运人与收货人应当在履行航空货运合同所规定的条件下，才能转让空运单的权利；第二，即使空运单的权利进行了转让，在向承运人主张权利时，也只能由托运人或收货人以本人的名义进行。

3. 托运人的权利及义务

（1）托运人的权利。

① 填写货运单。根据行业习惯，托运人只填写委托书，也有权要求承运人代为填写货运单，并将承运人签章的第三份空运单正本交给自己，即正本 3（Original 3），序号 A。

② 对货物享有处置权。《华沙公约》第十二条有以下规定：

第一，托运人在履行运输合同所规定的一切义务的条件下，有权在起运地航空站或目的地航空站将货物提回，或在途中经停时中止运输，或在目的地或运输途中交给非航空货运单上所指定的收货人，或要求将货物退回起运地航空站，但不得因为行使这种权利而使承运人或其他托运人遭受损失，并且应该偿付由此产生的一切费用。

第二，如果托运人的指示不能执行，承运人应该立即通知托运人。

第三，如果承运人按照托运人的指示处理货物，而没有要求托运人出示其所执的航空货运单，因而使该航空货运单的合法执有人遭受损失，承运人应负责任，但并不妨碍承运人向托运人要求赔偿的权利。

因此，在行使对货物享有处置权时，只能以本人名义进行方为有效，并不得损害承运人及其他托运人的权利。

③ 声明价值权。如果每千克货物的价值超过 20 美元，托运人有权声明货物价值。承运人不得以任何理由拒绝托运人的声明价值。如交运的行李或货物的一部分或全部发生灭失、损坏或延误，用以确定承运人有限责任赔偿金额的重量仅为有关包件的总重量。

（2）托运人的义务。

① 货物项目与声明的正确性。在没有相反的证据时，承运人可以信赖托运人在空运单上的各项声明和说明。未经托运人、承运人当面查对的空运单不能构成使承运人负担空运单正确性的证据。

② 提供正确、完备的单证以便承运人办理海关、税收等手续。由于单证不合规定造成的损失应由托运人对承运人负责。

（3）收货人的权利和义务。

① 支付足额到付运费。

② 支付相关费用，如目的地机场仓库保管费等。

③ 向承运人主张权利。在空运单上约定的到达时间届满 7 天内货物仍没有到达的，收货人可向承运人索赔。如果承运人自己承认货物已经遗失，则不受 7 天的时间限制。

（4）承运人的责任。

① 负责由于运输延误使货物未能按时到达产生的损失。

② 对于责任期间的损失，只需承担责任限额内的赔偿责任而不论其根据如何。

③ 造成损失的原因属于承运人的故意不良行为时，则丧失责任限额的保护。

航空承运人的责任期间是行李或货物在承运人保管下的期间，不论是在航空站内、航空器上或航空站外降落的任何地点。

航空运输的期间不包括在航空站以外的任何陆运、海运或河运，但是如果这种运输是为了履行空运合同，是为了装货、交货或转运，那么任何损失都应该被认为是在航空运输期间发生事故的结果，除非有相反的证据。

（5）承运人的免责。

《华沙公约》第二十条规定，承运人如果能够证明自己和他的代理人为了避免损失的发生，已经采取一切必要的措施或不可能采取某种措施时，就不负责任。采取推定过失责任的办法，即要想不承担责任必须证明自己无过错，强调承运人举证，倒置举证。

《华沙公约》第二十一条规定，如果承运人证明损失的发生是由受害人的过失所引起或造成的，那么法院可以按相关法律规定，免除或减轻承运人的责任。只有货损全部由受害人过失造成时，承运人才不承担责任。

（6）索赔期限和诉讼期限。《华沙公约》第二十六条规定如下：

① 除非有相反的证据，如果收件人在收受行李或货物时没有异议，就被认为行李或货物已经完好地交付，并和运输凭证相符。

② 如果有损坏情况，收件人应该在发现损坏后，立即向承运人提出异议。如果是行李，最迟应该在行李收到后三天内提出；如果是货物，最迟应该在货物收到后七天内提出；如果有延误，最迟应该在行李或货物交由收件人支配之日起十四天内提出异议。

③ 任何异议都应该在规定期限内写在运输凭证上或另以书面形式提出。

④ 除非承运人方面有欺诈行为，如果在规定期限内没有提出异议，就不能向承运人起诉。

《华沙公约》第二十九条规定如下：

① 诉讼应该在航空器到达目的地之日起，或应该到达之日起，或从运输停止之日起两年内提出，否则就丧失追诉权。

② 诉讼期限的计算方法根据受理法院适用的法律决定。

 案例分析 7-8

一票从澳大利亚墨尔本空运到北京的奶酪：货运单号为 999-89783444，1 件 500 千克，货物价值 20 000 美元。飞机于 2016 年 8 月 9 日到达北京首都国际机场，当天上午 9:00 航空公司发出到货通知。收货人当天办理完海关手续后到机场提货时，发现货物并没有放在冷库保存，奶酪解冻后受损，收货人当时便提出异议。因为在货运单的操作注意事项栏中明显注明"KEEP COOL"字样，但工作人员在分拣时疏忽了，没有看到。最后经过挑选，损失达 60%左右。

思考：

（1）收货人能否向承运人索赔？为什么？

（2）承运人如果赔偿，能否享受责任限额？为什么？

（3）赔偿总金额是多少？

评析：

（1）收货人可以向承运人索赔。由于承运人的疏忽未按照货运单要求对货物进行冷藏处理，引起的货物损失应当予以赔偿。

（2）根据《蒙特利尔第四号议定书》的规定，承运人可以享受责任限制，因为货损原因不是承运人的故意不良行为。

（3）赔偿总金额是 USD 20×500 kg＝USD 10 000。

二、航空货运事故的原因与索赔

（一）航空货运事故产生的主要原因

由于从事航空运输的飞机经常处于空中飞行的状态，飞机飞行安全要求高，航空货物在飞机机舱中的积载要求也高，因此，货物在航空运输中的飞机飞行阶段遭受灭失、损坏的可能性比较少。但是，在空运货物的交接、机场堆存、装机和卸机等过程中，仍然存在着因工作差错而造成货运事故的情况。

航空运输中产生的货运事故主要是指由于承运人的原因造成货物丢失、短缺、变质、污染、损坏等情况。发生这些情况的主要原因有以下几个。

（1）货物在承运人掌管期间遭窃，丢失。

（2）因货物包装方法或容器质量不符合运输要求，致使包装破损、货物泄漏，造成货物的内容短缺。

（3）承运人没有注意到货物本身的性质而引起的变质、污染、损坏。

（4）不适当的积载造成货物的污染、损坏。

（5）承运人没有按照指示标志进行装卸作业，造成货物变质、污染、损坏。

（6）运输过程中保管货物不当造成货物变质、污染、损坏。

（二）航空承运人的责任

我国《民航法》第一百二十五条规定，航空运输期间是指在机场内、民用航空器上或者机场外降落的任何地点，托运行李、货物处于承运人掌管之下的全部期间。航空运输期间，不包括机场外的任何陆路运输、海上运输、内河运输过程；但是，如果此种陆路运输、海上运输、内河运输是为了履行航空运输合同而进行的装载、交付或者转运，在没有相反证据的情况下，所发生的损失视为在航空运输期间发生的损失。

由此可见，我国航空承运人应承担的责任与有关国际公约的规定相同。

（三）航空货运事故索赔的一般程序

各种运输方式下进行索赔的程序基本相同，即由索赔方发出索赔通知、提交索赔申请或索赔函，进而解决争议。如果无法解决争议，则可能进入诉讼或仲裁程序。

1．发出索赔通知

（1）索赔权益人。国际航空运输中的索赔人可以是货运单上列明的托运人或收货人，或者持有货运单上托运人或收货人签署的权益转让书的人（如承保货物的保险公司、受索赔人之托的律师、集运货物的主托运人和主收货人等）。

托运人、收货人是指主运单上填写的托运人或收货人。向航空公司提出索赔的应是主运单上填写的托运人或收货人。客户或分运单上的托运人、收货人或其他代理人应向主运单上填写的托运人或收货人提出索赔。

如果收货人在到达站已将货物提取，则托运人将无权索赔。如托运人要求索赔的话，应该有收货人出具的权益转让书。

（2）索赔地点。托运人、收货人或其代理人在货物的始发站、目的站或损失事故发生的中间站，可以书面的形式向承运人（第一承运人或最后承运人或当事承运人）或其代理人提出索赔要求。

（3）索赔时限。因货物损坏或短缺而提出的索赔属于明显可见的赔偿要求，应从发现时起立即提出并最迟延至收到货物之日起 14 天内提出。货物运输延误的赔偿要求，在货物由收货人支配之日起 21 天内提出。货物毁灭或遗失的赔偿要求，应自填开运单之日起 120 天内提出。任何异议，均应按上述规定期限，向承运人以书面形式提出。除承运人有欺诈行为外，有权提取货物的人如果在规定时限内没有提出异议，即丧失向承运人索赔的权利。对于提出索赔的货物，货运单的法律有效期为两年。

2. 提交索赔函

📖 阅读材料　索赔函示例

中国国际航空公司货运部：

本公司在提取来自釜山的一票货，运单号为 999-12345871，1 件共 80 千克，由 CA888/09ARP 承运。该货物在目的地交付时发生严重的外包装破损（详见贵公司开具的事故鉴定书）。

现本着实事求是、维护双方共同利益的原则，我公司向贵公司提出以下处理意见和索赔申请。

该货物价值 2 200 美元，请给予原价赔偿。参见托运人出具的受损货物价值证明。

请贵公司予以尽快办理为盼，谢谢合作！

随附：货运单、装箱单、发票、事故记录。

南方货运代理有限公司

2020 年 7 月 15 日

在申请索赔时，索赔人要提供能够证明货运事故的原因、损失程度、索赔金额、责任所在，以及索赔人具有索赔权利的单证，一般包括以下单证：索赔函；货运单正本或副本；货物商业发票、装箱清单和其他必要资料；货物舱单；货物运输事故鉴定书；商检证明（货物损害后由商检中介机构所做的鉴定报告）；运输事故记录；来往电传；等等。

3. 提起诉讼或仲裁

国际航空货物运输中的规定是除非承运人有欺诈行为，如果在规定期间内没有提出异议，就不能向承运人起诉。

此外，当事人双方在合同事先已经约定，或者事后同意的情况下，还可以通过仲裁的手段解决纠纷。

三、航空货运事故处理案例

微课 7.6

🔑 案例分析 7-9　鸡苗受热灭失案

小 A 是北方航空货运代理公司的业务员，他受发货人委托代理了一票从北京到东京的货物，货运单号为 999-89783442，品名为鸡苗，未声明价值，每件 100 kg，计费重量 115 kg。货物按时收运，并定妥当日航班，起飞时间为 9:00。由于飞机发生故障，推迟起飞时间，定于下午两点装货。当天上午已经将这批货物拖到客机坪，当天气温为 35℃，中午时分才将货物拖回仓库。由于鸡苗经日晒太久，运到目的地的成活率太低，所以决定不再运输。当通知发货人提回时，发现鸡苗已经死亡过半，取回后，由于受热过度，全部死亡。

请分析：

（1）发货人向小 A 提出赔偿要求，理由是小 A 没有尽到代理的职责，没有在其责任期间照管好货物。你认为小 A 应该对货物的灭失负责吗？

（2）由于货物没有声明价值，小 A 要求航空公司按《华沙公约》每千克 20 美元折合人民币进行赔偿，但航空公司说货物还没有进行运输，且在国内航空站灭失，应该根据我国《民航法》每千克 20 元人民币进行赔偿。你同意航空公司的说法吗？

评析：

（1）首先要确定货损属于谁的责任期间。

《华沙公约》第十八条第一款规定："对于交运的行李或货物因毁灭、遗失或损坏而产生的损失，如果造成这种损失的事故发生在航空运输期间，承运人应负责任。"

《华沙公约》第十八条第二款规定："第一款所指航空运输的意义，包括行李或货物在承运人保管的期间，不论在航空站内或在航空器上或在航空站外降停的任何地点。"

此票货物显然在承运人的保管期间，而且地点在航空站内，因此承运人应当对货物的损失负责。而小 A 作为托运人的代理不用承担责任，因为货物交给承运人后，代理保管货物的责任期间就终止了。

（2）不同意。虽然没有发生运输，但此批货物属于国际运输，显然应该选用《华沙公约》。国际航空运输的国际航班的国内段，同样适用于华沙体制，而不适用于国内航空法。

案例分析 7-10 多程运输货物灭失案

杭州某货主将一批价值 10 000 美元、计 10 箱的丝织品通过 A 航空公司办理空运出口至法国巴黎。货物交付后，由 B 航空公司的代理人 A 航空公司于 7 月 15 日出具了航空货运单一份。该货运单注明：第一承运人为 B 航空公司，第二承运人是 C 航空公司，货物共 10 箱，重 250 kg，货物未声明价值。B 航空公司将货物由杭州运抵北京，7 月 18 日准备按约将货物转交 C 航空公司时，发现货物灭失。为此，B 航空公司于当日即通过 A 航空公司向货主通知了货物已灭失。为此，货主向 A 航空公司提出书面索赔要求，要求 A 航空公司全额赔偿。

请分析：

（1）本案中，A、B、C 航空公司的法律地位是什么？

（2）谁应当对货物的灭失承担责任？

（3）本案是否适用《华沙公约》？

（4）货主要求全额赔偿有无依据？你认为航空公司应该赔偿的数额是多少？

评析：

（1）A 是 B 航空公司的代理人；B 既是缔约承运人，也是第一区段的实际承运人；C 是第二区段的实际承运人。

（2）B 航空公司应当承担责任，因为货物灭失发生在转交 C 航空公司之前，责任在 B 航空公司。

（3）适用。此案始发站是杭州，经停站为北京，目的站为巴黎。中国和法国都参加了《华沙公约》，根据《华沙公约》的规定，由几个连续的航空承运人所办理的运输，如经合同当事人认为是一个单一的运输业务，则无论它以一个合同还是一系列合同的形式约定，在本公约的意义上，应视为一个不可分割的运输，并不因其中一个合同或一系列的合同完全在同一国家的领土内履行而丧失其国际性质。因此，即便杭州至北京段是中国境内，也是国际航空货物运输合同，也适用《华沙公约》。

（4）无依据。由于此批货物没有声明价值，因此，实际赔偿数额不应超过法定限额，即应赔偿的数额为 250×20=5 000 美元。

 案例分析 7-11　发货人要求中止运输案

一票从北京运往伦敦的机器配件在巴黎中转，货运单号为 666-33783442，共 5 件，每件 20 千克。当在巴黎中转时，由于临时出现问题，发货人向航空公司提出停止运输，且返回北京。

请分析：

（1）发货人的请求是否可以得到航空公司的许可？为什么？

（2）如果返回，机器配件的运费应由谁来支付？

评析：

（1）发货人的请求可以得到航空公司的许可。根据《华沙公约》规定，托运人在履行运输合同所规定的一切义务的条件下，有权在始发地航空站或目的地航空站将货物退回，或在途中经停时中止运输，或在目的地或运输途中交给非航空货运单上所指定的收货人，或要求将货物退回始发地航空站，但不得因行使这种权利而使承运人或其他托运人遭受损失，并应偿付由此产生的一切费用。

（2）根据上述规定可知，返回的机器配件的运费应由托运人来支付。

 案例分析 7-12　易碎货物运输案

一票从上海运往法国巴黎的瓷器，托运书上正确描述了货物的易碎性质，但空运代理签发的航空运单中，却因失误未写明该货物是易碎货物。在目的地卸货时，卸货人员不知该货物的性质，并在交货时发现该批货物已严重受损。

请分析：

（1）收货人向承运人提出索赔，承运人是否应该赔偿？为什么？

（2）空运代理人是否应对此事负责？为什么？

评析：

（1）根据《华沙公约》第十条第一款规定"对于在航空货运单上所填货物的项目和声明的正确性，托运人应负责任"，无论航空货运单是由托运人或其代理人或其承运人还是承运人的代理人签发。在本案中，托运人应对航空货运单中货物描述的不正确性负责，因为正是这种不正确性导致了货损。因而，承运人不负责赔偿。

（2）空运代理人应该负责。因为托运书是托运人用于委托承运人或其代理人填开航空货运单的一种表单，表单上列有填制货运单所需的各项内容，并应印有授权于承运人或其代理人代其在货运单上签字的文字说明。托运书上已经正确描述了货物的易碎性质，但代理人却因失误没有写明该货物中的易碎货物的性质，因此，空运代理人存在过失，应该负责赔偿。

案例分析 7-13 货物公路转运遗失

一票航空运输的货物从新加坡经广州中转到珠海，运输的是机械设备，始发站是新加坡，目的站是珠海。货物毛重250千克，计费重量300千克，未声明价值。从新加坡运往广州采用的是飞机运输，从广州转运珠海使用的是卡车航班，但在京珠高速上发生车祸，设备全部损坏。

请分析：

（1）货主要求航空公司进行赔偿，但航空公司说货物损坏发生在高速公路上，不属于航空公司的责任期间，应该由卡车运输公司进行赔偿。你赞同航空公司的观点吗？

（2）本案适用《华沙公约》还是我国的《民航法》？

（3）若由航空公司进行赔偿，由于货物没有声明价值，因此应该赔偿20美元/千克，即20×250=5 000美元。这样计算正确吗？

评析：

（1）不赞同。航空运输的期间不包括在航空站以外的任何陆运、海运或河运，但是如果这种运输是为了履行空运合同，是为了装货、交货或转运，那么任何损失都应该被认为是在航空运输期间发生事故的结果，除非有相反的证据。本案车祸虽发生在高速公路上，但仍属于国际航空运输，因此，应由承运人航空公司赔偿。

（2）适用《华沙公约》。此票货物属于国际运输的国内段，其损害虽然是在公路上发生的，但是在承运人的保管期间内。

（3）正确。

 做一做：单项实训二

实训目标： 学会利用华沙公约处理国际航空纠纷事故。

1. 一票航空运输的电子产品，从法兰克福经北京中转，目的站为青岛，总计费重量为102千克，未声明价值。在从北京到青岛的国内段操作中发生货物灭失。

请分析：

（1）本案是否适用华沙体制？为什么？

（2）承运人是否应该赔偿？如果应该，应赔偿多少？

2. 一票从上海运往泰国的整套流水线机器，货运单号为777-89783442，由于机器比较庞大，用了6个箱子，每件重量60 kg，整套机器价值USD 6 000，无声明价值。在终点站接货时，发现一个箱子开裂，经检验，这个箱子的机器已完全受损，其他5个箱子完好。

请分析： 航空公司应如何赔偿？

 **练习题**

一、填空题

1. 国际海上货物运输的国际公约有：《海牙规则》《维斯比规则》＿＿＿＿＿＿《鹿特

丹规则》。

2．《海牙规则》明确规定了承运人最低限度的义务和责任，制止了公共承运人利用契约自由的原则扩大_____范围、任意降低承运人责任和义务的现象，使国际海上货物运输有一个统一的规则，有利于国际贸易的发展。

3．_____是《修改统一提单若干法律规则的国际公约的议定书》的简称。

4．《汉堡规则》（Hamburg Rules）的全称是_____。

5．货运事故按照事故性质划分为货差和货损；按货物损失的程度分为_____和_____。

6．货物在承运人监管过程中所发生的货损、货差事故，除由于托运人的原因和不可抗力等原因导致的外，原则上都由_____承担责任。

7．索赔申请书或索赔清单是索赔人向承运人正式要求赔偿的书面文件，其意味着_____提出索赔要求。

8．1929 年在华沙签订的_____，简称《华沙公约》。

9．各种运输方式下进行索赔的程序基本相同，即由索赔方发出索赔通知、提交索赔申请或索赔函，进而解决争议。如果无法解决争议，则可能进入_____程序。

二、选择题

1．明确承认了"电子运输记录"的法律效力的国际公约是（　　）。

    A．《海牙规则》　　　　　　　　　　　　B．《维斯比规则》

    C．《汉堡规则》　　　　　　　　　　　　D．《鹿特丹规则》

2．《海牙规则》规定的诉讼时效为（　　）。

    A．半年　　　　　　B．1 年　　　　　　C．2 年　　　　　　D．3 年

3．在《鹿特丹规则》中，承运人的责任限制被提高到每件或每单位（　　）。

    A．835SDR　　　　B．875SDR　　　　C．666.67SDR　　D．855SDR

4．（　　）是一种由卖方开出的一般商业票据，是计算索赔金额的主要依据。

    A．装箱单　　　　B．商业发票　　　　C．提单　　　　　D．权益转让证书

5．引入"特别提款权"作为赔偿金的计算单位是在（　　）中提出的。

    A．《蒙特利尔第四号议定书》　　　　　　B．《海牙议定书》

    C．《华沙公约》　　　　　　　　　　　　D．《海牙规则》

三、简答题

1．简述《海牙规则》存在的主要问题。

2．简述华沙体制的适用范围。

3．航空运输中发生的货运事故主要有哪些？其发生的原因主要有哪些？

四、案例题

1．一票航空运输的机器设备，从新加坡经北京中转到天津，货运单号为 555-89783442，起运机场在新加坡，目的机场在天津，3 件货物重 178 千克，计费重量共 206 千克。从新加坡运往北京采用的是飞机运输，从北京转运天津时使用的是卡车航班，但在高速公路上，不幸发生车祸，设备全部损坏。

请分析：

（1）航空公司是否应赔偿？理由何在？

（2）如果赔偿，应赔偿多少？

2. 2020年6月，我国A外贸公司委托B货运代理公司代为办理一批海运货物出口手续，装货港为中国青岛港，卸货港为德国汉堡港。委托合同中约定，B货运代理公司交付处理海上货运代理事务取得的单证以A贸易公司支付相关费用为条件。B货运代理公司接受委托后，即向C航运公司安排订舱，并办理相关出口手续，完成全部委托事宜。货物出运后，由于A外贸公司对货物仓储、装箱、短途运输的费用有争议，未向B货运代理公司支付相关费用，所以B货运代理公司扣留了该批货物的海运正本提单等相关单证，要求A外贸公司付清B货运代理公司相关费用后，才同意交付正本提单和其他单证。

请分析并回答下列问题：

（1）（　　）应当向B货运代理公司支付有关费用。

    A. B货运代理公司　　　　　　　　B. A外贸公司

    C. 仓储保管人　　　　　　　　　　D. C航运公司

（2）B货运代理公司（　　）扣留海运提单。

    A. 在合同没有约定的情况下，有权　　B. 在合同有约定的情况下，有权

    C. 在合同有约定的情况下，无权　　　D. 不论合同有否约定，均无权

（3）B货运代理公司（　　）扣留运输单证外的其他单证。

    A. 在合同没有约定或约定不明的情况下，有权

    B. 在A外贸公司不同意的情况下，无权

    C. 在合同没有约定或约定不明的情况下，无权

    D. 不论合同有否约定，均无权

（4）A外贸公司与B货运代理公司就货物在B货运代理公司仓库中产生的仓储费用发生争议，应当按照（　　）解决他们之间的争议。

    A. 委托合同关系　　　　　　　　　B. 运输合同关系

    C. 仓储合同关系　　　　　　　　　D. 保险合同关系

（5）B货运代理公司在办理货物出口过程中，安排自己的拖车将货物从仓库运输到码头。相对于A外贸公司而言，B货运代理公司是（　　　　）。

    A. 代理人　　　　　B. 承运人　　　　　C. 保管人　　　　　D. 保险人

3. 我国A进出口公司与匈牙利B公司签订了一份500箱童装的出口贸易合同，装载在一个20英尺集装箱内。A进出口公司委托C货运代理公司承运，C货运代理公司接受承运后签发一式三份全程多式联运提单，该份提单载明：装货港为青岛，卸货港为鹿特丹，目的地为匈牙利布达佩斯，收货人为B公司。C货运代理公司将此票货物交由D船公司承运，D船公司签发全套清洁正本海运提单，装货港为青岛，卸货港为鹿特丹。货物到达鹿特丹后，C货运代理公司委托E铁路公司经铁路运到目的地布达佩斯，收货人在布达佩斯提取货物后，发现集装箱内货物损坏，经调查确认，集装箱内货物在抵达鹿特丹时交给E铁路公司前已经发生损坏。

请分析并回答下列问题：

（1）收货人可以向（　　）提出索赔。

A．C 货运代理公司和 E 铁路公司　　　　B．D 船公司和 E 铁路公司

C．A 进出口公司和 E 铁路公司　　　　D．C 货运代理公司和 D 船公司

(2) C 货运代理公司承担责任的原因是（　　）。

A．C 货运代理公司是多式联运经营人，对全程运输负责

B．C 货运代理公司是国际货运代理人，对全程运输负责

C．C 货运代理公司是托运人，对全程运输负责

D．C 货运代理公司是实际承运人，对全程运输负责

(3) D 船公司承担责任的原因是（　　）。

A．货物损失发生在铁路运输中，属于 D 船公司责任期间

B．货物损失发生在海运中，属于 D 船公司责任期间

C．货物损失发生在签发提单之前，属于 D 船公司责任期间

D．货物损失发生在交付货物后，属于 D 船公司责任期间

(4) 根据《联合国国际货物多式联运公约》，货主向 C 货运代理公司索赔的诉讼时效为
（　　）。

A．1 年　　　　　B．2 年　　　　　C．3 年　　　　　D．4 年

(5) 根据我国《海商法》，C 货运代理公司向 D 船公司进行索赔的时效期为自承运人交
付或者应当交付货物之日起（　　）。

A．6 个月　　　　B．1 年　　　　　C．2 年　　　　　D．3 年

项目综合实训：国际货运代理事故案例讨论

一、实训目的

学会根据国际航空、海运公约判断国际货运代理事故的性质、责任，学会索赔和理赔。

二、实训方式

根据给定材料进行分析与判断，并办理索赔和理赔手续。

三、实训内容及步骤

1. 大连 A 国际货运代理公司与发货人订立多式联运合同，并负责将两个集装箱的货物从
大连经印度孟买运至新德里。A 国际货运代理公司分别与 B 船公司和 C 铁路运输公司签订运
输合同，货物装船后，B 船公司签发清洁海运提单。货物在孟买港卸船时发现其中一个集装箱
外表损坏，A 国际货运代理公司在当地的代理人将货物通过铁路运往新德里前，已告知 C 铁
路运输公司。当集装箱到达新德里后，收货人发现外表损坏的集装箱内的货物严重受损。

请分析：

(1) A 国际货运代理公司是否应承担责任？为什么？

(2) B 船公司是否承担责任？为什么？

(3) C 铁路运输公司是否承担责任？为什么？

2. A 货运代理公司空运部接受货主的委托，将一台重 12 千克的红外线测距仪从沈阳空运
至香港，该批货物价值 6 万余元人民币，但货物"声明价值"栏未填写。A 货运代理公司按照

正常的业务程序向货主签发了航空分运单，并按普通货物的空运费率收取了运费。由于当时沈阳无直达香港的航班，所有空运货物必须在北京办理中转。为此 A 货运代理公司委托香港 B 货运代理公司驻北京办事处办理中转业务。但是，由于航空公司工作疏忽，致使该货物在北京至香港的运输途中遗失。

请分析：

（1）本案应适用什么公约？

（2）应怎样索赔和理赔？

四、实训结果

1. 组织学生讨论。

2. 学生将问题答案上交给老师。

货代需加强法制观念——法治意识和规则意识培养

某货运代理为满足客户的需要，推出方便客户的"绝招"，先是仿制承运人的更正章，后来干脆私刻提单签发章，遇有客户着急赶往银行结汇或寄提单时就制单（空白提单极易得到）签发给客户，然后再向承运人请求倒签、预借。一旦遇到货物实际未装船或目的港发现单证不一致便露出马脚，并引发矛盾，导致不良后果，使承运人非常被动。那么货运代理应该如何把握为客户服务的"度"呢？货运代理并非是承运人的代理（特殊授权除外），未经承运人的授权，任何单位都不能代其签发或更改提单，否则为无权代理。一旦造成后果，便构成对承运人的侵权，属违法行为。至于打印好一张空白提单，盖上私刻图章，让委托人到银行去结汇，这与海事欺诈中伪造提单的做法并无两样。如货主要求货运代理这样做，货运代理也应拒绝，若货运代理明知违法仍进行该活动，则须负连带责任。

思考：结合以上材料，请讨论分析作为货代从业人员，如何在日常工作中树立法治意识，遵守行业规则？

思政提示

参 考 文 献

[1] 孙家庆. 国际货运代理[M]. 5版. 大连：东北财经大学出版社，2017.
[2] 范泽剑. 国际货运代理[M]. 5版. 北京：机械工业出版社，2018.
[3] 朱华兵，陈正. 国际货运代理实务[M]. 2版. 杭州：浙江大学出版社，2013.
[4] 张辉，樊春雷. 航空货物运输销售实务[M]. 北京：中国民航出版社，2012.
[5] 张清. 国际物流与货运代理[M]. 2版. 北京：机械工业出版社，2020.
[6] 杨鹏强. 国际货运代理实务[M]. 2版. 北京：中国海关出版社，2020.
[7] 弓永钦. 国际货运代理实训教程[M]. 北京：机械工业出版社，2017.